Volker Michels ❖ Wege zu Hermann Hesse

Hermann Hesse 1929, Foto: Gret Widmann

Hermann Hesse um 1929, Foto: Gret Widmann

Volker Michels

WEGE ZU HERMANN HESSE

Im Widerstand gegen den Zeitgeist

Essays und Reden

BAND I

editionfaust

»URBILD ALLER MENSCHENHEIMATEN UND MENSCHENGESCHICKE«

Herkunft und Heimat

Calw

Wenige Orte sind nicht nur den Deutschen, sondern Millionen Lesern in aller Welt so intim vertraut wie dieses kleine Städtchen im nordöstlichen Schwarzwald, selbst dann, wenn sie es noch nie mit eigenen Augen gesehen haben. Als »Gerbersau« hat Hermann Hesse diesen Ort und seine Bewohner unsterblich gemacht und auf eine Weise geschildert, die seinen Lesern ein inneres Bild davon gibt, welches nachhaltiger ist als der Augenschein des gründlichsten Besuchers. Was das französische Provinzstädtchen Illiers für Marcel Proust, was die Metropolen Dublin und Prag für James Joyce und Franz Kafka bedeuteten, das war für Hermann Hesse seine Heimatstadt Calw: Schauplatz seiner frühesten Erlebnisse und Erfahrungen und Nährboden für ein künftiges Lebenswerk, das im Lokalen das Überregionale, im Zeitgebundenen das zeitlos Charakteristische sichtbar macht.

Das äußere Bild der Altstadt, wie es der heutige Besucher antrifft, unterscheidet sich – trotz mancher Veränderungen, die nicht ausbleiben können, wenn sich ein Ort um mehr als das Sechsfache vergrößert – nur wenig von dem Bild, wie es der junge Hesse vor der Jahrhundertwende erlebte. Schon damals erinnerte fast nichts mehr an die fast tausendjährige Geschichte des Städtchens. Denn zweimal, zuerst im Dreißigjährigen Krieg und nochmals, knapp sechzig Jahre später, wurde der Ort geplündert und danach fast völlig in Schutt und Asche gelegt. Und beide Male ist er in verblüffend kurzer Zeit schöner und stattlicher als zuvor wieder aufgebaut worden. Denn dieser Ort mit seinen damals kaum 4.000 Einwohnern war einer der reichsten in Württemberg. Trotz ungünstiger geographischer Lage, fast ringsum begrenzt von bewaldeten Bergen und Sandsteinfelsen, eingeklemmt in ein enges Flusstal, das keinerlei Ackerbau zuließ, verstanden es die Calwer schon früh, aus der Not eine Tugend zu machen, und spezialisierten sich auf Handwerk, Handel und eine geradezu industrielle Fertigung und Bearbeitung von Leder und die Herstellung von Tuchen, die nicht nur den Eigenbedarf deckte, sondern das ganze Herzogtum, bald aber auch die Messen in Leipzig, Nürnberg, Augsburg, München, Frankfurt und Straßburg belieferte. Die 1650 gegründete Calwer Zeughandels-Compagnie und die hundert Jahre später organisierten Holz- und

Salzhandelsgesellschaften, die ihre Waren auf dem billigen Wasserweg der heimischen Nagold in die Enz und von dort in den Neckar und Rhein bis nach Holland transportieren konnten, machten Calw bald zur wichtigsten Industriestadt des württembergischen Herzogtums. Die beiden Jahrhunderte nach der letzten Zerstörung von 1692 haben das Bild der Calwer Altstadt geprägt, wie es der junge Hesse erlebte und wie es sich bis auf den heutigen Tag erhalten hat. Einzig die alte steinerne Brücke über die Nagold mit ihrem gotischen Zwergkapellchen hat die frühen Zerstörungen überdauert und erinnert noch daran, dass der Ort viele Jahrhunderte alt ist.

In diesem »fleißigen Nest«, wie er es nannte, wurde am frühen Abend des 2. Juli 1877 Hermann Hesse geboren, »Sohn des Johannes Hesse, Missionar dahier«, wie es das lokale Amts- und Intelligenzblatt vom 10. Juli unter den standesamtlichen Eintragungen meldet. Dass der Vater kein »eingeborener« Calwer, kein Gerber, Tuchmacher und – wenn schon ein Geistlicher – nicht einmal ein schwäbischer Stadtpfarrer, sondern ein Zugereister, ein in Riga gebürtiger Missionar mit russischer Staatsangehörigkeit war, ist kein Zufall. Denn seit dem 19. Jahrhundert hatte Calw zwar mehr und mehr von seiner einstigen wirtschaftlichen Bedeutung an andere Industriezentren Württembergs verloren, war aber stattdessen durch den Theologen Christian Gottlob Barth zu einem Mekka des sendungsbewussten süddeutschen Pietismus geworden. Der 1833 von Barth gegründete »Calwer Verlagsverein« hatte sich unter der Leitung von Hesses Großvater Hermann Gundert und dessen Schwiegersohn Johannes Hesse zum damals bedeutendsten evangelischen Missionsverlag Deutschlands entwickelt und machte die Stadt nicht weniger bekannt als vordem die Rührigkeit der eher mit weltlichen Pfunden wuchernden Kaufleute.

In dieser Atmosphäre eines weltoffenen, zugleich aber missionarisch-orthodoxen Christentums ist Hermann Hesse aufgewachsen. In ihr hat er seine ersten 18 Lebensjahre verbracht mit Unterbrechungen in Basel, Göppingen, Maulbronn, Stetten und Cannstatt, aber mehr als die Hälfte davon in Calw. Calwer Motive, Zeitgenossen und Schicksale durchziehen sein ganzes Werk vom 1896 geschriebenen Kindheitskapitel in »Hermann Lauscher« bis hin zur späten Prosa seiner »Beschwörungen« und zu den letzten Gedichten. So sehr er seine Heimat geliebt hat, so sehr hat er sich an ihr auch wundgerieben, als ihm mit zunehmendem Alter eine Anpassung an Traditionen abverlangt wurde, die seinen Anlagen widersprachen. Theologe konnte und wollte er nicht werden, wenngleich sein späteres, die Religionen der Menschheit – wie bei Lessing – in brüderlicher Toleranz vereinbarendes Werk ohne das Sendungsbewusstsein des elterlichen Protestantismus und das pietistische Sektierertum der Calwer Stundenbrüder undenkbar wäre. Seine Öffnung gegenüber den Religionen der von den Großeltern und Eltern zum Christentum bekehrten asiatischen »Heiden«, seine Popularisierung buddhistischen, konfuzianischen und taoistischen Gedankengutes im »Siddhartha« und »Glasperlenspiel«, hätte sie stattgefunden ohne die frühen Anstöße im Familienkreis ehemaliger Indien-Missionare?

Doch bevor Hesse diese Impulse in seinen Büchern aufgreifen und ihre Widersprüche zu vereinbaren vermochte, galt es zunächst, das darzustellen und zu verkraften, was ihm am meisten zu schaffen machte.

Warum war es ausgerechnet ihm unmöglich, in der Geborgenheit der »Kleinen Welt« seiner Vaterstadt ebenso reibungs- und widerspruchslos aufzugehen, wie es den meisten anderen doch offenbar so komplikationslos gelang? In mehr als dreißig Erzählungen, im frühen Roman »Unterm Rad« ebenso wie im unvollendeten »Schwäbischen Lebenslauf« seines Spätwerkes »Das Glasperlenspiel«, hat ihn das umgetrieben und damit wie beiläufig ein inneres Bild seiner Vaterstadt überliefert, dessen topographische Anschaulichkeit nicht weniger besticht als die psychologische. Was da an »Märchenduft von Heimat«, an Lokalkolorit und unverwechselbar schwäbischem Aroma eingefangen ist, von der feuchtklammen Winkelwelt der Falkengasse, den Hinterhöfen mit ihren Mansarden und Scheunen, Pferdefuhrwerken und Mostpressen, den Lohgruben der Gerber, den Stellfallen der Flößer am Flusswehr bis hinein in die Stuben der Kleinstadtnoblesse, der Missions- und Mäßigkeitsvereine der Stundenbrüder oder dem Frauenzimmer-Liederkranz »Frohsinn«, das alles wird ebenso anschaulich und mit liebevoller Unbestechlichkeit überliefert wie die von solchen Verhältnissen geprägte Zoologie der Einwohner und ihrer Gewerbe. Da gibt es Seiler und Sattler, Steinhauer und Scherenschleifer, Seifensieder, Korb- und Hutmacher, Kübler, Flaschner und Fuhrleute, Teichel- und Brunnenmacher, Taglöhner und Winkelreiniger. Sie alle, ob wir sie aus Hesses »Gerbersau«-Geschichten nun als Joseph Griebenrath, Emil Rothfuß, Andreas Sauberle, Friedrich Trefz, Karl Hürlin, Stefan Finkenbein, Schorsch Großjohann, Karl Schlotterbeck oder Präzeptor Brüstlein kennen, sind dort in ihrer Eigenart verewigt. Mehr oder weniger abgewandelt findet man ihre Namen auch heute noch bei einem Gang über den Calwer Friedhof wieder.

Ob ihre Porträts nun direkt der Wirklichkeit entsprachen oder in ihren Besonderheiten erzählerisch überspitzt und fiktional verfremdet in den Mikrokosmos seiner Erzählungen eingegangen sind, gern hat man es nicht, sich auf so pointierte Weise charakterisiert zu finden. Deshalb waren die Reaktionen der Calwer Zeitgenossen auf Hesses Schilderungen nicht weniger gereizt als diejenigen der Bürger Lübecks auf das Personal in Thomas Manns »Buddenbrooks«: »Wenn der Verfasser der Buddenbrooks«, schrieb sein Onkel Friedrich 1913 in einer Lübecker Zeitung, »in karikierender Weise seine allernächsten Verwandten in den Schmutz zieht und deren Lebensschicksale eklatant preisgibt, so wird jeder rechtdenkende Mensch finden, dass dieses verwerflich ist. Ein trauriger Vogel, der sein eigenes Nest beschmutzt.« In merkwürdiger Parallele dazu lesen wir in Hermann Hesses 1907 entstandener »Gerbersau«-Erzählung »In einer kleinen Stadt«: »Er wusste wohl ... dass man seine Karikaturen für die Missetaten des Vogels ansah, der sein eigenes Nest beschmutzt ... dass seine unerbittliche und liebevolle Kenntnis des hiesigen Lebens gerade das war, was ihn von seinen Mitbürgern schied ... doch wenn er den alten Tapezierer Linkenheil oder den jungen Friseur Wackenhut karikierte, so schnitt er mit jedem Striche weit mehr ins eigene Fleisch als in das des Gezeichneten.«

Vermutlich hängt es damit zusammen, dass Hesse, nachdem ihn der erste große Bucherfolg mit »Peter Camenzind« populär gemacht hatte, seine Vaterstadt in seinem ganzen Leben nur noch sechsmal besuchte, zuletzt 1931 mit seinem Sohn Bruno. Bauliche Veränderungen und Korrekturen des Flussbettes, welche unvergessliche Motive am Ufer der Nagold beseitigten, mögen ein Übriges dazu beigetragen haben, dass er fürchtete, das Bild seiner Geburtsstadt, wie er es in der

Erinnerung bewahrt und in seinen Dichtungen überliefert hat, beschnitten zu finden.

Aber seine Beziehungen zu dieser Stadt und die Kontakte zu den Freunden, die er dort hatte, sind nie abgerissen. Das zeigen nicht nur seine Briefe oder die Versorgung Calws unmittelbar nach dem Zweiten Weltkrieg mit Güterwaggons voller Lebensmittel, die finanziellen Zuwendungen für Bedürftige aus dem ihm 1946 verliehenen Goethepreis oder den Stiftungen anlässlich seines achtzigsten Geburtstages, sondern vor allem sein bis ins hohe Alter mit dem Überliefern versunkener Bilder befasstes Gedächtnis. So schreibt er noch Ende 1958 an seine Calwer Cousine Fanny Schiler: »Das Wiederauftauchen einer versunkenen Kindheitserinnerung schätze ich höher als das Ausgraben von sechs Römerlagern.« Und in einem anderen Brief: »In der Gasse in Calw, wo meine Eltern in meiner Knabenzeit einige Jahre wohnten, war nah bei uns das Häuschen eines Drehers, und statt eines Schildes hing über der Tür zu seiner Werkstatt eine schön gearbeitete Riesen-Tabakspfeife von mehr als zwei Meter Länge, ich könnte sie noch zeichnen. Sie war schon damals, gegen 1890, ziemlich alt. Und nun bekam ich dieser Tage ein paar Nummern einer Calwer Zeitung zugeschickt … da erfuhr ich, daß jene alte riesige Pfeife nicht untergegangen ist wie das deutsche Reich, sondern noch existiert und von einem Sammler sorgfältig aufbewahrt wird. Diese Nachricht freute mich so, wie wenn ein Wundertäter mich von der Gicht geheilt hätte.«

Auch heute noch ist es lehrreich, Wirklichkeit und Dichtung, Objektives und Subjektives zu vergleichen, um zu ermessen, was hinzukommen muss, damit aus »Krähwinkel« und »Schilda« (wie Hesse seine Vaterstadt mitunter auch genannt hat) für ihn wie für manche Leser »schönste Stadt der Welt« werden konnte.

SPURENSICHERUNG

Die Familie Hesse in Calw 1889

Anfang April 1946, als nach den Restriktionen der braunen Machthaber im deutschen Buchhandel noch immer kein einziges der über dreißig Bücher Hermann Hesses lieferbar war, erreichte den seit 34 Jahren in der Schweiz lebenden Dichter ein Brief aus seiner Geburtsstadt Calw. Absender war sein ehemaliger Cannstatter Schulkamerad Ernst Rheinwald, der sich seit 1905 dort als Rechtsanwalt niedergelassen hatte. Der Brief enthielt den Vorschlag, in einem Sammelband alle Schriften Hesses zusammenzustellen, die in Calw und seiner Umgebung spielten. Obwohl Hesse zu diesen Zeitpunkt, unmittelbar nach dem Bankrott der völkisch-patriotischen Ideologie des Nationalsozialismus, Neuauflagen seiner allzu lang unterdrückten Bücher mit weltoffener Thematik zweifelsohne lieber gewesen wären, vor allem seines Alterswerks »Das Glasperlenspiel«, das bisher nur in der

Schweiz erscheinen konnte, stimmte er zu. Denn neben Ernst Rheinwald engagierte sich ein noch näherer Schulfreund Hesses, der von den Nationalsozialisten abgesetzte Oberbürgermeister der Stadt Göppingen, Otto Hartmann, für eine solche Ausgabe, die zu finanzieren Hesses Vaterstadt bereit war, obwohl sie ja nicht erst seit seiner Abkehr vom politischen Deutschland im Ersten Weltkrieg ihre Schwierigkeiten mit ihm gehabt hatte. Denn bis aus dem »Nestbeschmutzer«, dem »Beleidiger der theologischen Seminare Württembergs«, dem »zersetzenden Internationalisten« und »pazifistischen Emigranten«, bis aus dem Weltbürger und seit 1946 dem Nobelpreisträger Hermann Hesse im Jahr darauf ein Calwer Ehrenbürger werden konnte, war es ein weiter, auch für die Stadt und ihre Repräsentanten nicht ganz unkomplizierter Weg. »Daß jetzt«, schreibt Hesse in seiner Antwort an Rheinwald, »wo ich es längst aufgegeben habe, den Wiederaufbau meines Werkes noch erleben zu wollen, aus dem lieben alten Calw solch ein Vorschlag kommt, macht allerlei wieder gut, was ich wegen meines Halbschweizertums, wegen meiner Abneigung gegen den Krieg und die Politik des Eroberns erdulden mußte.« Und er fährt fort: »Auch wenn Dein Plan nicht zur Ausführung kommt, ist damit doch etwas Moralisches geschehen und nichts Kleines, dafür danke ich Dir.«

Doch erst drei Jahre danach, als Hesses Lebenswerk mit dem Goethepreis der Stadt Frankfurt zum ersten

Mal in Deutschland einer literarischen Auszeichnung für würdig und somit auch von offizieller Seite für unbedenklich befunden worden war, zu einem Zeitpunkt, als obendrein auch noch der Nobelpreis einen Hinweis auf die vielleicht doch weltweite Bedeutung dieses Autors gegeben hatte, konnte die regional orientierte Calwer Werkauswahl erscheinen. 1949 lag sie in zwei stattlichen, mehr als 800 Seiten umfassenden Bänden vor, die schon in ihrem Titel »Gerbersau« etwas vom herben Aroma und von der Atmosphäre vermitteln, welche das Flussstädtchen im Norden des Schwarzwalds der alteingesessenen Zunft der Gerber verdankte. In seinem Geleitwort vom August 1948 schreibt der Dichter, gleichwohl stehe er einer solchen Präsentation des »schwäbischen Hesse« mit gemischten Gefühlen gegenüber. Denn diese Auswahl, welche beinahe nur die bis damals bekannten Schriften aus seiner Frühzeit zusammenfassen, einer friedlichen Ära vor dem Ersten Weltkrieg, spiegele nicht den Extrakt seines Lebens, sondern nur einen Teilaspekt, ein Jugendbildnis. Dieses Bildnis aber sei unverfälscht. Es zeige seine Liebe zur schwäbischen und Calwer Heimat, seine Verbundenheit mit schwäbischer Luft und Landschaft, mit alemannischer Tradition im Geistigen und in der Sprache. »Zu dieser Liebe und Verbundenheit mich zu bekennen, fällt mir desto leichter, je mehr ich in meinem späteren Leben und Denken mich von jedem Nationalismus und Patriotismus entfernt habe.«

Die Voraussetzungen kennenzulernen, dank deren unsere Liebe zu Herkunft und Heimat nicht in die Sackgasse lokalpatriotischer und nationalistischer Engstirnigkeit führt, sondern zu Weltoffenheit und Toleranz, lädt Siegfried Greiners 1981 erschienene Dokumentation über »Hermann Hesses Jugend in Calw« ein. Anhand des heute vollständiger als noch in der Sammlung »Gerbersau« erschlossenen Frühwerks untersucht er Hesses Erzählungen auf ihre regionalen und faktischen Ursprünge. Denn mittlerweile haben auch diese Frühschriften ein so großes und internationales Leserpublikum gefunden und so unterschiedliche Deutungen und Spekulationen ausgelöst, dass es an der Zeit ist, sie auf ihre Anlässe hin zu überprüfen. Was wir am Beispiel vieler Dichter, Maler und Musiker studieren könnten, deren Arbeiten, ihrer unverwechselbar regionalen Elemente zum Trotz, überregional gewirkt haben, wird hier am Werk eines Schriftstellers demonstriert, von dem Leser in den USA, in Japan, Korea, Skandinavien oder Südamerika immer wieder behaupten, wenn es nicht auf dem Buchumschlag stünde, dass der Verfasser ein Deutscher sei, würden sie ihn für ihren Landsmann gehalten haben. Wie verträgt sich eine solche, die entgegengesetztesten Kulturkreise vereinbarende Publikumsidentifikation mit einer regionalen Anschaulichkeit, die so speziell ist, dass Leser, die nie in Calw gewesen waren, an Hesse schrieben: nach der Lektüre seiner frühen Erzählungen sei ihnen diese Schwarzwaldstadt so vertraut, als ob sie sich selbst lange dort aufgehalten hätten? Andere glaubten sogar, sie könnten diesen nie mit eigenen Augen gesehenen Ort allein nach Hesses Schilderungen wenn nicht rekonstruieren, so doch gewiss einen Stadtplan davon erstellen.

Dass Regionalismus und Internationalismus keine Gegensätze zu sein brauchen, sondern sich im Idealfall sogar bedingen, diese für uns Deutsche noch immer heikle Erkenntnis hat vier Jahrzehnte nach dem Zweiten Weltkrieg Martin Walser auf programmatische Weise neu formuliert: »Es gibt überhaupt keine andere Literatur als Regionalliteratur. Auch Literatur, die in Manhattan geschrieben wird, ist Regionalliteratur. Ganz sicher kann man sagen: bevor etwas Weltliteratur werden kann, muß es erst Regionalliteratur gewesen sein. Mich faszinieren Bücher, die stark den Lokalgeist von bestimmten Städten oder Landschaften spiegeln, weil sie dadurch sehr konkret sind.«

Konkret und anschaulich sind fast alle Schriften Hermann Hesses, insbesondere aber ist es sein Frühwerk. Hier ist der Lokalgeist so gegenwärtig, dass man sich beim Lesen nicht nur in den Organismus einer schwäbischen Kleinstadt vor der Jahrhundertwende zurückversetzt fühlt, sondern zugleich einbezogen wird in eine Vielfalt zwischenmenschlicher Beziehungen, die uns in den betonierten Waben unserer Ballungszentren mittlerweile fast ganz verloren gegangen ist. Man kannte einander nicht bloß vom Hörensagen, sondern so, wie Menschen sich kennen, die aufeinander angewiesen sind. Denn der tägliche Bedarf kam nicht anonym und austauschbar vom Supermarkt, sondern aus ortsansässigen Werkstätten und Betrieben, die ihr Auskommen größtenteils noch durch die eigene Produktion und durch die Bedürfnisse der Nachbarn bestreiten konnten. Da gab es noch Berufe, unter denen man sich etwas vorstellen konnte und die auch den Menschen ihr unverwechselbares Gepräge gaben: Fuhrleute und Flößer, Küfer, Flaschner, Scherenschleifer und Hutmacher oder Kaufleute, die ihre Geschäfte Kolonial-, Spezerei- oder Galanteriewarenhandlungen nannten. Zwischen den bäuerlichen und handwerklichen, den produzierenden und verarbeitenden Betrieben existierte eine noch überschaubare Symbiose. Die Grenze zwischen Stadt und Land war viel durchlässiger, auch für den Rhythmus der Jahreszeiten mit dem Geruch von Heu und Hopfen im Sommer, dem Rauch der Kartoffelfeuer im Herbst und dem gärenden Duft es Mostes in den Trebern und auf den Kelterplätzen der Stadt.

Das alles ist mittlerweile historisch und hat die Patina eines scheinbar besseren, lebenswerteren Zeitalters, das uns nur deshalb romantisch und heil vorkommt, weil es vergangen ist. Doch was uns im Vergleich zu heute als »heile Welt«, als Einklang des Menschen mit sich seiner Umwelt erscheinen mag, war damals ebenso bedroht, wie jede Gegenwart es ist. Und so war es auch bei Hesse nicht die »heile Welt«, sondern deren Bedrohung, die ihn produktiv machte.

Doch bevor es dazu kommt, muss man es bewältigt haben. Bei manchen geht das reibungslos und ist schon mit der Berufswahl abgeschlossen. Bei anderen geht es länger, je nach ihrer Sensibilität und der dadurch erschwerten Anpassung an das Vorgegebene. Hermann Hesse hat diese Anpassung mehr zu schaffen gemacht als anderen. Warum war ausgerechnet seine Veranlagung so schwer in Einklang zu bringen mit dem, was die Eltern, die Schule und überhaupt die Erwachsenen von ihm erwarteten? »Ein abnormer Bub, wie unser Hermann«, hatte er seine Mutter sagen hören. War es abnorm, alles so genau zu beobachten und ernst zu nehmen, wie er es tat? Nicht nur alles wissen zu wollen, sondern das Gesehene, Gelesene, Gelernte auch gleich auszuprobieren und auf seine Anwendbarkeit hin zu überprüfen? Obwohl im Geschichtsunterricht gelernt werden musste, dass die Welt stets von solchen Menschen gelenkt und verändert worden sei, »welche sich ihr eigenes Gesetz gaben und mit den überkommenen Gesetzen brachen und dass diese Menschen verehrungswürdig seien«, war es in Wirklichkeit ganz anders.

Denn »wenn einer von uns einmal Mut zeigte und gegen irgendein Gebot oder auch bloß gegen eine dumme Gewohnheit protestierte, wurde der weder verehrt noch uns zum Vorbild empfohlen, sondern bestraft, verhöhnt und von der feigen Übermacht der Lehrer erdrückt« (»Kurzgefaßter Lebenslauf«). War es abnorm, sich Gedanken zu machen, warum die Erwachsenen sich so oft widersprachen, warum man Nächstenliebe predigte und zugleich vor dem Umgang mit Kindern aus dem verkommenen Hengstetter Gäßle warnte, die zwar aus ärmeren Verhältnissen kamen, dafür aber verwegenere Spiele und interessantere Dinge wussten als die aus der Lateinschule?

Warum stimmten Anspruch und Wirklichkeit auch sonst so wenig überein? Und warum glückte es nicht auch ihm wie den meisten seiner Kameraden, sich mit den Widersprüchen abzufinden, sich auf irgendeine Weise zu arrangieren und dabei das Beste für sich herauszuholen? Niemand konnte solche Fragen zufriedenstellend beantworten. Es lief doch immer auf eine Beschwichtigung hinaus, wenn nicht auf eine Reaktion mit Gebet und Rute, jedenfalls auf die Zumutung, der eigenen Wahrnehmung zu misstrauen und sie dem bekömmlichen Konsensus der Allgemeinheit anzupassen. Nur wenn man sich nicht beirren ließ, seine Beobachtungen so ernst nahm, dass man sie ausdrücken mußte im Dialog oder – wo das nicht ging – auf dem

Papier, waren manchmal Lösungen zu finden, Lösungen, die merkwürdig übereinstimmten mit denen, die er bei den Dichtern gefunden hatte.

Was Wunder, dass nun auch er sich in den Kopf setzte, ein Dichter zu werden, zwölfjährig, also lange bevor andere sich Gedanken darüber machen, welchen Beruf sie als Erwachsene einmal haben werden. Doch das machte die Sache nur noch schlimmer. In Calw wie an jedem anderen Ort der Welt respektierte man Schriftsteller zur Not, wenn sie erfolgreich oder schon tot waren. Aber ein Dichter werden zu wollen, »war eine Lächerlichkeit und Schande«, zumal es weder Ausbildung noch Examen noch eine gesellschaftliche Akzeptanz mit Pensionsanspruch dafür gab. Vierzehn entscheidende Jahre, Kindheit, Pubertätszeit und Lehrjahre, hatte er sich nun gegen diese Vorstellungen zu behaupten, sich zu wehren gegen das liebevoll pietistische Brechen des Willens, gegen die sanfte Gewalt der Disziplinierung in Elternhaus, Theologieseminar, Gymnasium, Schlosserwerkstatt und Nervenheilanstalt.

Ohne es zu wollen, war Hesse damit zum Außenseiter geworden. Von nun an verfolgte er, was ihn umgab, mit der hellhörigen Wachsamkeit des Nonkonformisten, der zu begreifen sucht, warum es diesen Leuten so viel leichter fiel, mit der Umwelt ihren Frieden zu machen.

Wie für Thomas Mann war auch für Hesse die Schulzeit abgeschlossen mit dem »Einjährig-Freiwilligen-

Zeugnis«, das dem Sechzehnjährigen die Obersekundareife bescheinigte. Auf allerlei Umwegen, zuletzt über eine Buchhändlerlehre, ist es ihm dann doch noch geglückt, sich durchzusetzen und nicht »unters Rad zu kommen«, wie man ihm prophezeit hatte. Kaum dass der Erfolg seines ersten Romans es ihm endlich im Alter von 26 Jahren erlaubte, ohne die Fessel eines Brotberufs Atem zu holen, um sich über das Zurückliegende klar zu werden, setzt 1903 mit der Niederschrift der Schülertragödie »Unterm Rad« die Schilderung seiner Calwer Kindheits- und Pubertätserfahrungen ein, deren Bewältigung ihn fast ebenso lange in Anspruch nehmen wird, wie diese Erfahrungen selber gedauert hatten: mehr als 15 Jahre. Nur durch ihre Darstellung – das hatte Hesse nach ersten zaghaften Anläufen während der Arbeit am »Hermann Lauscher«-Manuskript bereits erfahren – war so etwas wie Abstand, Selbstbehauptung und Rechtfertigung seines unfreiwilligen Außenseitertums zu erreichen. Erst mit dem »Demian« (1917) und nach dem Tod seines Vaters mit der Erzählung »Kinderseele« (1919) hatte er sich davon freigeschrieben mit einem Zyklus von mehr als dreißig Erzählungen, angesiedelt in einem Ort, der uns vertraut vorkommt wie unsere eigene Herkunft und der doch auf keiner Landkarte zu finden ist.

»Heimat«, schreibt Hesse, »ist für mich nie ein politischer Begriff gewesen, sondern ein rein menschlicher.

Wo wir Kinder gewesen sind und die ersten Bilder von Welt und Menschen empfangen haben, da ist unsere Heimat, und ich habe die meine stets mit Dankbarkeit geliebt.« Diese Liebe zur Landschaft, zu den Orten und Menschen seiner Herkunft ist auch überall dort gegenwärtig, wo sich Hesse auf kritische, ironische und anklagende Weise mit den Verhältnissen in seiner Heimatstadt, »unserem guten Schilda«, auseinandersetzt. Ihr verdanken seine frühen Erzählungen jene Detailkenntnis und anschauliche Frische, durch die auch tragische Handlungsverläufe nicht eindimensional wirken wie Tendenzliteratur, sondern den Leser betroffen machen.

Wie aus dem realen Calw das fiktive Gerbersau, aus dem geographischen Ort ein Prototyp, »das Vor- und Urbild aller Menschenheimaten und Menschengeschicke« geworden sind, so verhält es sich in Hesses frühen Erzählungen auch mit den geschilderten Begebenheiten. Nur das Zufällige und Austauschbare, also die Namen der Lokalitäten und Menschen, werden mehr oder weniger verfremdet, nicht aber das, was sie ausmacht, ihre Eigenart und ihr Schicksal. Selbst das Erfundene hat einen solchen Wahrscheinlichkeitsgrad, dass man versucht ist, nach historischen Entsprechungen zu suchen. Am einfachsten wären sie natürlich um die Jahrhundertwende oder zur Zeit ihrer Niederschrift nachzuweisen gewesen. Denn je mehr Zeit verstreicht, desto blasser werden die Spuren, bis sie am Ende ganz verschüttet sind und willkürlichen Deutungen anheimfallen. Der reale Bezug jedoch entzieht Spekulationen den Boden.

Statt sich auf das Glatteis von Mutmaßungen zu begeben, hat Siegfried Greiner wichtige Basisarbeit geleistet. 1977, als mit der vierbändigen Ausgabe von Hesses »Gesammelten Erzählungen« auch das Frühwerk erstmals vollständig vorlag, hat er es neu gelesen, doch nicht mit den Augen des Rezensenten, des Interpreten oder des Komparatisten, sondern mit dem Ortsvorteil des gebürtigen Calwers, den Kenntnissen und Erfahrungen des langjährigen Lokalforschers und Heimatkenners. Dem fallen andere Dinge auf als philologische. Was ihm dabei einfiel, hat er notiert, in Stichworten erst, doch dann – gepackt von der Fülle der Analogien – immer systematischer. So verblüffend hatte er sich die Kongruenz von Dichtung und Wahrheit nicht vorgestellt. Es war höchste Zeit, die Spuren zu sichern. Denn immer noch gab es vor Ort Zeitgenossen Hesses, die manches, was in diesen Erzählungen berichtet wurde, miterlebt hatten oder es von ihren Eltern her wussten. Anderes war ungewiss. Aber auch dort gab es Anhaltspunkte, leicht identifizierbare Einzelheiten, Bausteine eines Mosaiks, das es zu vervollständigen galt. Hier musste recherchiert, mündliche Überlieferung verglichen werden mit dem, was sich in Korrespondenzen, amtlichen Dokumenten und Registern erhalten hatte.

Und fast jedes Mal fügten sich am Ende die Bruchstücke zu einem Ganzen, stets erlaubte die Dichtung Rückschlüsse auf die Realität, die oft so zuverlässig waren, dass auch vergessene Begebenheiten wieder gegenwärtig wurden: Dichtung als Quelle lokaler Geschichtsforschung. Troja brauchte nicht erst ausgegraben zu werden. Was dabei zum Vorschein kam, waren weder die »großen« Ereignisse noch die Taten der lokalen Tonangeber, wie sie in den Tageszeitungen berichtet werden und in den alten Nummern des Calwer Wochenblattes leicht nachzulesen gewesen wären, sondern das Verdrängte und scheinbar Belanglose, das offenbar weniger überlieferungswürdige Los der kleinen Leute, der Nebenfiguren und Sonderlinge. »Ich habe zum Leben der Kleinen und Anspruchslosen«, schreibt Hesse in einem Brief von 1912, »von Kind auf ein halb humoristisches, halb neidisches Verhältnis, das mich immer wieder locken wird … Ein Lehrbub, der seinen ersten Sonntagsrausch erlebt, und ein Ladenmädel, das sich verliebt, sind mir, offen gestanden, eigentlich ganz ebenso interessant wie ein Held oder Künstler oder Politiker oder Faust, denn sie leben nicht auf den Gipfeln seltener Ausnahmeexistenzen, sondern atmen die Luft aller und stehen allen Dingen näher, auf denen das natürliche menschliche Leben ruht und aus denen wir in schlechten Zeiten den Trost der Gemeinsamkeit und Zugehörigkeit schöpfen … so habe ich zu dem Kreis der

Bescheidenen, Umfriedeten, in enge feste Verhältnisse Beschränkten eine sehnsüchtige Liebe behalten ... oft scheint mir, es gebe überhaupt nur Nebenfiguren, den Faust und Hamlet inbegriffen ..., wie ja wir Ungläubigen auch die Unsterblichkeit nicht mehr in der Tasche tragen und sie doch verehren und an ihr teilzuhaben meinen, indem wir sie überindividuell sehen.«

Diese besondere Art zu sehen, die keiner »seltenen Ausnahmeexistenzen« bedarf, um das Außergewöhnliche wahrzunehmen, weil sie schon im beiläufigen Detail das Ganze, im individuellen Einzelfall das Überindividuelle bemerkt, erkennt auch im Zufälligen das Allgemeingültige, im Lokalen das Überregionale. So kann Regionalliteratur ganz ohne Ambitionen – es sei denn die der größtmöglichen Genauigkeit der Darstellung – zur Weltliteratur werden. Freilich hat sich Hesse jedes Mal dagegen gewehrt, wenn man von den Figuren seines überregionalen Gerbersau allzu plumpe Rückschlüsse auf das reale Calw und seine Einwohner ziehen wollte. So schreibt er 1930 in einem Brief an Ernst Rheinwald: »Meine Geschichten spielen nie in Calw, sondern in Gerbersau oder einem anderen erfundenen und poetischen Ort.« Und fünfzig Jahre später antwortet Martin Walser in einem Interview, er habe sich »jedes Mal strikt geweigert, den Anlaß durch Rückübersetzung des Buches zu nennen. Deshalb bediene ich mich immer noch der Fiktion: ich lasse mich von wirklichen Begebenheiten zu fiktionalen Antworten veranlassen und wehre mich mit meinen Fiktionen gegen unangenehme Anlässe. Aber ich tue das nicht, um dann die Fiktion wieder zurückzuübersetzen. Gerade die Fiktion erlaubt mir ein größeres Maß an Aussageoffenheit.«

Was der Künstler aus Diskretionsgründen verweigern muss, macht sich die Forschung zur Aufgabe und zeigt damit, was hinzukommen musste, damit aus der Banalität des Faktischen etwas zufallsenthoben Allgemeingültiges werden konnte. Dass hinter den amtlich registrierten Namen – den Geburts- und Sterbedaten, den Vermerken über Beruf und Wohnorte – Menschen sichtbar werden, Menschen mit individuellem Ausdruck und Schicksalen, die so charakteristisch sind, dass man meint, Personen aus eigenem Bekanntenkreis, wenn nicht uns selber in ihnen wiederzuerkennen, dazu bedurfte es mehr als der Analyse und Bestandsaufnahme des Gewesenen. Dazu bedurfte es einer Empathie, die das Gewesene durch gestaltendes Nachvollziehen immer neu zum Leben erweckt, so dass es sich auf die Leser überträgt, ihre Teilnahme, ihren Zorn oder ihr Mitleid bewirkt. Die Vergangenheit ist damit nicht abgeschlossen, vergessen und entschärft, sondern kann sich an jeder Gegenwart neu entzünden. Das ist das Potential der Kunst, ihre subtile Mischung aus einfühlender Phantasie in unbewältigte Realität, die sich umso brisanter entlädt, je spezifischer das Gewicht des Faktischen ist.

Ich lasse es offen, ob nun alle diese Rückübersetzungen Siegfried Greiners »stimmen«. Eine solche Frage könnte nur Hermann Hesse selbst mit Gewissheit beantworten. Aber was was der Lokaforscher allein an Namensentsprechungen zum »Glasperlenspiel« zutage gefördert hat (sei es nun der Hinweis auf Jakob Knecht, den Gehilfen von Hesses Großvater, auf den Geschichtsforscher Karl Klaiber, den politisch tätigen New Yorker Großonkel Frédéric Dubois oder die Rekonstruktion von Hesses frühesten musikalischen Begegnungen mit Werken von Gabrieli, Schütz, Corelli und J. S. Bach), würde schon ausreichen, um dieses Buch zu rechtfertigen. Hinzu kommt die Gewissenhaftigkeit von Siegfried Greiners Recherchen, die sich nicht zuletzt in seiner Weigerung zeigt, einzig der Vollständigkeit wegen, auch unbewiesene Hypothesen einzubeziehen.

Gleich zu Beginn seines Buches entwirft Greiner ein detailliertes Bild der damaligen Calwer Umwelt und ihrer Einflüsse auf den Dichter. Er illustriert den Übergang von ländlicher Geborgenheit zur beginnenden Industrialisierung, dank derer das kaum 5.000 Einwohner zählende Schwarzwaldstädtchen eine wirtschaftliche Bedeutung im damaligen Württemberg erreichen konnte, die der eines viel größeren Ortes entsprochen hätte. Es ist gewiss kein Zufall, dass gleichzeitig mit diesem kommerziellen Aufschwung auch der 1833 gegründete Calwer Verlagsverein seine steile Entwicklung von einer pietistischen Traktätchenpresse zum führenden Publikationsort evangelischer Missionsliteratur erlebte. Wie pietistischer Purismus und schwäbische Geschäftstüchtigkeit sich in diesem Städtchen mit vorwiegend protestantischer Bevölkerung gegenseitig ergänzten und zu »gottgefälliger Effizienz« beflügelten, zeigt dieses Buch ebenso wie die Familiengeschichte Hesses, beginnend mit der unfreiwilligen Übersiedelung des weltkundigen Großvaters Hermann Gundert nach Calw im Jahre 1860. Es zeigt diesen Großvater aber auch noch, bevor er sich dem Kirchendienst untergeordnet hatte, als genialischen Freigeist und Dichter, der nach seinem merkwürdigen »Erweckungserlebnis« seine Dichtungen und Dramen verbrannte, um 22 Jahre lang in der indischen »Heidenmission« seinen Lebensunterhalt zu bestreiten. Es zeigt ihn Jahrzehnte später als sprachgewaltigen Leiter des Calwer Verlagsvereins, dem er das schöne, doch für seine missionarische Buchproduktion etwas wunschdenkende Motto gab: »Veritas persuadet«. Hieraus und aus vielen anderen von Siegfried Greiner zusammengetragenen Einzelheiten wird erst verständlich, warum Hermann Hesse die Art von pietistischer Frömmigkeit, in der seine Eltern lebten, »als etwas Ungenügendes, irgendwie Subalternes, auch Geschmackloses« empfand und seit »Beginn seiner

Jünglingsjahre heftig dagegen revoltierte« (»Biographische Notizen«). Und verständlich wird auch, warum es in einem solchen Ort zum Stadtgespräch werden musste, wenn ein Schüler beim Buchhändler die Werke Heinrich Heines bestellt und darüber in Verruf gerät wie der Missionarssohn Hermann Hesse.

Was damals schockierte, hat sich mittlerweile längst als lächerlich erwiesen. Dazu bedurfte es eines ganzen Lebenswerkes, einer ununterbrochenen Beantwortung realer Unzulänglichkeiten durch klärende Gestaltung. Den Abstand zwischen Dichtung und Wahrheit auszuloten ist dank Siegfried Greiners Spurensicherung möglicher geworden.

»ZUM PFLICHTGEFÜHL MUSS GOTT IHN DURCH TÜCHTIGE SCHLAPPEN WECKEN«

Hermann Gundert und sein Enkel Hermann Hesse

Hermann Gundert (1814-1893)

Als Hermann Gundert 1893 starb, war Hermann Hesse 15 Jahre alt. Als einer von insgesamt 32 Enkeln ist er neben seinem Vetter, dem künftigen Japan-Forscher Wilhelm Gundert, wohl derjenige seiner Nachkommen, über dessen Wirken der Großvater am glücklichsten gewesen wäre. Denn auf eine säkularisierte und überkonfessionellere Weise haben diese beiden Enkel fortgesetzt, was der Großvater begonnen hatte: die Überwindung des Eurozentrismus, die Öffnung nach Asien, doch nicht wie die Kolonialherren durch Nehmen, sondern durch Geben.

Als Hermann Hesse am 2. Juli 1877 geboren wurde, war sein Großvater längst von seinem 22 Jahre währenden Aufenthalt in Indien zurück und lebte seit 17 Jahren in Calw, wohin er ja 1860 zu seinem Leidwesen von der Basler Mission versetzt worden war, um

Christian Gottlob Barth, dem damals 77-jährigen Gründer des Calwer Verlagsvereins zu assistieren und zwei Jahre später, nach dessen Tod, sein Nachfolger zu werden. Gundert hatte Indien wegen einer schweren Ruhrerkrankung nur gezwungenermaßen verlassen und eine Übersiedlung in das enge Schwarzwaldtal, das ihm wie eine Mausefalle vorkam, nur unter der Bedingung akzeptiert, dass er ein Drittel seiner Zeit dort auf jene Arbeiten verwenden könne, die ihm mehr am Herzen lagen als alle Missionspublizistik. Dies waren seine Pionierleistungen für die indischen Sprachen, insbesondere das an der Westküste in Kerala gesprochene Malayalam, dessen verschiedene Mundarten er durch ein grundlegendes Wörterbuch, eine Grammatik, seine Bibel-Übersetzung, Sammlungen von Malayalam-Sprichwörtern, der ersten Natur- und Landesgeschichte von Kerala, Schulbücher und fast fünfzig andere landessprachliche Publikationen auf ähnliche Weise zur Schriftsprache entwickelt hat – wie Martin Luther das Deutsche durch seine Bibelübersetzung. Eine unglaubliche Leistung für einen Nichtinder, die sich bis auf den heutigen Tag als fruchtbar erwiesen hat und alles in den Schatten stellt, was er in seinem Hauptberuf, der ihm den Lebensunterhalt sicherte, als Missionar ausgerichtet haben mag. Er hat dem am dichtesten besiedelten Land Indiens, dem künftigen Staat Kerala, mit seinen mittlerweile mehr als dreißig Millionen Bewohnern ihre Sprache erschlossen, hat die Kastenschranken überwunden und den Wortschatz der Bergleute und Holzfäller im Norden des Landes mit dem der Fischer, Bootsleute, der Reis- und Bananenpflanzer im Süden der Malabarküste verschmolzen. Er hat die volkstümliche Umgangssprache mit dem Malayalam der Gelehrten zu einer Schriftsprache amalgamiert, ohne dabei die landessprachlichen Dialekte und Vulgarismen zu scheuen. Seine Vorliebe für das lebendige und gesprochene Wort hat ihn zu einem Duden des Malayalam gemacht und überdies zu einem Pionier des Schulwesens, indem er die Voraussetzungen schuf, dass Kerala neben Delhi heute in ganz Indien die wenigsten Analphabeten hat. Im August des Jahres 2000 wurde im Zentrum der keralesischen Großstadt Thalassery, wo Gundert die längste Zeit ansässig war, die Hauptstraße nach ihm benannt und vom Ministerpräsidenten des Landes eine Statue von ihm enthüllt. Wie lebendig die Leistungen dieses großen Sprachforschers auch heute noch sind, zeigen die internationalen Gundert-Kolloquien, die 1979 in Calicut (Kozhikode), 1993 in Stuttgart und 2013 in Calw stattfanden. Ohne den unermüdlichen Einsatz des Gundert-Herausgebers Albrecht Frenz, der uns den Nachlass und das Briefwerk von Hesses Großvater erschlossen hat, wären sie nicht möglich gewesen.

Zwar war Hermann Gundert auch in der Missionsarbeit außerordentlich produktiv, aber noch ganz ein

Kind seiner Zeit, des 19. Jahrhunderts, wenn auch offen und tolerant genug, um vorzubereiten, was zwei Generationen später bedeutende Asien-Missionare wie Richard Wilhelm in China, Wilhelm Hauer in Indien und Gunderts anderer Enkel Wilhelm in Japan fortgesetzt haben. Wie er selbst waren auch sie ausgezogen, um im Orient das Christentum zu verbreiten, und zurückgekehrt, um Europa mit den Kulturen dieser Länder bekannt zu machen. So hat Richard Wilhelm die chinesischen Klassiker, obenan Konfuzius und Lao Tse, erstmals nach den Originalen ins Deutsche übersetzt, während Hermann Gunderts Enkel Wilhelm dem Abendland das Bi Yän Lu, die Bibel des Zen-Buddhismus, erschlossen hat. Ganz so weit freilich ist der Großvater Hermann Hesses und Wilhelm Gunderts, des Japanologen, zwar nicht gegangen, wenngleich auch er mitunter geahnt haben mag, dass unterschiedliche Kulturen zwar verschiedene, aber gleichberechtigte Zugänge zu gemeinsamen Zielen haben.

»Was ihn im Theologischen und Kirchlichen bei der christlichen Stange hielt«, schrieb Hermann Hesse 1959 an seinen »japanischen« Vetter, »war nicht nur Bravheit, sondern auch Julie Dubois«, seine Frau. Sie war eine Calvinistin aus der französischen Schweiz, asketisch, fanatisch und sparsam.

Damit sind wir bei Hermann Hesse, den Gundert am 3. August 1877 in der Calwer Stadtkirche getauft hat, auf seinen eigenen und den gleichlautenden Vornamen des Großpapas väterlicherseits, der im fernen Baltikum als Landarzt und russischer Staatsrat wirkte. Noch ahnte man bei der Taufe nichts von den Turbulenzen, die dieses Erbe dem Neugeborenen künftig bereiten würde. Die erwähnte Großmama Julie, eine Missionarin, die Gundert in Indien geheiratet hat – zunächst weniger aus Liebe als aus Zweckmäßigkeit – und die ihm später nach Calw gefolgt war, wo sie kaum Deutsch, doch Französisch und Englisch sprach, berichtete über den Neugeborenen: »I have just seen the big Hermännle, who cries for hunger, turning his head on every side with the mouth opened, trying to get to drink. The nurse gave him a little camomilla, but the portion was not sufficient for such a hungry big fellow.« Weder als Täufling noch als Heranwachsender mochte sich Hesse mit Kamillentee, geschweige denn der Milch der frommen Denkungsart der Calwer Pietisten abspeisen lassen. Das sollte auch der Großvater noch erleben, der den Werdegang dieses Enkels von Anfang an mit merkwürdiger Aufmerksamkeit verfolgt hat. Denn es gab in Hesses Entwicklung Gemeinsamkeiten genug, die Gundert an seine eigene Jugend erinnerten. Er berichtet darüber in zahlreichen Briefen. Einige Beispiele sollen genügen: Den Eltern, die sich über die Widerspenstigkeit des Sechsjährigen beklagten, schrieb er 1883: »Mit Hermann werdet Ihr freilich Geduld haben müssen. Es kommt auch von Gott, daß einem die Kinder Rätsel aufgeben« ... »Hermann ist ein verzwickter, leicht hochgesteigerter Bursche.«

Als sie den Siebenjährigen zu Pflegeeltern geben wollten, schreibt er: »Ich gestehe, eine Freude wär's nicht, wenn Ihr ihn abgäbet ... Ihr könnt ihn doch niemand übergeben, dem an dem Knaben mehr läge als Euch«. Vom Elfjährigen kann er berichten: »Mit Hermann treibt [sein Vater] Johannes etwas Griechisch, da fällt auf, wie ungeheuer leicht er kapiert. Nur verwendet er nicht viel Mühe auf's Behalten.«

Das musste ihm auffallen. Denn das rasche Erfassen einer Fremdsprache war eines der besonderen Talente des Großvaters, worüber Hermann Hesse 1960 Theodor Heuss mitteilte, der gerade von einem Staatsbesuch aus Indien zurückgekehrt und über die dortige Popularität Gunderts erstaunt war: »Seine Sprachbegabung, die ich leider nicht geerbt habe, war verblüffend. Mit einer Art genialer Musikalität eignete er sich irgendeine beliebige Sprache spielend an. Er konnte etwa auf einer Reise ein polnisches oder spanisches oder anderes Testament mitnehmen und sich in der Eisenbahn lesend, eine neue Sprache aneignen.« Das geschah, schreibt Hesse an anderer Stelle, »ganz ohne Ehrgeiz und Streberei, einfach aus Neugierde, zum Vergnügen, denn Sprachen waren ihm, was einem Gartenfreund die Blumen oder einem Bilderfreund die Kunststile sind«. Doch sehen wir weiter, was der Großvater sonst noch über seinen Enkel zu berichten weiß. 1890 wird der 13-jährige Hesse in Göppingen auf das Württembergische Landexamen vorbereitet. Anfang August notiert Hermann Gundert: »Am 31. [Juli] kam Hermann aus Göppingen in die Ferien. Er bringt sehr gute Zeugnisse mit und sieht einem so frei ins Auge, daß man eine rechte Freude an ihm hat.«

Auch das gefürchtete Landexamen, welches ihm das Stipendium zur Weiterbildung in einem der württembergischen Seminare und zum Theologiestudium am Tübinger Stift verschaffen sollte, schaffte der Enkel spielend. Amüsiert berichtet Gundert, dass sich der Vierzehnjährige als Thema für den Prüfungsaufsatz im Lateinischen die Bedeutung von Moltkes Zigarre für den Sieg der Preußen über die Österreicher in der Schlacht bei Königgrätz gewählt und den Aufsatz auch gleich noch in Verse verwandelt habe. Zwei Monate später kommt Hesse ins Maulbronner Seminar, das sechzig Jahre zuvor auch der Großvater besucht hatte, und wird dort, wie damals auch Hermann Gundert, in der Stube Hellas untergebracht. Von hier aus schreibt er dem »optime ave« gleich einen lateinischen Brief, den er mit »Mönch Arminius Chattus« unterzeichnet.

Zwar seien Fehler in seinem Opus, berichtet der Großvater, »aber es ist spiritus darin. Über den Tod des Königs Carl [von Württemberg] dichtete er auch etwas

… Wenn er sich nur nicht in selbstgewählten Arbeiten und Studien zersplittert! Anlage dazu hat er« … »Alles regt ihn an und er regt selbst auch an. Homer scheint eine besondere Macht für ihn zu sein, aber auch andere Bücher wie David Copperfield ziehen ihn bedeutend an.« Auch dies musste Hermann Gundert an seine eigene Schulzeit erinnert haben, wo er sich (gleichfalls in Maulbronn) an Dramen über Peter den Großen und Napoleon versucht hatte und durchaus unschlüssig war, ob er zum Theologen tauge, zu dem sein Vater, der Mitbegründer und Sekretär der Württembergischen Bibelgesellschaft, ihn machen wollte. »Denn lese ich einen Dichter«, schrieb Hermann Gundert damals, »so will ich ein Dichter werden; vertiefe ich mich in Völkergeschichte, so wünsche ich mir eine Revolution oder etwas, was mich, wie Napoleon zum Feldherrn und in einen Ministerrat befördert. Ist die Geschichte aber gründlich und schön geschrieben, so kann der Wunsch vorherrschen, selbst auch Geschichtsforscher und -schreiber zu werden.« All das ist er später auch geworden, außer ein Napoleon – Gott sei Dank.

Für Hermann Hesse, seinen Enkel, dagegen stand schon in Maulbronn fest, was fünfzig Jahre vor seiner Geburt übrigens bereits der jugendliche dänische Märchendichter Hans Christian Andersen verkündet hatte. Entweder wolle er ein Dichter oder gar nichts werden! Denn, so erinnerte sich Hesse 1925 in seinem »Kurzgefaßten Lebenslauf«, »man konnte Lehrer, Pfarrer, Arzt, Handwerker, Kaufmann, Postbeamter werden, auch Musiker, auch Maler, auch Architekt, zu allen Berufen der Welt gab es einen Weg, gab es Vorbedingungen, gab es eine Schule, einen Unterricht für Anfänger, bloß für den Dichter gab es das nicht. Es war erlaubt und galt sogar für eine Ehre, ein Dichter zu sein: das heißt als Dichter erfolgreich und bekannt zu sein, doch meistens war man dann leider schon tot. Ein Dichter zu werden aber, das war unmöglich, es werden zu wollen, war eine Lächerlichkeit und Schande, wie ich sehr bald erfuhr … Dichter war etwas, was man bloß sein, nicht aber werden durfte.«

Vielleicht hat das ein halbes Jahrhundert zuvor auch sein ähnlich veranlagter Großvater befürchtet und deshalb den unfahrplanmäßigen Hindernislauf lieber gemieden und, wie es von ihm verlangt wurde, Theologie studiert. Immerhin beim aufmüpfig-dogmenkritischen David Friedrich Strauß am Tübinger Stift, wo Gundert auch Vorlesungen des Dichters Ludwig Uhland hörte.

Erst Jahrzehnte später hat Hermann Hesse die frühen poetischen Versuche des Großvaters kennengelernt und von dessen Freundschaften mit Dichtern wie Hermann Kurz, seiner Bewunderung für Freigeister wie David Friedrich Strauß, Theodor Vischer und Ludwig Uhland erfahren. In seiner Betrachtung »Großväterliches« hat er noch 1952 ein Gedicht des 19-jährigen Hermann Gundert verbreitet, das unverkennbar den Einfluss Hegels und Hölderlins aufweist. In seinem Kommentar dazu sagt Hesse: »Diese jugendlich genialischen Verse sind in der aufgewühltesten und gefährlichsten Zeit seines Lebens entstanden, kurz vor der endgültigen ›Bekehrung‹ des Jünglings, die den enthusiastischen jungen Pantheisten zum Entschluß brachte, sein Leben fortan der Heidenmission in Indien zu widmen.« Das Wort »Bekehrung« hat Hesse dabei in Anführungszeichen gesetzt, und auch ich möchte es zumindest mit einem Fragezeichen versehen. Denn recht geheuer und glaubwürdig ist mir die plötzliche Verengung des multitalentierten Gundert auf das Kirchenchristentum seiner Väter nie gewesen, sein Einschwenken in die Familientradition, also die Anpassung an das, was man von ihm erwartete, das Vorgegebene und Risikolose. Ich vermute vielmehr, dass Gundert – das zeigen auch manche seiner späteren Entscheidungen in kritischen Situationen – anders als der junge Hesse eher ein Pragmatiker und Realist war, der das Experimentieren vermied, sofern man auch auf weniger waghalsige Weise ans Ziel kommen konnte. Dass, wer mit solchen Talenten den eingefahrenen Weg wählt, dafür mit Konzessionen bezahlen muss, hat Gundert in Kauf genommen. Für Praktiker sind Zugeständnisse das kleinere Übel.

An diesem Punkt jedoch trennen sich die Wege von Großvater und Enkel. Und als sich der vierzehnjährige Hesse in einem ahnungsvollen Anfall von Zukunftswitterung bewusst wurde, dass er auf dem Weg über Maulbronn, auf den man ihn gedrängt hatte, sein Ziel, ein Dichter zu werden, verfehlen musste und deshalb schon nach einem halben Jahr ganz unvermittelt aus dem Kloster fortlief, notierte der Großvater besorgt: »Da stach ihn der Rappel ... Mir ist's freilich bange, wie ein von so plötzlichen Einfällen Geleiteter durch die vier oder acht Seminarjahre durchschlüpfen soll ... Zum eigentlichen Pflichtgefühl muß Gott ihn erst durch tüchtige Schlappen wecken.« An Schlappen und Demütigungen hat es dann auch nicht gefehlt, denn alle Hürden, die Hesse im Verlauf der nächsten fünf Jahre zu nehmen hatte, endeten für übliche Begriffe mit einem Fiasko. Doch um das Pflichtgefühl des Enkels hätte sich der Großvater nicht zu sorgen brauchen. Was war es denn anderes als Pflichtgefühl gegen seine Anlagen und Pläne, das Hesse fortan gegen jede Fremdbestimmung rebellieren ließ? Eine Ahnung davon muss der Großvater gleichwohl gehabt haben. Denn alle seine weiteren Äußerungen über die Spießrutenläufe seines Enkels sind – anders als die Reaktionen der Eltern – von bemerkenswerter Nachsicht, Gelassenheit, ja von Mitleid diktiert.

Als Hesse – nach seiner Flucht aus dem Seminar– von einem Gendarm nach Maulbronn zurückgebracht und aus Internat entlassen, in Calw eintrifft, notiert der Großvater: »Kaum angekündigt, kam der liebe Hermann am 23.[März 1892] und fand sich mit mehr oder weniger Lust in die hiesigen Verhältnisse.« Schon am nächsten Tag ist es dann zu jener denkwürdigen Begegnung zwischen den beiden gekommen, von welcher Hesse mehrfach berichtet hat: »Ich war vierzehn Jahre alt und hatte eine große Untat begangen, ich war aus meiner Schule, dem Maulbronner Kloster, weggelaufen. Am Tag nach meiner Rückkehr in die Heimat war unweigerlich der Gang zum Großvater zu tun. Ich hatte ihn zu besuchen, mich ihm zu stellen und sein Urteil und Gericht über mich entgegenzunehmen. Mit Herzklopfen stieg ich das Treppchen zu seinem Studierzimmer hinan, klopfte, trat ein, ging auf den bärtigen Greis zu, der breit im Ruhebett saß und streckte ihm die Hand entgegen. Und was sagte er nun, der Gefürchtete, Allwissende? Freundlich sah er mich an, sah mein bleiches und geängstigtes Gesicht, lächelte beinah schelmisch und sprach die Worte: ›I han ghört, Hermann, du habest ein Geniereisle gmacht?‹ … Weiter sagte er kein Wort zu der Sache.«

Diese nachsichtige Bewertung des Ausreißers hat dieser ihm nie vergessen. Vielleicht auch wegen der Anspielung auf das Geniestreichhafte, das ja durchaus in Hesses Naturell lag, auch wenn es vorerst nur in Trotzreaktionen zum Ausdruck kommen konnte. Früher schon, aber erst recht seit dieser Äußerung, hatte der »liebe Großpapa«, wie Hesse ihn von klein auf nannte, bei ihm einen Stein im Brett, und alles, was er künftig über ihn schrieb, nicht zuletzt das autobiographische Märchen vom »Zauberer«, wird dem Großvater ebenso gerecht wie der dem jungen Durchgänger.

Doch bis Hesse endlich zeigen konnte, was hinter seinen Aufmüpfigkeiten steckte, bis also offensichtlich wurde, dass auch seine künftigen Eskapaden keine mutwilligen Pubertätsstreiche, sondern verzweifelte Versuche waren, abzuwehren, was ihn daran hinderte, seinem inneren Kompass zu folgen, sollten noch Jahre vergehen. Es waren aufreibende Zeiten für alle Beteiligten, auch für den Großvater und dessen Tochter Marie, die Mutter des Dichters, zumal beide das Ergebnis, die schriftstellerischen Erfolge des Sorgenkindes, ja nicht mehr erlebt haben.

Von Maulbronn an also spitzten die Dinge sich zu. Das zeigen auch die Mitteilungen des Großvaters, der am 23. April 1892 nach einem vergeblichen Versuch, dem Enkel gutgemeinte Ratschläge mit auf den Weg zu geben, notierte: »Ich suchte mit ihm noch etwas zu reden, aber er begegnete mir so batzig, daß ich inne hielt und ihn in der Stille dem lieben Gott befahl … Aber ich muß denken, jede Woche kann sich etwas ereignen, was ihn aus dem Häusle bringt. Dann weiß ich rein keine Verwendung für ihn.«

Hier also stoßen wir auf die Grenzen seines Einfühlungs- und wohl auch des Erinnerungsvermögens des Großvaters an seine eigene Jugend. Denn mit dem lieben Gott, mit dem der Ausreißer schon von seinen Eltern bis zum Überdruss traktiert wurde, hätte nicht auch er ihm kommen dürfen. »Bei meiner Konfirmation mit 14 Jahren«, erinnert sich Hesse in seinen »Biographischen Notizen«, »war ich schon ziemlich skeptisch und bald darauf begann mein Denken und meine Phantasie ganz weltlich zu werden. Ich empfand trotz großer Liebe und Verehrung für sie, doch die Art von pietistischer Frömmigkeit, in der meine Eltern lebten, als etwas Ungenügendes, irgendwie Subalternes, auch Geschmackloses, und revoltierte zu Beginn meiner Jünglingsjahre oft heftig dagegen.«

Wir kennen die weiteren Stationen: Hesses Zwangsaufenthalt in Bad Boll beim frommen Christoph Blumhardt, der ihm den Teufel seines Eigensinns nach der Devise auszutreiben versuchte: »Arbeit mit den Händen ist Balsam für die Seele«, danach seinen Selbstmordversuch und die Einweisung des Fünfzehnjährigen in die Nervenheilanstalt von Stetten.

»Der Hermann Hesse«, kommentiert der Großvater am 15. August 1892, »benimmt sich mittlerweile unterschiedlich, duckt sich ein wenig und bläst sich dann wieder schönstens auf: ›Wer sagt ich sei verrückt, der ist selber verrückt‹. Unter solchen Umständen ist's schwer,

Entschlüsse zu fassen.« Und eine Woche später vermerkt er, »gestern Nachmittag war H. H. so aufsässig, daß ihm sein Vater die Rückkehr nach Stetten ankündigte, die auch heute ausgeführt wurde, indem Missionar Seeger den armen Jungen begleitete. Er hat noch ein Gedicht in Heinescher Mundart hinterlassen, worin er dem Elternhaus und seinem Gott lebewohl sagt. Der arme Kerl ist wirklich zu bedauern, denn es treibt ihn beständig, anderen weh zu tun.«

Das Gedicht, das Hesse hinterließ, klingt aus mit den Versen: »Leb wohl du altes Elternhaus / Ihr werft mit Schande mich hinaus / Leb wohl du Gott der ganzen Welt / Dem man den Bügel dienend hält. / … / Ich wird ins Irrenhaus geschickt, / Wer weiß – ich bin wohl gar verrückt.«

Zwei Monate darauf kommt Hesse ins Gymnasium nach Cannstatt, wo die Eltern gelegentlich auftauchen, um nach dem Rechten zu sehen. Am 23. Januar 1893 berichtet der Großvater: »Gestern kehrte Marie von einem Besuch in Cannstatt zurück. Dort hat der arme Hermann wieder solch einen Sterbensdrang verspürt, daß er geschwind seinen Livius zum Antiquar nach Stuttgart trug, um dafür einen Revolver zu erhandeln … Er hat eben einen Ekel an jeder ernsten Beschäftigung und weiß nicht, warum er am Leben bleiben sollte – um Gott einen Gefallen zu tun, jedenfalls nicht.« Und die letzte Äußerung, die Hermann Gundert über seinen

Enkel notierte, stammt vom 14. April 1893, 14 Tage bevor er starb. Sie lautet: »Entschieden sagt er sich von allem Glauben los, verachtet alle unsere Bücher und trachtet denen nach, die nach Heines Art spotten.«

Das – wir wissen es heute – sollte nicht so bleiben, war aber für den Enkel damals ein überlebensnotwendiges Durchgangsstadium auf dem Weg zu sich selbst und zu einem Weltbild, dessen überkonfessionelle Religiosität manches von dem, was beim Großvater in Ansätzen vorhanden war, aus den Fesseln christlicher Intoleranz und Selbstgerechtigkeit befreite.

Und an diesem Punkt müssen wir uns nun doch einmal genauer jener Problematik zuwenden, die nicht unterschlagen werden darf, wenn wir Hesses Konflikt mit seiner religiösen Herkunft und seine künftige Entwicklung verstehen wollen. Sie betrifft das Sendungsbewusstsein der europäischen Missionare, ihren anerzogenen Dünkel, dass Nichtchristen Heiden, ihre Götter Götzen, ihre Geister Teufel und ihre Religionen Aberglauben seien. Auch Hermann Gundert konnte sich davon nie ganz befreien, wenn er ehemals bewunderte Freidenker wie David Friedrich Strauß und Voltaire als verachtenswerte Konsorten bezeichnet hat. Doch müssen wir ihm zugute halten, dass er ja zunächst nicht als ordinierter Missionar, sondern als Sprachlehrer von England aus nach Indien gereist ist. In Calcutta sollte er die Söhne des englischen Missionars und Herstellers von künstlichen Zähnen, Anthony Norris Groves, als Hauslehrer in Griechisch und Hebräisch unterrichten. Weil dessen Sprösslinge aber – wie sich erst vor Ort herausstellte – wenig Lust zu solchen Studien hatten und Gundert nun einmal in Indien war und von Groves bezahlt wurde, hatte er, der ausgebildete Theologe, nichts gegen den Vorschlag seines Arbeitgebers einzuwenden, stattdessen im Missionsdienst anzupacken, um zunächst in Chittoor und später – beauftragt von der Basler Mission – in Thalassery neue Missionsstationen zu errichten.

Sechs Wochen nach seiner Ankunft in Madras schreibt Gundert angesichts der Pagoden und hinduistischen Tempel in einem Brief: »Erst wenn man merkt, wie das ganze Leben, Erwerb, Sprache, Kunst und Sitten, mit diesen Gebäuden und dem, was sie vorstellen, verflochten ist, fühlt man etwas von der Macht des Satans und seinem Königtum.« Sein Job sollte es nun sein, »die Götzen aus Indien und aus den Herzen herauszuschaffen«.

Noch zehn Jahre später, bei seinem ersten Heimaturlaub in Deutschland, kurz vor der Rückkehr nach Indien, gibt ihm ein Verehrer aus dem Maulbronner Seminar ein merkwürdiges Huldigungsgedicht mit auf den Weg: »Gewidmet Herrn Missionar Gundert auf seine Abreise in die Heidenwelt.« Darin heißt es: »Ja stürzt der Teufel Ehre / Und ihre schwarze Macht / Und traget

Gottes Lehre / Hin in die dunkle Nacht! / Stürzt um die falschen Götter! / Stellt auf den wahren Gott / Und fürchtet keine Spötter / vor dem Herrn Zebaoth! / Geht aus, Ihr Feuerboten / Und zündet Heu und Stroh / Und wecket auf die Toten / Fragt nicht: wann, wie und wo.« So geht es weiter, 25 Strophen – zum Abgewöhnen! Was Wunder, dass die Missionare, sofern sie den Ländern, deren Gäste sie waren, nicht mehr zu bieten hatten, bei ihren Predigten auf den Bazaren mit Steinen, Kokosnüssen und Kuhmist beworfen wurden, was manche von ihnen in den Rang von Helden, Heiligen und Märtyrern versetzt hat.

Dank Gunderts Interesse am Wohlergeben der Menschen, an ihrer Ausbildung und der dazu unverzichtbaren Entwicklung ihrer Sprachen, hatte er immerhin mehr zu bieten, als ihnen die Glaubensformen seiner eigenen Herkunft, des schwäbischen Pietismus, aufzudrängen. Doch beteiligte er sich an den Versuchen der Basler Missionare, jene Hindus, die nach ihrer Bekehrung aus dem sozialen Netz ihrer Kastenzugehörigkeit gefallen waren, ihren Lebensunterhalt an importierten Nähmaschinen, ja sogar mit der Fertigung von Kuckucksuhren verdienen zu lassen. Angemessener und zweckmäßiger waren da schon die Fabrikation von Lehmziegeln und die Errichtung von Großwebereien. Damit wurde eine stetig wachsende Missionsindustrie ins Leben gerufen, die den ‚Bekehrten' Arbeit und Brot verschaffte, was insbesondere die ‚Unberührbaren' der niederen Kasten, dazu bewegen konnte, sich taufen zu lassen, um am sozialen Aufstieg teilzuhaben.

Ein halbes Jahrhundert später, 1912, nach seiner eigenen Asienreise, hat Hermann Hesse mit der Erzählung „Robert Aghion" (ursprünglicher Titel: »Der Missionar«) die Problematik des Bekehrenwollens thematisiert.

Noch anderthalb Jahre vor seinem Tod schrieb Hesse an Theodor Heuss: »Schön, daß man Gundert drüben in Indien nicht vergessen hat! Eine Zeit lang trieb er mit einem Brahmanen Sanskrit. Der gewann ihn so lieb, daß er ihm nach jeder Sitzung die Hand drückte, was für ihn ein Opfer war, denn die Berührung eines Kastenlosen bedeutet Verunreinigung, von der er sich jedesmal durch rituelle Waschungen befreien mußte.«

Am Ende seines Lebens war auch Hesse in Indien fast so populär wie sein Großvater. »Was die Berühmtheit betrifft, so ist auch er ihr nicht entgangen«, vermerkt Hesse 1951. »Er war seit seiner Rückkehr nach Europa zwar nicht in literarischen Kreisen, desto mehr aber in denen der Mission, wie denen der Sanskritisten und Indologen ein berühmter Mann, bekam das Jahr hindurch hunderte von Besuchen aus aller Welt und jeden Tag eine vielsprachige Post, die kaum kleiner war als die meine. Etwas von seiner Persönlichkeit spürten alle, aber von seinen literarischen und künstlerischen

Qualitäten hatte kaum einer eine Ahnung. Musikalisch war er auch und hat sich als Student den ganzen Klavierauszug der Zauberflöte abgeschrieben.«

Dass dies alles heute viel deutlicher wahrgenommen werden kann als je zuvor, verdanken wir, wie bereits anfangs erwähnt, Albrecht Frenz, der seit 1983 in vier nahezu 2.000 Seiten umfassenden Bänden die Tagebücher, Berichte und Aufzeichnungen Hermann Gunderts erschlossen sowie die wissenschaftlichen Forschungsergebnisse über ihn zusammengefasst und veröffentlicht und sein Leben durch anschauliche Ausstellungen in Stuttgart und Calw vergegenwärtigt hat. So konnten Albrecht Frenz und seine Familie erheblich dazu beitragen, dass wir heute ein gutes Stück weitergekommen sind in dem, wozu Hermann Hesse 1955 auch seine Leser in Japan ermutigt hat: »Die ernsthafte und fruchtbare Verständigung zwischen Ost und West ist nicht nur auf politischem und sozialem Gebiet die große, noch unerfüllte Forderung unserer Zeit, sie ist eine Forderung und Lebensfrage auch auf dem Gebiet des Geistes und der Kultur. Es geht heute nicht mehr darum, Andersgläubige zum Christentum, Europäer zum Buddhismus oder Taoismus zu bekehren. Wir sollen und wollen nicht bekehren und bekehrt werden, sondern uns öffnen und weiten. Wir erkennen östliche und westliche Weisheit nicht mehr als feindlich sich bekämpfende Mächte, sondern als Pole, zwischen denen fruchtbares Leben schwingt.«

UNTERM RAD DER FREMDBESTIMMUNG

Die Erstausgabe 1906

»Erziehung ist die organisierte Verteidigung der Erwachsenen gegen die Jugend.« Mark Twain

Keiner von Hermann Hesses Romanen, außer vielleicht »Roßhalde« und »Der Steppenwolf«, ist so eng mit der Biographie und dem eigenen Erleben des Verfassers verbunden wie »Unterm Rad«, das bis auf den heutigen Tag wirkungsvollste der Frühwerke des damals 26-jährigen Dichters. Dennoch wäre es verfehlt, es als ein autobiographisches Buch zu bezeichnen. Denn was darin von Hesses Schulzeit aufgegriffen und gestaltet wird, ist nur ein Ausschnitt, der einschneidende Konflikte und Hürden nicht einbezieht, die es auf dem Weg seiner Selbstbehauptung zu nehmen galt. Aber es will ja auch nicht den Werdegang eines Schriftstellers am Ende des 19. Jahrhunderts darstellen, sondern an einem Modellfall zeigen, »auf welche Weise man einen gesunden und begabten jungen Menschen am zweckmäßigsten zugrunde richten kann«, wie es der Literaturkritiker Arthur Eloesser (1870-1937) schon 1906 in der Berliner »Vossischen Zeitung« auf den kürzesten Nenner gebracht hat. Denn die Hauptgestalt des Buches, ein ohne seine Mutter aufgewachsener 14-jähriger Schüler, der es geschafft hat, sich als einziger Kandidat seines Städtchens für ein staatliches Stipendium zu qualifizieren, wird nicht um seiner selbst willen geliebt, sondern nur insoweit, als er den Ehrgeiz und das Renommierbedürfnis seines Vaters und seiner Heimatgemeinde befriedigt.

Wie Vincent van Gogh, Friedrich Nietzsche, Gottfried Benn, C. G. Jung und manche andere Schrittmacher der Kultur- und Geistesgeschichte aus einem evangelischen Pfarrhaus stammend, ist auch Hermann Hesse in einem Umfeld professioneller Religiosität aufgewachsen, das von kirchenchristlichen Prämissen geprägt und begrenzt war. Hinzu kam bei seinen Vorfahren ein Sendungsbewusstsein, das die Großeltern und Eltern des Dichters bis an die Westküste Indiens geführt hatte, um nach deren Kolononisierung dort zu betreiben, was sie »Heidenmission« nannten. Sein Vater, 1873 aus Gesundheitsgründen nach Europa zurückgekehrt, verlagerte seinen Bekehrungseifer auf die Herstellung und weltweite Verbreitung reformatorischer Erweckungs- und Erbauungsliteratur im damals größten deutschen Missionsverlag. Er hatte seinen Sitz im Schwarzwaldstädtchen Calw, damals einem der Brennpunkte des württembergischen Pietismus. Die Leitung dieses Unternehmens war 1893 nach dem Tod von Hesses Großvater Dr. Hermann Gundert auf dessen Schwiegersohn Johannes Hesse und seine in Indien geborene Frau Marie (geb. Gundert) übergegangen, die Eltern des Dichters. Was war da naheliegender, als dass ihr Sohn Hermann die Familientradition fortsetzen und dieselbe Laufbahn einschlagen sollte? So kam er im Alter von 14 Jahren in das evangelisch-theologische Seminar Maulbronn. Doch schon nach sieben Monaten entlief er dem Internat, aus Gründen, die allen Beteiligten lange Zeit rätselhaft blieben, zumal kein nachvollziehbarer Anlass ihn dazu bewogen und er sich, seinen Briefen zufolge, dort durchaus wohlgefühlt zu haben schien. Niemand, nicht einmal er selbst, erkannte damals, dass er bei dieser Flucht einem Impuls folgte, der sich instinktiv hinwegsetzte über die theologische Weichenstellung, um den Weg für seine eigentliche Bestimmung finden zu können. Deren Radius war weiter als das konfessionell begrenzte Weltbild seiner Vorfahren mit ihrer Intoleranz gegenüber Andersgläubige. Er strebte ins Offene, in das Abenteuer der Eigenständigkeit, das er erst 1921, nachdem er sich längst als Schriftsteller behauptet hatte, in einem »Kurzgefaßten Lebenslauf« auf den Nenner brachte: »Verstanden habe ich jene Kämpfe erst zwei Jahrzehnte später, damals waren sie einfach da und umgaben mich, wider Willen, als ein furchtbares Unglück. Die Sache war so: von meinem dreizehnten Jahr an war mir das eine klar, daß ich entweder ein Dichter oder gar nichts werden wollte.«

Das ist der autobiographische Kern der 1903 entstandenen Erzählung »Unterm Rad«, einer Schülertragödie, die sich unter veränderten Konstellationen bis auf den heutigen Tag wiederholt, wenn auch selten mit tödlichem Ausgang.

Anders als Bücher wie »Der Steppenwolf« oder »Siddhartha« wurde »Unterm Rad« weder von der stürmischen Hesse-Begeisterung der amerikanischen Protestbewegung gegen den Vietnamkrieg noch von den Studenten der deutschen Numerus-clausus-Generationen programmatisch auf den Schild gehoben. Die Ausnahme macht Japan, dessen verhältnismäßig kleines Inselterritorium mit der Bevölkerungsexplosion nicht Schritt halten kann. So kam es dort bereits im Verlauf des 20. Jahrhunderts zu einem Selektionsdruck, der den Kindern schon mit Beginn des Vorschulalters Anpassungs- und Dressurleistungen abverlangt, die ihren beklemmenden Preis fordern. Seit den 1950er Jahren verzeichnet Japan die meisten Schülerselbstmorde der Welt, und seit Jahrzehnten erlebt Hesses »Unterm Rad« dort eine Verbreitung wie in keinem anderen Land der Erde. Geht es den Schülern bei uns besser als in Japan? Wenn die Auflagenentwicklung von »Unterm Rad« dafür ein Maßstab ist, müsste sich die Lage seit 1970 deutlich verschlechtert haben. Denn seitdem wurde hierzulande das Buch im Vergleich zu Hesses Lebzeiten etwa zehnmal so oft verlangt. Zumindest lässt sich sagen, dass die Problematik seines Stoffes heute nicht weniger virulent ist als zur Entstehungszeit des Romans, als sich eine ganze Schriftstellergeneration der deformierenden Einflüsse bewusst zu werden begann, mit denen sich die Schule durch autoritären Drill und eine Wissensvermittlung, die sich über die psychischen Abläufe des Merk- und Aufnahmevermögens hinwegsetzte. Mit dem Ziel, wie Hesse schreibt, »den natürlichen Menschen zu zerbrechen, zu besiegen und gewaltsam einzuschränken, und ihn, nach obrigkeitlicherseits gebilligten Grundsätzen, zu einem nützlichen Gliede der Gesellschaft zu machen und die Eigenschaften in ihm zu wecken, deren völlige Ausbildung alsdann die sorgfältige Zucht der Kaserne krönend beendet«.

Lange bevor sich diese Dressurideale in der deutschen Politik auszuwirken begannen, hatten sich die Schriftsteller, als die empfindlichsten Sensoren künftiger Entwicklungen, dieses Themas angenommen: Frank Wedekind in seinem Drama »Frühlings Erwachen« (1891),Thomas Mann mit dem Leidensweg seines Hanno in den »Buddenbrooks« (1901), Emil Strauß mit »Freund Hein«(1902), Rilke mit seiner Erzählung »Die Turnstunde«(1902), Heinrich Mann mit »Professor Unrat« (1905), Robert Musil mit den »Verwirrungen des Zöglings Törless« (1906) – aber auch Bernard Shaw, James Joyce, Robert Walser, Bertolt Brecht, Alfred Döblin, Kurt Tucholsky, Ödön von Horváth, Franz Werfel, Friedrich Torberg und Stefan Zweig, um nur die bekanntesten von Hesses Generationsgenossen zu nennen.

Die Darstellungen dieser Autoren, und mit ihnen »Unterm Rad«, waren alles andere als Ergebnisse einer literarischen Mode, wie es von Historikern gerne behauptet wird. »Unterm Rad« ist eine – wie Hesse es nannte – ganz persönliche, »erbitterte Abrechnung« und »edle Form der Rache« an jener Art von Schulen, die seinem jüngeren Bruder Hans und fast auch ihm selber zum Schicksal wurden. Zu Recht wird dieser Roman neben dem »Steppenwolf« zu seinen gesellschaftskritischen Büchern gezählt. Wie »Der Steppenwolf« war denn auch »Unterm Rad« im nationalsozialistischen Deutschland tabu und konnte erst – nach 20-jährigem Verschwinden aus dem deutschen Buchhandel – 1951, in etwas gemilderter Fassung, wieder erscheinen. Zweimal hat Hesse diese Erzählung überarbeitet, 1905 für die erste Buchausgabe und nochmals 1951 für die »Gesammelten Dichtungen« und die Nachkriegs-Einzelausgaben.

Die Publikationsgeschichte

Mit der Niederschrift des Manuskripts begann Hesse am biographischen Schauplatz der Handlung, in seiner Heimatstadt Calw, im Mai 1903, unmittelbar nachdem er seinen ersten Roman »Peter Camenzind« dem S. Fischer Verlag in Berlin zum Druck gesandt hatte. Noch bevor die Buchausgabe des »Camenzind« im Dezember 1903 vorlag, die den damals 26-jährigen Verfasser mit einem Schlag bekannt machte, war »Unterm Rad« im Manuskript bereits abgeschlossen. Mit einem für seine eigenen Arbeiten typischen Understatement schrieb Hesse am 28. Dezember 1903 dem Verleger nach Berlin: »Zugleich mit diesen Zeilen sende ich Ihnen das Manuskript meiner neuen Erzählung ›Unterm Rad‹, die Geschichte eines schwäbischen Schulknaben. Es ist mir wahrscheinlich, dass der Roman Sie enttäuschen wird. Denn obwohl eine solide Arbeit darin steckt, ist der Stoff doch zu lokal und zu spröde, und das Ganze hat viel weniger Temperament als der Camenzind. Deshalb muß ich gleich jetzt eine Bedingung stellen! Sollten Sie nämlich die Erzählung zwar in Ihrem Verlag, nicht aber für die ›Rundschau‹ brauchen können, so erbitte ich sie zurück, um sie vor der Buchausgabe doch noch in irgendeiner Zeitschrift abdrucken zu lassen. Ohne das würde 1904 ein Hungerjahr für mich werden … Nun lesen Sie bitte die Geschichte in aller Muße. Daß sie so sehr auf speziell schwäbische Einrichtungen (Seminar) losgeht, wird Ihnen mißlich sein. Doch finden Sie vielleicht doch noch das allgemein Menschliche vorwalten. Nun, Sie werden ja sehen, was daran ist.«

Am 9. Januar 1904 bestätigte der Verleger den Eingang des Manuskripts, konnte aber einen Vorabdruck in seiner Zeitschrift »Die neue Rundschau« erst für das kommende Jahr in Aussicht stellen. Drei Monate später kam es zur ersten persönlichen Begegnung des berühmten Verlegers mit seinem jungen Autor in München, und wohl schon bei dieser Gelegenheit scheint er ihm eine mildernde Überarbeitung nahegelegt zu haben. (Die überlieferte Verlagskorrespondenz aus der Frühzeit ihrer Beziehung ist immer noch lückenhaft.) Doch auf S. Fischers Antwort hin hatte Hesse das Manuskript in der ursprünglichen Fassung schon zwei Wochen vor ihrem Treffen der »Neuen Zürcher Zeitung« zum Vorabdruck angeboten, auch hier mit der eher abschreckenden Warnung: »Thema langweilig, aber zeitgemäß. Leiden und Untergang eines Schulknaben.« Aber weder Fritz Marti noch Hans Trog, die damaligen Feuilletonredakteure der »Neuen Zürcher Zeitung«, ließen sich davon einschüchtern. Sie brachten das Werk in 35 Folgen vom 5. April bis 19. Mai 1904 als Fortsetzungsroman.

Obwohl Inhalt und Tendenz dieser ersten Fassung mit Hesses letztgültiger Bearbeitung von 1951 durchweg identisch sind, ist sie an einigen Stellen deutlich zugespitzter, unversöhnlicher, ja politischer, zumal der Autor gerade eben erst den Umständen entronnen war, an denen wir seinen Helden Hans Giebenrath zugrunde gehen sehen. Da ist zum Beispiel die Rede von den modernen Theologen, denen »der historische Christus zwar wie Wasser vom Munde, aber auch wie ein Aal durch die Finger gleitet«, oder von der »raffinierten Leibeigenschaft des staatlichen Stipendiensystems« sowie von »den blanken Kanonen der preußischen Hohenzollern«. Die zeitliche Distanz zwischen den in »Unterm Rad« gestalteten Vorgängen und den Erlebnissen des vierzehn- bis sechzehnjährigen Hesse war 1903 noch zu gering gewesen für eine gemäßigtere Darstellung. Das zeigt auch seine ironische Bemerkung in einem Brief vom Juni 1904, das Buch sei »eigens für Lehrersleute geschrieben als freundschaftlicher Gruß eines dankbaren Schülers«, oder die Mitteilung an seinen Stiefbruder Karl vom 25. November 1904: »Unterm Rad wird nächstes Jahr als Buch erscheinen, in Kleinigkeiten gemildert. Hoffentlich nimmst Du an den paar salzigen Stellen nicht zu sehr Anstoß. Die Schule ist die einzige moderne Kulturfrage, die ich ernst nehme und die mich gelegentlich aufregt. An mir hat die Schule viel kaputtgemacht, und ich kenne wenige bedeutendere Persönlichkeiten, denen es nicht ähnlich ging. Gelernt habe ich dort nur Latein und Lügen, denn ungelogen kam man in Calw und im Gymnasium nicht durch – wie unser Hans beweist, den sie ja in Calw, weil er ehrlich war, fast umbrachten. Der ist auch, seit sie ihm in der Schule das Rückgrat gebrochen haben, immer unterm Rad geblieben.«

Biographische Entsprechungen

Nicht von ungefähr trägt die Hauptgestalt des Romans den Vornahmen von Hesses jüngerem Bruder Hans, wenngleich sie weniger ein realistisches Porträt des Bruders ist als vielmehr ein Abbild jener Anlagen, die der Autor selbst mit ihm teilte. Als sich Hans 1935 das Leben nahm, schrieb Hesse: »Wenn ich als junger Schriftsteller in der Erzählung ›Unterm Rad‹ nicht ohne Erbitterung mit jener Art von Schulen abrechnete, so war das leidensschwere Schülertum meines Bruders dazu beinahe ebensosehr Ursache wie mein eigenes. Hans war durchaus gutwillig, folgsam und zum Anerkennen der Autorität bereit.« Aber er war, im Gegensatz zu ihm, »kein guter Lerner, mehrere Lernfächer fielen ihm sehr schwer, und da er weder das naive Phlegma besaß, die Plagereien und Strafen an sich ablaufen zu lassen, noch die Gerissenheit des Sich-Durchschwindelns, wurde er zu einem jener Schüler, von denen die Lehrer, namentlich die schlechten Lehrer, gar nicht loskommen können, welche sie nie in Ruhe lassen können, sondern immer wieder plagen, höhnen und strafen müssen« … »Sie schienen alle mit einem Haß auf ihren Beruf geladen zu sein, den sie gern an den Schülern ausließen. Es gab natürlich Ausnahmen, sogar sehr schöne, aber es waren Ausnahmen.«

Ähnlich wie für Hans Giebenrath (dessen Name auf Calw und eine dort ansässige Familie verweist) war auch für den jungen Hermann Hesse, weil er zu den begabteren Schülern gehörte, die Zukunft bereits vorgezeichnet und festgelegt durch das schwäbische Ausbildungssystem. Denn damals gab es in Württemberg für Schüler aus ärmeren Familien »nur einen einzigen schmalen Pfad« zu einer Hochschulausbildung: durch das Landexamen ins theologische Seminar, von da ins Tübinger Stift und von dort entweder auf die Kanzel oder an den Katheder, um so dem Staat die von ihm »empfangenen Wohltaten wieder heimzuzahlen«. Dass gerade »die Besten, die jährlich durch den Speck dieser Stiftungen in die theologische Mausefalle gelockt wurden, am jämmerlichsten daran zugrunde gingen«, hatte schon der Hegelianer David Friedrich Strauß 1840 in seinem Werk über die »Christliche Glaubenslehre in ihrer geschichtlichen Entwicklung« festgestellt. Auch Hegel und Mörike waren diesen Weg gegangen und mussten sich davon emanzipieren. Zu Hesses bekanntesten Vorgängern im Maulbronner Seminar gehörten

Johannes Kepler, Hölderlin und Schelling. Während der Aufnahmeprüfung, dem dreitägigen Landexamen in Stuttgart, galt es, unter anderem eine Anekdote über Moltkes Zigarre bei der Schlacht von Königgrätz ins Lateinische zu übersetzen. Hesse umschrieb die den Römern noch unbekannte Rauchware, für die kein lateinisches Wort existiert, mit »volumen fumificum« und brachte gleich darauf seine Nacherzählung (wie Hermann Heilner in »Unterm Rad«) auch noch in homerische Verse. Weniger glänzend hat Hesse in Mathematik abgeschnitten, so dass er die Prüfung nicht, wie Hans Giebenrath, als zweitbester, sondern als achtundzwanzigster von 79 Kandidaten bestand. Wie auch sein Protagonist wurde er daraufhin zum Objekt des Ehrgeizes seiner Familie, der Lehrer, ja der gesamten Heimatgemeinde, die das Ergebnis dann auch stolz im Calwer Wochenblättchen bekanntgab.

Zwei Monate nach der Prüfung, im September 1891, kam der Vierzehnjährige ins evangelisch-theologische Seminar von Maulbronn (der Name erscheint im Roman unverändert), eine 1557 zum Internat umfunktionierte ehemalige Zisterzienserabtei, die zu den schönsten und immer noch besterhaltenen mittelalterlichen Klosteranlagen Deutschlands zählt. Zeitlebens hat Hesse der einzigartigen Atmosphäre dieses Bauwerks dankbar gedacht, nicht nur in »Unterm Rad«, sondern auch in anderen Erzählungen, in Betrachtungen und Gedichten, in »Narziß und Goldmund« (als ›Mariabronn‹) und (als ›Waldzell‹) in seinem pädagogischen Alterswerk »Das Glasperlenspiel«.

Fast alle in »Unterm Rad« geschilderten Episoden und Lokalitäten sind für uns mittlerweile rekonstruierbar, und vielen der hier vorkommenden Figuren begegnen wir in Hesses frühen Erzählungen, der menschlichen Komödie der ›Kleinen Welt‹ von Gerbersau (= Calw) wieder: dem Putzpulver-Hausierer aus der Falkengasse, dem unheimlichen Winkelreiniger Schorsch Großjohann, genannt ›Garibaldi‹, Emma Meier, der unnahbaren Schlittschuhläuferin (›Der Kavalier auf dem Eise‹) oder Hermann Rechtenheil, dem ›Lahmen Knaben‹ der gleichnamigen Hexameterdichtung.

Aber bedarf es überhaupt der Beweise, dass die im Buch so frisch und auch heute, mehr als hundert Jahre später, ebenso lebendig und glaubwürdig erscheinenden Charaktere authentische Porträts sein müssen? Solche Menschen, Konstellationen und Konflikte kommen heute wie früher, also zu allen Zeiten, vor. Immerhin können wir nachweisen, dass auch heute noch die Wohnstuben der Maulbronner Seminaristen Forum, Hellas, Athen, Sparta, Akropolis und Germania heißen, dass Hesse wirklich in der Stube Hellas untergebracht war, dass die im Buch geschilderten Kameraden Otto Hartner, Karl Hamel, Otto Kapp, der ohrenbetäubende Geiger Emil Lucius und der Musiklehrer Haas in Wirklichkeit Otto Hartmann, Karl Hammelehle, Otto Knapp, Gotthilf Lutz und Johannes Haasis hießen.

Spätestens aber müssten wir beim Fall des verunglückten Schülers Hindu stutzig werden und die Gleichsetzung mit den biographischen Fakten nicht zu sehr strapazieren. Wohl gab es auch diesen Bewohner der Stube Hellas. Er hieß in Wirklichkeit August Hinderer und wurde vom vierzehnjährigen Hesse in einem Brief an die Eltern verblüffend ähnlich wie im Buch charakterisiert als »ein winziges Männlein mit Mausäuglein, leicht wie ein Schmetterling, lacht viel und denkt wenig, ist gutmütig und musikalisch« – aber beim Schlittschuhlaufen ertrunken ist er keineswegs, sondern erst Jahrzehnte später in Berlin als ein wohlbestallter Professor gestorben.

Hier wie in allen seinen Büchern ging es Hesse ganz offensichtlich nicht um das Abbild, sondern um das Sinnbild, und er bediente sich der Vorlagen aus der Wirklichkeit nur in solchen Einzelheiten, welche sein Anliegen besonders deutlich zum Ausdruck brachten. Deshalb konnte er sehr ärgerlich werden, wenn jemand allzu phantasielos autobiographische Rückschlüsse zog. Das beweist ein Brief aus dem Jahr 1948, woraus sein Unmut hervorgeht, als er hörte, »daß Kritiker von ›Unterm Rad‹ die Dummheit und Geschmacklosigkeit begangen haben, den Vater Giebenrath, der ein Calwer Durchschnittsspießer ist, für eine Art Porträt meines Vaters zu halten«.

Inwieweit sich innere und äußere Wirklichkeit trotzdem entsprechen, zeigen am deutlichsten die beiden Zentralgestalten der Handlung, Hans Giebenrath und Hermann Heilner, die in Wirklichkeit nicht zwei verschiedene Personen, sondern konträre Anlagen des Verfassers selbst verkörpern. Bestätigt wird diese Vermutung durch eine Antwort Hesses auf eine diesbezügliche Leserfrage aus dem Jahre 1908: »Ihre Frage wegen des Heilner kann ich im großen Ganzen mit Ja beantworten, wenn auch hier wie überall zwischen erlebter Wirklichkeit und Dichtung manche Unterschiede, ja Gegensätze bestehen. ›Unterm Rad‹ enthält viel Erlebtes, doch sind die einzelnen Erlebnisse teils verändert, teils auf verschiedene Figuren verteilt. So ist es auch mit Heilner, der zwar kein Jugendporträt von mir ist, doch aber manche Züge meines damaligen Wesens bekommen hat.«

Gleich Heilner, dessen Wesen aus der »jugendlich unreifen Mischung von Sentimentalität und Leichtsinn bestand«, hatte auch Hesse seinen Landexamensaufsatz (im Gegensatz zu Heilner allerdings erst nachträglich) in Hexametern abgefasst, wie Heilner stand auch er selbst in dem »halb spöttisch gemeinten Ruf eines Genies« und suchte häufig den nahe beim Kloster gelegenen Waldsee auf, um dort seinen Problemen in Form von Gedichten Luft zu verschaffen und sich »in Versen ein eigenes scheinlebendiges Leben aus der Phantasie zu erbauen«. Aber zugleich war Hesse eben auch Hans Giebenrath, strebsam, ehrgeizig, »mit dem Ideal, vorwärtszukommen, eine Rolle zu spielen, aber keine romantische und gefährliche«. Vieles spricht für die Annahme, dass Hesse den Hans Giebenrath in sich ›sterben lassen‹ musste, damit er künftig den eigenständigeren Weg des Hermann Heilner einschlagen konnte. So ist es bezeichnend, dass die Lehrer Hans Giebenrath vor Heilner beschützen und ihre Freundschaft verhindern wollen.

Wie Hermann Heilner im Buch bricht auch Hesse aus dem Klosterseminar aus, gleichfalls im Frühjahr und zur selben Uhrzeit. Als Giebenrath versucht er tags darauf – von einem Polizisten aufgegriffen und zurückgebracht – noch eine Weile durchzuhalten, was ihm aber ohne seinen Freund Heilner nicht mehr gelingt. Hans wäre also wohl kaum in der Schule gescheitert, wenn diese Freundschaft geduldet worden wäre. Auf Hesses Biographie bezogen, bedeutet das: Wenn das Erziehungssystem es verkraftet hätte, beide Komponenten, die gutwillig-strebsame des Hans Giebenrath und die selbständig-phantasievolle des Hermann Heilner, als lebensnotwendige Polaritäten zu erkennen und zu tolerieren, dann würde der Schule der Verlust mancher ihrer begabtesten Schüler erspart bleiben, ebenso wie manchen Schülern der lange und demütigende Weg eines unfreiwilligen Außenseitertums erspart bliebe, der im Extremfall sowohl in die Kriminalität als auch zu (meist künstlerischen oder wissenschaftlichen) Höchstleistungen führen kann.

Man darf wohl Hesses gesamtes Lebenswerk, ähnlich wie dasjenige Thomas Manns, als einen energischen Versuch begreifen, diese Verletzungen aus der Kindheit und frühen Jugend zu kompensieren, ihr Unvermögen zur Anpassung zu rechtfertigen und durch alternative Leistungen wettzumachen. Beide haben übrigens mit demselben Abschluss, dem Einjährigen-Freiwilligen-Examen das etwa der heutigen mittleren Reife entspricht, die Schule vorzeitig verlassen, Hesse mit 16, Thomas Mann mit 18 Jahren. Thomas Manns Triebfeder war eine Form ›sublimer Rache an der Wirklichkeit‹, die ihn anspornte, sich autodidaktisch Kenntnisse aus fast allen akademischen Disziplinen und Wissensgebieten anzueignen, um es in seinen Büchern »denen zu zeigen«, die sich angemaßt hatten, ihn in der Schule zwei Klassen wiederholen zu lassen. Hermann Hesse bewältigte den gleichen Konflikt durch ein lebenslanges Gestalten der Spannungen zwischen Anpassung und Freiheit, Konvention und Eigensinn, in Figuren wie Giebenrath und Heilner, Sinclair und Demian, Klein und Wagner, Siddhartha und Govinda, Harry Haller und Hermine im »Steppenwolf«, Narziss und Goldmund, Josef Knecht und Plinio Designori im »Glasperlenspiel“.

Die Vorgeschichte

Wie schwierig und langwierig dieser Konflikt in Wirklichkeit war, zeigt die Vorgeschichte von »Unterm Rad«. Sie hat sich erhalten in den nahezu tausend Schriftstücken, die sich, sorgfältig aufbewahrt und in Bündel verschnürt, nach Hesses Tod in seinem Nachlass fanden. Sie wurden 1966 von seiner Witwe Ninon unter dem Walter-Benjamin-Titel »Kindheit und Jugend vor Neunzehnhundert« veröffentlicht. Es handelt sich dabei, neben den Tagebüchern seiner Mutter, um Briefe von Hesses Eltern, Geschwistern, Verwandten und Mitschülern, seinen Kost- und Lehrherren, Gutachten von Ärzten, vor allem aber seinen eigenen Entgegnungen darauf, die der Dichter, gewissenhaft geordnet, acht Jahrzehnte aufbewahrt hat, wie er es übrigens auch mit anderen Lebenszeugnissen tat, unter anderem solchen, welche die Genese und den Verlauf seiner Ehen mit Maria Bernoulli, Ruth Wenger und Ninon Dolbin betreffen. Damit sind der biographischen und philologischen Spekulation Grenzen gesetzt. Denn Hesse wusste wohl um die Willkür der Nachwelt, die dazu neigt, fehlende Fakten durch Hypothesen bzw., dem jeweiligen Zeitgeist entsprechend, durch mehr oder weniger phantasievolle Deutungen zu ersetzen.

Darüber hinaus zeigen diese Dokumente aber auch das, was er in »Unterm Rad« noch nicht darstellen durfte, aus Rücksicht auf seine Eltern, insbesondere den noch bis 1916 lebenden Vater: die traumatischen Erfahrungen nach seiner Flucht aus Maulbronn, den Konflikt mit einer Erziehung, die auf Einklang mit der kirchlichen Heilslehre bedacht war.

Die Eltern und Lehrer Hermann Hesses waren kaum anders als unsere Eltern und Lehrer auch. Sie meinten es herzlich gut mit ihren Kindern und machten doch ziemlich viel falsch, gerade weil sie so energisch ›ja nur das Beste wollten‹ und oft genug nicht davor zurückscheuten, durch das Brechen des Willens die möglichst reibungslose und lebenstüchtige Anpassung an das Vorgegebene zu erreichen. Weil dieses Verhalten prototypisch und keineswegs auf jene Zeit und die christliche Pädagogik beschränkt ist, hält auch noch ein Gegenwartsautor wie Martin Walser »jeden Erwachsenen für ein umgebrachtes Kind«.

Zwei Tage nachdem Hesse aus Maulbronn geflohen war, schreibt ihm sein frommer Vater: »Es hat uns weh getan, daß Du voreilig schon meinst, Du werdest ja doch nicht Theologie studieren … Du stehst jetzt in dem schönen Alter, das der Saatzeit gleicht. So säe denn aus – guten Samen; säe aus den Geist. So wirst Du vom Geist das ewige Leben, die Fülle alles Guten, Frieden und Seligkeit ernten – schon hier auf Erden. Ich sage Dir: Beim Heiland hat man's gut. Probier es mit Ihm.« Was sollte der solchen Patentrezepten Entlaufene damit anfangen? Sollte er den Vater nun seinerseits in salbungsvollem Predigerdeutsch an das »Gleichnis vom anvertrauten Pfunde« (Matthäus 25 bzw. Lukas 19) oder gar an das vom verlorenen Sohn erinnern?

Nachdem der Ausreißer zur Abschreckung seiner Kameraden acht Stunden bei Wasser und Brot im Karzer abgesessen hatte und elf Tage später aus Maulbronn entlassen wurde mit der Begründung, vor lauter Phantasie habe er keinen festen Willen mehr, holt man ihn zurück nach Hause, nach Calw. Doch statt zu bereuen, hat er nichts Besseres im Sinn, als sich mit Hilfe einer Anweisung aus dem Buch »Der gelehrte Spielkamerad« mit Pulver und Salpeter eine Sprengladung für ein Feuerwerk zu basteln, die dann unversehens in die Luft ging und ihm das ganze Gesicht versengte.

Hausarzt Doktor Zahn plädiert für die Überweisung des Jungen in eine Nervenheilanstalt. Doch zunächst probieren es die Eltern lieber beim Glaubensbruder Christoph Blumhardt in dessen Bad Boller Heil-und Erweckungszentrum. Als Sohn eines legendären »Teufelsaustreibers« haftete auch ihm der Ruf an, über magische Kräfte zu verfügen. Warum sollte er nicht Mittel wissen, dem aus der Art geschlagenen Zögling des befreundeten Missionars Hesse den Teufel seines Eigensinns auszutreiben?

Bei Blumhardt fühlt sich der Vierzehnjährige zunächst wohl, auch wenn er dort nach dem Motto behandelt wird: ›Arbeit mit den Händen ist Speise für die Seele.‹ Darüber hinaus lernt er Französisch, präpariert den Schädel einer Katze und interessiert sich namentlich für die übernatürlichen Kräfte, die seinem neuen Erzieher nachgesagt werden. Um auszuprobieren, wie es damit bestellt ist, wird der Seelenhirt in seiner Pfarrstube eingeschlossen. Ob ihm die himmlischen Heerscharen auch jetzt zu Gebote stünden, um sich zu befreien? Doch Blumhardt sei nur in ein alttestamentarisches Zornesgewitter ausgebrochen, berichtet sein Zögling ernüchtert.

Wie Maulbronn sollte auch Bad Boll für den aufmüpfigen Missionarssohn mit einem Fiasko enden. Gerade fünfzehnjährig, verliebt er sich in eine 22-jährige Elise, die als ›Blumenkönigin‹ in seinen lyrischen Träumen und Tagebuchnotizen eine verklärte Rolle spielt. Von ihr zurückgewiesen, macht er Schulden bei einem Gastwirt, um sich einen Revolver zu kaufen, und unternimmt einen Selbstmordversuch. Der missglückt, weil die antiquarisch erworbene Waffe nicht funktioniert. Doch nun ist auch bei Prediger Blumhardt das Maß voll, und er schreibt den Eltern, der Junge sei reif fürs Irrenhaus. Von Boll aus bringt ihn die Mutter in die Heilanstalt Stetten im Remstal und erhält von dort rabiate Briefe oder Gedichte wie dieses:

»Leb wohl, du altes Elternhaus,
Ihr werft mit Schande mich hinaus …

Leb wohl, du Gott der ganzen Welt
Dem man den Bügel dienend hält,
vom Dienen bin ich dumpf und matt,
Das Dienen hab ich lange satt.

Zum Teufel geht die Freiheit auch,
Sie war ja immer höchstens Rauch,
Ich wird ins Irrenhaus geschickt,
Wer weiß – ich bin wohl gar verrückt.«

Die Briefe, die der junge Hesse von dort aus an seine Eltern geschrieben hat, in der hoffnungsvollen Gewissheit, dass er »entweder ein Dichter, oder gar nichts werden wollte«, sind erschütternd. Es gibt in der Briefliteratur des 20. Jahrhunderts neben Kafkas »Brief an den Vater« nichts Vergleichbares an Verzweiflung, Eigenwilligkeit und (bei Hesse) mit Schiller-Zitaten unterfütterter Überzeugungskraft. Ihr Aufbegehren gegen jede Form der Nötigung wird eines der Leitmotive seines gesamten späteren Werkes sein.

Aber zurück zu »Unterm Rad«. Hier sind diese Stationen ausgespart, bis auf die demütigende Rolle, die der in seine Heimatstadt zurückgeschickte Maulbronner Seminarist Hans Giebenrath bald darauf als »Landexamensschlosser« zu spielen hat. Über diese

Mechanikerlehre, die Hesse selbst fast anderthalb Jahre durchhielt, schrieb der Siebzehnjährige schalkhaft an seinen ehemaligen Maulbronner Schulfreund Theodor Rümelin im Mai 1885: »In der Mechanik hab ich immerhin einiges gelernt, verstehe eine Nähmaschine zu zerlegen, eine Drahtleitung zu ziehen, Eisen zu drehen, Schrauben zu machen, eine Säge zu hauen, kann Stahl, Eisen, Messing, Kupfer, Zinn, Zink, Antimonium etc. unterscheiden, Elementarläutwerke einrichten, Most trinken, trocken Brot essen, Lehrlinge kommandieren, von Leitern herabfallen, Hosen zerreißen und was sonst noch zur Mechanik gehört.«

Zu den unvergesslichen Episoden in »Unterm Rad« zählt neben den Darstellungen der Schüler, ihrer Eigenarten und gruppendynamischen Verhaltensweisen, die Begegnung des Schlosserlehrlings Hans Giebenrath mit der jungen, unbeschwerten Heilbronnerin. Durch sie gerät Hans in ein Kraftfeld, das ihm bis dahin unbekannt gewesen war und ihn völlig verwirrt. Mit unerhörtem Zartgefühl beschreibt der Dichter die inneren Vorgänge einer ersten Begegnung mit dem anderen Geschlecht, das Hin- und Hergezerrtwerden zwischen Schüchternheit und Zudringlichkeit, zwischen Lust und Verlegenheit, wie einen Riss und das Sprengen eines zu eng gewordenen Panzers. Subtile Gefühlsnuancen werden derart genau in Sprache übersetzt, dass wie von selbst eine erotische Spannung entsteht, die uns einprägsamer vorkommt als alle prononciert ›erotische‹ Literatur. Diese erste Verliebtheit in ein unbeschwertes Mädchen verändert allmählich seine bis dahin ausschließlich auf den Freund Heilner gerichtete Sehnsucht nach Zuwendung. Nicht von ungefähr erinnert sich Hans, als sie ihm an der Mostpresse ein Glas reicht, aus dem sie gerade selber getrunken hat, an den befremdenden Kuss Hermann Heilners im Schlafsaal des Maulbronner Seminars.

Knapp dem ersten Schiffbruch entronnen, ist er »nun in die Gewalt neuer Stürme und halsbrecherischer Klippen geraten, durch welche auch die bestgeleitete Jugend keinen Führer hat, sondern aus eigenen Kräften Weg und Rettung finden muß«. Über diese Kräfte allerdings verfügt Hans nur noch begrenzt. – Für die Heilbronnerin hat der Umgang mit Hans, in den sie, ihre Macht erprobend, den Schüchternen zu verwickeln beginnt, durchaus nicht dieselbe Bedeutung wie für ihn. Als sie sich kurz darauf sang- und klanglos davonmacht, wird das für Hans ein noch schlimmerer Verlust als derjenige seines Freundes Heilner, denn »sie hatte ihn gar nicht ernstgenommen«. Alles in ihm »drängte und schrie nach einer Erlösung seiner erwachten Sehnsucht oder nach einem Führer durch Rätsel, deren Lösung ihm allein zu schwer war«.

Das biographische Nachspiel

Wir wissen, wie die Geschichte endet, und wissen auch, dass dem Autor dieses Ende erspart geblieben ist, obwohl er, drei Monate nach seiner Entlassung aus Maulbronn, den erwähnten Selbstmordversuch unternommen hat. Wie knapp Hesse selbst dem Schicksal Hans Giebenraths entronnen ist, beweisen seine fast vollständig erhaltenen Briefe. Hier ist genau belegt, wie seine widersprüchlichen Anlagen, gestaltet in der Figur Hermann Heilners, den jungen Hesse mit seiner Umwelt in kaum zu lösende Konflikte gebracht haben und wie hilflos seine Erzieher waren, die sich von einer Einweisung in eine »Anstalt für Schwachsinnige und Epileptische« eine Zähmung des Widerspenstigen versprachen.

In diesen Zeitraum fällt ein erschütternder Brief des Sechzehnjährigen an seinen damaligen Maulbronner Stubenkameraden, den bereits erwähnten Otto Hartmann. Darin heißt es ein Jahr nach Hesses Entlassung aus dem Seminar:

»Als ich Dir zum letzten Mal schrieb, aus dem Irrenhaus, wartete ich wochenlang sehnlich auf einen Brief von Dir, er hätte mich getröstet; aber Du hast Dich eines solchen Kameraden wohl geschämt. Jetzt geige ich nimmer um Mitleid und Freundschaft, ich bin gewohnt, überall vergessen zu werden, und es tut mir nicht weh. Ich bin nimmer der aufgeregte Romantiker, als den Du mich kanntest; ich bin ein ganz anderer geworden. Nebenbei habe ich auch Christentum etc. abgelegt. Doch darum mußt Du Dich meiner nicht schämen … Ich wünsche nimmer, wie früher, an einem grünen Plätzchen zu sterben, haha; ich habe dem Tod ins Auge gesehen und mich nicht gefürchtet. Ich habe in den Lauf des geladenen Revolvers geblickt und losgedrückt. Solche Augenblicke machen um Jahre älter. Ich habe den ›Traum der ersten Liebe‹ geträumt, voll und ganz, nicht in der Phantasie, sondern im Leben. – Und jetzt lache ich darüber, wenn ich an Liebe und Weh und Selbstmord denke. Ich bin Nihilist, nicht wie die russischen Nihilisten, sondern à la Basaroff [die Hauptfigur des Romans »Väter und Söhne« von Iwan Turgenjew], es würde mir Spaß machen, die ganze Welt verkrachen zu sehen, aber ich bedaure nicht, daß das nicht geschieht.« Bald darauf spielte er mit dem Gedanken, nach Brasilien auszuwandern.

Hesse selbst also ist nicht wie Hans Giebenrath in einem Fluss ertrunken, sondern hat diese und noch viele andere Krisen gemeistert, da er sich durch ihre poetische Darstellung von Umständen zu befreien vermochte, die ohne dieses Ventil kaum zu bewältigen waren.

So ist »Unterm Rad« vor allem ein Werk des Mitleids, der Parteinahme für den Schwächeren, und zeigt einmal mehr, warum selbst überdurchschnittliche Begabungen, ja oft gerade diese, in einem einzig an Unterwerfung, Zweckmäßigkeit und Wettbewerb orientierten System zerstört werden können.

Vergangenheit als Gegenwart

Einem seiner Maulbronner Lehrer, dem späteren Ephorus Adolf Mettler, schrieb Hesse im November 1910: »Daß gerade ich, ein ganz unpolemischer Mensch, zufällig der Schüler sein mußte, der zugleich so nervös-sensibel und so literarisch produktiv war, daß er dies ganz in der Luft der Zeit liegende Ding schreiben mußte, nehme ich als unerklärbares Naturereignis. Hingegen glaube ich: Was ich an persönlicher Erregung in dem Buch zu viel getan habe, ist mir in öffentlichen wie privaten Urteilen süddeutscher Lehrer sehr reichlich vergolten worden.« Dann kommt er zu dem eher von Wunschdenken bestimmten Schluss, dass »Unterm Rad« ja »zum Teil von historischen Übelständen handelt, die heute beseitigt oder gebessert sind. Aber ohne solche Bücher und ohne die unbeliebte Einmischung von Nichtfachleuten wären wohl viele solche Übelstände, die der heutigen Jugend erspart sind, nicht oder nicht so rasch gebessert worden. Ich höre stets mit Vergnügen von allen neuen Schulfortschritten und interessiere mich sehr (schon als Vater zweier Buben) für alle Erziehungsreformen.« In der Tat sind die rigiden Erziehungsmethoden und körperlichen Züchtigungen, denen Hesse und sein Bruder Hans in der Calwer Lateinschule noch ausgesetzt waren, mittlerweile überwunden, nicht aber das autoritäre Gefälle von oben nach unten und die Repression jenen Schülern gegenüber, die Mühe damit haben, dem Anpassungs- und Wettbewerbsdruck standzuhalten.

Sechs Jahre später erhielt Hesse die Nachricht vom Tod eines gleichfalls zunächst in Maulbronn und danach im Seminar von Blaubeuren gescheiterten Stipendiaten aus einer ihm wohlbekannten Calwer Familie. Er hatte sich im heimischen Flüsschen, der Nagold, das Leben genommen.

Wie heftig die Reaktionen in der Öffentlichkeit waren, als das Buch im Oktober 1905 erschien, daran erinnert sich Hesse noch fünfzig Jahre später in einem Brief: »Damals war die Lehrerschaft über das Buch empört. Ein deutsches Lehrerblatt schrieb: ›Hesse mag ein begabter Dichter sein, ein Freund der Wahrheit ist er nicht.‹«

Als ein Jahr zuvor die »Neue Zürcher Zeitung« mit dem Vorabdruck begonnen hatte, bewarb sich auch der Stuttgarter »Schwäbische Merkur« um das Abdruckrecht. Doch schon nach wenigen Fortsetzungen, erinnert sich Hesse, »schrieb er mir entsetzt, so etwas könne man nicht bringen«. Ihrer Entrüstung über so viel schwäbische Nestbeschmutzung machte sich das Blatt dann in einer ausführlichen Besprechung Luft. Das Bild, das Hesse hier von den württembergischen Seminaren entwerfe, hieß es da, sei tendenziös übertrieben und entspreche keineswegs den Tatsachen, da man doch schließlich durch den Turnunterricht hinreichend für einen inneren Ausgleich der Schüler gesorgt habe. Wie sehr gerade der Sport den Konkurrenz- und Leistungsdruck des Schulsystems stützen und im Laufe der Zeit zu einer zusätzlichen Wettbewerbsfolter verkümmern sollte, mochte der Rezensent damals noch nicht ahnen.

Fest steht, dass wenige Bücher Hesses schon zu seinen Lebzeiten in der Öffentlichkeit so erbittert diskutiert wurden wie »Unterm Rad«. Auf wenige auch hat er so würzige Briefe bekommen (»Schopenhauer und Nietzsche«, schrieb ihm ein Lehrer, »sind ja Muster an Grobianen, aber gegen Sie sind sie Waisenknaben!«). Noch 1947, ein Jahr nachdem Hesse der Nobelpreis verliehen worden war, lehnte die Tübinger Universität einen Antrag ab, dem Dichter die Ehrendoktorwürde zu verleihen. Als der Vorschlag fünf Jahre später anlässlich seines 75. Geburtstags wiederholt wurde, ist er erneut wegen angeblicher Verunglimpfung der württembergischen Seminare in »Unterm Rad« abgewiesen worden. Und der damalige Kultusminister versuchte sogar, einen für den Geburtstag geplanten Festakt im Stuttgarter Staatstheater aus eben diesen Gründen zu verhindern. Es bedurfte einer Intervention des ersten deutschen Bundespräsidenten, Theodor Heuss, um die Entscheidung rückgängig zu machen. Heuss wusste um die Unhaltbarkeit solcher Vorwürfe, war er doch einer der ersten Rezensenten des Buches gewesen und hatte am Ende seiner Besprechung vom November 1905 das Fazit gezogen: »Ein Tendenzwerk? Ja, dort, wo es mit warmen Worten das Recht der Jugend auf eine Jugend verlangt.«

Dies alles wegen einer fünfzig Jahre zuvor entstandenen Erzählung, die so lange nichts an Aktualität verlieren wird, bis deren Ursachen abgeschafft sind und damit das Buch vollends historisch geworden ist. Denn immer noch haben wenige gesellschaftliche Einrichtungen so geringe Fortschritte gebracht wie unser über die Psyche der jungen Menschen planwirtschaftlich hinwegdozierendes Ausbildungs- und Erziehungssystem. Was wir stadessen brauchen, sind nicht hochleistungsdressierte Examensathleten, sondern Menschen in Berufen, die ihren Talenten entsprechen und die ihre Arbeit deshalb motiviert und gerne verrichten, Ärzte, die es bei aller Spezialisierung noch schaffen, sich in die Lage ihrer Patienten hineinzuversetzen, Lehrer, die ihre eigene Schulzeit nicht vergessen haben und Disziplinierungsmaßnahmen durch die Autorität ihres Beispiels ersetzen, und Wissenschaftler, welche die Folgen ihrer Errungenschaften zu ermessen und zu verantworten bereit sind. Freilich werden, solange wir die Speicherkapazität von Computern auch bei Menschen höher bewerten als Veranlagung und Neigung zu einem Beruf, nach wie vor die Falschen gefördert.

Lassen wir uns also weiter von diesem Frühwerk Hermann Hesses bewegen, um pädagogische und didaktische Modelle zu entwickeln, welche die Wissensvermittlung statt zur Last zu einem Erlebnis machen!

VOM ÜBERDAUERN
EINER ABGEWIESENEN LIEBE

Hermann Hesse und sein »Lulu-Mädele«

Julie Hellmann
(1878-1972)

Zweimal hat Hermann Hesse das am Rande der Schwäbischen Alb gelegene Städtchen Kirchheim besucht und beidesmal so nachhaltige Eindrücke davon mitgenommen, dass er sie überliefern und darstellen musste. Im April des Jahres 1899 traf er sich dort mit den Jugendfreunden Ludwig Finckh und Otto Mörike (einem Großneffen des Dichters Eduard Mörike), und noch fünf Jahre später war die Erinnerung an diesen Aufenthalt in dem damals etwa 6.000 Einwohner zählenden Städtchen so lebendig, dass er sie in der Betrachtung »Kastanienblüte« festgehalten hat. Diese Erinnerung beginnt mit den Zeilen: »Jeder Ort, an dem wir eine Weile leben, gewinnt erst einige Zeit nach dem Abschiednehmen eine Form in unserem Gedächtnis und wird zu einem Bild, das unveränderlich bleibt. Solange wir da sind und alles vor Augen haben, sehen wir nur Veduten, erst später erlischt das Zufällige und Nebensächliche: Die Erinnerung behält nur, was des Behaltens wert ist, wie könnten wir sonst ohne Angst und Schwindelgefühl auch nur ein Jahr unseres Lebens überschauen!«

Waren es beim ersten Kirchheimer Aufenthalt vor allem die Lokaleindrücke von der Stadt, der Burg, den Handwerksbetrieben gegenüber dem kastanienbestandenen Ringgraben, die ihm überliefernswert erschienen, so war es drei Monate später, beim zweiten Ausflug in das Städtchen am Fuß der Teckberge, ein tiefer greifendes Erlebnis.

Es gibt Konstellationen im Leben, die ergeben sich nur einmal. Wer sie nicht wahrnimmt, versäumt sie für immer. So erging es der 21-jährigen Julie Hellmann (1878-1972) im August des Jahres 1899 mit Hermann Hesse. Zwei Wochen zuvor hatte der ein Jahr ältere Dichter gerade seine erste dreijährige Buchhändlerlehre in Tübingen abgeschlossen, welcher im September desselben Jahres eine Fortsetzung in Basel folgen sollte. Um von seinen Tübinger Freunden Abschied zu feiern, unternahm er Mitte August erneut einen Ausflug nach Kirchheim, woher drei von ihnen stammten. Es waren die Jurastudenten Oskar Rupp (1876-1963), Otto Erich Faber (1877-1959) und der Theologiestudent Wilhelm Schönig (1876-1909). Sie waren Mitglieder von Hesses Tübinger Freundeskreis, der sich nach einer Vereinigung spätromantischer Dichter in Frankreich »Petit

Cénacle« (Kleine Menagerie) nannte und dem außer ihnen noch die Jurastudenten Ludwig Finckh (1876-1964), Hesses Maulbronner Mitschüler Karl Hammelehle (1876-1956), den er als Karl Hamel in seinem Schulroman »Unterm Rad« dargestellt hat, und, als einziger Nichtstudent, der Buchhandelslehrling Hermann Hesse angehörten. Dieser hatte gerade seine ersten Bücher »Romantische Lieder« und die Prosastudien »Eine Stunde hinter Mitternacht« veröffentlicht und auf ihn ging wohl auch die Gründung und Benennung dieses musisch-fidelen Sextetts zurück.

Man traf sich in der nahe beim Kirchheimer Schloss gelegenen Gastwirtschaft »Zur Krone«, und aus den ursprünglich nur zwei Tagen, die Hesse dort mit seinen Freunden verbringen wollte, wurden zehn.

Als er am 16. August 1899, aus seiner Heimatstadt Calw kommend, wo er den Anfang der Sommerferien mit Angeln, Floßfahren, Französischlernen und nächtlichen Feuerwerkereien verbracht hatte (Erlebnisse, die in der Erzählung »Schön ist die Jugend« anschaulich geschildert sind), mit leichtem Gepäck und seinem Geigenkasten das zweite Mal in Kirchheim eintraf, wurde er dort schon sehnlich erwartet. Der ihm nächste seiner Tübinger Freunde, der aus Reutlingen stammende Apothekersohn Ludwig Finckh, der gleichfalls Geige spielte und Gedichte verfasste, verbrachte dort die Semesterferien, um sich auf sein Examen vorzubereiten. Die behagliche »Krone« am Schlossgraben war sein Stammlokal. Hier hatte er Hesse und andere Freunde des »Petit Cénacle« einquartiert.

Inhaber der »Krone« war Carl Müllerschön, der dem »reisenden Publikum« in Annoncen sein Albvereinslokal mit »gutbürgerlichem Mittagstisch, ausgesuchter Abendkarte, reellen Weinen« und allerlei auswärtigen und einheimischen Biersorten empfahl. Neben seiner Frau beschäftigte er damals für Kost und Logis seine beiden verwaisten Nichten: Sophie Hellmann in der Küche und ihre zwei Jahre jüngere Schwester, die 21-jährige Julie Hellmann, als Bedienung. Die beiden Töchter eines Büchsenmachers aus Heilbronn scheinen einen mächtigen Eindruck auf die nur wenig älteren Studenten gemacht zu haben, besonders die unbeschwerte Julie, in die sich Hesse auf den ersten Blick verliebte. Doch im Gegensatz zum draufgängerisch-zielstrebigen Otto Faber, der als Erster von allen sein Studium abgeschlossen hatte und den Hesse als gewandt, elegant, lebensfroh und mit einem Talent zum Mimen darstellt, war er selbst eher zurückhaltend und befangen. In einem Erinnerungsblatt aus dem Jahr 1949 beschreibt ihn Julie Hellmann als einen »blonden, schmächtigen Jüngling, der etwas linkisch und schüchtern zu sein schien, der aber wie sein Freund Ludwig Finckh sehr schön die Violine spielte, was er jedoch nur auf seinem Zimmer tat«. Kein Wunder also, dass Julie sich eher dem weltgewandten, von Ludwig Finckh als »Schwerenöter« bezeichneten Studenten Faber zuneigte, als die scheuen Signale eines Verehrers zu beherzigen, der noch dazu im Begriff war, schon bald nach Basel zu übersiedeln.

Gemeinsam unternahmen die Cénacle-Freunde Fahrten in der Pferdekutsche und auf Fahrrädern, gingen zum Baden, wanderten zur nahegelegenen Limburg und auf die Albberge. Dabei las man sich vor, musizierte und ließ sich sogar im Atelier des Kirchheimer Fotografen Carl Hofmann ablichten. Sieben solcher Gruppenbilder (leider ohne die Hellmann-Schwestern) sind überliefert und heute im Kirchheimer Museum zu besichtigen. Zu den Mahlzeiten traf man sich in der »Krone«, nicht zuletzt Julies wegen, die von den Cénacle-Freunden zärtlich »Lulu« genannt wurde, ein Jahr nachdem Frank Wedekind mit seinem Drama »Erdgeist« mit einer ganz anders gearteten Lulu Literaturgeschichte gemacht hatte. Den Unternehmungen des Freundeskreises – so gern sie daran teilgenommen hätte – konnte Julie sich nicht anschließen, da sie in der Gaststätte gebraucht wurde und ihre Tante, die Kronenwirtin Müllerschön, ohnehin ein argwöhnisches Auge auf die Sympathien geworfen hatte, welche die jungen Gäste ihren Nichten entgegenbrachten. Als »Hexe Zischelgift« sollte sie bald darauf in Hesses »Lulu«-Erzählungen verewigt werden, denn offensichtlich hatten die Mädchen schwer unter ihren Launen zu leiden. In den Tübinger

Studenten hingegen fanden die beiden Mädchen nicht nur vergnügte Verehrer, sondern so viel Zuneigung wie wohl nie zuvor in ihrem Leben.

Als acht Tage verstrichen waren und Julie immer noch nichts wahrnehmen wollte von dem, was den jungen Hesse bewegte, hielt es ihn nicht länger im Kreis seiner munteren Freunde. Er beschloss abzureisen, beteiligte sich aber noch an einer Abschiedsfeier, wozu ein Nebenzimmer der »Krone« mit Blumen, Lampions und Girlanden geschmückt wurde. Das Fest fand am Vorabend seiner Rückreise nach Calw statt und wurde bis nach Mitternacht mit Musik, Gesang, Blumen, Konfetti und einem Feuerwerk begangen, nachdem die allseits begehrte Julie zur »Prinzessin Lulu« gekürt worden war. Noch Monate später, am 28. November 1899, erinnert Hesse sie daran: »Es war ein Abend im August, da saßen Sie schön und lachend neben mir im bekränzten Zimmer und wußten nicht, wie mir das Herz brannte und unter Jauchzen Qualen litt. Lachend, schön und grausam, wie es fürstlichen Schönheiten geziemt, saßen Sie und sangen … Und was mich in jenen Nächten in der ›Krone‹ damals nicht schlafen ließ, waren nicht so sehr die Schnaken, als vielmehr meine ungeduldige, laute Leidenschaft.« Julie ihrerseits berichtete mehr als fünf Jahrzehnte später in einem Zeitungsinterview (»Heilbronner Stimme« vom 4. Juli 1955): »Von Hesse habe ich damals kaum etwas gespürt. Nur seine Bescheidenheit und seine freundlich-verbindliche Zurückhaltung habe ich noch gut in Erinnerung.«

Kaum wieder zurück in seinem Elternhaus, schrieb der Dichter seinen ersten Brief »An das Lulumädele« und sprach nun unmissverständlich aus, was direkt zu sagen er sich in Kirchheim nicht getraut hatte: »Haben Sie mir beim Adieusagen nicht angesehen, wie mir die Hand und die Stimme zittern wollten? … Ich stehe morgens auf und bin untröstlich, Sie an diesem ganzen Tag nicht sehen zu dürfen, ich gehe hin und her und versuche allerlei zu tun, aber nichts fesselt mich, denn ich muß alle Augenblicke wieder die Augen schließen und mir Ihr Bild ausdenken, und dieses schöne schlanke Bild ist den ganzen Tag bei mir, und vertreibt jeden anderen Gedanken. Ich klage Sie an, mir alle Ruhe genommen zu haben. Ich klage Sie an, denn Sie quälen mich; Sie wissen nicht, welche Qual der Liebe und Eifersucht mich fortwährend bedrückt. Aber ich danke ihnen auch. Wofür? Dafür, daß Sie so schön sind, dafür, daß ich Sie sehen durfte und daß Ihr Bild mich so verfolgt und beglückt. Von dem Augenblick an, wo ich in Kirchheim abreiste, bereute ich schon, daß ich fortgegangen war und seitdem schmerzt mich jede versäumte Stunde.« Er legt ihr Sommerblumen aus dem Schwarzwald, Ginster und Frauenhut, aber auch seine ersten beiden Bücher bei, und stellt ihr für den September einen weiteren Besuch in Kirchheim in Aussicht. Dazu freilich ist es nicht gekommen, denn ihre Antworten waren wenig ermutigend. Lulu hatte zwar Ansichtskarten von der »Krone« mit launigen Grußzeilen und Trinksprüchen der in Kirchheim zurückgebliebenen Cénacle-Freunde mitunterzeichnet und vermerkt: »Wie geht es Ihnen? Wir vermissen Sie sehr und würden uns sehr freuen, wenn Ihr Plan zur Ausführung käme«, und sich vier Tage später auf einer Visitenkarte von Otto Erich Faber mit vielen innigen Grüßen für die Bücher bedankt, gefolgt von einem Dankschreiben eine Woche darauf für eines von Hesses ersten »Lulu«-Gedichten, worin es heißt: »Herrin, wirst du lachen müssen? / Sieh, ein heißes Dichterhaupt, / Das du stolz und kühl geglaubt, / Liegt beschämt dir nun zu Füßen.«

Aber Julies Echo war doch zu beiläufig, um ein Wiedersehen aussichtsreich erscheinen zu lassen. Deshalb trat Hesse nun ohne weitere Umwege seine neue Stelle als Buchhändler in Basel an, um Lulu künftig lieber auf schriftliche Weise von der Ernst- und Dauerhaftigkeit seiner Neigung zu überzeugen. Mehr als ein halbes Jahr sandte er ihr nun Gedichte und Briefe, auf die sie sechs Wochen nach ihrer Bekanntschaft erstmals ohne Zusätze der übrigen Cénacle-Freunde zu antworten begann: »Wozu bemühen Sie sich so sehr Ihrer Sehnsucht Ausdruck zu geben?«, fragt sie in diesem ersten, Ende September 1899 geschriebenen Brief, »war es doch nur das Äußere, was Sie für den Augenblick fesselte, und das kann doch nicht so tief Wurzel gefaßt haben … Hoffentlich finden Sie bald eine Freundin als Ersatz für's Lulumädele.«

Doch weil er davon durchaus nichts wissen will, wird sie mit immer neuen Liebesgedichten umworben. Darin heißt es: »Rose du, meine stolze, blasse, / Verzeihe mir, / Daß ich im Traum geheim von dir / Mich trösten lasse.« Und weil sie nun einmal Gewalt über ihn hat, fühlt er sich in der Rolle eines Hofnarren und reimt untertänigst: »Ich Narre lege, so närrisch ich bin, / Mein gepudertes Haupt / Zu Füßen der Schönheit hin. / Ich Narre weiß, was Ihr nicht wißt, / Daß Schönheit besser / Denn Geist und Tugend ist.«

Aber auch als Troubadour sieht er sich, als wagemutiger Minnesänger, dem kein Opfer zu groß ist, um seiner Dame Liebesbeweise zu erbringen. Um ein »einziges Leuchten Ihres schönen Gesichtes« verspricht er ihr, von Basel bis ans Ende der Welt und wieder zurück zu laufen, und um einen Kuss von ihr, von der Spitze des Basler Münsters über die herbstgelbe Pfalz in den Fluss zu springen: »Dann hätten ihn die grünsilbernen Rheinwellen fortgetragen und aller Sehnsucht entledigt. Und andre Sänger hätten ein hübsches Märchen daraus gemacht.«

Als er sie im selben Brief (vom 28. November 1899) nochmals an ihr Versprechen erinnert, ihm ein Foto von ihr zu senden, schickt sie es ihm schließlich mit der koketten Bemerkung: »Ich wollte nur sehen, ob Sie es nur für die erste Zeit wollen, um Ihr Heimweh etwas zu stillen, oder ob Ihnen später auch noch was daran gelegen ist, wenn Sie fort sind und vielleicht längst wieder für eine andere schwärmen. Verzeihen Sie, wenn ich Sie verkenne, aber ich muß Ihnen gestehen, ich wollte schon noch einmal darum gebeten sein.«

Gleichwohl scheinen ihr seine Beteuerungen, für sie bis ans Ende der Welt zu gehen, einen gewissen Eindruck gemacht zu haben, und so endet ihr Brief vom 30. November mit der Aufforderung: »Bitte erzählen Sie mir doch bald wieder ein so schönes Märchen, ob es wohl einmal in Erfüllung geht? Machen Sie keine so lange Pause mehr und seien Sie herzlich gegrüßt vom Lulumädele.« Die Antwort kommt umgehend und wieder in Reimen:

»Ein Brieflein liegt in meiner Hand,
Ich hab' es oftmals umgewandt,
Ich hab' es oftmals neu gelesen.

Geschrieben spät um Mitternacht
Hat mir's ein heimlich Glück gebracht
Und ist mein Schatz und Trost gewesen.

Ich sah beim späten Lampenlicht
Ein wohlbekanntes Angesicht

Gebückt auf diese lieben Zeilen.
Mir schlug das Herz gar weh und froh –
Noch lange wird mein Auge so
Auf deinem Bilde fromm verweilen.«

Und da sie inzwischen tatsächlich auch in seine ersten beiden Bücher hineingesehen hat, schreibt er im Dezember 1899 an seine »schöne Prinzeß«: »Die Bücher aber, in denen Ihr laset, die hat Euer Narr in seinen ernsthaftesten Stunden spät in dunklen Nächten geschrieben. Die Geister seiner halben, verfehlten Jugend sehen mit hohlen Augen daraus hervor. Aber die neue Jugend hat anders begonnen. Sie begann mit einem Frühlingssonntag in Kirchheim im Jahre 1899; an ihrer Pforte steht eine schöne Dame gelehnt, lächelt und hat ein Lied auf den Lippen und heißt Prinzeß Lulu von Schönheits Gnaden.« Ihre Fotografie vor Augen, fährt er dann fort: »Vor mir liegt Euer Bild – da sei der Teufel noch vernünftig!

»Süßer Narrheit voll gemacht
Hast du mich mit deiner Haare
Seidenweicher, süßer Pracht,
Herrin, Hexe, Wunderbare!!!«

Gemeinsam mit Otto Erich Faber schickt sie ihm daraufhin eine drollige Weihnachtspostkarte, wünscht vergnügte Feiertage, erwähnt das glänzende Examen ihres Verehrers Faber und schlägt den Dichterfreunden Hesse und Finckh vor: »Kommen Sie doch beide über die Feiertage zu uns, dass es auch einmal wieder nett ist, wir würden dann zusammen Schlittschuh laufen.« Aber die Aussicht, Lulu mit den Kumpanen teilen zu müssen, hatte begreiflicherweise wenig Verlockendes für den Verliebten. So verbrachte er die Feiertage in Basel im kunstfreundlichen Haus des Staatsarchivars Dr. Rudolf Wackernagel.

In Kirchheim indessen intensivierte sich die Beziehung zwischen Lulu und Erich Faber, scheint dann aber im Verlauf der nächsten Monate ein abruptes Ende gefunden zu haben, nachdem sich Lulu, wie sie in ihren Erinnerungen andeutet von Faber, »dem ich einmal näher stand, schwer in meiner Frauenehre gekränkt« gefühlt habe. Es ist nicht ausgeschlossen, dass Hesse durch die anderen Cénacle-Freunde etwas darüber erfahren hat. Denn plötzlich setzen seine Botschaften an Julie Hellmann aus, und von nun an ist sie es, die immer wieder an das Vergangene anzuknüpfen sucht, nachdem sie im März des Jahres 1900 Kirchheim verlassen und eine Stelle als Kindermädchen in Erlangen angetreten hat. Von dort aus meldet sie sich nach einer beiderseitigen Sendepause von mehr als drei Monaten im April 1900, beklagt, dass die Freunde inzwischen in aller Welt verstreut seien, und sie, »die sich mit Stolz die Cénacle-

Königin nennt, denkt mit Wehmut zurück an den letzten Sommer«, hoffend »bald etwas von ihrem l[ieben] F[reund] zu hören«.

Für Hesse jedoch war dieses Kapitel beinahe schon abgeschlossen. Rückblickend wird er 1901 in sein Tagebuch notieren: »Bis über den Winter 1899/1900 hinaus litt ich stark an Heimweh nach Lulu und schrieb ihr zärtliche Briefe, denen sich nach fast [ein]jähriger Pause im Winter 1900 einige kühlere Spätlinge anreihten.«

Wie immer, wenn für den Dichter ein Lebensabschnitt beendet war, hatte er nur ein Hilfsmittel, um Verluste oder Konflikte zu verkraften, nämlich sie aufzuschreiben und darzustellen, sei es im Tagebuch, sei es mit »Gedenkblättern« bei Todesfällen oder durch die Verwandlung des Privaten in den überpersönlichen Aggregatzustand dichterischer Fiktionen. So auch diesmal: »Geschrieben habe ich in diesen ersten 1 ½ Basler Jahren«, vermerkt er im Mai 1901 in sein Tagebuch, »eine Reihe von Zeitungsartikeln und Buchbesprechungen. Ferner im Juni 1900 die Kirchheimer Novelle ›Prinzessin Lilia‹, um das Lulu-Erlebnis endgültig ›einzusargen und zu begraben‹.«

Wohl deshalb versah er das im Juni 1900 abgeschlossene »Lulu«-Märchen, das ihn fast fünf Monate beschäftigt hatte, zunächst mit dem Titel »Ein Kranz für die schöne Lulu«. Die Kirchheimer Begebenheiten, die zum Zeitpunkt der Niederschrift ein halbes Jahr zurücklagen, erscheinen darin auf phantastische Weise verfremdet. Und nicht von ungefähr ist diese Geschichte »dem Gedächtnis von E. T. A. Hoffmann gewidmet«. Die realen Gestalten des Petit Cénacle werden dabei zu Figuren eines geträumten Märchens, worin Lulu als »Prinzessin Lilia« die blaue Blume der Romantik verkörpert, »deren Anblick der Seele die Schwere, und deren Duft dem Geist die spröde Härte nimmt«. Dass es ihr im Märchen schließlich glückt, die Kluft zu überbrücken, die gemeinhin zwischen Schönheit und Güte besteht, dafür sorgt in Hesses Geschichte der imaginäre »Philosoph Drehdichum«, der als guter Geist die Fäden der Handlung führt, um die Realität schließlich doch noch ins Ideale zu wenden. Denn immer wenn es kritisch wird, taucht unvermittelt der freundliche Greis Drehdichum auf, greift ein und verschwindet wieder, indem er sich, wie eine Gestalt des Spätromantikers E. T. A. Hoffmann, in die Rauchkringel seiner Pfeife begibt, um sich sodann in Luft aufzulösen.

Einen Magier »Drehdichum« hat es damals in Kirchheim für Hesse nicht gegeben, darum musste er sich einen erfinden. Doch als der Zauber dieser Erfindung auf Lulu zu wirken begann, war der magische Zeitpunkt für sie schon verpasst.

Parallel zu dieser Geschichte entstand Hesses zweites Prosabuch, »Hinterlassene Schriften und Gedichte von Hermann Lauscher«, die Aufzeichnungen eines angeblich jung verstorbenen Freundes und Literaten, als dessen Herausgeber Hesse sich ausgab. In vier Kapiteln über seine Kindheit, ein Tübinger Erlebnis, Tagebuchblättern aus Basel und Gedichten versuchte Hesse darin eine Art Schlussstrich zu ziehen unter seinen bisherigen Werdegang als »Ästhet und Sonderling«. Gut in dieses Bändchen gepasst hätte auch das gerade vollendete Kirchheimer Märchen. Aber er verzichtete einstweilen darauf, sei es, weil er sich angesichts von Julie Hellmanns Erlanger Briefen noch Hoffnungen auf eine Wendung der Dinge machte, sei es aus Diskretion gegenüber den Cénacle-Freunden. So übernahm er die »Lulu«-Geschichte erst acht Jahre später in die erweiterte und fortan nicht mehr pseudonyme Ausgabe des »Lauscher«-Büchleins. Nur das bereits in der Erstausgabe enthaltene Gedicht »Meine Liebe« weist auf die Kirchheimer Erfahrung hin und auf die Wehmut des enttäuschten Verfassers mit den ahnungsvollen Versen: »Es werden Tage kommen / Da du nach diesen Tränen / Verdurstend und beklommen / Dich wirst vergebens sehnen.« Dennoch hat er, kurz bevor im November 1900 die pseudonyme Erstausgabe von »Hermann Lauschers hinterlassenen Schriften und Gedichten« erschien, nach langer Pause wieder an Julie geschrieben. Aus ihrer Antwort (vom 5. November 1900) auf diesen verloren gegangenen Brief, dem er offenbar ein neues Gedicht „Der schwarze Ritter“ beigelegt hatte, können wir auf seinen Inhalt schließen:

»Mein lieber Freund und Ritter! Über Ihren l[ieben] Brief war ich nicht weniger erfreut als erstaunt. Nach einem Jahr und zwei Monaten wieder ein Lebenszeichen von einem Freund, von dem ich mich allerdings längst vergessen glaubte, warum waren Sie mir eigentlich böse? Und warum schreiben Sie so sentimental? Haben sich die bösen Mächte Ihrer bemächtigt und Sie zum schwarzen Ritter umgewandelt? So schlimm wird das wohl nicht sein, daß Ihnen alles ausweicht, obwohl ich mich auch fürchten würde vor einem, der sich selbst mit einem Teufel vergleicht. –

Ist Ihnen in dieser langen Zeit kein Wesen begegnet, das Licht und Sonnenschein um Sie verbreitet hätte und durch deren Nähe Sie Ihre frühere Jugend und Herzlichkeit wieder gewonnen hätten um die ich Sie beraubt, ohne es zu wollen und das soll ich aufs Gewissen nehmen, o lieber Freund, es wäre mir wirklich sehr leid, wenn die rosigen Stunden, die wir in K[irchheim] zusammen waren, so glücklich und zufrieden, so schlimme Folgen gehabt hätten. Vielleicht sehen wir uns nie wieder und wenn Sie dann meine Augen nie mehr sehen, die Sie ja nur noch lieben an mir, dann gewinnen Sie vielleicht Ihre frühere Ruhe wieder. Ich zweifle aber daran ob Sie oder ich öfters an diese so herrlichen Augusttage gedacht haben.«

Auch auf dieses Schreiben ist Hesses Antwort nicht mehr auffindbar, während er selbst alle ihre Sendungen aufbewahrt hat, so auch ihre Entgegnung vom 23. November 1900: »Ich freue mich immer namenlos über ihre l[ieben] schönen geistreichen Briefe, die ich nicht oft genug lesen kann. Aber wie können Sie nur so schreiben, mich so verehren und vergöttern. Haben Sie denn Grund dazu, l[ieber] Freund? Nein und abermals nein, habe ich doch nie Gelegenheit gehabt, Ihre Aufmerksamkeit und Liebenswürdigkeit zu erwidern, mit der Sie mir stets entgegenkommen. Was hat Ihnen eigentlich an mir gefallen, nur mein Äußeres, denn meinen Charakter konnten Sie doch in dieser kurzen Zeit unmöglich kennen lernen. Und deshalb verdiene ich diese Anbetung, diese Verehrung [nicht], hübsch kann das ja sein, aber das ist es eben, auf das Innere wird meistens keinen Wert gelegt.«

Ob Hesse darauf noch reagiert hat, ist ungewiss. Jedenfalls war nun die leidenschaftliche Phase seines Austausches mit Julie beendet. Denn fünf Monate nach seinem Eintreffen in Basel hatte er Elisabeth La Roche kennengelernt, der er bald darauf auf eine noch hoffnungslosere Weise verfallen sollte, und die deshalb von der erst postum veröffentlichten Erzählung »Der Dichter. Ein Buch der Sehnsucht« bis zum »Peter Camenzind« und »Gertrud«-Roman ungleich tiefere und langwierigere Spuren in seinem Werk hinterließ.

Von nun an ist es Julie Hellmann, von der die Initiative ausgeht und die bis kurz vor Hesses Tod ihrem »lieben Lauscher« immer wieder schreibt, ihn an ihren Geburtstag erinnert oder ihm Fotos von sich schickt. Und jedes Mal antwortet er der »lieben Lulu«, zuweilen auch der »lieben Freundin« artig und berichtet Unverfängliches von seinen neuen Wohnorten, Arbeiten und Begebenheiten des Alltags. Die Leidenschaft und fröhliche Kumpanei der Cénacle-Zeit war unwiederbringlich vergangen. Ein letztes Mal zum Lied geworden ist sie in der poetischen Bilanz zweier Versgebilde, die er 1902 in der Ausgabe seiner Jugendgedichte aufgenommen hat:

»Dem ›petit cénacle‹

Wir galten für dekadent und modern
Und glaubten es mit Behagen.
In Wirklichkeit waren wir junge Herrn
Von höchst modestem Betragen.

Dennoch – es war eine schöne Zeit
Der Feste und ersten Lieder,
Der harmlos lachenden Fröhlichkeit,
Und ich wollte, sie käme wieder.

Ich schlug mich durch Laster kreuz und quer,
Ihr ginget den Pfad der Tugend.
Ich grüße Euch aus der Ferne her,
Euch und die verlorene Jugend.«

Und dann, direkt an Julie gerichtet, unter der Überschrift:

»Lulu
Flüchtig wie auf hohen Matten
Einer Wolke scheuer Schatten
Rührte mich mit leisem Wehe
Deiner Schönheit stille Nähe.

Zwischen Tag und Traum zuweilen
Will das Leben mich ereilen,
Glänzt so gold und lockt so heiter,
Und erlischt – ich träume weiter.«

Die gleichfalls mit »Lulu« überschriebene Prosa-Geschichte der Kirchheimer Episode erschien 1907 in der erweiterten Neuauflage des »Hermann Lauscher« und fand ein halbes Jahrhundert später in der 1950 veröffentlichten Erzählung »Verzauberung« des Cénacle-Freundes Ludwig Finckh eine noch etwas andere Inkarnation, die Hesse freilich als Plagiat empfand.

Bemerkenswert an Julie Hellmanns Antwort vom November 1900 auf Hesses letzten an sie gerichteten Liebesbrief ist ihre gesunde Abwehr der Überhöhung und Idealisierung ihrer Person: »Wie kommen Sie darauf, ich könnte aus einer besseren, reineren Welt stammen?«, also auf die Neigung vieler Künstler bei einer schönen Frau eine ebenso schöne Seele vorauszusetzen und die Aura der Geliebten als Stimulans für die eigene Produktion zu nutzen. Während aber die äußeren Reize ein Geschenk der Natur und wie alles Lebendige vergänglich sind, muss die Schönheit des Kunstwerks erarbeitet werden und ist von umso größerer Dauer, je mehr an Zuwendung und Leben in diese Mühe investiert wird. Julie Hellmann, auf eine instinktive Weise gescheit und vorausblickend, hat das Sporadische des Augenscheins in ihrer Antwort ahnungsvoll vorweggenommen mit der Bemerkung: »Aber Sie sind von Natur reicher ausgestattet … Und doch beneide ich Sie nicht, denn so ideal veranlagte Menschen können doch gar nicht glücklich und zufrieden sein, die streben doch stets nach Höherem und finden doch nicht, was sie suchen.«

Mit der Einbuße an Glück und Zufriedenheit, die Hesse wie jeder Künstler zugunsten seines Werkes in Kauf nehmen musste, hat sie recht behalten, weniger jedoch mit der Bemerkung »und finden doch nicht, was sie suchen«. Denn mag auch das Werk, das am Ende von Hesses Leben stand, nur einen Teil der Fülle und Perfektion erreicht haben, die er angestrebt hatte, so war es doch reich und wirkungsvoll genug, dass Julie es später bedauert hat, seine Werbung ausgeschlagen zu haben. Deshalb erscheint es angesichts ihrer Versuche, in späteren Briefen an das Vergangene wieder anzuknüpfen, nicht ganz glaubwürdig, als sie, fast achtzigjährig, dem Hesse-Biographen Bernhard Zeller mitteilte: »Ich habe nie an eine Verbindung mit H. H. gedacht, so wenig wie er.« Das klingt eher wie ein nachträgliches Arrangement mit dem Unabänderlichen. Denn gewiss hätte sie – wenn Hesse auf ihr späteres Entgegenkommen eingegangen wäre – einer Liaison nichts mehr entgegengesetzt. Ihr Nachsatz jedoch trifft mit Sicherheit zu: »Ich bin überzeugt, daß eine Ehe uns nicht so beglückt hätte wie diese reine innige Freundschaft.«

Was blieb, war die von ihr als nachhaltigste und schönste Erfahrung ihres Lebens gehütete Erinnerung an den Kirchheimer Sommer und, neben der kleinen Unsterblichkeit ihrer Gestalt in Hesses »Lulu«-Geschichte, auch das, was sie bis ins Altenheim als ihren kostbarsten Schatz bewahrte: 77 Briefe, Gedichthandschriften, aquarellierte Federzeichnungen, Fotos und Zeitungsartikel. Jeden der vielen Hesse-Freunde, die sie besuchten, hat sie mit Stolz daran teilhaben lassen. Dem verdienten Literaturwissenschaftler Martin Pfeifer (der 1991 die erste Monographie über sie veröffentlichte) teilte sie im Herbst 1964 mit: eine Journalistin der »Heilbronner Stimme« habe sie interviewt. Obwohl sie gebeten habe, in der Reportage ihre Person nicht in den Vordergrund zu stellen, »da ich den Neid der Altenheiminsassen fürchte und Hermann Hesse ja eigentlich die ›Größe‹ sei …

brachten es nur ganz wenige [der Mitpensionäre] fertig, mir die Hand zu drücken, die meisten blickten mich fast feindlich an oder würdigten mich überhaupt keines Blickes. So ist es in Heimen: Neid und Mißgunst.«

Unverheiratet geblieben, hat sie den Dichter knapp zehn Jahre überlebt und ist am 8. Mai 1972 im Heilbronner Seniorenstift gestorben. Ewig jung wird sie in Hesses »Lulu«-Erzählung überleben, denn mittlerweile hatten ihre Rollen sich vertauscht. War zunächst sie es, deren Reize magnetisch auf ihre Umgebung wirkten, so hatte ihr ehedem so unscheinbarer Verehrer den Launen des Lebens die Attraktion eines Werkes abgewonnen, dessen Zugkraft auch sie nicht widerstehen konnte. Der Reiz seiner geistigen Erscheinung stand nun ihrer Jugendschönheit in nichts mehr nach. Aus der »Smaragdenen Tafel« des Hermes Trismegistos (mit diesem Namen bezeichneten die alten Griechen den ägyptischen Gott der Schrift und Gelehrsamkeit) hatte schon der 23-jährige Hesse die Erkenntnis übersetzt: »Nichts ist außen, nichts ist innen, denn was innen ist, ist außen.«

DAS UNBEKANNTE »BUCH DER SEHNSUCHT« DES JUNGEN HERMANN HESSE

Hermann Hesse 1910, Foto: Gret Widmann

Ende Juli 1899 hatte der 22-Jährige seine Lehrzeit in der Tübinger Buchhandlung Heckenhauer abgeschlossen und war drei Monate später in die Schweiz übergesiedelt, um im vertrauten Basel, wo er von 1881 bis 1886 fünf Jahre seiner Kindheit verbracht hatte, eine Stelle als Sortimentsgehilfe der Buchhandlung Reich anzutreten. Denn mit seinen ersten beiden Veröffentlichungen, dem gerade erst erschienenen Gedichtbändchen »Romantische Lieder« und der unter dem Titel »Eine Stunde hinter Mitternacht« im neu gegründeten Verlag von Eugen Diederichs publizierten ersten Prosasammlung, war nichts zu verdienen.

Schon kurz nach seiner Ankunft in der Grenzmetropole am Rhein fand er Kontakt zu dem Basler Staatsarchivar und Geschichtsschreiber Dr. Rudolf Wackernagel (1855-1925) und seiner Frau Bethli (1859-1931), in deren gastfreundlichen Häusern am Brunngässlein und ihrem Landsitz, dem Wenkenhof bei Riehen, er auf Verständnis und Zuwendung rechnen konnte und manche Sonntagabende verbrachte. Hier war es auch, wo er bei einem Hauskonzert mit Beethovens »Kreutzersonate« Elisabeth La Roche wiedersah, die Tochter eines mit seinen Eltern befreundeten Pfarrers, der er erstmals als Sechsjähriger bei einem Familienausflug auf den Rechtenberg bei Basel begegnet war. Inzwischen war sie zu einer 23-jährigen »schlanken Botticelli-Schönheit« herangewachsen, in die sich Hesse sofort verliebte. Doch die Zuneigung des schüchternen jungen Dichters musste unerwidert bleiben, weil die Pianistin zu diesem Zeitpunkt ihrem Begleiter auf der Geige, Dr. Carl Christoph Bernoulli, verfallen war.

Was die Realität dem Autor nicht gewährte, erfüllte er sich in der Phantasie mit einem »Buch der Sehnsucht«. So sollte auch eine Anthologie zeitgenössischer Lyrik heißen, die er gemeinsam mit dem befreundeten Odenwälder Dichter Karl Ernst Knodt (1856-1917) herauszugeben beabsichtigte. Diese reizvoll von Heinrich Vogeler, Worpswede, ausgestattete und mehr als 300 Seiten umfassende Sammlung erschien erst 1903. Sie enthielt Gedichte von Hesse, Ricarda Huch, Agnes Miegel, B. v. Münchhausen, Alfons Paquet und R. M. Rilke unter dem Titel »Wir sind die Sehnsucht«. Liederlese moderner Sehnsucht, ausgewählt von Karl Ernst Knodt.

Warum Hesse die Auswahl schließlich seinem Kollegen überließ, lässt sich aus ihrer Korrespondenz nicht ermitteln. Wahrscheinlich fiel diese Entscheidung im Juli oder Dezember 1901, als er ihn in Oberklingen besuchte und stattdessen ein eigenes »Buch der Sehnsucht« verfasste.

Darin versucht der Dichter Martin, in Übereinstimmung mit den Idealen der an die Renaissance und Spätromantik anknüpfenden Präraffaeliten seinen Traum zu verwirklichen, Körper und Geist, sakrale Ästhetik mit weltlicher Liebeskunst zu vereinbaren. Die ernüchternden Realitäten des Alltags werden dabei entweder ausgeblendet oder harmonisiert. So erscheint der Violinvirtuose, der die historische Elisabeth bei der Aufführung der »Kreuzersonate« begleitet, nicht wie in Wirklichkeit, als unüberwindbarer Konkurrent um die Gunst der Geliebten, sondern als Martins bester Freund Burkhard, den er aber, sobald er sich der fiktiven Elisabeth zu nähern versucht, unter Androhung eines Duells von ihr fernzuhalten versteht. Damit wird der Weg frei für eine ersehnte Beziehung, worin er »allen Glanz eines künstlerisch geschaffenen Glücks« mit dem Rausch elementarer Sinnenfreude zu verbinden hofft.

Der verliebte Martin ist kein armer Schlucker wie sein Autor, der sich mit einem Salär von monatlich 110 Franken als Buchhandelsgehilfe durchschlagen muss, sondern ein vermögender junger Ästhet mit Hausdiener, wie Hugo von Hofmannsthal, der Verfasser des »Tod des Tizian« (1901). Das war eine bessere Voraussetzung, die berühmte Pianistin zu gewinnen, die mit ihm ein merkwürdig hochmütiges Elitebewusstsein und »einen starken Widerwillen gegen das gewöhnliche Leben« teilte, das beide als grau und langweilig empfanden. An einem so exklusiven Treffpunkt wie dem Luzerner Hotel »Schweizerhof«, in dessen distinguierter englischer Tischgesellschaft sich die Pianistin und der Dichter vorkommen »wie zwei Paradiesvögel auf einem Hühnerhof, macht sich ihre Aversion gegen alles Stil- und Geistlose bemerkbar.

Um dieser Ansammlung »von Geld und Stumpfsinn« zu entkommen, hatte Martin in verwegener Vorausschau für sich und die noch ahnungslose Elisabeth ein einsames Chalet bei Vitznau gemietet, wohin er die Geliebte zu entführen gedenkt. Er will damit eines seiner Märchen wahr werden lassen, das er ihr einmal in Basel vorgelesen hatte. Es war die wildromantische und wohl vom »Ossian« des schottischen Dichters Macpherson (1736-1796) und der »Frithjofs-Saga« des schwedischen Romantikers Elias Tegnér (1782-1846) inspirierte Geschichte von einem wellenumbrandeten Lustschloss der Wikinger im Nordmeer, dem sie erwartungsvoll entgegen sah. Seine Hoffnung, damit einer uneingestandenen Sehnsucht Elisabeths entgegenzukommen, sollte sich erfüllen. Denn so spröde Elisabeth sich zunächst gab und so schüchtern der Dichter ihr anfangs vorgekommen ist, erwies sich einmal mehr, dass Zurückhaltung und Hemmung die Leidenschaft nicht ausschließen, sondern dass im Gegenteil die Emotion umso tiefer sein kann, je stärker sie sich zunächst verborgen hat. Und so glückt es den beiden, sobald das Eis gebrochen ist, zwei in jeder Hinsicht phantastische Sommermonate in dem Chalet zu verbringen. Sie führen dort ein sinnenfrohes Traumleben, bei dem er ihr klassische und eigene Dichtungen vorliest, während sie auf dem Flügel improvisiert und ihm eigene, aber auch Kompositionen anderer vorspielt, was ihr Befinden beschwingt. Sie erfüllen sich damit das Ideal, Erotik mit geistigem Höhenflug und körperliche Freuden mit der ästhetischen Perfektionierung ihrer Kunst zu verschwistern, nach dem Motto des Novalis: »Das Sinnliche muss geistig, das Geistige sinnlich werden.«

Ansteigend mit der Glut des Hochsommers, vollzieht sich die Fieberkurve dieser Beziehung, bis sie im Herbst mehr und mehr verklingt und erlischt. Nachdem Elisabeth erotisch geweckt ist, tritt eine Wende ein. Das Sexuelle in ihrem Austausch beginnt zu überwiegen, und ihr Drang ins Rampenlicht tritt in den Vordergrund. »Damals war die Musik mein Herrgott und ich seine fromme Magd. Jetzt bin ich der Herrgott und meine Kunst soll mir tanzen«, sagt sie dem ernüchterten Martin. Als er kurz darauf erfährt, dass sie plötzlich die Einladung zu einem öffentlichen Auftritt angenommen hat und ihn auffordert, nun auch seinerseits das Abenteuer ihres gemeinsamen Sommers in die Öffentlichkeit zu tragen, es aufzuschreiben, zu publizieren und marktgerecht auszumünzen, empfindet er dies als einen Verrat an ihrem Erlebnis und ihren Idealen. Die Presse dagegen bejubelt Elisabeths plötzliche Wandlung zu öffentlicher Selbstdarstellung und kommentiert ihre Auftritte: »Anstelle der fast herben Klassizität ist ein bewegter hinreißender Vortrag getreten. Wir beglückwünschen die große Künstlerin zu einer neuen, glänzenden Epoche ihres Könnens.« Berauscht davon, sich das Publikum erobert zu haben, kehrt Elisabeth nicht mehr zu Martin zurück. Er dagegen, verzweifelt über das Scheitern ihrer einstigen Ideale, vernichtet seine Manuskripte und verschwindet spurlos im Hochgebirge.

Was der Dichter Martin sich versagte, den Wunschtraum seines Abenteuers mit Elisabeth darzustellen, hat der 24-jährige Hesse durchgeführt in diesem nachgelassenen »Buch der Sehnsucht«, das erst 2001 in der Gesamtausgabe seiner Werke (SW) veröffentlicht wurde. Es korrespondiert auf erstaunliche Weise mit der Geschichte »Die Juninacht« und den gleichfalls erst posthum aufgetauchten, nicht abgesandten »Briefen an Elisabeth« (SW I, »Jugendschriften«, S. 422 und 484) und zeigt, wie vielfältig die Liebe zu Elisabeth La Roche in sein Frühwerk eingegangen ist, deren Spur man auch im »Hermann Lauscher« (1900), im »Peter Camenzind« (1903), bis hinein in die drei Fassungen des Musikerromans »Gertrud« (1906-1909) verfolgen kann. Noch 1907, längst mit Mia Bernoulli verheiratet, klagt er in einem seiner letzten Elisabeth-Gedichte:

»Die Jahre sind vergangen,
Und ob sie wohl gelangen,
Es waren Jahre ohne dich.
Ich fand die Lust der Stunde
An mancher Frauen Munde,
Wenn ich sie nicht mit dir verglich.
Der selige Liebesgarten,
Den ich mit bittrem Warten
Mein Leben lang so heiß begehrt,
Liegt mit verschloßner Pforte.
Ach, jedem Liebesworte
Hast du mit strengem Blick gewehrt …
Doch mag es noch geschehen,
Daß mir wie Frühlingswehen
In deinem Bild die Jugend naht.«

Die Erzählung sagt aber auch Charakteristisches aus über sein Verhältnis zum anderen Geschlecht und seine Furcht vor dem Konflikt zwischen Kreativität und partnerschaftlicher Hingabe. (Siehe auch das 1913 entstandene gleichnamige Märchen »Der Dichter«, SW 9, S. 42.) Durch nichts als Einbildungskraft nimmt Hesse in dieser nur zum kleinsten Teil auf Erfahrung beruhenden Geschichte eine Problematik vorweg, die ihm künftig in der Realität noch schwer zu schaffen machen wird. Und das Interessante dabei ist, dass er das, was ihm wünschenswert erscheint, zwar darstellt, um es dann aber als unmöglich scheitern zu lassen. Kaum etwas von dem, was in diesem »Buch der Sehnsucht« geschildert wird, hatte der junge Verfasser tatsächlich schon erlebt, so vital und glaubwürdig es passagenweise auch wirkt.

Der leibhaftigen Elisabeth La Roche (1876-1965) ist dies alles verborgen geblieben. Erst 1927, aus der von Hugo Ball verfassten frühesten Biographie über Hermann Hesse, erfuhr sie von ihrer Identität mit der Elisabeth des »Peter Camenzind«. Sie empfand es als Indiskretion, konnte sich aber bei Hugo Ball nicht mehr beklagen, weil er, kurz nachdem das Buch erschienen war, starb. Wegen ihrer Affäre mit dem verheirateten Geiger Carl Bernoulli war sie Ende 1901 von ihrer verwitweten Mutter als Musiklehrerin in ein englisches Pensionat geschickt worden und damit nicht nur dem Geiger, sondern auch dem Gesichtskreis des jungen Hesse entzogen (eine Konstellation, die der Dichter in der ersten Fassung seines »Gertrud«-Romans aufgegriffen hat). Sie blieb zeitlebens unverheiratet und wirkte nach ihrer Rückkehr aus England fünfzig Jahre lang in München, Florenz und Basel als Tanzpädagogin und Choreographin. Dreimal in ihrem späteren Leben kam es noch zu kurzen Begegnungen mit dem inzwischen verheirateten Dichter und einem für beide erfreulichen Dialog, der bis zu seinem Lebensende auch durch eine sporadische Korrespondenz fortgesetzt wurde. In ihren noch unveröffentlichten Erinnerungen, die sie im Alter von 87 Jahren diktierte, vermerkt Elisabeth über ihre frühe Basler Zeit: »Es gab damals ein gastliches Haus in Basel, wie es heute keines mehr gibt und zwar bei Dr. Rudolf Wackernagel, dem Archivar. Das (seither abgerissene) Haus stand im Basler Brunngässlein. Dort herrschte eine Geselligkeit, wie man sie heute nicht wiederfindet. Der Gastgeber und seine Frau, von allen Frau Bethli genannt, hatte die Gabe, eine Menge kreativer Leute zusammenzubringen. Man scharte sich meist um den Hausherrn, einen bedeutenden Gelehrten. Da er im Gehen sehr behindert war, blieb er den ganzen Abend ruhig in seinem Sessel sitzen und bildete so einen Mittelpunkt. Ich sehe noch seinen prachtvollen Kopf, die tiefliegenden, großen, blauen Augen, mit denen er sein Gegenüber zu durchleuchten schien. Man pries sich glücklich in seiner Nähe verweilen zu dürfen … Es gab keinen Klatsch und kein flaches Gerede, auch wurde viel musiziert. Jungen Talenten bezeigte man großes Verständnis, indem man sie aufforderte aus ihren Werken vorzulesen oder vorzuspielen. Im Sommer bewohnten Wackernagels den kleinen Wenkenhof bei Riehen, ursprünglich ein Bauernhaus, das sehr schön ausgebaut worden war. Dort hinaus pilgerte man an schönen Samstagabenden oft in größerer Gesellschaft. Es war zu jener Zeit, daß ich mit Hermann Hesse wieder zusammentraf, von dem in der Familie Wackernagel schon viel die Rede gewesen war. Aber ich hatte damals meinen Kopf und meine Gedanken immer noch [anderswo] und so war mein Interesse an Basler Bekanntschaften nicht sehr lebhaft.«

Zur selben Zeit, als sie diese Erinnerungen schrieb, im März 1963, ein Jahr nach Hesses Tod, verfasste sie auch einen an ihn gerichteten dreiseitigen »Brief an den toten Freund« und bald darauf zwei wehmütige Gedichte an ihn. Das zweite davon, anlässlich der Wiederkehr seines Todestages im August 1962, ruft die Erinnerung an den scheuen Verehrer aus der Zeit um 1900 zurück:

»In memoriam Hermann Hesse

Du warst so verschlossen,
Die Miene verdrossen,
Ich konnte dich nicht verstehen.
Doch ich dagegen,
Ich war verwegen,
Mocht' deinen Kummer nicht sehen.

Ein Wort sprachst du nicht,
Dein strenges Gesicht,
Es kündete nicht die Spur.
So jung wir beiden,
Des mußtest du leiden
Und mir blieb es Ahnung nur.«

Anlass zur Niederschrift ihres »Briefes an den toten Freund« war ein Altersfoto von Hesse mit einem offenbar ungleich gewinnenderen Mienenspiel: »Was mich zum Schreiben beinah zwingt«, vermerkt sie in diesem Nachruf, »ist ein ganz kleines Bild von Ihnen; es erschien vor einiger Zeit in einer illustrierten Zeitschrift und ich schnitt es aus, weil es mir von so vielen Bildern, die ich von Ihnen besitze, am allerbesten gefällt ... der Ausdruck des Gesichtes – ich glaube, wenn ich diesen Ausdruck damals, als wir jung waren, gesehen hätte, dann hätte ich wohl Ihre Zuneigung erwidern können.«

Dem Umstand, dass sie damals seine Liebe nicht erwidern konnte, verdanken wir einen beträchtlichen Teil von Hesses Frühwerk. Und so ist schließlich doch noch in Erfüllung gegangen, was er in seinem »Buch der Sehnsucht« erhofft: »Wenn ein Zufall meinen Namen andern Zeiten überliefert, so wird ihn der meiner Freundin und meiner Muse begleiten.«

Wenige Liebesgeschichten sind für den Wandel der Geschlechterbeziehung im ausgehenden 19. Jahrhundert so charakteristisch wie dieses bis vor kurzem unbekannt gebliebene Frühwerk Hermann Hesses. Es zeigt den vitalisierenden Antrieb der Liebe, ihre mitreißende, alle Hemmschwellen der Prüderie sprengende, phantasiebeflügelnde Dynamik.

Hesse selbst musste danach dreimal heiraten, bis er endlich die Partnerin fand, der es glückte, die richtige Balance von Distanz und Nähe zu finden, die er für seine Arbeit brauchte.

LAGUNENZAUBER

Hermann Hesse in Venedig

Ponte di Rialto

Aus eigener Erfahrung wissen wir, wie unauslöschlich Eindrücke aus der Kindheit sein können und welchen Einfluss sie auf unser späteres Leben haben. So wie den jungen Goethe, den prominentesten aller Italienreisenden, die Erinnerung an das Spielzeugmodell einer Gondel, das ihm sein Vater aus Venedig mitgebracht hatte, dorthin verlockte, so war es bei Hermann Hesse eine ähnliche Kindheitserinnerung: Ein Album mit den populärsten Motiven Venedigs – dem Markusplatz, der Rialtobrücke und dem wie aus Spitzen geklöppelten gotischen Ca'-d'Oro-Palast am Canal Grande –, das Hesse vermutlich schon während der allerersten Schuljahre in die Hände gekommen sein muss, war seine früheste Begegnung mit dem Land, das künftig zu seinem liebsten Reiseziel werden sollte. »Mit Blau und Gelb und Rot und Gold nicht sparend«, hat er die Abbildungen damals mit Aquarellfarben koloriert, »oft ungewiß, was Land, was Wasser sei.« Doch bis er sein Phantasiekolorit mit den Farben der Wirklichkeit vergleichen konnte, sollten noch etwa 15 Jahre vergehen.

Die nächste nachhaltige Begegnung mit Venedig verdankte er der Lektüre von Goethes »Italienischer Reise« als junger Buchhandelsgehilfe in Tübingen und der fast gleichzeitigen Bekanntschaft mit dem Werk des Schweizer Kulturhistorikers Jacob Burckhardt. Am 30. März 1898 schrieb der damals Zwanzigjährige an seine Eltern: »Meine Hauptlektüre seit drei Wochen ist die herrliche ›Kultur der Renaissance‹ von Burckhardt, deren ersten Band ich fertig habe. Das Buch ist außer Goethes ›Faust‹ und ›Aus meinem Leben‹ eigentlich das einzige, bei dem ich eine sehr hohe Erwartung übertroffen fand. Ich finde es bedeutsam, daß eben unsere Zeit erst die Renaissance versteht und gewissermaßen entdeckt hat. ... Auch ich kann diesem Heimweh nicht entrinnen nach jenem Reichtum an Geist, Kunst, Witz, Schönheit, nach jenen merkwürdigen Städten, wo die höchste Staatskunst neben der höchsten humanistisch-künstlerischen Bildung blühte.«

Diese Sehnsucht hat ihn seitdem nicht mehr verlassen. Nach dem Abschluss seiner vier in Tübingen verbrachten Lehrjahre in Heckenhauers Buchhandlung zog es den Autor der »Romantischen Lieder« (veröffentlicht im Oktober 1898) und der Prosaphantasien »Eine

Stunde hinter Mitternacht« (veröffentlicht im Juni 1900) Mitte September 1899 nach Basel, in die Stadt, deren geistiges Leben »von nichts und niemand so stark beeinflusst war wie von Jacob Burckhardt«, der dort zwei Jahre zuvor gestorben war.

Nach täglich mehr als zehnstündiger Dienstzeit als Sortimentsbuchhändler und Antiquar entstand hier sein drittes Bändchen, »Die hinterlassenen Schriften und Gedichte von Hermann Lauscher«. Danach beschäftigte er sich mit Boccaccio, Franz von Assisi, Leonardo da Vinci, sammelte Reproduktionen von Gemälden und Architekturdenkmälern der Renaissance, las Burckhardts »Die Zeit Constantins des Großen« und legte jeden Rappen seines dürftigen Salärs beiseite, um sich den nun seit Jahren immer dringlicheren Wunsch erfüllen zu können, das Land der Sonne, der Kunst, der naiven und elementaren Lebensfreude nicht nur aus Büchern und Bildern, sondern auch aus eigener Anschauung zu erleben. Im Herbst des Jahres 1900 stand sein Plan fest: im kommenden Frühjahr sein Arbeitsverhältnis zu kündigen, um in der für Italien besten Reisezeit mindestens zwei Monate lang das Land seiner hochgespannten Erwartungen kennenzulernen. Und um jedes Risiko auszuschließen, die Reise aus finanziellen Gründen vorzeitig abbrechen zu müssen, kam er auf eine ungewöhnliche und auch noch für sein späteres Leben nutzbringende Idee. Um sich die nötigen

Mittel zu verschaffen, ohne doch betteln zu müssen, bot er Freunden und Bekannten ein unveröffentlichtes Manuskript an, einen Zyklus seiner neuesten, meist nachts entstandenen »Notturni«-Gedichte. In einem Rundschreiben dazu heißt es: »Um diese intime Art der Mitteilung« habe er besonders die persische Literatur schon immer beneidet. Denn sie gewähre den Vorteil, »meine Dichtung, der Spekulation des Handels und der Presse entzogen, nur von Freunden und Wohlgesinnten gelesen zu wissen«. Er habe im Sinn etwa zwanzig Exemplare herauszugeben, von denen jedes, mit persönlicher Widmung versehen, zwanzig Franken koste. »Bestellungen von nicht Eingeladenen werden nicht angenommen«, fügt er hinzu, um das Angebot interessanter zu machen. Die Exemplare seien »sämtlich sowohl durch die Widmungen wie durch absichtliche, zum Teil bedeutende Variationen im Text als Unica bezeichnet. Sollte Ihnen ein Vers besonders gefallen, so seien Sie bitte überzeugt, daß ich ihn speziell für Sie eingefügt habe. Bei weniger glücklichen Passagen aber mögen Sie sich sagen, daß ich sie mir vermutlich bei den übrigen Exemplaren besser überlegt haben werde.«

Durch diese gewitzte Methode, aus der Not eine Tugend zu machen, gelang es ihm, seine Reisekasse um annähernd 400 Franken aufzubessern, und dies sogar rascher als vermutet, trotz seines damals noch bescheidenen literarischen Renommees. So konnte er bereits am 13. Oktober 1900 dem Tübinger Freund Eberhard, dem Vater des Schriftstellers Albrecht Goes, melden: »Der Erlös der Exemplare, die schon fast alle verkauft sind, wird hauptsächlich meiner für nächsten Frühling geplanten italienischen Reise dienen.«

Ein halbes Jahr später war es endlich so weit: Nach einem Intensivstudium der italienischen Sprache im Selbstunterricht und drei Wochen sorgfältiger Vorbereitung im heimatlichen Calw brach er auf. Im Reisegepäck außer dem Baedeker auch Jacob Burckhardts »Cicerone – Eine Anleitung zum Genuss der Kunstwerke Italiens«. Dass nach solch ausgiebiger Vorbereitung die Begegnung mit der Wirklichkeit zur Offenbarung werden und auf den denkbar empfänglichsten Boden fallen musste, war bei einem Naturell wie demjenigen Hesses unausweichlich: »Das jahrelang erträumte Betreten des italienischen Bodens gab mir ein so intensives, erhöhtes Glücksgefühl, wie ich es bis dahin kaum gekannt hatte.«

Seine Reisetagebücher geben darüber Auskunft. Zunächst einmal verändern sich bei Hesse, wie bei jedem, der zum ersten Mal ans Mittelmeer reist, die bisher gültigen Wertmaßstäbe. Kaum eine Woche in Italien und erst wenige Stunden in Florenz, schrieb er seinen Eltern: »Angesichts dieser Kultur und dieses Lebens sinkt mein Nationalgefühl auf Null.« Eine Beschämung, die sich noch verstärkte, wenn er anderen

Italientouristen, namentlich seinen Landsleuten, begegnete, die mit dem Blick auf das Tyrrhenische Meer sangen: »Wie ist es am Rhein so schön« und auf den Speisekarten, statt sich an den unverwechselbaren Gerichten des Gastlandes zu erfreuen, die deutsche Küche vermissten. »Wie gemein so ein feister deutscher Kommerzienrat neben einem italienischen Bettelbuben aussehen kann«, notierte Hesse in sein Tagebuch, das durchaus nicht den Eindruck macht, als sei es vor mehr als hundert Jahren geschrieben. Denn seine burschikose Art zu reisen, die mit einem Minimum an Komfort ein Maximum an Erlebnis ermöglicht, hat nach wie vor etwas Alternatives, womit sich auch die Tramper unserer Jeans-Generationen wiedererkennen und identifizieren können. Er reiste nicht als Frachtgut touristischer Agenturen, sondern auf eigene Faust. »Mir ist auf Reisen nur wohl, wenn es ganz schlicht und handwerksburschenhaft zugeht, dritter Klasse und zu Fuß, ohne Hotels und ohne täglich warm zu essen«, berichtet er 1904 in einem Brief. Organisierter Fremdbestimmung zog er das Improvisieren vor. Das Vertrauen in den Zufall, in den Reiz der Überraschungen und Risiken gehörte für ihn zur Poesie des Unterwegsseins. Auf den ökonomischen Vorteil, den der Gesellschaftstourismus zu bieten hat, brauchte er dabei nicht zu verzichten, zudem konnte man in Eisenbahnwaggons dritter Klasse mit der Bevölkerung des Gastlandes in

Berührung kommen und die Fahrt, wo immer es verlockend erschien, unterbrechen. Dasselbe betraf Unterkunft und Verpflegung, wobei Hesse einheimische Schenken und Privatpensionen bevorzugte, da sie ihn am Alltag und an den unterschiedlichen Ess- und Lebensgewohnheiten der Einheimischen teilnehmen ließen: »Diese Leute sind, wenn sie nicht gerade Geschäfte machen, von einer Naivität und Sicherheit des Sichgebens, dabei von einer natürlichen Lebensart und Beweglichkeit, neben der wir Nordländer Marionetten sind.« Statt sich professionellen Fremdenführern anzuschließen und sich demonstrieren zu lassen, was zur Bildung gehört, war er lieber sein eigener Cicerone oder ließ sich, wie in Chioggia, die Sehenswürdigkeiten von einem achtjährigen Gassenbuben zeigen, qualifiziert einzig durch ein »braunschwarzes schlaues Gesicht, ganz wild, geht in keine Schule«.

Sooft Hesse auch später nach Italien (und anderswohin) aufbrach, nie hat er – selbst nicht als etablierter Autor, der sich ein wenig Luxus durchaus hätte leisten können – diese Art des Reisens aufgegeben, denn nur so glaubte er das Fremde so authentisch und unmittelbar wie möglich erfahren zu können. »Die Poesie des Reisens«, schrieb er 1904, »liegt im Erleben, im Reicherwerden, im organischen Angliedern von Neuerworbenem, im Zunehmen unseres Verständnisses für die Einheit im Vielfältigen …, im Wiederfinden von alten Wahrheiten und Gesetzen unter ganz neuen Verhältnissen.«

Zuerst besuchte er Mailand, Genua, Pisa und Livorno. Danach machte er Station in Florenz, wo er sich fast den ganzen April 1901 aufhielt und Ausflüge nach Pistoia und Prato unternahm. Dann ging es über Bologna, Ravenna und Padua für drei Wochen nach Venedig, wo er wie schon zuvor Tag für Tag seine Beobachtungen und Erlebnisse in kleine schwarze Wachstuchhefte notierte, dazu eine Fülle von Gedichten mit venezianischen Impressionen.

Es ist erstaunlich, was der 23-Jährige alles wahrnimmt, mit welcher Hingabe er sich der neuen Kultur geöffnet und welches Pensum er sich abverlangt hat, um der verwirrenden Vielfalt kunsthistorischer Attraktionen, Gebäuden, Galerien und der fast hundert Kirchen der Inselstadt einigermaßen gerecht zu werden. Selbständig auch in der Bewertung von Malerei und Architektur, wird er mitunter geradezu zum Entdecker, dem die Reiseführer schon bald nicht mehr genügen: »Baedeker schweigt unverantwortlich«, notierte er angesichts der Kirche San Tolentini. Was Wunder bei einer Sensibilität und Vielseitigkeit der Wahrnehmung, welche für alltägliche Reize wie Wolken, Himmel und Wasser, die Eigenarten von Vegetation und Landschaft, die Effekte von Licht und Schatten zu den verschiedenen Tageszeiten ebenso empfänglich war wie für die Musik der architektonischen Proportionen und das Unverwechselbare in Kunst und Kultur. Eine ganz ungewöhnliche Begabung des Auges zeigt sich in Hesses Aufzeichnungen. Die Komposition oder der Pinselstrich eines Gemäldes faszinieren ihn nicht weniger als die Schlammbänke der Lagune, die kein Reiseveranstalter in seinem Programm von Sehenswürdigkeiten wagen würde zu erwähnen, obwohl man dort »fabelhaftere und reichere Tönungen, Übergänge und Auflösungen irisierender Farbflächen studieren kann als in den Glasbläsereien« von Murano. »Die venezianische Lagune«, erinnert er sich 1904 in seiner Betrachtung »Über das Reisen«, »wäre mir, trotz meiner eifrigen Liebe für Venedig, noch heute eine fremde, sonderbare, unbegriffene Kuriosität, wenn ich nicht einst, des blöden Hinstarrens müde, für acht Tage und Nächte das Boot und Brot und Bett eines Fischers von Torcello geteilt hätte. Ich ruderte an den Inseln entlang, watete mit dem Handnetz durch die braunen Schlammbänke, lernte Wasser, Gewächs und Getier der Lagune kennen, atmete und beobachtete ihre eigentümliche Luft, und seither ist sie mir vertraut und befreundet. Jene acht Tage hätte ich vielleicht für Tizian und Veronese verwenden können, aber ich habe in jenem Fischerboot mit dem goldbraunen Dreieckssegel Tizian und Veronese besser verstehen gelernt als in der Akademie und im Dogenpalast. Und nicht nur die paar Bilder, sondern das ganze Venedig ist mir nun kein schönes banges Rätsel mehr, sondern eine viel schönere, mir zugehörende Wirklichkeit, an die ich das Recht des Verstehenden habe.«

Einen Gondoliere bittet Hesse zu dessen Verwunderung, nicht die kürzeste Route einzuschlagen, sondern den Lichtreflexen zu folgen, mit denen die Aprilsonne den Giudecca-Kanal verzaubert. Was er dabei beobachtet, wird in seinen Aufzeichnungen zur Malerei in Prosa, impressionistisch und doch so exakt, dass es noch hundert Jahre nach der Niederschrift und mehr als drei Jahrzehnte nach Hesses Tod auf ganz andere Weise Aufsehen erregt hat. Es veranlasste Venedigs Umweltbehörde 1996 zu einer der Rettung der Lagune gewidmeten Veranstaltung im Palazzo Labia, begleitet von einer Ausstellung im Palazzo Abruzzi. Ihr Ziel war es, in der Bevölkerung ein Bewusstsein zu wecken, dass nun endlich etwas getan werden müsse, um den ursprünglichen, von Hesse beschriebenen Zustand der Lagune wiederherzustellen. Dabei wurden mit historischen Bilddokumenten seine Reisetagebücher vorgetragen und durch sachkundige Referate erläutert. Denn kein anderer Dichter habe den Farbenzauber des ehemals noch intakten Gewässers, die Lichteffekte der Lagune, die durch die submarine Vegetation im Brackwasser des manchmal nur dreißig Zentimeter tiefen Wattenmeers entstehen, so eindrucksvoll geschildert. Im April

1996 fand die Veranstaltung statt, aufwändig plakatiert in ganz Venedig mit dem Motto »Hermann Hesse e i colori della laguna«, und hatte beachtlichen Zulauf. Ob es etwas genutzt hat, darf man bezweifeln. Aber sind das nicht Impulse von Literatur, immerhin vitaler als Debatten um die Bedeutung des Kommas bei Kafka?

Auch die historischen Veduten von Venedig sah Hesse damals auf neue Weise: »Unbewußt habe ich die große Klugheit begangen, erst ein paar Tage venezianische Sonne zu sehen und hiesige Luft zu atmen, ehe ich die venezianische Malerei zu betrachten anfing.« Manches, was ihm zuvor in den Gemäldesammlungen von Mailand und Florenz noch unwahrscheinlich und als individuelle Willkür der Maler vorkam, erkannte er nun vor Ort als Wiedergabe unverwechselbar lokaler Licht- und Farbqualitäten. Ähnliches gilt für die Porträtmalerei, so dass er im Tagebuch notierte, er habe eine Frau mit Perugino-Augen gesehen, und eines Tages berichten konnte: »Heute ist mir das süßeste und lieblichste Wunder begegnet. Ich sah jene entzückende Blonde die Bonifazio [Veronese] vor 400 Jahren als Lautenspielerin gemalt hat. … ich konnte nicht widerstehen, ich mußte Halt machen und sie anreden. … Sie war es vollkommen: der zarte Hals, das kindliche und träumerische Gesicht, die feinen Schultern, das schwere, hochgebundene Haar. Sie heißt Gina Salistri, ist armer Leute Kind und wohnt bei San Giobbe. … In Wirklichkeit aber ist sie eine Traumschöpfung des Meisters Bonifazio, nach 400 Jahren zu Leben und körperlichem Dasein erwacht.«

In den Gallerie dell'Accademia hatte er zuvor das 1545 entstandene Veronese-Gemälde vom Gastmahl des reichen Prassers gesehen, der vom aussätzigen Lazarus um ein Almosen gebeten wird. Und wie eine gegenwärtige Inkarnation der in der Bildmitte dargestellten Lautenspielerin kam ihm diese Gina vor, die er kurz darauf an der Bootsanlegestelle vor dem Colleoni-Denkmal erblickte, ungeduldig auf einen säumigen Fährmann wartend, der sie zu ihrer Wohnung im Arbeiterquartier von Cannaregio bringen sollte. Bezaubert von ihrer Anmut, bot er ihr seine eigene Gondel an, um sie dorthin zu begleiten. Dabei entspann sich eine für den schüchternen Dichter charakteristische Romanze, von der im Tagebuch nur der zaghafte Beginn aufscheint, während deren weiteren Verlauf seine Gedichte verraten. Ob es sich dabei um Wunschdenken oder um die reale Fortsetzung seiner Passion für die Fischerstochter handelt, ist nicht mehr auszumachen. In dem vermutlich an den jungen Kunsthistoriker Valentin Scherer, der ihm in Venedig begegnete, gerichteten Gedicht, »Einem Kameraden«, erinnert er sich: »Du weißt, damals war mir ein Mädchen gut, / Klein, schön und schweigsam, echtes Fischerblut / Ein Kind des Meeres und des Müßiggangs. / Wie müht' ich mich um sie!

Und dann gelang's, / Im Kirchtor von San Giobbe gab sie mir / Den ersten Gruß und Wink – ich sage dir, / Seitdem hat keine Frauenschönheit mehr / Mich so erfüllt! Du weißt ja noch, wie schwer / Ich Abschied nahm und wie ich wochenlang / Schweigsam und bitter mit der Sehnsucht rang.« Dass er ihr, wie die Fortsetzung des Gedichtes mitteilt, nach seiner Rückkehr aus Basel geschrieben hat und der Brief als unzustellbar zurückkam, lässt vermuten, dass sie sich dann aus den Augen verloren haben. Es ist reizvoll, zu verfolgen, wie Hesse seine – in den Tagebüchern oft nur stichworthaft vermerkten – Beobachtungen bald darauf in Gedichten (vgl. zu dieser Episode das Gedicht »Bonifazios Bild«) verarbeitet hat und wie sich ihr Aggregatzustand dabei nach und nach vom Persönlichen ins Allgemeine und Fiktionale verändert.

Sein venezianisches Märchen »Der Zwerg« dagegen ist reine Erfindung und ein gutes Beispiel für Hesses Gewohnheit, sich beim Anblick historischer Architekturen in die Entstehungs- und Blütezeit jener Bauwerke zurückzuversetzen, um in der Phantasie das mittlerweile Märchenhafte ihrer Existenz und Atmosphäre wiederzubeleben. Diese im Ton der Renaissancenovellen des Matteo Bandello (1485-1562) vorgetragene Rahmenerzählung vom hässlichen Weisen, der seine Talente im Dienst wohlgestalteter Narren verschleudern muss, spielt im Venedig des 16. Jahrhunderts und schildert zugleich den morbiden Zauber der labyrinthischen Inselstadt mit einer Bildhaftigkeit, die an die »Erzählungen aus Tausendundeiner Nacht« erinnert. Auch das, was Venedig so einzigartig macht und bewahrt hat vor Bebauungen der Neuzeit sowie einer Erschließung für den Kraftfahrzeugverkehr: seine nur zu Fuß über Hunderte von verwinkelten Gassen, Wasserstraßen, Brücken in Booten mögliche Erkundbarkeit, kommt in Hesses Schilderungen mit all ihren Überraschungseffekten zur Geltung.

Früher als geplant, bereits nach sieben Wochen, musste der Dichter seine erste Italienreise abbrechen, da ihm am 16. Mai 1901 von der heimatlichen Militärbehörde der Musterungsbescheid nachgesandt worden war. »Wenn man von Italien heimreist«, heißt es im »Peter Camenzind«, »pfeift man auf Prinzipien und Vorurteile, man trägt die Hände in den Hosentaschen und kommt sich als durchtriebener Lebenskünstler vor. Man ist eine Weile im wohlig warmen Volksleben des Südens mitgeschwommen« und müsse dann zu Hause, wo man das alte, steife Leben unverjüngt und unveränderlich antreffe, kleinlaut und ärgerlich von der Höhe der neu erworbenen Heiterkeit Stufe um Stufe herabsteigen. Aber etwas von dem Erworbenen keimte doch weiter, so dass es zwei Jahre später nur eines zufälligen Anstoßes bedurfte, um vom einen auf den anderen Tag erneut nach Venedig – und danach bis 1914 mitunter jedes zweite Jahr – für einige Wochen nach Italien aufzubrechen.

Diesmal freilich, im April 1903, reiste Hesse nicht mehr allein, sondern in Begleitung zweier junger Damen, einer Malerin und ihrer Freundin, der Basler Fotografin Maria Bernoulli, die bald schon seine Frau werden sollte. Diese zweite Italienreise, obwohl sie etwa zur selben Jahreszeit, jedoch bei empfindlich schlechterem Wetter völlig spontan und unvorbereitet unternommen wurde, dauerte fast vier Wochen. Die bei Hesse bisweilen aufkommende Verstimmung, diesmal in seiner Unabhängigkeit etwas eingeschränkt zu sein, wurde wieder aufgewogen durch die Freude, den Begleiterinnen die ihm vertrauten Stationen seiner ersten Reise zeigen und seine Kunstbegeisterung mit ihnen teilen zu können. Zehn Tage verbrachte er mit ihnen in Florenz. Danach trennten sich ihre Wege. Von dort aus fuhr er ein weiteres Mal nach Venedig, wieder allein und diesmal ohne den Ehrgeiz, seinen »Bildungssack zu komplettieren«, vielleicht aber auch, um nach Gina, dem Fischermädchen aus San Giobbe, Ausschau zu halten.

Auch Hesses erster Roman, »Peter Camenzind«, dessen Manuskript er unmittelbar nach dieser Italienreise seinem künftigen Verleger sandte, ist voll von italienischen Motiven. Es sei, schreibt der 25-Jährige in seinem Begleitbrief vom 9. Mai 1903 an Samuel Fischer, zwar unmodern, ja antimodern, dagegen seien Land und Volk aus langen und liebevollen Studien dargestellt, so dass sein Werkchen nichts Erfundenes und Unerlebtes enthalte. Auch das lässt sich nun anhand der Reisetagebücher verifizieren, die im »Peter Camenzind« eigens erwähnt werden: »Da hatte ich knapp und kurz Notizen über alles Sichtbare in der Welt aufgeschrieben, ohne Reflexionen und ohne Verbindungen. Es waren Skizzenhefte wie die eines Zeichners, und sie enthielten in kurzen Worten lauter reale Dinge: Bilder aus Gassen und Landstraßen, Silhouetten von Gebirgen und Städten, erlauschte Gespräche …, Notizen über Beleuchtung, Winde, Regen, Gestein …, Meerfarbenspiel und Wolkenformen. Gelegentlich hatte ich auch kurze Geschichten daraus bearbeitet und veröffentlicht.«

Das erst 2016 veröffentlichte Bändchen »Lagunenzauber« enthält alles, was von Hesses Venedig-Aufzeichnungen überliefert ist. Die Grundlage dazu waren seine Reisetagebücher aus den Jahren 1901 und 1903. Aus dem ersten von beiden hat er die Feuilletons »In den Kanälen Venedigs«, »Die Lagune« und das »Venezianische Notizbüchlein« geformt. Von dieser Bearbeitung existieren mehrere, unwesentlich voneinander abweichende Varianten, die von 1902 bis 1911 in acht verschiedenen Zeitungen veröffentlicht worden sind. Erstaunlich reichhaltig, gemessen an den wenigen Wochen, die er sich in der »Serenissima« aufhielt, war seine lyrische Ernte. Insgesamt 35, teilweise ausgesprochen epische Gedichte schildern weitere Eindrücke. Doch nur ein knappes Drittel davon hat Hesse später in die Buchausgaben seiner Gedichte aufgenommen.

Nach Venedig ist er nach 1903 nie mehr gereist. Und doch sind diese Aufzeichnungen des 25-Jährigen so reizvoll geblieben wie die Lagunenstadt selbst und können auch heute, mehr als hundert Jahre später, die Hoffnung erfüllen, die der Dichter 1901 seinem »Venezianischen Notizbüchlein« vorangestellt hat: Er wünsche sich Leser, »die mein Buch auf heißen nachmittäglichen Lagunenfahrten und auf morgendlichen Strandgängen am Lido begleiten darf«.

»DIE STADT NIETZSCHES UND JACOB BURCKHARDTS«

Hermann Hesse in Basel

Gruß aus Alt-Basel
Handschrift von Hermann Hesse

In der Grenz- und Großstadt Basel am Rheinknie hat der Dichter fast zehn Jahre seines Lebens verbracht, davon vier entscheidende in seiner Kindheit, im Alter von vier bis neun Jahren am Müllerweg bei der Schützenmatte, damals ein Paradies für die von ihm so geliebte Schmetterlingsjagd, das wie die meisten Paradiese mittlerweile überbaut und verschwunden ist.

Als er zehn Jahre später, nach seiner Lehrzeit in Tübingen, zum »erstenmal frei und nach eigener Wahl« seinen Wohnsitz bestimmen konnte, hatte er »keinen anderen Wunsch, als wieder nach Basel zu kommen«, und ließ sich 22-jährig 1899 für weitere vier Jahre als Buchhändler, Antiquar und angehender Schriftsteller dort nieder. Schon ein Jahr später, nach seiner ersten Italienreise, vertauschte er seine Tätigkeit in der Buchhandlung Reich mit der für ihn reizvolleren in einem

Basler Antiquariat. Hier galt es, für anspruchsvolle Kunden auch ungewöhnliche Raritäten ausfindig zu machen. So hat sich eine »Kleine Schul-Enzyklopädie nöthiger und nützlicher Kenntnisse für junge Leute« aus dem Jahr 1789 erhalten, die er wohl einem Schulmeister verschafft und »Zur Weihnacht 1901« mit den handschriftlichen Versen versehen hat:

»Wenn jeder Lehrer früh und spat
Befolgte dieses Buches Rat,
So würde viele Not und Pein
Erspart und nicht geschehen sein.
Drum legen wir in Eure Hand
Magister, diesen teuren Band.
Denn, daß der wahren Wissenschaft
Gebrauch und Übung nicht erschlafft,
Darum bemüht sich Tag und Jahr
Mit treuem Fleiß der Antiquar.«

Aus dieser Zeit ist neben einem Zyklus von Versen über Basler Lokalitäten und Eigenarten auch ein gereimtes »Billard-ABC« erhalten, an das sich Theo Baeschlin, der Sohn seiner Vermieterin, erinnert hat. (Siehe »Hermann Hesse in Augenzeugenberichten«, Frankfurt am Main 1991.) Bald darauf konnte er sich mit der Herausgabe der »Hinterlassenen Schriften« seines angeblich verstorbenen Freundes Hermann Lauscher ein Sprungbrett ins literarische Leben ermöglichen, ein schmales Bändchen von 83 Seiten, das nur in 600 Exemplaren hergestellt und nur vor Ort erhältlich war. Und dennoch hat dieses, wie Hesse meinte, nur auf das Basler Publikum zugeschnittene Büchlein seinen Weg bis nach Berlin gefunden in den damals angesehensten Verlag für deutschsprachige Literatur und ihm die Einladung Samuel Fischers eingebracht, seine künftigen Manuskripte nicht mehr auf eigene Kosten zu veröffentlichen, sondern sie seinem Verlag anzuvertrauen.

Das erste Ergebnis der nun einsetzenden und bis zu S. Fischers Tod währenden Zusammenarbeit war sein gleichfalls in Basel entstandener erster Roman »Peter Camenzind«. Hesse schrieb ihn nach zehnstündiger Arbeitszeit als junger Buchhändler in der letzten seiner sieben verschiedenen Basler Mietwohnungen, die passend für die Uhrzeit seiner schriftstellerischen Tätigkeit, den Namen Feierabendstraße trägt.

Doch ganz im Gegensatz zu den meisten anderen Debütanten hat Hesse seinen künftigen Verleger keineswegs zur Veröffentlichung des »Peter Camenzind« ermutigt, ja schon in seinem ersten Brief vom Februar 1903 warnte er S. Fischer geradezu vor diesem Experiment: »Daß meine Schriften rein persönliche Versuche sind, intime Dinge in moderner Form auszusprechen, daß sie daher zu erheblichen Bucherfolgen nicht geeignet sind, brauche ich kaum zu betonen.« Und dann, als er beflügelt durch Fischers Beharrlichkeit, das Manuskript nach Berlin sandte, schrieb er im Begleitbrief: »Sie werden sehen, daß mein Werkchen unmodern, ja antimodern ist … Dagegen ist Volk und Land aus langen liebevollen Beobachtungen dargestellt und es steht nichts Erfundenes und Unerlebtes drin … Sprachlich schloß ich mich keiner Mode an, sondern folgte durchaus dem gesprochenen Deutsch meiner Heimat (ich bin halb Basler, halb Schwabe).«

Es spricht für das sichere Gespür und den verlegerischen Weitblick S. Fischers, dass er sich durch die Vorbehalte des jungen und noch unbekannten Autors nicht hat beirren lassen und ihre selbstkritische Bescheidenheit eher als vertrauenerweckend empfand. Er hat den »Peter Camenzind« auch sofort gedruckt (zunächst als Vorabdruck 1903 – gleichzeitig mit Thomas Manns berühmter Erzählung »Tonio Kröger« – in seiner Zeitschrift »Die neue Rundschau«), dann 1904 und war keineswegs überrascht, dass das Buch bereits nach 14 Tagen vergriffen war. Sein Instinkt täuschte ihn nicht: Bis heute hat der »Peter Camenzind«, allein im deutschen Sprachgebiet, eine Verbreitung von mehr als zwei Millionen Exemplaren gefunden.

Die Scheu und Zurückhaltung gegenüber jeder Form der Selbstdarstellung blieb für Hesse charakteristisch sein ganzes Leben lang. Stets hat er das Rampenlicht gemieden, seinen eigentlichen Rang eher bagatellisiert als sich vorgedrängt oder gar auf das Parkett der Repräsentation begeben. Das hat ihm im Vergleich zu manchen unbedeutenderen, dafür aber selbstbewussteren Kollegen zu Lebzeiten oft geschadet und ihm wenig Beachtung in den Literaturgeschichten eingetragen. Ähnlich wie bei Kafka oder Robert Walser ist sein eigentlicher Rang daher erst nach seinem Tod allmählich zum Vorschein gekommen – im Ausland übrigens rascher als bei uns, wo er bis heute gern als neuromantischer Innerlichkeitsonkel abgetan wurde.

Viel Baslerisches und Schweizerisches ist sowohl in den »Hermann Lauscher« als auch in den »Peter Camenzind« eingeflossen: Hesses Freundschaft mit dem dortigen Staatsarchivar und Verfasser der Geschichte Basels, Dr. Rudolf Wackernagel, das Ambiente von dessen Wenkenhof in Riehen, Elisabeth La Roche, die ferne »Weiße Wolke« des berühmten Gedichtes, Hausmusikabende mit ihr und anderen Basler Virtuosen, die Billard- und Weinstudien im »Storchen«, wo Hesse damals einen »Club der Entgleisten« gründete, seine Aufenthalte in den Kneipen der Wolfsschlucht und im »Helm« am Fischmarkt (dem „Stahlhelm" im „Steppenwolf") und nicht zuletzt die Landschaft des Baselgebiets und seiner Umgebung: »Die großartige Freiheit und Schönheit der Lage gibt Basel für mich einen unschätzbaren Wert«, heißt es in einem Brief von 1900. »Eine Stunde – und ich bin mitten im tiefsten blauen

Schwarzwald, zwei Stunden und ich bin in Luzern; zwei Stunden und mich umgibt die friedvoll schöne Natur der welschen Schweiz. Über alles beglückt mich der große Stil und die Macht der alpinen Natur und die herbe kristallene Schönheit der Seen im Gebirge.« Sie werden im »Peter Camenzind« gefeiert in Form einer Zivilisationskritik mit umgekehrten Vorzeichen. Hier hat er dem beginnenden Industriezeitalter ein alternatives, an den Gesetzen des Organischen orientiertes Weltbild entgegengesetzt: »Daß ein Fahrrad von heute«, heißt es in einem seiner Briefe aus Basel, »besser ist als eins von 1880 und daß eine Lokomotive schneller fährt als ein Handkarren, diesen Fortschritt muß ich zugeben und tue es gerne … Aber die Ersparnis an Zeit, die man von diesen Schnelligkeiten haben könnte, hat man ja gerade nicht und ist im Schnellzug geradeso ungeduldig wie früher im Postwagen.«

War der in Basel entstandene »Peter Camenzind« dasjenige Buch, das Hesse von der Fessel eines Brotberufes befreite und ihm den Weg in die deutsche Literaturgeschichte öffnete, so war der 25 Jahre später, gleichfalls in Basel begonnene »Steppenwolf« das Werk, das ihn – freilich mit einer Spätzündung von fast über einem halben Jahrhundert – seit den 1970er Jahren zum meistübersetzten Autor in den USA, den asiatischen und lateinamerikanischen Ländern machte. Dieses Buch, dessen erste Kapitel in der gebohnerten Bürgerlichkeit eines Miethauses der Basler Lothringer Straße geschrieben wurden, löste die Hermann-Hesse-Renaissance der amerikanischen Vietnamkriegsgegner, der Flower-Power- und »Make love not war«-Generation, aus, die keineswegs von den Lehrstühlen der Universitäten oder den Trendsettern in Presse und Medien ausging, sondern sich – und das will etwas heißen – gegen den Widerstand dieser allmächtigen Institutionen in erster Linie von der Jugend, von der Basis her, durchgesetzt und behauptet hat.

Leider muss ich mir hier eine detaillierte Schilderung der zahlreichen Spuren Basels in seinem Werk versagen. So zum Beispiel das interessante Kapitel seiner Wohngemeinschaft mit den jungen Architekten Drach und Heinrich Jennen, der damals das Basler Rathaus erweiterte und ihm seine heutige neugotische Gestalt gab. Hesse hat die Kontroversen, die diesen Umbau begleiteten, in seiner frühen Erzählung »Das Rathaus« anschaulich geschildert. Auch über seine beiden 1904 und 1924 in Basel geschlossenen Ehen mit Maria Bernoulli und Ruth Wenger, die schließlich in die Krise des Steppenwolf mündeten, soll anderswo berichtet werden, ebenso über die Gründe seines Selbstmordversuches wenige Wochen nach seiner Eheschließung mit Ruth Wenger im Hotel »Krafft«. Aber ein paar Äußerungen aus lange unbekannten Quellen, will ich doch nicht vorenthalten, so schreibt er zum Beispiel 1910 in einer Betrachtung über die Basler Kultur: »Seit langem schon ist die Basler Fastnacht berühmt, nicht nur wegen ihrer Pracht und wegen ihres trotzigen Datums, das von dem der gewöhnlichen Fastnacht um 8 Tage differiert, sondern auch wegen ihres eigenartigen Humors. Hier allein tritt jene, den übrigen Schweizern fast ganz versagte Gabe der Selbstironie sichtbar zutage. Es ist die Selbstironie einer alten kultivierten Adelsfamilie, die es sich gönnen kann, ihre etwas degenerierten Nasenformen und diversen Trottel nicht ängstlich zu verstecken, sondern als unvermeidliche Kehrseite einer tüchtigen und konservativen Kultur mit spöttischem Stolz vorzuzeigen.«

Ebenso rühmt er ein publizistisches Unikum, die Basler Stadtzeitschrift »Der Samstag«, als etwas »was keine andere schweizerische Stadt besitzt und eigentlich auch keine deutsche. »Der Samstag« sei für das kleine Basel beinahe das, was für das große Deutschland der »Simplicissimus« ist. Er erregt Ärgernis und wird doch als unentbehrlich empfunden, er erhält sich trotz seiner schmalen Basis, und wenn er etwa einen Prozess mit großen Kosten verliert, so gehen der Redaktion aus ganz Basel anerkennende Briefe und Geldbeträge für die Prozesskosten zu. Die als verknöchert und hyperkonservativ verschrienen Basler wissen also ihren Spiegel und Hofnarren zu schätzen und sind ihres »Samstag« beinahe würdiger als Deutschland seines »Simplicissimus«. Dass Hesse selber im »Samstag« aufs Korn genommen wurde, hinderte ihn durchaus nicht, das Blatt zu rühmen, auch wenn er sich dort folgendes Spottgedicht von Carl Albrecht Bernoulli gefallen lassen musste:

»An Hermann Hesse

Du duftest rings von Einfachheit,
Ein immerblau bescheiden Veilchen –
An der siebenundfünfzigsten Kinderzeit
Verträumst Du immer noch ein Weilchen.

Manierlich hast Du Welt und Kunst
Zu sanftem Lächeln eingeschwäbelt –
Rings brüllt der Sturm und stöhnt die Brunst,
Bei Dir wird minnerein geschnäbelt.

Du bringst gesunde Hausmannskost
Auf sauber ausgeriebenen Tellern –
Du weißt den brausenden Jugendmost
Appetitlich einzugottfriedkellern.

Jedoch pardon – Du bist nicht so,
Du bist kein Kind, kein nur naives
Du hast auch etwas vom Rokoko
Oder gar etwas boccacesk Lascives.

Und wird Dirs selber manchmal schwül
Vor Deiner halbmannbaren Keusche,
So rettet sich Dein Kraftgefühl
In einen Deiner Bauernräusche.

Soviel Gemüt bei soviel Schneid
Ist keinem sonst von uns gelungen
Aus blassem gelbem Futterneid
Hab ich Dir dieses Lied gesungen.«

Über den Kunstsinn der Basler vermerkt Hesse in einem Brief an seinen Bruder vom Januar 1900 aus der Holbeinstraße: »Daß mir's hier wohl ist, weißt Du. Auch daß Basel, wenn nicht seinen Stil, so doch seine ganz eigentümliche Stimmung hat. In Stadt und Volk ist ein ganz köstlicher Schatz von solider Tradition, teils als Geld, teils als äußere Erscheinung, teils und vor allem als Erziehung. Dazu finde ich immer mehr, daß in diesem fast puritanisch frommen Volk ein tüchtiger Kunstboden ist. Man bekommt im Innern dieser Bürgerhäuser Sachen zu sehen, die man sonst in Museen oder Schlössern sucht. Auch der Wert des Museums, soviel ich urteilen kann, besteht besonders darin, daß er sich aus Stiftungen gesammelt hat und daß mehrere große Privatsammlungen darin stecken. So hat man weniger eine Menge einzelner Stücke als eine Sammlung ganzer Gruppen … einheitlicher als sonst ein Museum.«

Übrigens kann sich die Basler Kunsthalle rühmen, als erste öffentliche Galerie dem Maler Hermann Hesse die Möglichkeit gegeben zu haben, seine Aquarelle auszustellen. Das war im Januar 1920, während dagegen das Züricher Kunsthaus sich geweigert hatte, die Bilder zu präsentieren. Heute dagegen sind seine expressiv farbenfrohen Aquarelle vielen Kunstkennern fast noch lieber als seine Bücher.

Lassen wir es nun, was den Genius Loci betrifft, einstweilen auf sich beruhen, das Thema ist weit ergiebiger als was Hesse selbst 1937 in seinen „Basler Erinnerungen“ darüber berichtet hat. Wer alle Spuren dieser Stadt in seinem Werk verfolgen würde, wo bis heute nichts (noch nicht einmal der Name einer Straße) an ihn erinnert, der könnte wohl ein ganzes Buch damit füllen.

»ZAUBERHAFTE ZEICHENSPRACHE DER NATUR«

Hermann Hesse und die Schmetterlinge

Schon seit Menschengedenken haben die Schmetterlinge eine Faszination ausgeübt, nicht nur auf die Phantasie der Völker, sondern auch auf Künstler, Philosophen und Wissenschaftler. Davon zeugen bereits 1500 Jahre vor unserer Zeitrechnung entstandene Schmetterlingsmotive in Wandmalereien von Pharaonengräbern oder Schmetterlinge als Goldschmuck in den Grabstätten mykenischer Fürsten (1300 v. Chr.). Der Überlieferung nach soll auch Buddha (560-480 v. Chr.) die letzte seiner Predigten an die Schmetterlinge seiner Heimat gerichtet haben: »Ich danke euch, meine Meister: von euch habe ich mehr gelernt als aus den Schriften der Brahmanen.« Den Griechen waren die Schmetterlinge Erscheinungsformen der Seele und zugleich Symbole für deren Unsterblichkeit. Psychiden nennt die Wissenschaft noch heute eine bestimmte Gattung der Nachtfalter, die man im vorchristlichen Griechenland als Seelen der Verstorbenen verehrte. Aristoteles (384-322 v. Chr.) beschrieb als Erster die Metamorphose der Schmetterlinge, ihre Entwicklung und Verwandlung vom Ei zur Raupe und von der Puppe zum geflügelten Insekt. Doch dann verliert sich in der Kulturgeschichte der Bezug zu Sterben und Wiedergeburt, die Falter erscheinen von nun an als Symbole für Anmut und Liebe, weshalb sie mit Eros und Aphrodite, mit Amor und Psyche in Zusammenhang gebracht wurden.

Inzwischen hat unser Wissen über die Schmetterlinge und ihre Stammesentwicklung von den ersten schwerfälligen Fossilien aus dem Erdzeitalter des Perm vor mehr als 270 Millionen Jahren bis hin zu ihrer Differenzierung in mehr als 120.000 verschiedene Arten ständig zugenommen. Diese Vielfalt der Arten und damit ihre Verbreitung über den gesamten Erdball von Grönland bis in den äußersten Süden Amerikas verdanken sie ihrer ungewöhnlichen Anpassungsfähigkeit an alle Klimazonen. (Es gibt Schmetterlinge in der arktischen Tundra ebenso wie in trockenen Wüsten und tropischen Urwäldern. Die Eier einiger Arten vertragen Temperaturen von minus achtzig bis plus sechzig Grad Celsius.)

Immer vollständiger wurden im Laufe der Jahrhunderte die Schmetterlingstafeln der Forscher, immer neue und differenziertere Ordnungssysteme nach Gattungen, Familien und Untergruppierungen lösten die vorherigen ab, und immer genauer wurden auch die Abbildungen: vom kargen Umriß im Holzschnitt bis zur liebevollen Präzision des Kupferstichs, vom Realismus der Fotografie bis zum Auflösungsvermögen des Elektronenmikroskops.

Unsere Freude an der Leuchtkraft und Vielfalt der Schmetterlingsfarben und ihrer Ornamentierung ist nicht mehr ahnungslos. Dem Traum vom zwecklos Schönen steht heute das Wissen um Ursachen und Funktionen gegenüber. Wir haben sie unter das Mikroskop genommen und dabei ihre Farben und Muster als ein Mosaik aus 100.000 winzigen Hornschüppchen erkannt, welche die transparenten Membranen der Falterflügel schindelartig bedecken. Wir wissen, daß nur die gelben, roten, braunen und schwarzen Töne auf eigene Farbpigmente zurückzuführen sind, während fast alle übrigen Farbeffekte ausgelöst werden durch die unterschiedliche Oberfläche dieser Schuppen, an deren Feinstruktur sich das Licht zu Interferenzfarben bricht. Viele davon liegen im Ultraviolettbereich und sind dem menschlichen Auge nicht mehr unterscheidbar, während die Facettenaugen der Schmetterlinge und anderer Insekten ein ungleich intensiveres und reichhaltigeres Spektrum wahrnehmen. Auch die erstaunliche Haltbarkeit der Schmetterlingsfarben, die manchmal Jahrzehnte über den Tod des Falters hinaus kaum etwas von ihrer Leuchtkraft einbüßen, ist uns heute kein Rätsel mehr. Denn noch ehe der Schmetterling zu schlüpfen beginnt, sind seine Farben bereits im Chitin seiner Schuppen gespeichert und deshalb unabhängig vom organischen Verfall. Untersuchungen haben ergeben, dass die Hautzellen der Flügelanlage schon im Entwicklungsstadium der Puppe ihre Pigmente im leblosen Teil dieser Schuppen konzentrieren. Welches Farbmuster auf ihren Flügeln erscheint, hängt oft auch von den Temperaturverhältnissen ab. So bilden sich die Augenflecken nicht selten erst bei Wärme und zu Beginn der Regenzeit, während kühlere Witterung Tarnfarben zum Vorschein bringt.

Ebenso viel wie über den verschwenderischen Reichtum an Farben und Mustern wissen wir inzwischen über die Funktion dieser Ausstattung als Lock- und Erkennungsmittel für die Geschlechter, aber auch als Warnsignale oder Verkleidungen zur Abwehr von Gefahren im Dienst der Arterhaltung. Sie lenken die Aufmerksamkeit der Fressfeinde auf die Flügel, um auf diese Weise ihren verletzlichen Körper zu schützen. Denn die Falter sind das letzte, einzig auf Vermehrung orientierte Stadium einer Entwicklung, das erstaunlich kurz ist, gemessen am langwierigen Prozess dieser Metamorphose.

Von der Sonne »gebrütet«, entwickelt sich aus dem unbeweglichen und unscheinbaren Ei die gefräßigschwerfällige Raupe, deren Anmut sich in Grenzen hält, braucht sie sich doch nicht zu vermehren, sondern nur zu ernähren und sich ihre Feinde vom Leib zu halten. Dann fällt die Raupe wieder zurück in äußere Unbeweglichkeit und gepanzerte Unauffälligkeit des Puppenstadiums, aus dem sich schließlich das fertige Tier, der Schmetterling, entfaltet: schwerelos, agil und so anmutig wie in keinem früheren Stadium der glücklich überstandenen Jugend. Haben sie in ihrer Kindheit als Raupen noch zentnerweise ihre sehr speziellen Futterpflanzen vertilgt und ihr Körpervolumen mit mehreren Häutungen den Folgen dieser Nahrungsaufnahme angepasst, so kommen manche von ihnen als fertige Schmetterlinge ganz ohne Nahrung aus: beflügelte Energie, einzig dem Liebesspiel, ihrer Vermehrung und der Übertragung von Blütenstaub hingegeben. Die meisten freilich sind auch als Falter noch auf zusätzliche Nahrung angewiesen. Mit ihren uhrfederähnlich aufgerollten Saugrüsseln, die mitunter das Doppelte ihrer Körperlänge erreichen, holen sie sich aus Blüten, Baum- und Fruchtsäften, manche auch aus tierischen Substanzen, was sie zum Leben brauchen. Doch das ist freilich nur noch ein Bruchteil dessen, was vorher zu ihrer Entwicklung nötig war.

Scheinbar nichts anderem als der Arterhaltung hingegeben, sorgen sie zugleich für die Vermehrung ihrer Wirtspflanzen und erfüllen damit ganz nebenbei die biologische Funktion fast aller geflügelten Insekten im ökologischen Kreislauf der Natur. Angelockt vom Duft und den Farben der Blüten, übertragen sie die männlichen Sporen der Staubgefäße auf die weiblichen Blütennarben und ermöglichen damit das Entstehen neuer Pflanzengenerationen, um das Überleben ihrer eigenen Nachkommen zu sichern. So differenziert, wie sie die Farben, Muster und Gerüche ihrer Umwelt wahrnehmen können, sind sie selbst damit ausgestattet. Die Sensibilität des Schmetterlings entspricht also genau seiner eigenen Ausstrahlung. Das gilt auch für seine Fähigkeit, hochfrequente Nachrichtensignale im Ultraschallbereich zu empfangen und zu senden.

Anders als die meisten übrigen Insekten erscheinen die Schmetterlinge äußerlich den Blumen verwandt. Nicht nur die zarte Konsistenz ihrer Flügel erinnert an die Beschaffenheit von Blütenblättern, sondern auch ihre Größe und Farbigkeit steht in enger Wechselbeziehung zur Flora ihrer Umgebung, weshalb sie in tropischen Ländern größer und farbenprächtiger sind als in kühleren Zonen. (Die Spannweite ihrer Flügel reicht von wenigen Millimetern bei der Zwergmotte bis zu Durchmessern von dreißig Zentimetern bei tropischen Faltern.)

An die Entwicklung von Blütenblättern aus ihrer Knospe erinnert auch die Entfaltung der Schmetterlingsflügel, sobald die Puppenhülle gesprengt ist und sich die hauchdünn um ihren walzenförmigen Körper gelegten Flügelanlagen zu strecken beginnen, um bis auf das Fünffache ihrer Größe anzuwachsen. Ähnlich wie die Blumen werden sie als Boten des Frühlings mit der Überwindung der dunklen und kalten Jahreszeit und der Regeneration der Natur in Beziehung gebracht. Und noch eine weitere Gemeinsamkeit verbindet Blumen und Schmetterlinge: Ebenso wie sich die Blütenblätter mit der aufgehenden Sonne öffnen und mit hereinbrechender Dämmerung schließen, verlieren auch die Tagfalter ihre nächtliche Klammheit erst in der Frühe, um ihre Flügel dem Licht und der belebenden Wärme entgegenzustrecken. Nur die der Sonne zugewandte Seite der Blüten wie der Schmetterlingsflügel ist mit Locksignalen ausgestattet, während sich die geschlossenen Unterseiten so unscheinbar präsentieren, daß man sie einer ganz anderen Art zurechnen könnte. Denn deren Funktion ist es nicht, zu locken, sondern zu schützen und zu tarnen. In diesem vergleichsweise reizlosen Zustand schlafen und überwintern die Falter.

Die Pracht und Mannigfaltigkeit ihrer Farben und Muster, fragil und vergänglich wie die der Blumen, doch keineswegs sesshaft wie diese, sondern in schwerelosem Auf und Ab zwischen Erde und Himmel, erregten von jeher die Phantasie und den Gestaltungstrieb der Künstler. »Geflügelte Blumen« haben die Dichter die Schmetterlinge genannt und ihnen die besondere Aufmerksamkeit und Sympathie einer Wahlverwandtschaft gewidmet. Inmitten einer Welt voll leistungsorientierter Nützlichkeit und Sesshaftigkeit waren sie zu allen Zeiten bewunderte, beneidete, aber auch beargwöhnte Außenseiter, deren Ungebundenheit als Flatterhaftigkeit, deren Sinn für das Schöne als elitäre Realitätsflucht verdächtigt wurden. Auch diese Gemeinsamkeit zwischen der Existenzform der Künstler und der Schmetterlinge kehrt in zahlreichen Dichtungen von Dschuang Dse bis Catull, von Mörike bis Andersen immer wieder. Bezeichnenderweise beendet Andersen die Provokation, die der Schmetterling seines Märchens als ewiger und unsteter Freier für die gebunden-sesshafte Damenwelt darstellt, im bürgerlichen Wohnzimmer, wo er, auf eine Nadel gespießt und neben den Topfpflanzen ausgestellt, sich sagen muss: »Jetzt sitze ich auf einem Stengel wie die Blumen, angenehm ist das nicht, aber so ungefähr mag es wohl sein, wenn man verheiratet ist, man sitzt fest.«

Am Beispiel der Schmetterlinge hat der Dichter Hellmut von Cube in seinem »Tierskizzenbüchlein« über den Nutzen der scheinbar Asozialen geschrieben: »Die Bienen summen geschäftig, die Ameisen rennen und schleppen …, die Käfer krabbeln wichtig, die Würmer graben und höhlen wie zu großen Zwecken, der Schmetterling aber hat nichts vor. Er schaukelt und tanzt irgendwoher und irgendwohin und saugt den Honig in wippender Rast und lässt sich wieder hochtragen vom sanften Wind und senkt sich aufs neue mit weichem, wie spielendem Flügelschlag, wie die Luft, wie der Augenblick, wie Gott es will … Der Igel frißt Mäuse und Kreuzottern: ein respektabler Bursche; die Kuh ist brauchbar vom Horn bis zum Huf, von der Milch bis zum Mist: welch achtbares Tier! Der Schmetterling jedoch fliegt von Blüte zu Blüte und bringt keinen Honig ein, das Lotterwesen. Die Erde ist gewaltig und schwer und massiv mit ihren Gebirgen, mit Elefanten, Eisen und Blei … Es wäre nicht auszuhalten ohne Schmetterlinge, ohne Löwenzahnschirmchen … Ein einziger Schmetterling hebt das Gewicht der Erde auf, alle Schwere aller Stoff wird zu nichts bei seinem Anblick.«

Unter den deutschen Autoren des 20. Jahrhunderts gibt es wohl kaum einen, der zu Schmetterlingen eine so unmittelbare Beziehung hatte wie Hermann Hesse. Als Sinnbilder der Kurzlebigkeit und Vergänglichkeit des Schönen, aber auch für die Metamorphosen einer stufenweisen Entwicklung begegnen wir ihnen in allen seinen Schriften, in den Erzählungen und Romanen, den Betrachtungen und Gedichten, auch dort, wo sie nicht schon aus dem Titel erkenntlich sind. »Ich habe zu Schmetterlingen und anderen vergänglichen Schönheiten«, schreibt Hesse in einem Brief vom Januar 1926, »immer ein Verhältnis gehabt, während dauernde, feste und sogenannte solide Bindungen mir nie geglückt sind.« (Das sagt er im Hinblick auf seine ersten beiden Ehen, für seine Freundschaften jedoch gilt das Gegenteil.)

Eine der frühesten Erinnerungen, die sein Gedächtnis gespeichert hat, reicht zurück in sein fünftes Lebensjahr. Damals wohnte er mit seinen Eltern in Basel, am Müllerweg 26, »dem Spalenringweg gegenüber … eine ziemlich bescheidene Vorstadtgegend, für uns Kinder jedoch war sie ein Paradies und Urwald, in dem die Entdeckungen und Abenteuer kein Ende nahmen. Das Land begann schon ganz in der Nähe unseres Hauses … und die für mich Kleinen unendlich große Schützenmatte, damals unbebaut vom Schützenhaus bis zum ›Neubad‹, war mein Schmetterlingsjagdgebiet.«

In seinem ersten autobiographischen Buch »Hermann Lauscher«, hat Hesse im Kapitel »Meine Kindheit« (1895) die »atemlose herzklopfende Wonne« beschrieben, mit der er als Fünfjähriger diese Luftwesen bestaunte, »mit der sonderbaren Überzeugung, daß keine andere Zeit und keine andere Wiese solche wunderbaren Schmetterlinge und Zittergräser hervorbringen kann. … Da waren helle Morgen, an denen ich, ins Gras gestreckt, den Kopf auf den Händen, über das von Sonne flimmernde, gekräuselte Meer der Gräser hinwegschaute« und zum ersten Mal der »Welt der Trennungen« entlaufen konnte und in die »Welt der Einheit« eintrat, »wo ein Ding und Geschöpf zum andern sagt:

Tat twam asi (=Das bist du)«. Mit der Frische ersten Erlebens prägten sich ihm Wiese und Schmetterlinge ein, Urbilder für ein ganzes Leben, unauslöschliche Engramme, Inbegriff »unvergänglicher Dinge«, deren »flüchtiges Gleichnis sie sind«.

Auf die arglose und uneigennützige Bezauberung des Fünfjährigen folgen im Alter von neun oder zehn Jahren der besitzergreifende Trieb des Jagens und Festhaltens und das »namenlose gierige Entzücken, das nur Kinder empfinden können«, während er für die gesammelte tote Beute wenig Sorgfalt hatte und es nie zu einer systematischen Sammlung brachte.

Im Alter von neun bis zwölf Jahren – wenn wir seine Erzählung vom »Nachtpfauenauge« als einen authentischen Erlebnisbericht lesen wollen – erreichte der Sport des Jagens und Besitzens einen ersten Höhepunkt. Er wurde zu einer solchen Leidenschaft, dass seine Eltern meinten, sie verbieten zu müssen, weil er alles andere darüber vergaß und versäumte. »War ich auf Falterfang, dann hörte ich keine Turmuhr schlagen, sei es zur Schule oder zum Mittagessen, und in den Ferien war ich oft mit einem Stück Brot in der Botanisierbüchse vom frühen Morgen bis zur Nacht draußen, ohne zu einer Mahlzeit heimzukommen.« Doch ebenso leidenschaftlich wie diese Jagdlust war dann auch ihr Ende.

»Von allen Schmetterlingen, deren Namen ich kannte und die in meiner Schachtel noch fehlten, ersehnte ich keinen so glühend wie das Nachtpfauenauge«, schreibt Hesse rückblickend. Ausgerechnet einem wenig sympathischen Schüler aus der Nachbarschaft glückt es, diesen Falter zu fangen. Die brennende Neugier, das seltene Tier zu Gesicht zu bekommen, überspringt alle Hemmungen und bringt den Knaben der Erzählung dazu, den ersten Diebstahl seines Lebens zu begehen. Fassungslos und vor sich selbst erschrocken, wird er sich der Tat bewusst, noch ehe sie zu Ende geführt ist. In seiner Angst, ertappt zu werden, passiert es ihm, dass er das Nachtpfauenauge beschädigt. Mehr als das Gefühl des Diebstahls jedoch peinigt ihn der Anblick des zerstörten Falters, so dass er »jeden Besitz und jede Freude gern hingegeben hätte, um ihn wieder ganz zu wissen«. Dass er sich schließlich überwindet, dem Besitzer des Schmetterlings, einem »pedantischen Mitschüler«, den das »Laster der Tadellosigkeit« auszeichnete und den er »mit Neid und halber Bewunderung haßte«, seine Tat zu gestehen, und ihm als Entschädigung sein liebstes Spielzeug, ja seine eigene Schmetterlingssammlung anbietet, hilft ihm wenig. Und so vernichtet er Stück für Stück seine eigenen Falter, wütend über die arrogante Verachtung des Schulkameraden und verzweifelt über sich selbst, dass er vor lauter Begeisterung die Kontrolle über sich verlieren konnte.

Ein erst vor wenigen Jahren aufgetauchter Brief eines Augenzeugen dieser Begebenheit wirft ein aufschlussreiches Licht auf das Verhältnis von Dichtung und Wahrheit in solchen Erzählungen Hesses, die autobiographische Konstellationen überliefern. In einem Schreiben vom 31. Mai 1952 (an Alfred Leuschner, Basel, Missionsstraße 21) erinnert sich der damals achtzigjährige Pfarrer Benedikt Hartmann an den vier Jahre jüngeren Hermann Hesse, mit dem zusammen er von 1884 bis 1886 die Basler Missionsschule besucht hatte. Dort habe sich „der kleine, gut gewachsene Hermann, der ein schwäbelndes Hochdeutsch« sprach, nicht sonderlich ausgezeichnet: »Für mich und andere hervorgetreten ist er nur durch ein unter uns Buben Aufsehen erregendes Ereignis, das seinen Kredit bei uns in peinlicher Weise schädigte.«

Einer ihrer Lehrer, ein Stenograph, Topfblumenpfleger, Briefmarken- und geschickter Schmetterlingssammler, habe einen »wundervollen Nachtfalter von ganz ungewöhnlicher Größe und Farbenpracht« besessen. Plötzlich sei das sorgfältig aufgespannte und präparierte Tier verschwunden, »aus dem unverschlossenen Zimmer der Lehrer, das zwischen zwei Schulräumen lag. Als Täter erwies sich schließlich Hermann Hesse, dem seine Begeisterung für ein Kunstwerk der Natur mit den Eigentumsbegriffen durchgebrannt war. Ich glaube nicht, daß er eine exemplarische Strafe erhielt, aber das war in einer Internatsbubenschar auch nicht mehr nötig, und er holte es dann selbst als Schriftsteller nach, wie der Heilige Augustin in seinen Confessionen.«

In der fiktionalen Darstellung dieser Begebenheit, die von einem Gast des Ich-Erzählers vorgetragen wird, lenkt der Autor die Sympathie des Lesers nicht auf den Bestohlenen, sondern den Täter. Gut möglich, dass jener Lehrer ihn mit den gleichen demütigenden Phrasen erniedrigt hat wie der erfundene Musterschüler, dem er sie in den Mund legt.

Mit diesem Erlebnis war dem Schulbuben Hesse die Lust am Sammeln und Besitzen dieser Tiere für viele Jahre verdorben. Noch im Alter von 28 Jahren, als er auf einer Wanderung durch Graubünden ahnungslos in Preda absteigt, ist er gegen das Sammelfieber so gut gefeit, dass er die Komik der Begebenheiten um den »Alpenbär«-Schmetterling objektiv und mit der Ironie einer überwundenen Leidenschaft zu beobachten vermag.

Denn dort in Preda geriet er zufällig in eine Gesellschaft höchst merkwürdiger Feriengäste, die sich Entomologen nennen – so heißen Schmetterlings- und Insektensammler auf Akademisch, wie er bald in Erfahrung brachte. Die Reaktion dieser Gesellschaft auf seine verwunderte Bemerkung, »Ich dachte, das sei ein Sport für kleine Buben«, macht ihn alsbald mit der Psychologie von volljährigen Sammlern vertraut: »Was suchen Sie eigentlich in Preda, wenn Sie nicht Entomolog sind?«, bekommt er zur Antwort. Dass vielleicht die reizvolle Lage des Ortes auf einer Alpmatte in 1800 Metern Höhe, die Wälder oder die prächtige Hochgebirgslandschaft ein Anreiz hätten sein können, kommt solchen Leuten nicht in den Sinn. Sie sind Sammler, Menschen von umso blinderer Zielstrebigkeit, je eingeengter ihr Weltbild, je spezieller ihre Interessen geworden sind. Gegen die damit verbundenen Schrullen war Hesse ja nun, nach seiner Erfahrung mit dem Nachtpfauenauge, ein für alle Mal gewappnet. Das erlaubt ihm den Blick für das Verhalten von Sammlern:

»Es gibt ohne Zweifel unter ihnen Leute, mit denen im täglichen Leben angenehm zu verkehren wäre, aber hier auf dem Tummelplatz ihrer Leidenschaft werden sie fanatisch und unmöglich! ... jeder kontrolliert den anderen. Wer ein seltenes Tier erbeutet hat, gibt dem Kollegen einen falschen Fundort an, weiß aber nicht, daß mindestens einer von ihnen ihm heimlich auf den Fersen war und sich den Ort gemerkt hat ... Und wenn einmal ein gefürchteter Konkurrent ... stürzt und die Knochen bricht, vernehmen es die anderen mit nur schlecht geheucheltem Bedauern.«

Wenige Jahre nach dieser gemeinsam mit Emanuel von Bodman und Ludwig Finckh erlebten Episode kamen Hesses Kinder in das Alter, in dem auch sie Schmetterlinge sammelten, und fanden in ihrem Vater einen erfahrenen Berater und Jagdgefährten, den nun plötzlich wieder die überwunden geglaubte Leidenschaft packte. Hesses Söhne berichten von gemeinsamen Schmetterlingsexpeditionen auf den Wiesen am Bodensee und an Waldrändern bei Bern. In der Betrachtung »Hermann Hesse und die Schmetterlinge« schildert der Schriftstellerkollege Wilhelm Schussen 1953 eine seiner Begegnungen mit Hesse in Gaienhofen: »Ich erinnere mich noch, daß wir dort von Pflanzen und Schmetterlingen redeten, daß ich meine Begleitung mit dem Wiesenknopf (Sanguisorba officinalis) bekanntmachte, und daß sich Hesse in Schmetterlingsfragen als gewiegter Kenner offenbarte … Da lief dieser unbeschreibliche Hesse plötzlich auf eine Hecke zu, schwang seine Arme wie Flügel in der Luft und jagte so einen ganzen Schwarm fuchsroter Falter auf. Sein hagerer Kopf mit dem spitzen Kinn und der überspitzen, scharfen Nase hatte jetzt etwas durchaus Vogelhaftes, seine Gestalt samt Kniehosen und Waden und Sandalen hatten etwas unaussprechlich Entrücktes, Fernes, Unirdisches an sich. Und es schien, als habe die Hecke Feuer gefangen, als nun eine ganze Wolke dieser roten Schmetterlinge über seinem Haupte durcheinanderwirbelte. ›Das ist der Fuchs‹, sagte Hesse dann nach einer Weile, wie aus fremden Räumen zurückkehrend … Vor jenem feurigen Dornbusch steht er in meiner Einbildung für alle Ewigkeit, er mag weilen, wo er will.« (»Hermann Hesse in Augenzeugenberichten«, Frankfurt am Main 1987 bzw. 1991.)

Seit jener Zeit begann für den Dreißigjährigen eine neue Phase seiner alten Liebhaberei. Eine erste respektable Sammlung entsteht und erfährt nach einer dreimonatigen Indonesienreise (September bis Dezember 1911) ihren wohl bedeutendsten Zuwachs. Das stichwortartig geführte Reisetagebuch verzeichnet mindestens 55 Stunden, die Hesse auf der Malaiischen Halbinsel, in Sumatra und Ceylon nach exotischen Faltern jagte, und von einem Museumsbesuch in Singapur werden einzig die dort ausgestellten Schmetterlinge erwähnt. Bis auf den Namen genau bestätigt sein Notizbuch das Erlebnis mit einem servilen Schmetterlingshändler namens Victor Hughes auf Sri Lanka und das Gelächter der Malaien beim Anblick des merkwürdigen Europäers mit seinem Fangnetz. Eine weitere Parallele zur Erzählung »Indische Schmetterlinge« zeigt ein Brief an den befreundeten Maler und Schmetterlingstauschpartner Max Bucherer. Ihm gegenüber, wie auch kurz zuvor beim aufdringlichen Falterverkäufer von Kandy, legt Hesse besonderen Wert auf frische, noch nicht konservierte Tiere. Zwei Monate nach seiner Rückkehr aus Indien schrieb er an Bucherer: »Wenn Du mir von Deinen Schmetterlingen und Käfern abgeben willst, freut mich das sehr. Gerade solche, die noch unpräpariert sind, kann ich sehr gut brauchen und präpariere sie gern selber. Dafür mußt Du Dir dann einmal, wenn Du meine Sammlung siehst, eine Anzahl Doubletten von indischen Faltern auswählen, die ich draußen gefangen habe. Sehr viele sind es nicht, aber doch manche schöne dabei. Im Ganzen habe ich etwa gegen 300 Falter mitgebracht, von denen viele doppelt und dreifach da sind.«

Was Hesse noch im dritten und vierten Jahrzehnt seines Lebens an der Beschäftigung mit Schmetterlingen fasziniert (wie übrigens auch seinen russisch-amerikanischen Schriftstellerkollegen Vladimir Nabokov, 1899-1977), ist die nun von keinem Zweckdenken mehr bestimmte Freude an ihrer Vielfalt.

Doch mit dem Ausbruch des Ersten Weltkriegs (wie auch dem Älterwerden seiner Söhne) endet schließlich auch diese neue Phase seiner Schmetterlingsliebe, um fortan bis zu seinem Lebensende einer mehr kontemplativen Platz zu machen. Seine Beschreibungen des Schmetterlings aus Madagaskar, des marmorierten Nachtfalters in der Betrachtung »Zwischen Sommer und Herbst«, oder des Trauermantels in den Tagebuchaufzeichnungen von 1955 verdanken ihren Reiz nicht mehr, wie die Schiderungen des jüngeren Hesse, den Abenteuern des Jagens und Sammelns. Nun braucht er den Faltern nicht mehr nachzustellen, sondern kommt zu Assoziationen und Analogien, die im Detail das Ganze, im Abbild das Sinnbild erkennen. Nun wird ihm der Flug eines Falters zum »Gleichnis des Sieges über den Tod. Sein Farbenspiel ein vielstrahliges Lächeln über die Vergänglichkeit. … So lächeln alle Gestaltungen, in denen das Leben scheinbar zu einer Dauer geronnen, die Schönheit des ewig Fließenden Form geworden ist, … entzückter Augenblick, im Aufstrahlen schon wieder erbleichend, … Spiel der Harmonie im ewigen Todeskampf der Gegensätze.«

Es klingt wie ein Abschied, wenn Hesse bereits Ende 1913 an seine Schwester Adele schreibt: »Das Schmetterlingsfangen und das Angeln waren die beiden großen Vergnügungen meines Lebens, das andre gebe ich billig.« Dass bald darauf auch seine Hemmungen, Tiere zu töten, zugenommen haben müssen, zeigt ein späterer Brief: »Ich habe in jungen Jahren Schmetterlinge und Fische gefangen und habe damit aufgehört, als meine Bedenken gegen das Töten stärker wurden als die Jagdleidenschaft. … Ein Jäger, der nur Wild schießt, ist ein schlechter Jäger. Ein guter Jäger ist er nur, wenn er im Schießen Maß hält und wenn er dem Hegen des Wildes ebenso viel Sorgfalt widmet wie dem Erlegen. So kann auch der Schmetterlingssammler … dies und jenes dazu beitragen, dem Aussterben mancher Arten und ihrer Futterpflanzen entgegenzuwirken, es ist die einzige Gegenleistung, mit der er der Natur für das, was er ihr raubt, Ersatz bieten kann.« Deshalb gab es in Hesses Gärten am Bodensee, in Bern und im Tessin auch Bereiche mit Brennnesseln, einer für Schmetterlingsraupen besonders beliebten Futterpflanze.

Wir müssen nicht Schmetterlingssammler sein, um am immer bedrohlicheren Aussterben von Tieren und Pflanzen zu erkennen, wie weit die Zerstörung unserer Biosphäre bereits fortgeschritten ist. Nahezu die Hälfte der etwa 1.400 bei uns heimischen Falterarten ist bereits verschwunden. Die kurzsichtige Ausbeutungsmentalität, mit der wir in der Landwirtschaft durch Flurbereinigung, Monokulturen, biochemische Düngung und den Großeinsatz chemischer Insektizide ungezählte Kleintierarten und Mikroorganismen ausgerottet haben, gefährdet das Gleichgewicht in vielen Lebensbereichen. Das Missverhältnis zwischen dem technisch Machbaren und der Fähigkeit, es so zu nutzen, dass nicht nur dem momentanen Vorteil gedient ist, wächst unaufhaltsam. Die industrielle, chemische und nukleare Entwicklung der letzten Jahrzehnte hat unseren natürlichen Lebensraum derart beeinträchtigt, dass heut allein schon die Erhaltung von Landschaft, Luft, Wasser und Nahrung ausreicht, um zu einem politischen Programm werden zu können.

Durch ihre vielfältigen Beziehungen zu Pflanzen und Tieren, sei es bei der Bestäubung der Blüten, sei es als Nahrungsmittel für unzählige Kleinlebewesen wie Ameisen, Frösche, Eidechsen und Vögel oder sei es durch die Bedeutung für die Regeneration des Bodens durch die gewaltigen Mengen der Exkremente ihrer unzähligen Raupen, sind die Schmetterlinge ein lebenswichtiges Glied im Kreislauf der Natur. Für die Industrienationen, die ihren Wohlstand nicht zuletzt den bedenkenlosen Eingriffen in dieses weitverzweigte Gleichgewicht verdanken, ist der drastische Rückgang der Schmetterlingspopulationen ein Alarmsignal. Denn nur eine Welt, in der sich auch der scheinbar so »nutzlose« Schmetterling wohlfühlen kann, ist auch für den Menschen lebens- und liebenswert.

»MIT EUCH IM ZWIEGESPRÄCH, MIT EUCH VERWANDT«

Wolken als Sinnbilder in Hesses Werken

»Zeigt mir in der weiten Welt den Mann, der die Wolken besser kennt und mehr lieb hat als ich …« Mit diesem Ausruf beginnt eine der wohl einprägsamsten Passagen aus Hermann Hesses erstem Roman »Peter Camenzind«, ein Buch, das seinen damals gerade 26-jährigen Verfasser 1903/04 innerhalb weniger Monate im ganzen deutschen Sprachgebiet bekannt gemacht hat. Noch bis in die aktuelle Gegenwart hinein gehört dieser Hymnus auf die Wolken zum Standardrepertoire zahlreicher Schullesebücher der Primarstufe. Mit gutem Grund. Denn bevor im Chemie- und Physikunterricht das vielfältige Phänomen der Wolken auf deren Zusammensetzung aus kondensiertem Wasserdampf eingeschränkt wird, ist es ratsam, ihre unerschöpflichen Erscheinungsformen erst einmal mit allen Sinnen wahrgenommen zu haben, um solch eine Verengung des

Blickwinkels angemessen einordnen zu können. Denn ungeachtet ihrer Konsistenz aus verdunstetem Wasser sind diese flüchtigen Gebilde von einem Gestaltenreichtum und einer Wirkung, die neben dem Wetter und Klima auch unsere Stimmung und Befindlichkeit stärker beeinflussen, als uns bewusst wird. Die größere Lebensfreude der Südländer, die ihren Alltag unter einem lichtdurchlässigeren Himmel verbringen können als die Bewohner nördlicher Breitengrade, ist nur eines von vielen Anzeichen für die enge Wechselwirkung von Sonne und Lebensgefühl. Denn meist unbemerkt mischen die Wolken kräftig mit an unserem Befinden. Ob sie das Licht durch eine Isolierschicht nur matt und milchig hindurchlassen oder es in lockeren Formationen als strahlende Himmelslandschaft zur Geltung bringen, stimmt uns melancholisch oder unternehmungslustig. Ob sie als Nebel das Blickfeld mit Mauern aus Watte verstellen oder es aufreißen, den Horizont erweitern, den Luftraum gliedern und dessen Grenzenlosigkeit damit erst wahrnehmbar machen, stets wirken sie auf das vegetative Nervensystem der Lebewesen und haben Einfluss auf unsere Sicht der Dinge. »Es wäre mir ganz unmöglich zu sagen«, vermerkt Hermann Hesse 1918, »ob dieser bewölkte, still in sich bewegte, vielfältige Himmel sich in meiner Seele spiegelt oder umgekehrt, ob ich von diesem Himmel nur das Bild meines Inneren ablese.«

Um dem Zauber und Formenreichtum der Natur gerecht zu werden, bedarf es wie überall des wahlverwandten Einfühlungsvermögens und einer Bildhaftigkeit des Ausdrucks, wie sie nur Künstler erbringen. Ihnen verdanken wir denn auch, sei es in der Malerei (obenan der des Engländers William Turner), sei es in der Dichtung, die schönsten und eindringlichsten Darstellungen der Wolken. Und unter den Dichtern gibt es wenige, die sich dankbarer und mit größerer Hingabe dieser Naturerscheinung zugewandt haben als Hermann Hesse. Schon Hugo Ball, sein erster und bisher unerreicht kongenialer Biograph, hat dies erkannt, als er anlässlich des »Peter Camenzind«-Gedichtes »Elisabeth« bemerkte: »Hier wäre ein ganzes Kapitel über die Wolken in Hesses Büchern zu schreiben; aber ich muss das leider einem Philologen überlassen.«

Dass die Wolken so oft auch in Hesses Gedichten vorkommen, ist kein Zufall. Denn mit ihrer scheinbaren Schwerelosigkeit, Unberechenbarkeit und Vielfalt an Formen und Farben sind sie wie die Lyrik Ausdrucksträger für Emotionen und Stimmungen. Flüchtig und unbeständig, stets im Werden und gleich wieder vergehend, heimatlos ins Unendliche strebend, heiter, behäbig, bedrohlich oder dämonisch, erscheinen sie uns launisch wie das Schicksal: »Wind, Welle, Wolke, ohne Form noch Stand / Ihr seid im innern Wesen uns verwandt … / Ihr malt in rastlos wanken Rätseln hin /

Dies Lebens Bild und seinen tiefsten Sinn. / … In euren Takten laßt uns Träumer lesen / Mit dunklem Ahnungsdrang das eigne Wesen«, heißt es in einem seiner frühesten Gedichte, dem »Gesang von den Wolken«. Aber auch in Hesses Prosa, seinen Betrachtungen, Erzählungen und Romanen, vom »Peter Camenzind« bis hinein in sein Alterswerk »Das Glasperlenspiel«, ist immer wieder von ihnen die Rede. Bereits in einer Prosaskizze von seiner ersten, 1901 unternommenen Italienreise versucht er die »Lieder der Wolken in unsere Sprache zu übersetzen«. Über der Bucht von Genua wird ein weißer Dunstschleier vom glühenden Lichtstrahl der untergehenden Sonne auf eine Weise getroffen, dass das helle »Gefieder in heißen Schauern aufbrannte, so rot, so rot, dass es über den Genueser Hügeln wie eine lodernde Fackel hing«.

Hesse ist ein Wolkenphysiognomiker, der ihr Gebärdenspiel zu deuten und anschaulich zu machen versteht. Er sieht sie anthropomorph und überträgt unsere Schicksale auf sie. Der Himmel ist für ihn eine Szenerie, die sich dauernd verändert und unentwegt neue Gestalten hervorbringt. »Wir sehen menschliche Kämpfe, Feste, Reisen, Spiele in ihnen, und es tut uns wohl und weh zu sehen, wie das ganze schöne Schattenspiel so flüchtig, veränderlich und vergänglich ist.« Hesses Wolken »schleichen finster und langsam wie Mörder, sie jagen sausend kopfüber wie rasende Reiter, sie hängen traurig und träumend in bleichen Höhen wie schwermütige Einsiedler. Sie haben die Formen von seligen Inseln und segnenden Engeln, sie gleichen drohenden Händen, flatternden Segeln, wandernden Kranichen.« Verglichen mit solchen Beschreibungen nimmt sich der Wortschatz, mit dem die meteorologische Forschung die Himmelsgebilde zu typologisieren bemüht ist, bescheiden aus. Der mit Goethe befreundete englische Chemiker Luke Howard (1772-1864), der als Erster die Wolken wissenschaftlich zu erforschen und zu charakterisieren versuchte, hat sie in drei Haupttypen unterteilt und eine bis heute gültige lateinische Nomenklatur dafür gefunden. Die entferntesten, in Höhen zwischen sieben und 13 Kilometern vorkommenden und aus Eiskristallen bestehenden faserigen Formationen nannte er Cirrus- (lat. für Haarlocke), die schwadenförmig-breitflächigen, etwa sechs bis zwei Kilometer tieferen, nannte er Stratus- (lat. für ausgebreitet) und die meist scharf begrenzten, in 1.000 bis 1.500 Metern Höhe sich zu Kuppeln und Türmen ballenden Dunstgebirge nannte er Cumuluswolken (lat. für Haufen). Kurz darauf hat Goethe jede dieser frisch getauften Formationen mit einem Gedicht bedacht. Doch Howards Klassifizierung nach Gestalten, Distanzen und Metamorphosen in Himmelsstockwerken reichte bei weitem nicht aus. So mussten die zahlreichen Mischformen bald schon mit Bezeichnungen wie Cirrocumulus, Cirrostratus, Altocumulus, Nimbostratus, Stratocumulus, Cumulonibus etc. versehen und auch deren Spezialformen immer weiter differenziert werden. Mit dieser Charakteristik begann die Erforschung der Wolken und ihrer Entstehung nach Ursachen, die Hesse schon 1900 in seinem Gedicht »Zuschauer« erkannt hatte: »Ich seh nach ewigen Gesetzen segeln, / Was einst mir wild erschien und frei von Regeln.«

Über die Genese der Wolkenbildung wissen wir heute weit mehr, als zu Hesses Zeiten bekannt war. Wir wissen inzwischen, daß von all dem Wasser, das mehr als zwei Drittel der Erdoberfläche bedeckt, jedes Jahr die kaum vorstellbare Menge von 400.000 Kubikkilometern zwischen Himmel und Erde zirkuliert. Das meiste davon verdampft aus den Meeren, vom Land dagegen nicht einmal ein Viertel. Millionen Tröpfchen, die zu klein und zu leicht sind, um fallen zu können, ballen sich zusammen und bilden die Wolken. In Bewegung gesetzt werden diese verdunsteten Wassermassen durch das erhebliche Temperaturgefälle zwischen den Polargebieten und dem Äquator, das zwischen 75 Grad Kälte und vierzig Grad Wärme schwankt. Dabei strömt die warme Luft vom Äquator zu den Polen, die kalte von den Polen zum Äquator und erzeugt die interkontinentalen Winde und Wetterverhältnisse. Je größer die Temperaturunterschiede, desto schneller bewegt sich die Luft und mit ihr die Wolken. Sie sind der uns wahrnehmbare Teil des Wassergehaltes der Luft und »das einzige Stück irdischer Materie«, bemerkt Hesse, »das, dem Auge sichtbar … das Leben der Erde im unsichtbaren Raum« fortsetzt.

Eine einzige Wolke – und sei sie noch so klein, flauschig und scheinbar federleicht – kann tausend Tonnen Wasser enthalten. Sobald die Lufttemperatur nur ein wenig steigt, kann sie verschwinden, weil ihre Feuchtigkeit verdampft und unsichtbar wird. Wird die Luft dagegen kälter, so gewinnt sie an Umfang und gibt, wenn die Wassertröpfchen zu schwer werden, um noch schweben zu können, ihre Last als Regen, Hagel oder Schnee an die Erde zurück. Die von den Klimaforschern als Aerosole bezeichneten Schwebeteilchen in der Atmosphäre, an welchen der Wasserdampf der Luft kondensiert, sind wie die Einfälle der Dichter, die sich verknüpfen und zu epischen Gebilden akkumulieren können, um dem Flüchtigen Bestand abzugewinnen.

Auch für die Regulierung des Klimas sind die Wolken verantwortlich. Sie reflektieren ein Fünftel der Sonnenstrahlung ins All und kühlen die Erde. Dort, wo sie ohne diese Isolierschicht unentwegt dem Äther ausgesetzt ist, kommt es unter den extremen Temperaturschwankungen (von 58 Grad Wärme tagsüber bei senkrechter Sonneneinstrahlung und zehn Grad Kälte bei Nacht) zur Austrocknung des Bodens, zur Erosion, zum Abplatzen und Zerfall der Gesteine, also zur Bildung von Wüsten, die kaum noch Vegetation und Leben zulassen. Wolken bestimmen und schützen das Erdklima, indem sie die Solarenergie einerseits wie schwebende Sonnenschirme zurückhalten, andererseits die Wärmeüberschüsse der aufgeheizten tropischen Ozeane wie Schwämme aufsaugen, sie über den Globus verteilen und auch die kühleren Breitengrade mit Fernwärme versorgen. Selbst in unseren gemäßigten Zonen verdunsten an einem heißen Nachmittag stündlich Millionen Liter Wasser in die Lufthülle. Sie bilden in den Wolken elektrische Felder, die sich in Blitzen entladen, sobald sie groß genug sind, dass andere Wolkensysteme von ihnen angezogen werden. Der Donner, der damit einhergeht und den Hesse schalkhaft mit einem »gut besetzten Schlagzeug« verglichen hat, entsteht durch die explosionsartige Ausdehnung der vom Blitz erhitzten Luft.

Temperatur, Windgeschwindigkeit, Luftfeuchtigkeit und nicht zuletzt die Strahlungsenergie der Sonne bestimmen die stetig wechselnde Szenerie der Luftbühne, auf der die Wolken die Darsteller sind. Sie gleichen festen Gebilden, obwohl sie in Wirklichkeit körperlos sind. Auch auf die Farben der Erde haben sie Einfluss. Es braucht nur ein Schleierwölkchen vor die Sonne zu ziehen, die Luft braucht sich nur geringfügig zu trüben oder aufzuhellen, ihr Feuchtigkeitsgehalt nur ein wenig zu- oder abzunehmen, gleich ändert sich das

Licht und mit ihm die Farben. Denn auch für sie gibt es nichts Statisches, kein monotones Beharren. Unentwegt wandeln sie sich mit der Beleuchtung. Desgleichen die Oberfläche von Gewässern, die vom strahlenden Blau bei unbewölktem Himmel bis zum bedrohlichen Gewitterdunkel alle Schattierungen der Wolkenlandschaft widerspiegeln. Und wer kennt nicht die raschen Farbwechsel, wenn das Licht in graublauen Bahnen aus den Wolkenlücken niedergleißt und in Flecken von unwirklicher Helligkeit über die Landschaft hastet? Nichts bleibt, nichts wiederholt sich, nichts lässt sich vorauswissen in der beweglichen Welt der Wolkenbildung.

Das macht sie zu Verwandlungskünstlern, deren Lebensdauer zuweilen nur Minuten beträgt, und zu Symbolen für Ungebundenheit und Freiheit. »Sie ziehen«, schreibt Novalis in seinem »Heinrich von Ofterdingen«, »und wollen uns mit ihrem kühlen Schatten auf und davon nehmen, und wenn ihre Bildung lieblich und bunt, wie ein ausgehauchter Wunsch unsres Innern ist, so ist ihre Klarheit, das herrliche Licht, was dann auf Erden herrscht, wie die Vorbedeutung einer unbekannten, unsäglichen Herrlichkeit.«

Für Hesse waren sie Antriebe, die seine Lust zum Wandern und Vagabundieren beflügelten: »Mit euch im Zwiegespräch, mit euch verwandt / Und fahrtverbündet zog ich über Land. / Ihr liebt mich noch, ihr habt mich nicht vergessen, / Den Freund der eurem ewigen

Zuge nach / So vieler Straßen lange Flucht durchmessen, / Der euch geliebt, der eure Sprache sprach, / Dem selten nur und zwischen Fahrt und Fahrt / Für Augenblicke wohl bei Menschen ward! / – Wenn mich die Erde gehen läßt, nehmt ihr dann / Zu neuem Fluge mich als Bruder an? / Darf ich mit euch durch Luft und Wogen reisen / Und Pilgern dann die Heimwehwege weisen, / Die ich allein so lang und rastlos schritt? / Sagt ja, Geschwister, Freunde! Nehmt mich mit!«

Nicht nur den uralte Menschheitstraum vom Fliegen, den sich Hesse 1911 und 1913 mit den ersten Luftschiffen und Propellermaschinen erfüllt hat, kommt darin zum Ausdruck, sondern durch die zuweilen überirdischen, oft geradezu spirituellen Lichteffekte der Wolkenwelt wird auch verständlich, warum sich die Religionen nur im Himmel den Lohn für ein geglücktes Leben vorstellen können.

Von hier ist es nicht mehr weit bis zu Hesses Vergleich: »Die Wolken sind in der Natur, was in der Kunst die Flügelwesen, Genien und Engel sind, deren menschlich-irdische Leiber Flügel haben und der Schwere trotzen.« Doch anders als noch im Zeitalter des Barock, welches das Paradies in den Deckengemälden der Kirchen, Kapellen und Residenzen vorwegnimmt und ekstatische Luftschlösser aus Wolken mit dem ganzen Personal christlicher und feudaler Symbolträger bevölkert, befördern die Dichter heutzutage allenfalls ihre

Wunsch- und Erinnerungsbilder in die Lüfte. Bei Hesse ist es die unerreichbare Jugendgeliebte Elisabeth in dem 1901 entstandenen gleichnamigen Gedicht seines »Peter Camenzind«: »Wie eine weiße Wolke / Am hohen Himmel steht, / So weiß und schön und ferne / Bist du, Elisabeth. / Die Wolke geht und wandert, / Kaum hast du ihrer acht, / Und doch durch deine Träume / Geht sie in dunkler Nacht. / Geht und erglänzt so selig, / Daß fortan ohne Rast / Du nach der weißen Wolke / Ein süßes Heimweh hast.« Oder bei Bertolt Brecht, der den »Peter Camenzind« (als ein »etwas kühles, mit Herbstbuntheit und Herbheit gefülltes Papier«) schätzte, in seiner 1920 geschriebenen und mittlerweile fast ebenso bekannten »Erinnerung an die Marie A.«, worin es heißt: »Und auch den Kuß, ich hätt ihn längst vergessen / Wenn nicht die Wolke dagewesen wär / Die weiß ich noch und werd ich immer wissen / Sie war sehr weiß und kam von oben her.«

Symbole der Sehnsucht und Suche sind sie für die Dichter. Und weil es ihnen lieber ist, aufbruchbereit und wandlungsfähig zu bleiben, statt festzuwurzeln, kommt es zur Identifikation wie in Hesses Gedicht »Weiße Wolke«: »Ich liebe die Weißen, Losen / Wie Sonne Meer und Wind, / Weil sie der Heimatlosen / Schwestern und Engel sind.« Oder weniger pietätvoll 1919 in der expressionistischen Erzählung »Klingsors letzter Sommer«: »Sei Wolke, fliege nach Persien, regne über Uganda! Her mit dir, Geist Shakespeares, sing uns dein besoffenes Narrenlied vom Regen, der regnet jeglichen Tag.«

Als Jüngling habe er zu den Wolken ein frommes und etwas feierliches Verhältnis gehabt, erinnert sich Hesse als Fünfzigjähriger. Mit zunehmendem Alter jedoch genieße er ihre Spiele mehr mit Humor und als Kontrastprogramm zu einer Welt, in die er zwar schlecht passe, die aber dennoch allerlei zu bieten habe, wofür den Geschäftigen und Karrieristen bedauerlicherweise das Organ fehle.

Nach dem Ersten Weltkrieg hatte Hesse die Südschweiz als seine künftige Wahlheimat entdeckt und den wolkenverhangenen Industriezonen des Nordens für immer den Rücken gekehrt. Im Tessin fand er ein Licht, das die üppige Vegetation, die barocke Architektur und Farbigkeit der Dörfer auf eine Weise zur Geltung brachte, dass er darüber zum Maler wurde. »Kaum bin ich da unten«, schrieb er 1917 in sein Tagebuch, »so ist ein eingeschlafener Sinn wieder da und eine Produktionslust stellt sich ein, mit dem Malen dort war es ebenso.« Von nun an war in den Sommermonaten nicht mehr die Literatur, sondern die Malerei sein Hauptberuf. »Und so saß ich«, notiert er in seinem autobiographischen Bericht »Die Nürnberger Reise«, »soweit die Augen es erlaubten, recht fleißig an unseren schönen Waldrändern unter den Kastanien und aquarellierte die heiteren Tessiner Hügel und Dörfer, von denen ich mir … einbildete, daß kein Mensch auf der Erde sie so innig kenne wie ich, und die ich seither noch um so vieles genauer habe kennenlernen.« Seiner Liebe zu den Wolken konnte er nun auch mit dem Pinsel huldigen, und dies so ausgiebig, daß man unschwer einen ganzen Bildband nur mit Motiven füllen könnte, auf welchen die dargestellten Landschaften ihre volle Wirkung erst von der Szenerie am Himmel beziehen.

Schon 1907, als er noch nicht malte, hatte Hesse über das Abbilden von Wolken bemerkt: Wenn man sie ohne Landschaft fotografiere, würden die Bilder meistens misslingen, weil sie dann kaum etwas vom Eindruck der Bewegung wiedergeben können und »die Ungewißheit der Entfernungen, in der sie den Beschauer lassen, ihre schöne Wirkung wieder aufhebt. … Mir scheint, gerade das macht die Wolken schön und bedeutsam, daß sie sich bewegen, und daß sie im Himmel, der für unser Auge toter Raum ist, Entfernungen, Maße und Zwischenräume schaffen. … Was der Vogel im kleinen tut, tun die Wolken im Großen, sie machen den ungeheuren Raum anschaulich, lebendig … und sie verbinden uns mit ihm.«

Wer Hermann Hesses Wahlheimat jenseits der Alpen heute besucht, die er in Büchern und Bildern auf eine Weise geschildert hat, dass wir sie mittlerweile mit seinen Augen zu sehen gewohnt sind, wird leider nur noch

Reste von ihrem ursprünglichen Zauber antreffen. Hier wie überall haben Bevölkerungszuwachs und Globalisierung dafür gesorgt, sie unseren Ballungszentren gleichzumachen. Deshalb klingt es wie eine melancholische Vorwegnahme dieser Entwicklung, wenn er in einem Brief vom Januar 1949 klagt: »Die Welt gönnt uns wenig mehr, sie scheint oft nur noch aus Radau und aus Angst zu bestehen.« Doch im Vertrauen auf die Dauerhaftigkeit des scheinbar Vergänglichsten fügt er hinzu: »und wenn einmal die Erde vollends mit Betonkästen bedeckt sein wird, werden die Wolkenspiele noch immer da sein, und es werden da und dort Menschen sich mit Hilfe der Kunst eine Tür zum Göttlichen offenhalten«.

»MÖGLICHST WEIT WEG VON BERLIN«

Hermann Hesse am Bodensee

Der Dreißigjährige beim Wein, Foto: Gret Widmann

Hermann Hesse war 27 Jahre alt, als er an den Bodensee kam, 35, als er nach Bern weiterzog. Von 1904 bis 1912, also knapp acht Jahre lang, hat er am See gelebt. Nicht einmal ein Zehntel seiner gesamten Lebenszeit war das, doch folgenreich für seine eigene Entwicklung wie auch für den Werdegang des immer noch schönsten und stillsten, Gnadensee genannten Bodenseeteils, wo der Rhein den See verlässt. Für diesen Landstrich, wie später die Südschweiz, war Hermann Hesses Ansiedlung der Auftakt für viele weitere Künstler, sich hier niederzulassen. Doch wurde nie eine homogene Künstlerkolonie daraus, kein Worpswede am Bodensee, so ähnlich die Beweggründe der Schriftsteller- und Malerkollegen auch waren, die in einer noch intakten und ursprünglich gebliebenen Landschaft ein alternatives, den Zerstörungen der Zivilisation und Industrialisierung abgewandtes Leben führen wollten. Sie wussten, warum. Denn allesamt kamen sie ja keineswegs aus der Provinz, sondern aus Großstädten hierher: Hesse aus Basel, Wilhelm Steinhausen aus Frankfurt, Otto Dix aus Düsseldorf und Dresden, Erich Heckel aus Berlin. Denn wo wird man sich des Gegensatzes bewusster und kann ihn genauer darstellen als angesichts der unverdorbenen Kehrseite zur Denaturierung und Reizüberflutung der Metropolen, sei es im Abbild, sei es durch Kontrastprogramme?

Die erste bisher auffindbare Äußerung Hermann Hesses über den Bodensee berichtet von einer Erkältung, die er sich Mitte Dezember 1903 bei einer Schiffsfahrt von Meersburg nach Kreuzlingen zugezogen haben muss, anlässlich seines dritten Besuches im schweizerischen Emmishofen bei dem elf Jahre älteren Schriftstellerkollegen Emil Strauß, dessen ein Jahr zuvor erschienener Schülerroman »Freund Hein« großes Aufsehen erregt und Hesse zur Darstellung seiner eigenen Schulzeit in der Erzählung »Unterm Rad« ermutigt hatte.

»Ich habe«, berichtet Hesse am 9. Dezember 1903 nach der Rückkehr von dieser Reise, »einen solchen Katarrh, daß ich kaum mehr aus den Augen sehe. Geholt habe ich ihn mir auf dem Bodensee, wo ich beim Freund Hein-Strauß fünf Tage war. Es war ganz herrlich, und ich sah unendlich viel Schönes. Die Rathäuser in Überlingen und Konstanz, das Schloß in

Meersburg, die Kirchen der Reichenau und die alte Kanzlei in Überlingen gehören zum Allerschönsten, was ich je gesehen habe, und sind mehr als einen Katarrh wert.«

Drei Monate zuvor hatte er seinen Brotberuf als Buchhändler und Antiquar in Basel aufgegeben und sich mit der Veröffentlichung zweier Gedicht- und Prosabände, aber auch schon mit Buchbesprechungen in Schweizer und deutschen Blättern einen Namen gemacht. Im selben Monat war von Samuel Fischer in Berlin, dem wichtigsten deutschen Verleger für Gegenwartsliteratur, sein erster Roman »Peter Camenzind« veröffentlicht worden, der bereits im Vorabdruck ein so großes Echo fand, dass sich der internationale Erfolg der Buchausgabe, die schon 1905 ins Norwegische, Russische und Schwedische übersetzt wurde, abzuzeichnen begann.

1902 hatte Hesse in Basel die neun Jahre ältere Maria Bernoulli kennengelernt, Tochter des dortigen Notars und Musikaliensammlers Fritz Bernoulli-Gengenbach, die von 1900 bis 1904 mit ihrer Schwester Mathilde in der Basler Bäumleingasse ein Atelier für Kunstfotografie – wie es auf dem Firmenschild hieß – betrieb. Weil sie es war, die die Weichen stellte, um bald darauf am Bodensee ansässig zu werden, wollen wir einen etwas genaueren Blick auf sie und die mit ihr verbundene Vorgeschichte werfen.

Gemeinsam mit Mia, wie Hesse sie nannte, die übrigens die erste Berufsfotografin der Schweiz und überdies eine passionierte Klavierspielerin und Bergsteigerin war, hatte der Dichter im Frühjahr 1903 seine zweite Italienreise unternommen und kurz danach bei ihrem Vater um ihre Hand angehalten. Dieser freilich wollte von einem brotlosen Künstler als Schwiegersohn nichts wissen und ließ den Brautwerber auf seinen wiederholten Vorstoß am 23. September 1903 wissen: »Ihren Beruf zum Schriftsteller kann ich nicht anerkennen.« Dem »Peter Camenzind« vermochte er offenbar so wenig abzugewinnen, dass er dem Autor zwar einen »überaus achtenswerten Charakter« zubilligte, ihm jedoch – vielleicht wegen der in der Erzählung angestimmten Loblieder auf den Wein – mitteilte: »Aber zu einer Verbindung mit meiner Tochter kann ich meine Zustimmung nicht erteilen.«

Hesse, der vor der Ehe ohnehin ein »unbestimmtes Grauen« hatte, weil er in ihr eine Fessel und ein Hindernis für seine künstlerische Arbeit befürchtete, scheint dies als weiteren Grund für seine Vorbehalte verstanden zu haben und erst einmal auf Distanz gegangen zu sein.

»Ich habe so Sehnsucht nach Dir«, schrieb Mia daraufhin im Januar 1904, »daß wenigstens ich zu Dir kommen muß, wenn gar nichts von Dir zu mir kommt! … Ich habe vielleicht gedrängt wegen der Heirat, und das hat Dich wohl ungeduldig gemacht und gedrückt, aber ich möchte Dich jedes Druckes los wissen, denn ich bin, trotz allen anscheinenden Hindernissen, innerlich überzeugt, daß wir gewinnen und durchkommen. Mir kommt's manchmal vor, als sei alles, was ich jetzt ohne Dich lebe, nur unnütze Zeitvergeudung.« Und zwei Tage später: »Du sollst frei sein. Du hast mir ja nie ein feierliches Wort gegeben … Ich verstehe, daß es für Deine künstlerische Entfaltung so sein muß, daß Du da keine Rücksichten nehmen darfst … Ich habe geglaubt, mit meiner Liebe Dir zu dienen und Dein Leben verschönern zu können, nun ist es ins Gegenteil ausgeschlagen … Leb' wohl, Du einziger, verzeih mir – wenn ich mich nicht so von Dir loslösen kann, daß Du nichts davon spürst … Aber ich darf Dir auch noch sagen, daß meine ganze Liebe Dir immer gehören wird, wenn ich Dich auch nicht mehr behalten darf.«

Hesses Antworten auf diese Briefe haben sich leider nicht erhalten. Sie sind im November 1942 beim Brand von Mias Haus in Ascona bis auf wenige anderswo aufbewahrte Schreiben in Flammen aufgegangen. Aber Mias Antworten zeigen, dass ihr Nachdruck nicht vergebens war. »Du mein liebstes Herz«, bedankte sie sich drei Tage später, »Dank tausendmal, daß Du nicht allein bleiben willst und ich bei Dir bleiben darf … Ich möchte all meine Liebe wie eine warme, lichte Sonnenflut auf Dich strömen lassen. Wir gehören einander, und es darf uns nichts, nichts mehr trennen.«

Nun ging alles ziemlich rasch. An Pfingsten 1904 verlobten sich die beiden in Basel mit oder ohne Schwiegervater, und von nun an ist Mias Einfluss unverkennbar – auch was die künftige Niederlassung am Bodensee betraf. Als Hesse zum Beispiel im Februar 1904 mit dem Gedanken spielte, der finanziellen Sicherung seiner Ehe wegen, einen von Wilhelm Schäfer vermittelten Redaktionsposten bei der »Frankfurter Zeitung« anzunehmen, war sie es, die ihn davon abhielt. Als er im April daran dachte, nach der Heirat vielleicht auf die Schwäbische Alb zu ziehen, schrieb sie ihm: »Offen gestanden, würde ich mich nicht gern zum Schwabenland entschließen … zudem wäre mir die Schwäbische Alb zu wasserarm; ich finde, wenn man aufs Land zieht [das also scheint festgestanden zu haben], darf man doch auch darauf sehen, daß man im Sommer nicht bloß in der Wanne baden muß, sondern wenigstens etwas Bach zur Verfügung hat.« Deshalb, und wohl auch wegen der größeren Nähe zur Schweiz, sei ihr der badische Schwarzwald lieber. Sie habe aber auch schon an das schweizerische »Stein am Rhein gedacht, das soll entzückend und billig zum Leben sein. Und wäre auch in der Nähe von Emil Strauß, was ich gar nicht übel fände«.

Damit scheint Hesse einverstanden gewesen zu sein, freilich ohne sich schon auf einen bestimmten Ort festzulegen. Denn am 31. Mai 1904 gab Mia ein Inserat auf, worin, ohne genaue Ortsangabe, einfach eine Wohnung am badischen Teil des Bodensees gesucht wurde. Zwei Wochen später fuhr sie zu Emil Strauß, um sich von Emmishofen aus vier Tage lang Wohnungen in Überlingen, Unteruhldingen, Wangen, Hemmenhofen und Gaienhofen anzusehen, wo ihr ein altes, aus dem 18. Jahrhundert stammendes Bauernhaus neben der Dorfkapelle am meisten zusagte. Mit dem befreundeten Basler Architekten Hans Hindermann kam sie dann am 2. Juli erneut dorthin, um das Anwesen von einem Fachmann inspizieren zu lassen und gleich darauf auch den Mietvertrag abzuschließen. Das alles also ohne aktive Mitwirkung ihres Verlobten, der sich seit Oktober 1903 nach Calw zurückgezogen hatte, um dort, am Schauplatz der Handlung, die Schülertragödie »Unterm Rad« zu beenden und sich zweier Auftragsarbeiten für den Berliner Verlag Schuster & Löffler zu entledigen, der Hesse um Monographien über Boccaccio und Franz von Assisi gebeten hatte.

Am 2. August, nachdem die Manuskripte abgesandt und von der Braut das Nest am Bodensee bereitet war, konnte endlich geheiratet werden – der Freunde und Verwandten wegen in Basel. »Meine Hochzeit«, berichtet Hesse seinem Wiener Kollegen Stefan Zweig, »ging im Galopp, da der Schwiegervater nicht einverstanden ist … kam ich dahergereist, solange er gerade nicht in Basel war, dann ging's subitissimo aufs Standesamt. Nun grollt der Alte von ferne, scheint sich aber allmählich zu beruhigen. Und nun bin ich ein verheirateter Mann, und mit dem Zigeunern hat es einstweilen ein Ende.« Und noch am selben Abend, wohl um dem Schwiegervater zu entkommen, machten sich die Frischvermählten aus dem Staub, mit Stationen in Schaffhausen, Konstanz, Rheineck, Ermatingen und Steckborn, um vom Schweizer Seeufer aus nach Gaienhofen überzusetzen. Sechs Bücherkisten aus Basel waren bereits eingetroffen. Aber auf die Möbel musste man noch tagelang warten, und auch der nach Hesses genauen Angaben eigens von Freund Hermann Haas in München gezimmerte Schreibtisch stellte sich erst drei Wochen später ein.

Damals hatte das Dorf Gaienhofen nicht einmal 300 Einwohner. Es gab dort am deutschen Seeufer weder elektrisches Licht, Gas noch eine Wasserleitung, geschweige denn bequeme Verkehrsverbindungen. Die komfortabelste Anreisemöglichkeit war per Dampfschiff von Konstanz aus ans gegenüberliegende Schweizer Ufer nach Steckborn und dann im Fährkahn über den See. Auch Einkaufsmöglichkeiten gab es keine, außer einem Bäcker, so dass Hesse künftig zweimal wöchentlich auf die andere Seeseite nach Steckborn rudern musste, um sich mit allem einzudecken, was für den Lebensunterhalt erforderlich war. »Ich kann schon den ganzen Zolltarif für Küchensachen usw. auswendig«, schrieb er drei Wochen nach seiner Ankunft an

Alexander von Bernus, »ziehe aber womöglich das Schmuggeln vor.« Dafür aber wohne man billig. Zu einer Traummiete von jährlich 150 Goldmark hatte ihnen der Bauer Hepfer die Wohnhälfte seines baufälligen Gehöftes zur Verfügung gestellt, fünf kleine Stuben, während die andere Hälfte mit Stall und Scheune weiterhin landwirtschaftlich genutzt wurde. Nun sei er Herr »über ein Haus, eine Frau, eine Katze, eine Magd, zahllose Käfer und Schnecken«, meldet er kurz nach dem Einzug seiner ehemaligen Zimmervermieterin nach Basel.

»Gegenüber der Mauritius-Kapelle und dem Dorfbrunnen neben dem Schulhaus und der mächtigen Friedenslinde von 1871«, erinnert sich Hesse in einem Brief aus den 1950er Jahren, »richteten wir uns ein. Der Wohnteil des Hauses bestand aus einer Küche und zwei Stuben, deren größere mit einem großen grünen Kachelofen und einer sogenannten ›Kunst‹ (Ofenbank) unser Wohn- und Speisezimmer war. Rohe Holzbänke liefen an den holzgetäfelten Wänden entlang; es war dort warm und behaglich.«

Dieses karge Ambiente, fern der Metropolen und der Pomp- und Plüschkultur der Belle Époque Kaiser Wilhelms II., entsprach ganz den Idealen der Jungvermählten, die entschlossen waren, nach dem Vorbild von Hesses eigener Romanfigur Peter Camenzind, einem Nachfahren von Rousseau, Thoreau und Tolstoi, den Stammvätern der heutigen Grünen, hier ein alternativ-stadtfernes gesundes, fleißiges und bedürfnisloses Künstlerleben zu führen, mit einem einzigen Luxus allerdings, nämlich inmitten einer schönen und charakteristischen Landschaft zu wohnen. Denn ein Dichter, vermerkt Hesse in seiner Betrachtung »Wahlheimat« (1930), sei in vieler Hinsicht »das anspruchsloseste Wesen der Welt. Aber in anderer Beziehung wieder verlangt er viel und stirbt lieber, als daß er verzichten würde. Mir zum Beispiel wäre es unmöglich zu leben, ohne daß die Umgebung meinen Sinnen wenigstens ein Minimum an echter Substanz, an wirklichen Bildern böte. In einer modernen Stadt, inmitten von kahler Nutzarchitektur, inmitten von imitiertem Holz, inmitten von lauter Ersatz und Täuschung zu leben, wäre mir vollkommen unmöglich, ich würde da bald eingehen.«

Von Anfang an war Hesse das Gegenteil von einem lackierten Zivilisationsliteraten. Wenn irgend möglich, hat er die Ballungsräume und intellektuellen Zirkel gemieden. Auch die Öffentlichkeit habe er nie geliebt, weil es ihm lästig sei, in einer Umgebung zu leben, wo man ihn bloß als Namen und Marke kenne. »Mein Leben konnte mir gar nicht privat genug sein, und so habe ich niemals irgendeiner Ansammlung von ›Prominenten‹ beigewohnt, sei es Salon, Klub, Ball oder Bankett; ich hatte es leicht, mich darum zu drücken, denn ich wohnte immer weitab auf dem Lande«, notierte er 1933. Dekadenz, Cliquenwesen, Protektion und geschniegelte Repräsentation waren ihm zuwider. Gelegenheit dazu hätte er genug gehabt. Denn inzwischen hatte der »Peter Camenzind« auch in der Reichshauptstadt Furore gemacht: »Ich müßte aus tausend Gründen«, schreibt er damals aus Gaienhofen, »notwendig nach Berlin, und davor graut mir sehr. Das einzige, was mir an Berlin gefällt, ist, daß es so weit weg von hier liegt.« Seinen Verleger hat er dort – dessen beharrlichen Aufforderungen zum Trotz und im Gegensatz zu fast allen Autorenkollegen wie Thomas Mann, Gerhart Hauptmann, Henrik Ibsen, Arthur Schnitzler, Hugo von Hofmannsthal und Jakob Wassermann – kein einziges Mal besucht. In einem noch in Basel entstandenen Gedicht heißt es bezeichnenderweise:

»Man hatte mich eingeladen,
ich wußte nicht warum.
Viel Herren mit schmalen Waden
standen im Saal herum.

Es waren Herren von Namen
und von gewaltigem Ruf,
von denen der eine Dramen,
der andere Romane schuf.

Sie wußten sich flott zu betragen
und machten ein großes Geschrei,

da schämte ich mich zu sagen,
daß ich auch ein Dichter sei.«

Einen Dichter, das haben damals wohl auch die Nachbarn in Gaienhofen kaum in ihm vermutet. Denn weil es in jenen Jahren dort außer Bauern und Fischern keine Handwerker gab, musste er selber Hand anlegen, um das baufällige, urkundlich erstmals 1783 erwähnte Haus vom Dach bis zum Estrich zu sanieren.

Er habe, berichtet der so schwäbisch wie sparsame Hesse, »die Kistennägel vom Umzug Stück für Stück auf unserer steinernen Hausschwelle geradegeklopft und die klaffenden Ritzen im Obergeschoß mit Werg und Papier ausgestopft, danach das Fachwerk mit roter Farbe gestrichen.« Doch kaum war das Häuschen halbwegs behaglich, bekam seine Frau Mia, vielleicht durch die ungewohnt feuchte Kühle des Seeklimas, vielleicht durch die Belastungen des Umzugs, so schmerzhafte Rheuma-Attacken, dass sie für drei Monate ins Spital zurück nach Basel gebracht werden musste. Kein Wunder also, dass Hesse daraufhin in einem Brief an die Schriftstellerkollegin Helene Voigt-Diederichs klagte: »Und ist das Häuschen noch so klein, der Teufel hängt den Schwanz hinein.«

Das musste auch Stefan Zweig erfahren, einer von damals schon annähernd hundert Freunden und Kollegen, die Hesse bereits in seinem ersten Gaienhofener

Jahr besuchten. Der begeisterungsfähige Dichter aus Wien hatte das kleine Arbeitszimmer Hesses im ersten Stock des Hauses so enthusiastisch betreten, dass er den niedrigen Türbalken übersah und dabei mit solchem Schwung den Kopf anstieß, dass er sich erst einmal eine Viertelstunde hinlegen musste, bevor er wieder ein Wort herausbrachte. Aber auch andere Besucher konnten die Sprache verlieren, zumal, wenn sie unangemeldet kamen. Dann nämlich konnte es in den Sommermonaten passieren, dass sie Hesse in einem Kostüm antrafen, das nur aus Brille und Zigarre bestand, einer Freikörperkultur, der er durchaus nicht nur beim Schwimmen im See huldigte. Dort freilich ohne Zigarre.

Ob er dagegen ernst gemacht hat mit seiner schriftlich geäußerten Absicht, unerwünschte Besucher und lästige Touristen mit der Armbrust fernzuhalten, Freunde dagegen mit einem Böllerschuss zu begrüßen, ist heute nicht mehr feststellbar, aber keineswegs unwahrscheinlich angesichts seiner lebenslangen Lust am Feuerwerken und Zündeln. Hesse berichtet davon in einer seiner Antworten auf Leserbriefe, die schon in den Bodensee-Jahren so zahlreich waren, dass er Ende 1904 beim zuständigen Bezirksamt des Großherzogtums Baden ein eigenes Postamt für Gaienhofen beantragte. Drei Wochen nach seiner Ankunft am See beschaffte er sich ein eigenes Ruderboot, der Einkäufe und Ausflüge wegen, die man damit, sei es zur nahe gelegenen Insel

Reichenau, in den Thurgau oder bis hinunter nach Stein am Rhein und Schaffhausen, unternehmen konnte. »Bei einiger Todesverachtung«, schrieb er im November 1904 dem Schriftstellerkollegen Wilhelm Schmidtbonn, könne man damit sogar segeln. »Heut war ich draußen auf dem See«, berichtet er am 30. August 1904 an Paul Renner, »um mein neues Boot zu reparieren und einzuweihen. Sonst beschäftigt mich meist noch das Instandhalten des Haushalts. Da gibt's genug zu tun. Es gibt zum Beispiel keine Wasserleitung, man muß alles Wasser vom Brunnen holen. Die Temperenzler werden finden, das Wassertragen sei die Strafe für meine Liebe zum Wein. Diese schmachtet hier freilich Not, denn am Ort wächst nichts Trinkbares … Es fehlt, da auch im Haus an Dach und Böden genug zu flicken ist, nicht an Arbeit.«

Hesses Tübinger Jugendfreund, der Arzt und Dichter Ludwig Finckh, der sich 1905 in seiner Nachbarschaft niedergelassen hatte, berichtet über das Interieur von Hesses erster Gaienhofener Wohnung: »Zu ebener Erde, in der Südostecke des Hauses lag die altersbraun getäfelte Stube mit dem grünen Kachelofen und der Fensterbank um den Tisch. Wenn erzählt, vorgelesen und gegessen wurde, kam der geliebte schwarze Kater Gattamelata, schnurrte und ließ sich tätscheln und der Hausherr holte ein Krüglein roten Seewein aus dem Keller herauf. Nebenan im kleinen Zimmer stand das Klavier, auf dem Frau Mia abends meisterlich spielte, oft

Chopin, dessen Musik in manchen Versen Hesses durchklingt. Wenn Gäste kamen, nahm er sie mit hinauf in sein Arbeitszimmer. Man sah vom Fenster aus auf den Bodensee und das Schweizer Ufer von Berlingen bis Konstanz, die Reichenau, auch der Bodanrück wurde gestreift und der Brunnen im Vordergrund schloß die Sicht. Eine lange Brissago hatte er sich angesteckt. Er rauchte sie genußvoll langsam ab und ließ dann noch einen gehörigen Stumpen übrig, um dem Nachbarn, dem alten Mesmer eine Freude zu machen, der von Woche zu Woche die in einem Becher gesammelten Reste holen kam, um sie genußvoll vollends aufzurauchen.«

Nicht zuletzt den zahlreichen Bootsausflügen verdanken die Stimmungsbilder in Hesses Bodensee-Erinnerungen ihre Anschaulichkeit, das jahreszeitliche Kolorit mit der spiegelgleichen Übereinstimmung von Himmel und Wasser. Nicht zufällig sind hier im spätherbstlichen Seedunst, wo das vom Sommer noch aufgewärmte Wasser in die kühlere Luft verdampft, Hesses wohl populärste Verse entstanden, wie das an einem Novembertag des Jahres 1905 geschriebene Gedicht

»Im Nebel

Seltsam, im Nebel zu wandern!
Einsam ist jeder Busch und Stein,
Kein Baum sieht den andern,

Jeder ist allein.
Voll von Freunden war mir die Welt,
Als noch mein Leben licht war;
Nun, da der Nebel fällt,
Ist keiner mehr sichtbar.

Wahrlich, keiner ist weise,
Der nicht das Dunkel kennt,
Das unentrinnbar und leise
Von allen ihn trennt.

Seltsam, im Nebel zu wandern!
Leben ist Einsamsein.
Kein Mensch kennt den andern,
Jeder ist allein.«

Beim Lesen seiner Impressionen, die auch heute noch so eindringlich auf uns wirken wie ein Möwenschrei oder die herbe Süße der wild gewachsenen Mostbirnen auf den Streuobstwiesen oder am Straßenrand, fühlt man sich nicht mehr als Zuschauer und Außenstehender, sondern als Bestandteil der Landschaft zwischen Ried und See. Diese selbst vom kritischen Kurt Tucholsky gerühmte Sinnlichkeit der Naturbeschreibung hat den Wiener Satiriker Franz Blei auf die Idee gebracht, den Kollegen in seinem »Literarischen Bestiarium« wie folgt zu charakterisieren: »Die Hesse, so wird eine liebliche

Waldtaube genannt, die man wild nicht mehr antrifft. Ihrer Zierlichkeit wegen wurde sie ein beliebter Käfigvogel, die den Besucher damit ergötzt, daß sie sich auch im Käfig immer noch gebärden tut, als wäre sie im freien Walde. Das verschafft dem Stadtbewohner die Sensation der Natur und solches wird erhöht von ganz kleinen Drüsen, aus denen sie einen Geruch absondert, der leise an Tannenduft erinnert.« Das ist von liebenswürdiger und vielleicht auch etwas eifersüchtiger Boshaftigkeit.

Ebenso einprägsam wie die Natur, den Föhn, den Nebel, die Formationen der Wolken, des Wassers – wobei jeder Windstoß dem See ein neues Gesicht beschert – und das vielgestaltige Alpen- und Vorgebirgsgelände schildert Hesse die Menschen. So entgeht ihm auf seinen Ausflügen, die er in die nähere Umgebung unternimmt, nicht, wie sich zum Beispiel auf einer Reise durch das Appenzell etwa von Romanshorn an das Tempo des Zuges durch zugestiegene Einheimische »auf freundliche Weise zu verlangsamen scheint, lediglich auf Grund des Dialektes, der Gestalten, Gesichter und Gesten«, oder welche Rolle etwa Todesfälle spielen, die hier, weil sie in kleinen Lebensgemeinschaften wie seinem Bodenseedorf seltener vorkamen, teilnahmsvoller gewürdigt wurden als in den Städten, »wo jeden Tag Menschen sterben, ohne daß außer den Allernächsten jemand darauf achten kann«. So sind Hesses Aufzeichnungen aus seinen acht am See verbrachten Jahren mitsamt den Schilderungen von Wanderungen und Ausflügen in die umgebenden Landschaften nicht nach der Art von Reiseführern Hinweise auf die vom Tourismus bevorzugten Sehenswürdigkeiten, sondern ganz individuelle, tagebuchähnliche Berichte eines Menschen, der gewohnt ist, sich Rechenschaft abzuverlangen über alles, was er unternimmt und was ihn bewegt. Dass in jenen Jahren, kurz nach der Jahrhundertwende, die Abende noch beim Licht von Petroleumlampen verbracht wurden und nähere Ziele nur mit Pferdefuhrwerken erreichbar waren, mag uns heute anachronistisch vorkommen. Der Wahrnehmung des landschaftlich Unverwechselbaren jedoch tut es keinen Abbruch und betont das Charakteristische auch im Historischen.

Eine Wertschätzung des Gemeinsamen und Verbindenden ist unüberhörbar in Hesses am Untersee entstandenen Betrachtungen. Nicht nur durch das Verwandtschaftliche der Menschen und ihrer Mundarten im Dreiländereck, sondern auch aufgrund seiner übernationalen Herkunft ist es ihm, dem Sohn einer schwäbischen Indien-Missionarin und eines baltendeutschen Vaters mit russischer Staatsangehörigkeit, nie schwergefallen, sich hinwegzusetzen über die Willkür der Landesgrenzen und engstirnigen Nationalismus. »Mein Glaube an Rassen«, schreibt er 1919, »ist niemals lebhaft gewesen. Dennoch bin ich Alemanne und bin es stärker und bewußter als die meisten von denen, die es der Rasse nach wirklich sind … Dieses südwestdeutsch-schweizerische Gebiet ist mir Heimat, und daß durch dieses Gebiet mehrere Landesgrenzen und eine Reichsgrenze liefen, bekam ich zwar im Kleinen wie im Großen oft einschneidend zu spüren, doch habe ich diese Grenzen in meinem innersten Gefühl niemals als natürliche empfinden können … Das Vorhandensein dieser Grenzen äußerte sich nirgends und niemals in wesentlichen Unterschieden der Menschen, ihrer Sprache und Sitte, es zeigten sich diesseits und jenseits der Grenze weder in Landschaft noch in Bodenkultur, weder im Hausbau noch im Familienleben merkliche Unterschiede … Für mich war Heimat zu beiden Seiten des Oberrheins, ob das Land nun Schweiz, Baden oder Württemberg hieß … Ich lernte mein Leben lang die Grenzen zwischen Deutschland und der Schweiz nicht als etwas Natürliches, Selbstverständliches und Heiliges kennen, sondern als etwas Willkürliches, wodurch ich brüderliche Gebiete getrennt sah. Und schon früh erwuchs mir aus diesem Erlebnis ein Mißtrauen gegen Landesgrenzen und eine innige, oft leidenschaftliche Liebe zu allen menschlichen Gütern, welche ihrem Wesen nach die Grenzen überfliegen und andere Zusammengehörigkeiten schaffen als politische.« Gerade diese von Kritikern als unhistorisch, eskapistisch und sentimental beargwöhnte Haltung hat Hesse später davor bewahrt, sich am unsentimentalen Wirklichkeitssinn und der »historischen Aufgeschlossenheit« für zwei Weltkriege zu beteiligen. Stattdessen fand er sich getrieben, überall das, was die Nationen, Ideologien und Religionen verbindet, viel höher zu werten als das, was sie trennt.

Dies ist es denn auch, was seine Schilderungen vor dem Provinzialismus erbaulicher Heimatliteratur bewahrt. Gleichwohl ist der Sinn für die Bedeutung von Herkunft und Heimat bei ihm, der seine schwäbisch/ baseldeutsche Mundart bis ins hohe Alter nie verleugnet und abgelegt hat, durchaus entwickelt. Doch preist er seine Herkunft nicht auf Kosten anderer Zugehörigkeiten. So schreibt er zu Beginn des Ersten Weltkriegs: »Zu den einfachsten Bedürfnissen, auf die man sich sonst nie besinnt, gehört auch die Heimat. Damit meine ich nicht das Vaterland …, ich meine die Bilder, die jeder von uns als sein bestes Erinnerungsgut aus der Kindheit bewahrt hat. Sie sind nicht darum so schön, weil die Heimat unbedingt schöner wäre als die andere Welt, sondern darum, weil wir sie zuerst und mit der ersten Dankbarkeit und Frische unsrer jungen Kinderaugen gesehen haben. Das ist keine Sentimentalität. Das Sicherste, was wir haben, wenn wir noch nicht die höchsten Stufen im Geistigen erreicht haben, das ist die Heimat. Man kann verschiedenes darunter verstehen. Die Heimat kann eine Landschaft sein, oder ein

Garten, oder eine Werkstatt, oder auch ein Glockenklang, oder Geruch. Das, worum es sich handelt, ist die Erinnerung an die Zeit des Heranwachsens, an die ersten stärksten, heiligsten Eindrücke unseres Lebens. Dazu gehört auch die Mundart der Heimat. Mir, der ich in der Fremde lebe, ist bei jedem Heimkommen der erste schwäbische Bahnschaffner ein wahrer Paradiesvogel! ... Es ist ans Innerste gerührt, an den kleinen sicheren Schatz, den wir aus den Jahren der frühesten Jugend haben. Da liegen Bilder und Eindrücke durcheinander, man schätzt sie oft wenig, aber alles zusammen ist eine satte Lösung, an die man nicht rühren kann, ohne daß es Kristalle gibt.«

Doch zurück an den Bodensee. Die literarische Ausbeute von Hesses acht Gaienhofener Jahren war reichhaltig und auch thematisch von erstaunlicher Vielfalt. 25 große Erzählungen sind hier entstanden. Als Beispiele seien hier nur »In der alten Sonne«, »Die Marmorsäge«, »Der Lateinschüler«, »Heumond«, »Schön ist die Jugend«, »Ladidel«, »Das Nachtpfauenauge«, »Casanovas Bekehrung« und der erste Teil der Landstreichernovelle »Knulp« genannt. Sie wurden, kaum waren sie vollendet, von den Redaktionen der reichsdeutschen, österreichischen und Schweizer Blätter meist umgehend veröffentlicht, lange bevor sie in Buchform in den Sammelbänden »Diesseits« (1907), »Nachbarn(1908) und »Umwege« (1912) erschienen. Mehrere Gedichtsammlungen, eigene und Auswahlbände anderer Autoren sowie der Roman »Gertrud« fallen in die Gaienhofener Zeit. Diesen Musikerroman veröffentlichte Hesse zum Ärger seines Verlegers Samuel Fischer nicht bei ihm in Berlin, sondern bei dessen Münchner Konkurrenten Albert Langen, dessen satirische Wochenschrift »Simplicissimus« Hesse so schätzte, dass er auch sie seit 1905 mit Kurzprosa und Gedichten belieferte.

In Begleitung des genialen Illustrators Thomas Theodor Heine hatte der agile Albert Langen Hesse erstmals im März 1905 am Bodensee besucht und den Versuch unternommen, ihn mit der Aussicht auf phantastische Tantiemen dem Fischer Verlag abspenstig zu machen. Doch weniger die finanziellen Verlockungen, die Hesse allenfalls dazu nutzte, seinen Berliner Verleger in Zugzwang zu setzen, imponierten ihm als vielmehr die Weltoffenheit und Zivilcourage des unternehmungslustigen Albert Langen, der wegen seiner Angriffe auf Kaiser Wilhelm II. nach Frankreich ins Exil gehen musste und es sogar von dort aus noch schaffte, seinen Verlag zum Instrument für sein Ziel einer kulturellen Öffnung Deutschlands zu den europäischen Nachbarstaaten zu machen. Auch Langens Widerstand gegen die präpotente, herablassende und zentralistische Dominanz der preußischen Kulturpolitik (gegenüber den dort als provinziell und rückständig bagatellisierten Künstlern Süddeutschlands) war Hesse willkommen. Deshalb zögerte er nicht, als Albert Langen ihn einlud, als Herausgeber an einer neuen Zeitschrift mitzuarbeiten, die alles aufbot, was die süddeutsche, schweizer und österreichische Kultur zu bieten hatte, und in Erinnerung an den demokratischen Aufbruch von 1848 den Namen »März« erhielt. Um dies zu bewerkstelligen, wurde das winzige Bodenseedorf damals zu einem Brennpunkt deutscher Kulturpolitik, als der Münchner Verleger erneut, diesmal begleitet von Ludwig Thoma und Olaf Gulbransson, im April 1906 nach Gaienhofen kam, um diese Zeitschrift zu gründen. Sie kamen, was allerhand Staub aufwirbelte, in einem der ersten serienmäßig hergestellten Automobile. Denn der damals 33-jährige Albert Langen hatte eine solche Leidenschaft für das neue Fortbewegungsmittel, dass er ein Jahr darauf sogar eine Generalvertretung für den Vertrieb von Automobilen in Bayern und Württemberg übernahm. Dieser Enthusiasmus sollte ihn wenige Jahre später das Leben kosten. Schon im Alter von nicht einmal vierzig Jahren starb er 1909 an einer Mittelohrentzündung, nachdem er versucht hatte, im offenen Kabriolett ein Zeppelin-Luftschiff einzuholen.

Den Kulturteil der Zeitschrift »März«, die Hesse als ein »Kampfblatt von entschiedener Opposition« bezeichnete, betreute er fünf Jahre lang bis zu seinem

Wegzug von Gaienhofen. Viele Reisen zur Redaktion nach München waren dazu erforderlich. Doch nach dem Tod Albert Langens wurde seine Arbeit dort auf eine Weise erschwert, dass er die künftige Herausgeberschaft gerne dem jungen Theodor Heuss überließ.

Anfang 1907, als die ersten Hefte der neuen Zeitschrift erschienen, begann Hesse am nahe gelegenen Erlenloh den Bau seines ersten eigenen Hauses. Landwirt Hepfer brauchte die an den Dichter vermieteten Stuben wieder zu eigenen Zwecken, und auch bei Hesses war es allmählich eng geworden nach der Geburt ihres ersten Sohnes Bruno, dem in der Bodenseezeit noch zwei weitere folgen sollten.

Ein zinsloses Darlehen des Schwiegervaters in Basel, der sich mit seinem mittlerweile berühmt gewordenen Schwiegersohn nun offenbar abgefunden hatte, erleichterte es, die 20.000 Goldmark dafür aufzubringen, und endlich hatte man auch Strom, fließendes Wasser aus eigener Quelle und ein Badezimmer.

Zu diesem stattlichen Landhaus mit acht Räumen, einer Veranda und Terrasse, dem großen Arbeitszimmer im Obergeschoß mit einem damals noch freien Blick über den See bis zum Konstanzer Münsterturm und über den schweizerischen Thurgau bis zum Alpenmassiv des Säntis und Glärnisch gehörte auch ein erster eigener Garten, der eine weitgehende Selbstversorgung ermöglichen sollte. Ihn anzulegen war bald Hesses liebster Zeitvertreib. Über die Folgen seines Eifers, die Ergiebigkeit und ländlich strotzende Blütenpracht des Gaienhofener Gartens, seine von Blumen eingefassten Rabatten, mehr als dreißig Obstbäumen und einer Allee von Sonnenblumen, ist von Besuchern viel berichtet worden. »Es ist ja etwas von Schöpferlust und Schöpferübermut beim Gartenbau«, notierte Hesse damals. »Man kann ein kleines Stück Erde nach seinem Kopf und Willen gestalten, man kann sich für den Sommer Lieblingsfrüchte, Lieblingsfarben, Lieblingsdüfte schaffen. Man kann ein kleines Beet, ein paar Quadratmeter nackten Bodens zu einem lachenden Gewoge von Farben machen.«

Einer seiner Gäste, ein junger Lehrer (aus dem am anderen Seeufer gelegenen Landerziehungsheim Glarisegg) berichtete Jahrzehnte später in der »Gazette de Lausanne«, Hesse habe ihn damals durch den neuen Garten geführt und dabei besonders auf den sandbestreuten Hauptweg hingewiesen: »Beachten Sie, wie schön fest dieser Weg ist. Er hat unter dem Sand ein gutes Bett, aber nicht von Stein, sondern dort unten liegt hübsch geschichtet die ganze deutsche Literatur von heute.« In einem Brief an seinen jüngsten Sohn Martin vom September 1944 bestätigte Hesse diese Episode: »Wir hatten in Gaienhofen Sand die Menge, aber keine Steine, und ich hatte den Weg mit lauter unnützen Büchern und Massen von Zeitschriften unterlegt.« Das war so zweckmäßig wie unkonventionell, denn aufgrund seiner vielgelesenen Buchbesprechungen erhielt Hesse schon damals von den Verlegern jährlich etwa 500 Bücher zum Rezensieren geschickt, deren ungeeignete er dann auf diese »grundlegende« Weise entsorgt hat.

Eine Lust am Sprengen von Konventionen, etwas Frisches, Übermütiges, ja nicht selten Drastisches blitzt aus den meisten seiner in Gaienhofen geschriebenen Briefe. Es ist das Vergnügen, dem aufwändigen Standesbewusstsein der wilhelminischen Gesellschaft einen Lebensstil von provozierender Einfachheit und dem gestelzten Gehabe der intellektuellen Kollegen eine lakonische Praxisbezogenheit entgegenzusetzen. Etwas von dieser Aversion gegen alles Feierliche und Hochtrabende spricht auch aus seinen damals entstandenen Geschichten von Handwerkern, Landstreichern und Sonderlingen.

Nach und nach begann sich in Gaienhofen eine kleine Künstlerkolonie zu anzusiedeln, und bald schon waren hier alle Spielarten des Ausdrucks, Dichtung, Malerei und Musik, in Hesses Freundeskreis aufs Produktivste miteinander verflochten.

Der Erste, der ihm dorthin folgte, war sein Tübinger Jugendfreund, der Arzt und Dichter Ludwig Finckh, der sich Ende 1905 für immer in Gaienhofen niederließ. Die alemannischen Dichterkollegen Emil Strauß, Emanuel von Bodman, Jakob Schaffner, Wilhelm von Scholz,

Wilhelm Schussen und Christian Wagner waren gern gesehene Gäste. Aus Stuttgart folgte Wilhelm Lang, Schriftsteller und Lektor der Deutschen Verlagsanstalt, mit dem Hesse 1909 die Volkslieder-Anthologie »Der Lindenbaum« zusammengestellt hat. Aus München kam außer Albert Langen mit dem »Simplicissimus«-Illustrator Thomas Theodor Heine auch der junge Verleger Georg Müller in Begleitung von Leo Greiner, dem Leiter des Kabaretts »Die elf Scharfrichter«; Wilhelm Schäfer, Herausgeber der tonangebenden Kunstzeitschrift »Die Rheinlande« kam mehrfach zu Besuch, zudem die Schriftsteller Jakob Wassermann, Stefan Zweig, Alfons Paquet und Carl Hauptmann, der vergessene Bruder Gerhart Hauptmanns. Dazu all die Maler und Musikerfreunde, wie der Holzschneider Max Bucherer aus Basel, der sich 1905 hier niederließ, der Maler Wilhelm Steinhausen aus Frankfurt, die Künstler Ludwig Renner und Otto Blümel, der unter anderem den Buchschmuck für Hesses Roman »Gertrud« und die Gedichtsammlung »Unterwegs« gezeichnet wie auch die witzigen Scherenschnitte und Verse zu seiner köstlichen Moritat über Hesses Indienreise angefertigt hat. Es kamen die Maler Ernst Würtenberger, der Hesse hier 1905 porträtierte, und Fritz Widmann, Reisebegleiter auf mehreren Wanderungen durch Oberitalien, die Musiker Edwin Fischer und Alfred Schlenker, Zahnarzt und Komponist aus Konstanz, für den Hesse 1910 das Libretto zu dessen Oper »Die Flüchtlinge« schrieb und ihm im März 1911 in den jungen Schweizer Liederkomponisten Othmar Schoeck zuführte. Diesem Franz Schubert vergleichbaren Genie im Erfinden kongenialer Melodien fühlte sich Hesse wahlverwandt, hatte er doch 1910 an Theodor Heuss geschrieben: »Mir steht als heimlichem Lyriker der Wunsch nach Melodie vielleicht zuletzt doch höher als der nach Durchdringung großer Stoffe.«

Doch kaum war erreicht, wovon Hesse so lange geträumt hatte, Haus, Kinder und Geborgenheit, da meldeten sich in seinem stets zwischen Sesshaftigkeit und Nomadentum schwankenden Naturell die Vorboten zukünftiger Veränderungen. Ähnlich dem wesensverwandten Robert Walser reizte es ihn denkwürdig oft zu Tapetenwechsel, Ausflügen und immer weiteren Reisen. Eine davon hatte ihn 1907 auch in seine spätere Wahlheimat am Südfuß der Alpen geführt, wo sich auf dem Monte Verità bei Ascona eine Kolonie zivilisationskritischer Aussteiger angesiedelt hatte, deren innovative Existenzpraktiken ihn interessierten. Doch schon nach vier Wochen, die er im Kreise dieser aus allen Ländern bunt zusammengewürfelten Nonkonformisten verbrachte, die als Rohköstler, vegetarische Zionisten, Frugivoren, Okkultisten, Magnetopathen, Gesundbeter und Kohlrabi-Apostel ein sektiererhaftes Freiluftleben führten und deren Experiment einer ›Rückkehr zur Natur‹ Hesse dort am eigenen Leib erprobte, kam er zu der Einsicht, dass diese Bestrebungen letztlich doch eher auf eine Rückbildung des Menschen zum Affen hinausliefen. Um diese Erfahrung reicher, kehrte er nach knapp einem Monat an den Bodensee zurück. Andere Touren jener Jahre führten ihn bis nach Wien, Prag, Bremen und Braunschweig. Doch waren es Zweck- und Lesereisen, die seinen Trieb zu nomadenhafter Ungebundenheit nicht stillen konnten. »O, ihr Wandersleute«, schrieb er damals, »ihr fröhlichen Leichtfüße, jedem von euch, auch wenn ich ihm einen Fünfer geschenkt habe, sehe ich wie einem König nach!« In ihrer Bereitschaft zu Wechsel und Neubeginn waren ihm die Vagabunden ein Stachel und Ansporn, sich vor Stagnation und Sitzfleisch zu hüten. So fallen ihm bei einer Fußreise im Herbst nicht von ungefähr saturierte Gleichaltrige auf, die er gekannt hatte, als »ihnen das Leben noch um einen Kuss und die Welt noch um einen Narrenstreich feil gewesen war«, die jetzt aber »in Backenbärten staken, die Hausfrau bei sich hatten und sich in Philistergesprächen über Bodenpreise und Änderungen des Eisenbahnfahrplans aufregten«.

Der Versuch, sich dieses Unbehagen mit seiner Landstreicher-Erzählung »Knulp« von der Seele zu schreiben, gelang damals nur halb. Das Manuskript blieb unvollendet liegen. Erst Jahre später, nachdem er auch äußeren Abstand zu Gaienhofen gewonnen und der Erste Weltkrieg dem Vagabundieren den Garaus gemacht hatte, glückte es ihm, die Geschichte fertig zu schreiben. »Taedium vitae« – Lebensüberdruss – heißt bezeichnenderweise eine Erzählung aus den letzten Gaienhofener Jahren.

Nicht eine Absage an den Bodensee war es, weshalb Hesse nach acht Jahren der dortigen Idylle zu entkommen suchte. Auch von jedem anderen Ort hätte er sich damals lösen müssen: Im September 1911 war es so weit. Fünf Wochen nach der Geburt seines dritten Sohnes, Martin, brach er auf zur weitesten Reise seines Lebens, nach Asien, das zu missionieren seine Eltern und Großeltern ausgezogen waren. Mitte Dezember kehrte er zurück, und bald darauf fiel die Entscheidung, Gaienhofen für immer zu verlassen und das erst vier Jahre zuvor gebaute Haus zu verkaufen. Im September 1912 bezog er mit seiner Familie ein »verwahrlostes Aristokratengütchen« bei Bern, das Haus des kurz zuvor gestorbenen Malerfreundes Albert Welti. Der geruhsamste und weltabgeschiedenste Abschnitt im Leben Hermann Hesses war damit beendet. Der Erste Weltkrieg stand vor der Tür und mit ihm »das Abstreifen einer angenehmen Blindheit und Verantwortungslosigkeit«, wie er rückblickend auf seine am Bodensee verbrachten Jahre notiert hat. Die nun folgende zweite Hälfte seines Lebens »war die dramatische«, resümierte er im Alter von achtzig Jahren, »reich an Kämpfen, an

Feinden, an Not und Erfolgen, aber die Kraft zum Überstehen dieser unruhigen Lebenshälfte kam, wie mir scheint, von der ersten, stilleren Hälfte her, von den nahezu vierzig Jahren des Friedens, die ich erleben durfte, ehe das lärmende Welttheater für uns so aufdringlich spürbar wurde. Man hat vom Krieg als von einem Stahlbad gesprochen«, fährt er fort, »nach meiner Erfahrung ist es aber nur der Friede, der Kräfte gibt.«

EIN SCHREIBTISCH ERZÄHLT

Anlässlich seiner Wiederkehr an den Ausgangsort

Hesses Schreibtisch in Gaienhofen

Es gibt Künstler, die überlassen kaum etwas dem Zufall, erst recht nicht die Produktionsmittel, das Werkzeug ihrer Arbeit: seien es nun Farbe und Pinsel, Musikinstrument, Schreibgerät, Trapez oder Hochseil. Denn mit Unvorhersehbarem, mit Zu- und Unfällen haben sie es in ihrem Metier ohnehin viel mehr zu tun als andere Zeitgenossen. Sich auszudrücken ist riskant genug, da will man sich wenigstens auf sein Handwerkszeug verlassen können. So auch Hermann Hesse, der nicht nur sein Schreib- und Malgerät bedachtsam wählte, sondern auch die Zweckmäßigkeit des Arbeitsplatzes, an dem er schließlich die Hälfte seines Lebens zu verbringen gedachte, nicht den Launen der Mode und Möbelindustrie überlassen mochte. Seine Werkstatt war in erster Linie der Schreibtisch, und einer der ganz wenigen Einrichtungsgegenstände, die ihn bis zum Lebensende auf vier Umzügen begleitet haben. So sachdienlich hatte sich seine Konstruktion erwiesen. Inzwischen ist der bewährte Veteran mehr als hundert Jahre alt geworden. Stellen wir nun also die Zeituhr zurück bis zum Beginn des Jahrhunderts, als er das Licht der Welt erblickt hat, und lassen wir ihn selbst ein wenig von damals erzählen:

»Im April 1904, zwei Monate nachdem die Buchausgabe von Hesses erstem Roman ›Peter Camenzind‹ erschienen war und seinen 26-jährigen Autor mit einem Schlag bekannt gemacht hatte, war er von Calw nach München gefahren, um Ricarda Huch und Otto Julius Bierbaum zu besuchen und Thomas Mann samt dem gemeinsamen Verleger Samuel Fischer kennenzulernen. Für mich aber folgenreicher als seine ersten Begegnungen mit diesen Münchner Schriftsteller-Kollegen war Hesses Abstecher zu meinem Erzeuger, einem gleichfalls dorthin verzogenen Bekannten aus Basel, dem Maler und Architekten Hermann Haas, den Hesse übrigens gerne auch als Umschlaggestalter für seine Bücher gehabt hätte. Bei diesem Hermann Haas, einem trinkfesten Multitalent, der bald darauf die Keramischen Werkstätten von Landshut ins Leben rief, war dem jungen Dichter ein etwas älterer Bruder von mir aufgefallen, ein Schreibtisch, den Hermann Haas gerade für sich selbst angefertigt hatte. Der war so stattlich, schmuck, solide und funktionell, dass Hesse, kaum war er wieder zurück in Calw, seinem Freund am 23. Mai1904 schrieb: ›Wäre es Ihnen möglich, mir Werkzeichnungen zu einem schlichten, rohen Schreibtisch gleich dem Ihren zu machen? … Ich wäre sehr froh, einen solchen Tisch zu bekommen, denn eine komfortable Studierzimmereinrichtung kann ich mir jedenfalls doch erst in einigen Jahren leisten.‹

Ständig in Geldnot, wie alle jungen Künstler, war der 28-jährige Hermann Haas dankbar für eine solch handfeste Bestellung und bat seinen Auftraggeber um ein paar Stichworte bezüglich der Eigenschaften, die ich haben sollte. Die Antwort kam umgehend. Schon eine Woche später schrieb Hesse aus Calw, er wolle mich mindestens drei Meter lang, achtzig Zentimeter hoch, mit links und rechts jeweils vier Schubladen und einem weiteren Fach über der Sitzöffnung, deren Höhe mit etwa 61 Zentimetern zu veranschlagen sei.

Diese Maße waren Hesses Körpergröße von 1,73 Metern genau angepasst, und auch über mein Innenleben hatte er präzise Vorstellungen. Zwei Schubfächer unten waren für Schreibpapier bestimmt, das mit dem rechten Arm möglichst mühelos, also aus offenen Laden greifbar sein sollte. Das linke obere Schubfach dagegen sei für Geld und Wertgegenstände vorgesehen und sollte auf einfache Weise verschließbar sein. Da er fast alle anderen Fächer für Briefe und Manuskripte benutzen wolle, komme es ihm weniger auf deren Höhe an als auf handliche Griffe. Im übrigen, so vermerkte er in jenem Brief vom 2. Juni 1904, ›alle Maße (Länge und Breite der Tischplatte) wie bei Ihrem großen Tisch. Es liegt mir namentlich daran, daß die Tischplatte schön, solid, glatt und eben ist, sich nicht etwa wirft, zieht usw.; daß das Ganze solid und stark gebaut wird, dafür werden Sie ja sorgen.‹

Am 2. August 1904 hatte Hesse in Basel die Fotografin und Anwaltstochter Maria Bernoulli geheiratet – übrigens sehr gegen den Willen ihres Vaters, der von den brotlosen Künsten seines Schwiegersohnes wenig erbaut war. Und schon eine Woche später trafen die beiden in Gaienhofen ein, um hier ihr erstes gemeinsames Heim zu beziehen. Doch musste Hesse noch drei Wochen warten, bis auch ich am Vormittag des 26. August von München nach Konstanz gebracht und dann, über den See schwankend, auf die Schiffslände von Gaienhofen gehievt wurde. Hier ging es im Fuhrwerk mit einem PS zum Kirchplatz hinauf, und zur Freude meiner Träger erwiesen sich Haustür und Stiege ins Obergeschoß durchaus nicht als Nadelöhr, denn ich bin in drei Teile zerlegbar, und meine Seitenteile waren den Maßen der Treppe genau angepasst.

Droben angekommen, kam ich in eine Stube, die rundum, vom Boden bis zur Decke, mit Büchern gespickt war, meine erste, nicht gerade geräumige Behausung, die ich überdies mit einem Stehpult teilen musste. Hermann Haas, mein Erbauer, hatte in den Schubladen einige Überraschungen versteckt, so zum Beispiel das selbstgemalte Porträt eines farbenfrohen Gockels, der Gott sei Dank nicht krähte, denn Hesse war, mit Verlaub gesagt, ein Morgenmuffel und hat seinem Kollegen Joseph von Eichendorff nie den Vers verziehen: »Der Morgen, das ist meine Freude!« Vielleicht auch, weil morgens die Post kam, die ihn ja dazu nötigte, im Laufe seines Lebens mindestens 44.000 Briefe zu beantworten, an denen natürlich auch ich zu tragen hatte, aber davon später ... Jenes Eichendorff-Gedicht (›Heimweh‹) hat er aber gleichwohl aufgenommen in seine schöne, 1913 erschienene und bis auf den heutigen Tag immer wieder nachgedruckte Eichendorff-Auswahl, einen von mehr als fünfzig Bänden und Anthologien, die er für geliebte oder zu Unrecht vergessene Kollegen herausgegeben hat. Viel lieber und ausdauernder als Antworten auf Leserbriefe schrieb er natürlich seine eigenen Dichtungen, doch meist erst in den Nachmittags- oder Abendstunden. Die erste, die auf mir entstand, war ein Aufsatz über Eduard Mörike. Dieser erschien zu dessen hundertstem Geburtstag am 8. September 1904 in der Wiener ›Neuen Freien Presse‹. Dieses Blatt gehörte, nebenbei gesagt, zu den sechzig verschiedenen Zeitungen und Zeitschriften, worin im Laufe seines Lebens

Hesses mehr als 3.000 Buchbesprechungen zu lesen waren, die gleichfalls fast alle auf mir verfasst wurden. Die erste größere Erzählung, deren Niederschrift ich erlebt habe, war die 1904 entstandene Geschichte ›In der alten Sonne«, eine Humoreske vom Armenasyl im schwäbischen Gerbersau, wie Hesse den wichtigsten Schauplatz seiner Kindheit und Jugend in seinen Büchern nannte. Dieses Gerbersau war seine Geburtsstadt Calw mit ihren damals noch zahlreichen Gerbereien an der Nagold. Die Erinnerungen an dieses Städtchen haben ihm in der ersten Gaienhofener Zeit noch viel zu schaffen gemacht. Er muss dort viel Erfreuliches aber auch Demütigendes erlebt haben. Seine ersten Gaienhofener Bücher, die Novellenbände ›Diesseits‹ und ›Nachbarn‹, sind voll davon. Was für Typen er in Gerbersau begegnet ist, davon gaben mir die Armenhäusler aus der ›Alten Sonne‹-Herberge einen ersten Vorgeschmack: der arbeitsscheue Bankrotteur Hürlin, der alkoholsüchtige Lukas Heller, der immer strahlende, doch leider schwachsinnige Holdria und der Landstreicher Stefan Finkenbein.

Langweilig jedenfalls war es nie, ist man doch als Schreibtisch gewissermaßen Einflugschneise und Landeplatz für all die Einfälle, Erinnerungen, Ideen, Figuren und Geister, die so ein Dichter magnetisch anzieht. Und was für ein Panoptikum von Gestalten und Schicksalen hat mein Besitzer dabei wieder zum Leben erweckt! Komponisten und Sänger, Maler und Tippelbrüder, Ladendiebe und Mörder, einen ganzen Zoo von Aussteigern: Mönche und Lebemänner, einen Buddha und Steppenwolf, den unsterblichen Bund der Morgenlandfahrer, die es verstanden, im Handumdrehen alle Schranken der Zeitalter und Landesgrenzen zu überwinden, und schließlich gar eine Vorwegnahme der Digitalisierung mit seinem alle Künste wie auch die Natur- und Geisteswissenschaften miteinander vernetzenden ›Glasperlenspiel‹.

All diese Schicksale und Visionen brachte er in der Regel flüssig, ja eruptiv zu Papier, auch die viel später und an ganz anderen Orten geschriebenen, ohne sich etwas aus dem Federhalter saugen zu müssen.

Seine Gedichte dagegen bekam ich erst in der Reinschrift zu sehen. Denn die kritzelte er meist während schlafloser Nächte im Bett, oder wo immer er sich gerade aufhielt, mit Bleistift auf irgendwelche Zettel, Rückseiten von Briefen oder Kalenderblättern und änderte oft tagelang daran herum. Ich sage das nicht aus Eifersucht, denn die verschiedenen Fassungen seiner Verse konnten mir gleichgültig sein, weil mir ja die Reinschriften nicht entgingen, die ihn jedes Mal wieder zu Tinte und Feder an den Schreibtisch nötigten.

Aber merkwürdig war sie schon, diese unterschiedliche Arbeitsweise bei Prosa und Lyrik. Beim Schreiben seiner Romane und Erzählungen hatte er eindeutig mehr Sitzfleisch. Sie entstanden viel zügiger, vielleicht unter größerem Leidensdruck, von dem ihn die Niederschrift befreite, und sobald sie gedruckt war, mag es vielen der Leser ebenso ergangen sein. Mit dem Aufschreiben ging es oft so rasch, dass am Abend das Handgelenk schmerzte und er froh war, sich durch andere Tätigkeiten entspannen zu können, wozu dieses Dorf, das damals weder Wasserleitung, Kaufläden noch Elektrizität hatte, genügend Gelegenheit bot. Denn statt Komfort gab es hier jede Menge Schnaken und Mäuse, so dass er Ende August 1904 einem Freund nach Basel mitteilte: ›Wenn ich nicht Wasser trage oder um Wurst nach Steckborn rudere, durchsuche ich das Haus mit der Zacherlin-Spritze. Mäuse habe ich schon 17 gefangen, 16 in der Falle und eine mit der Hand.‹

Das Jagen der Nagetiere aus der benachbarten Scheune erübrigte sich erst 1907, als die inzwischen anwachsende Hesse-Familie das erste eigene Haus am Erlenloh beziehen konnte und ich in ein Studierzimmer umquartiert wurde, das meinen Proportionen etwas angemessener war. Hier legten sich auch Hesses Schreibkrämpfe im Handgelenk, dank eines gewichtigen Gesellen, den ich ab Januar 1908 zu verkraften hatte. Das war eine zehn Kilo schwere, damals schon antiquarische Schreibmaschine aus dem Zeitalter der Frühgotik dieser Erfindung, der letzte Schrei der Technik, amerikanischer Herkunft, für die der sparsame Hesse dem Händler

Klingler am Schnetztor in Konstanz immerhin noch 420 Goldmark berappen musste. Er war übrigens damals der erste Autor am Bodensee, der sich dieser Technik bediente, und berichtet stolz, dass er die Produktion seiner Seifenblasen von nun an mit Volldampf betreiben könne. Außerdem habe das Maschinenschreiben noch einen weiteren, unschätzbaren Vorteil. Denn eine charaktervolle, jedem graphologischen Gutachten der Psychiater standhaltende Schrift verdanke er nur dieser Maschine. Das hätte auch sein irischer Kollege, der verschmitzte Dramatiker Bernard Shaw gesagt haben können, der sich übrigens derselben Schreiblokomotive, einer Smith-Premier, Baujahr 1904, bediente. Manche der Briefe, die Hesse auf diesem Ungetüm beantwortet hat, versah er mit abwechslungsreichen Ornamenten. Dazu bediente er sich der Nullen, deren Anordnung zu Girlanden und unterschiedlichsten Mustern mir seinen erst zehn Jahre später einsetzenden Gestaltungstrieb als Zeichner und Aquarellist angekündigt hat.

Noch viel könnte ich berichten von meinem nächsten Umzug nach Bern, meiner Verwendung bei der Kriegsgefangenenfürsorge im Ersten Weltkrieg, von meiner Reise über den Gotthard bis zum südlichsten Zipfel der Schweiz in die verwunschene Casa Camuzzi und von dort aus zwölf Jahre später in das rote Haus am Hang über Montagnola, wo sich Hesse auf mir

›Das Glasperlenspiel‹ ausdachte, wenn es nicht draußen im Weinberg bei seinen sublimen Gartenfeuern geschah.

Selten war eine Stelle auf meiner Schreibfläche unbedeckt, erst recht nicht seit 1946, als nach dem Nobelpreis spät genug auch die ersten deutschen Auszeichnungen kamen. Sie nötigten den plötzlich Gepriesenen dazu, sich in den Sommermonaten vor den aufdringlichen Touristen ins Engadin davonzumachen. Währenddessen hatte ich – ausgerechnet in den heißesten Monaten – die von Jahr zu Jahr höher werdenden Pyramiden der einlaufenden Leserzuschriften zu ertragen, eine Last, von der ich erst 1962 nach dem Tod meines Besitzers befreit war.

Als vier Jahre später auch seine tapfere Gefährtin Ninon gestorben war, die aus meinen Schubladen noch manche unveröffentlichte Manuskripte zutage gefördert hat, ging es zurück in meine alte Heimat nach Bern. Doch nicht in das ländliche Welti-Haus am Melchenbühlweg, wo wir die Jahre 1912 bis 1919 überstanden hatten, sondern in das labyrinthische Geisterarchiv der Schweizerischen Landesbibliothek, wo auch der größte Teil von Hesses Büchern samt jenen Stücken seines Hausrates aufbewahrt werden, wofür seine Nachkommen keine Verwendung fanden, sowie Zehntausende der an Hesse gerichteten Briefe. Hier ging es viel geruhsamer zu, wenngleich auf meiner Walze nun etliche Doktor- und

Staatsexamensarbeiten getippt wurden, die ich übrigens nicht annähernd so kurzweilig fand wie das, was meinem seligen Herrn und Meister eingefallen ist.

Spannend wurde es erst wieder 1975, als mich die Japaner nach Tokio holten, zu einer großen Wanderausstellung durch das Inselreich. Denn schon lange vor den Amerikanern hatten die Japaner einen Narren an Hermann Hesse gefressen. Was ja begreiflich ist bei einem Volk, das seinen Nachwuchs schon vom Vorschulalter an in der Bekleidung uniformiert und dessen Erziehungsideal disziplinierte Mimikry und Selektionsdruck ist. Hier sorgt Hesse nach wie vor für das nötige Kontrastprogramm mit dem die Selbstbestimmung fördernden und stets die Partei des Benachteiligten ergreifenden Lastenausgleich seiner Bücher. Kein deutscher Dichter außer Goethe wird dort mehr gelesen. Der Flug dorthin um den halben Globus ist mir gut bekommen. Es ging ungleich schneller als der im Zeppelin, wenn nicht gar in einer der ersten Propellermaschinen, die Hesse 1911 und 1914 ausprobiert und deren Eindrücke er auf mir niedergeschrieben hat. Die Japaner waren so dankbar, dass sie mich am liebsten auch kürzlich wieder zu einer Ausstellung von Hesses Aquarellen eingeflogen hätten, wenn ihnen nicht der rührige Gaienhofener Bürgermeister Helmut Hensler zuvorgekommen wäre, um mich dorthin zurückzuholen, wo meine Laufbahn begonnen hat.

Wenn Sie mich in Augenschein nehmen, könnte mancher, angesichts der fichtenhölzernen Schlichtheit meines Äußeren vielleicht enttäuscht sein. Denn nichts anderes zeichnet mich aus als die auf mir geleistete Arbeit. Deshalb verrate ich Ihnen – auf die Gefahr hin, für unbescheiden gehalten zu werden –, was einmal ein Museumsbesucher zu seiner Frau sagte: ›Dieser Schreibtisch», meinte er, »hat doch etwas von Hesse selbst. Er ist so unverschnörkelt, einfach und effizient wie sein Besitzer. Auch der war ja kein Aufsichtsrat, der repräsentieren und einschüchtern musste, sondern hat sich nützlich gemacht, um seinen Mitmenschen das Leben zu bereichern.‹

Noch manches könnte ich Ihnen berichten, von Hermann Hesse und seinem Leben, das er fast sechzig Jahre mit mir teilte, länger übrigens als mit jeder seiner drei Frauen.« Niemals aber wäre der Dichter so naturverlassen und rücksichtslos gewesen, Sie an einem solch schönen Sommernachmittag mit einem Monolog zu langweilen, sondern er hätte Sie, liebe Gäste, in sein Ruderboot, zu einem erfrischenden Sprung in den See oder zu einem Krug Meersburger eingeladen, was Sie baldmöglichst beherzigen sollten.«

»EIN SANFTER STROM VON KRAFT UND WIRKUNG«

Christian Wagner und Hermann Hesse

Christian Wagner (1835-1918)

Unvergesslich bleibt mir ein Nachmittag im Juni 1980, als uns der Verleger Ulrich Keicher – noch vor der geglückten Rettung des Christian-Wagner-Hauses – in Warmbronn die beiden armseligen, ebenerdigen Kammern zeigte, in denen der Dichter sein Leben verbracht und alle seine Bücher geschrieben hat. Jedes Mal, wenn ich in komfortable Redaktionssuiten oder Ateliers kulturschaffender Kollegen komme, ist mir die Beschämung wieder gegenwärtig, die der Blick in Christian Wagners Behausung hinterließ. Aus welch provinzieller Enge hier weltoffene Weite erschlossen wurde, wie geringfügig der Aufwand sein kann, um Dauerhaftes zu bewerkstelligen, und welcher materiellen Dürftigkeit ein Reichtum an Einfühlungsvermögen und Zivilcourage, an Musikalität und Sprachkraft abgewonnen wurde, ist erstaunlich und ermutigend zugleich. Dabei war, einer damaligen Steuerschätzung zufolge, Warmbronn damals einer der ärmsten und rauesten Flecken des unweit von Stuttgart gelegenen Amtes Leonberg. So wenig also braucht es, um so viel zustande zu bringen, das Beschwerliche zu beflügeln, dem Destruktiven etwas Konstruktives entgegenzusetzen und sensationelle Superlative durch Beschränkung und liebevolle Konzentration auf das Detail zu entmachten.

Schon immer war mir Christian Wagner vorgekommen wie eine Inkarnation des guten Geistes aus Wilhelm Hauffs Märchen »Das kalte Herz«. Doch erst beim gebückten Zehn-Schritte-Gang durch diese bettelarmen zwei Wohnstuben war ich mir sicher: Er ist der Schatzhauser, also das keineswegs bequeme, doch immer, wenn es kritisch wird, plötzlich gegenwärtige und hilfsbereite Glasmännlein, das im Württemberg des beginnenden Industriezeitalters den Versuchungen des Holländer-Michel, den Verlockungen des materiellen Größenwahns Paroli bietet. Er ist das gute Gewissen seines Landes, die mahnende Gegenkraft zu den mobilen Errungenschaften aus Untertürkheim und wo überall sonst schwäbischer Fleiß Berge versetzt und Lebensräume zerstört.

Dass es nur Sonntagskinder sind, die seine Botschaft vernehmen, war Christian Wagners Schicksal. Man hat diesen Dorfschreinersohn, der sich anmaßte, mit seiner autodidaktischen Bildung die Fortschrittseuphorie des 19. Jahrhunderts zu stören und der im »Heldentum des

Nitroglyzerins« den humanitären Bankrott des anbrechenden Maschinenzeitalters zu beklagen, damals ebenso wenig ernst genommen wie unlängst die Atomkraftgegner vor Tschernobyl. Sein Beispiel, alles Lebendige zu schonen, weil alles, was auf der Erde lebt, dasselbe Existenzrecht habe wie der Mensch, war ein lästiger Gewissensappell, hatte man doch eben erst die Gewinnmaximierung durch rationelle Massentierhaltung entdeckt. Wer sich dem widersetzte wie dieser Kleinbauer, der es nicht übers Herz brachte, seine Kühe schlachten zu lassen, nachdem sie mehr als zehn Jahre lang zu seinem Unterhalt beigetragen hatten, der Kälber kaufte, die für den Schlachthof bestimmt waren, Gänse vor dem Stopfen bewahrte und ihnen nach dreißigjähriger Lebensdauer einen natürlichen Tod gönnte, der galt als anachronistischer Kauz, dem es ganz recht geschah, wenn er es auf keinen grünen Zweig brachte mit seinem Motto: »Findest du am Weg ein hilflos Wesen, / Nehms in Pflege bis es ist genesen.« Kein Wunder, dass die Tiere in seiner Nähe ihre Fluchtreflexe vergaßen und seine Zutraulichkeit erwidert haben. Denn er hielt es für einen »grässlichen Irrtum«, zu glauben, dass die Tiere nur um der Menschen willen da sind und rücksichtslos von uns verbraucht werden dürfen. Dass er »lieber ein barmherziger Heide als ein unbarmherziger Christ« sein wollte und unsere Kultur als glänzenden Lack über der inneren Rohheit der Seele bezeichnete, galt als anmaßende Herausforderung der bestallten

Honoratioren der Kirche. Seine Naturfrömmigkeit mit einem Gott jenseits der Konfessionen gibt Wagners Schriften Weitblick und Wärme, indem sie den herrschsüchtigen Dünkel religiöser Intoleranz überwindet.

Der Kompromisslosigkeit, mit der Christian Wagner das für richtig Erkannte verfolgte und um den Preis bitterster Armut keine Trennung zwischen Ideal und Leben zugelassen hat, verdanken seine Schriften ihr Gewicht. Verse wie die vier Zeilen aus dem Gedicht »Oswalds Vermächtnis« gehören wohl zum Bewegendsten, was die deutsche Lyrik hervorgebracht hat. Hundert Jahre vor Erich Fromm enthalten sie bereits die Quintessenz eines Denkens, welches der verhängnisvollen Überbewertung des Habens eine Absage erteilt zugunsten des Seins:

»Dein ist alles, was in Tal und Hügeln
Lichtvoll sich in dir kann widerspiegeln;
Dein die Himmel selbst, und selbst die Sterne,
Wenn du Glanz hast für den Glanz der Ferne.«

Es gibt Leute, die einen Juwelier brauchen, um sich einbilden zu können, diesen Glanz zu besitzen. Im nahen Pforzheim lebt eine ganze Industrie davon. Christian Wagner dagegen fand denselben Glanz im blanken Lichtblitz des Wassers in einer Welle, geradeso wie in »einer kleinen Glasscherbe im Kehricht« sobald sich darin die Sonne spiegelt. Und seine Erkenntnis, dass wir nur das wirklich besitzen, was wir auch innerlich erworben haben, ist heute so aktuell und unpopulär wie zu seinen Lebzeiten, als ihm nichts anderes übrigblieb, als sich zu verschulden, um die Veröffentlichung seines ersten und auch noch künftiger Bücher zu ermöglichen.

»Soviel ich weiß«, schrieb Hermann Hesse 1911, »sucht Wagner jetzt nach einem Verleger für sein neues Buch! Ist das nicht ein Zerrbild: der Dichter ohne Verleger, der suchend durch einen Wald von Verlegern ohne wirkliche Dichter irrt?« Aber auch dieser, sein frühester, im Januar 1912 in der Münchner Zeitschrift »März« veröffentlichter Appell zugunsten Christian Wagners blieb ergebnislos. Erst als Hesse auch bei seinen eigenen Verlegern in dieser Sache nicht locker ließ, ist es zur ersten, überregional wirksamen Publikation der Lyrik Christian Wagners gekommen, die Georg Müller 1913 nur deshalb wagte, weil er von der Herausgeberschaft Hesses kein Absatzrisiko erwartete. Verbunden war sie mit einer gleichfalls von Hesse vermittelten, 2.000 Goldmark betragenden Ehrengabe des Rheinischen Frauenbundes, der einzigen offiziellen Würdigung, die Christian Wagner je erlebt hat. Im Oktober 1912 bedankte er sich bei Hesse: Noch nie in den 77 Jahren seines bisherigen Lebens habe er so viel Geld beieinander gesehen, nun könne er endlich seine Schulden tilgen.

Wer den erfreulichen Zuwachs an kenntnisreicher Sekundärliteratur verfolgt hat, die in den letzten Jahrzehnten über Christian Wagner veröffentlicht wurde, kommt nicht umhin, sich über die sonderbare Aufsässigkeit zu wundern, mit welcher Hesses Einsatz für den Kollegen in einigen dieser Publikationen bedacht wird. Da ist die Rede davon, Wagner habe sich in seinen Schreiben an Hesse »sehr viel unvoreingenommener und unverstellter« geäußert als dieser in seinen Antworten. Als ob Hesse einen Anlass zu Vorbehalten oder gar zur Verstellung gehabt hätte! Wenn seine Antworten auf Wagners beredsame Zuschriften etwas knapper und sachbezogener sein mussten, so lag das nicht nur an Hesses ungleich größerer Belastung als arrivierter und vielgeforderter Autor, Publizist und Empfänger Tausender von Leserbriefen, sondern auch daran, dass er Wertschätzung und Lob lieber öffentlich als privat mitteilte. Und daran hat es ja weiß Gott nicht gefehlt, wie wir aus seinen etwa 3.000 Buchbesprechungen wissen, die nun endlich in fünf umfangreichen Bänden der zwanzigbändigen ersten Gesamtausgabe zugänglich sind, worin Autoren aus allen Zeiten gewürdigt werden.

So erfahren wir das Genaueste über Hesses Verhältnis zu seinen Schriftstellerkollegen und damit auch zu Christian Wagner weniger aus den zwanzig erhalten gebliebenen Antworten auf dessen Briefe als aus Hesses Buchbesprechungen und öffentlichen Würdigungen des Kollegen und jenem weit verbreiteten offenen Brief »An Christian Wagner« zu dessen achtzigsten Geburtstag, einem Schreiben, das in der 1977 erstmals veröffentlichten Hesse-Wagner-Korrespondenz zuallererst hätte berücksichtigt werden müssen. Dort fehlt diese Laudatio, wie übrigens auch andere seiner Antworten auf Wagners Zuschriften, leider ganz.

Die von Barbara Bross-Winkler und Paramjeet Gill besorgte Neuausgabe des Briefwechsels kenne ich bisher nur aus den mir vor der Veröffentlichung gemailten Probeseiten, da von der definitiven Edition bisher kein Belegexemplar eingetroffen ist. Doch bleibt zu hoffen, dass dort Hesses zwölf, insgesamt etwa achtzig Seiten umfassende Würdigungen Christian Wagners einbezogen werden konnten, die übrigens nicht nur zu Wagners Lebzeiten von den unterschiedlichsten Journalen im gesamten deutschen Sprachraum abgedruckt worden sind. Denn erst sie vermögen ein differenziertes Bild von Hesses Wertschätzung dieses Dichters zu geben.

Auch zwei weiteren Vorwürfen begegnet man häufig in der neueren Sekundärliteratur, in welcher behauptet wird, seine Wertschätzung Wagners könne doch nur eine halbherzige gewesen sein, weil er ihn niemals in Warmbronn besucht habe.

Wer auch nur ein wenig mit Hesses Korrespondenzen und seiner Biographie vertraut ist, weiß, dass er (bis auf ganz wenige Ausnahmen) jedem privaten Umgang mit Schriftstellerkollegen aus dem Weg gegangen ist, während er viel lieber Musiker und Maler aufgesucht hat.

Denn in aller Regel kamen die Kollegen zu ihm. So war es bei Stefan Zweig, bei Romain Rolland, bei Thomas Mann, André Gide, Martin Buber oder auch bei Christian Wagner, der ihn im August 1909, wenige Monate nach ihrer ersten persönlichen Begegnung anlässlich einer Dichterlesung Hesses am 14. April 1909 in der Stuttgarter Liederhalle, am Bodensee besucht hat. Zu seiner Freude, denn Hesse schätzte den mehr als vierzig Jahre älteren Kollegen und seine Bücher schon seit langem. Bereits im Alter von 16 Jahren habe er von Wagner gehört und vier Jahre später sein erstes Buch »Märchenerzähler, Brahmine und Seher« (1885) und danach dessen »Neue Dichtungen« (1897) gelesen, die er für sein schönstes und reichstes Buch hielt. Überdies kannte und schätzte er auch Wagners Tochter Luise, die im Vorjahr drei Monate in Hesses Haushalt am Bodensee ausgeholfen hatte.

Christian Wagner selbst scheint, neuesten Forschungen des verdienten Historikers und Schriftstellers Axel Kuhn zufolge, von Hermann Hesse zuerst wohl durch seine Tochter Luise erfahren zu haben. Sie kannte den Verfasser der Schülertragödie »Unterm Rad« bereits seit 1906, eine Ausgabe dieses Romans fand sich unter ihren Büchern. Woher aber Hesses Frau Mia wusste, dass Luise in Stuttgart eine Lehre als Haushälterin abgeschlossen hatte, ist noch ungeklärt. Jedenfalls hat Mia, nachdem ihre bisherige Magd Guste sie im April 1908 hatte verlassen müssen, bei Christian Wagner angefragt, ob nicht Luise ihr künftig zur Hand gehen könne im ersten eigenen Haus, das die Familie Hesse im Vorjahr am Bodensee bezogen hatte. Auf einer an Mia Hesse nach Gaienhofen gesandten Postkarte vom 15. April 1908, die Axel Kuhn im Marbacher Literaturarchiv entdeckte, bedauert Christian Wagner, dass seine Tochter zehn Tage zuvor in Mannheim eine ihr angenehme Stelle angetreten habe. »Gern hätte ich sie Ihnen gegönnt, schon deswegen, um mit dem berühmten Dichterhause in Fühlung zu kommen«, schreibt Wagner in diesem frühesten Dokument ihres Dialoges. Somit wäre erwiesen, dass der früheste Kontakt zwischen den beiden Autoren durch Luise Wagner entstanden sein muss, die daraufhin ihre Stelle in Mannheim aufgab, um bereits zwei Monate später ins Hesse-Haus in Gaienhofen zu übersiedeln. Doch konnte sie dort nur drei Monate bleiben. Denn bereits im September 1908 musste sie nach Warmbronn zurückkehren, um nach der Heirat ihrer Schwester Pauline, die bisher dem Vater den Haushalt geführt hatte, deren Aufgaben zu übernehmen.

In sechs an ihren Vater gerichteten Postkarten Luises, die 2002 bei ihren Nachkommen in Winterthur aufgetaucht sind und inzwischen der Christian-Wagner-Gesellschaft überlassen wurden, ist Luises Aufenthalt in Gaienhofen dokumentiert, zwei davon versehen mit ersten Grüßen Hesses an Christian Wagner. Darüber hinaus aber scheint nichts über Luises Zeit im Hesse-Haus überliefert zu sein. Auch nicht über die Gespräche, die ein Jahr später (im August 1909) bei Wagners Besuch in Gaienhofen stattgefunden haben. Es sei denn Hesses Bemerkung: »Überaus selten habe ich diesen reinen und zarten Mann schelten und polemisieren hören. Geschah es einmal, so galt seine Entrüstung stets der Veräußerlichung und Bürokratisierung des Lebens und dem Servilismus der Menge.« … »Er besaß so viel Phantasie, daß es ihm nicht möglich war zu begreifen, warum die meisten Menschen das Glück nicht da suchen, wo es einzig sein kann, sondern in den seltsamsten Symbolen und Bildnissen, in Geld und Ehrenzeichen, in Ämtern, Uniformen, Nationalstolz und Heldentum … darum hat er während des Krieges entsetzlich gelitten und ist am Krieg gestorben.« Hinzu kommt, was Hesse über den Besuch des 75-Jährigen am Bodensee berichtet. In dem 1915 veröffentlichten Essay »Ein Achtzigjähriger«, der auch ein Gratulationsschreiben an Wagner enthält, erinnert er sich: »Lieber verehrter Christian Wagner! Ich kann nicht an Sie denken, ohne Sie wieder so zu sehen, wie Sie damals nach einem Besuch in Gaienhofen von mir Abschied nahmen. Ich hatte Sie eine kleine Stunde weit begleitet, bis zu jener Grenze, an welche ich besonders werte Gäste zu begleiten pflegte. Es war ein Waldrand, bei dessen Betreten man von den Schweizer Bergen Abschied nahm, um nach dem Durchschreiten des Gehölzes plötzlich dem Radolfzeller

See und dem Hegau gegenüber zu stehen. Da gaben wir einander die Hände, und Sie standen noch einen Augenblick, mich mit Ihrem hellen Blick festhaltend, und Ihre greise, kleine Gestalt ist mir seither für immer so im Gedächtnis geblieben: am Waldrand stehend, den Blick in meinen Blick gerichtet, ein Streif Sonnenlicht auf der hohen Stirn. Dann wandten Sie sich, schritten mit erstaunlicher Rüstigkeit und Schnelligkeit in den Wald hinein, ohne nochmals zurück zu sehen, und der durchsonnte Wald verschlang den kleinen vergeistigten Greis wie der Märchenwald einen Gnom. … Ich weiß noch, wie ich Ihre kurzen, raschen Schritte, die Schritte eines Wanderers, der nichts von Alter weiß, hügelabwärts in den Wald hinein verklingen hörte. Ich dachte dabei an Ihre Wachsamkeit, an Ihr feines Ohr, an Ihre seltsame Empfindlichkeit für die kleinen, wirren Stimmen der Natur, und dachte an jenen Vers von Ihnen:

›Unheimlich hört sich an im Wald das Knarren
Der Tannen, die, von andern überhangen,
Hinauf zum grauen Abendhimmel starren.
So stört in Nächten oft, in kummerbangen,
Der Schlafende den andern durch ein Scharren
Und seltsam Rufen, wirr im Traum begangen.‹«

Mehr ist von diesem Besuch nicht überliefert, aber in den zwölf vielfach publizierten Besprechungen, in welchen

Hesse für Christian Wagner geworben hat, kommt dessen Naturell anschaulich zum Vorschein. »Er hat alles aus der Natur, fast nichts aus Büchern empfangen und das Fundament seiner Begabung sind seine überaus scharfen, sensiblen, fast mikroskopisch aufnehmenden Sinne.« Eben das unterscheidet Wagner von all den Literaten mit ihren Fertigteilen aus zweiter Hand. Bei der Empfindlichkeit seiner Sinne braucht er über das, was er wahrnimmt und schildert, nichts Angelesenes zu wissen, um instinktiv das Richtige zu treffen. Und wenn Wagner von den klimatischen Einflüssen spricht, wie sie sich auf das Gedeihen der Feldfrucht wie auch auf seine eigene Produktivität auswirken, dann stammen sie aus eigener Anschauung als authentische, seinem Alltag entnommene Erfahrungen. Dasselbe, wenn er nach längerem Gebrauch einer bestimmten Versform vermerkt: Er habe den Hexameter nun satt, so wie ein Acker, nachdem er längere Zeit die gleiche Frucht getragen, ihrer zuletzt überdrüssig wird und von klee- oder rübenmüdem Böden spricht. Ebenso verlange sein Inneres nun nach Abwechslung, nach – wie er sagt – geistiger Fruchtfolge.

»Es gibt«, schrieb Hesse in seinem offenen Brief zu Wagners achtzigstem Geburtstag, »von Ihnen ein Gedicht ›Blühender Kirschbaum‹, das zeigt das freudige Leben der Bienen, Fliegen, Ameisen und Käfer im blühenden Baum, darin ist so viel Leben, eine solche Ehrfurcht vor der Natur, eine so heilige Berauschtheit von der Fülle der lebendigen

Gestaltungen auf Erden und zugleich so viel Fröhlichkeit und gute Laune, daß es mich immer an ein chinesisches oder japanisches Gebilde erinnert.« Dieser Dichter könne, fährt Hesse fort, »die Einheit alles Lebendigen fühlen, ein Verkünder der Liebe und Schonung alles Lebens und ganz von innen her eine Weltanschauung finden, die mit der vedischen und buddhistischen eng verwandt ist«. Sein kosmisches Gefühl und seine mythische Weisheit erlauben ihm, »Dinge zu sagen, die der klügste Literat und zarteste Ästhet nicht hat und kennt«. Denn er habe »mit Wald und Feld, mit Gras und Blumen, mit Tieren und Gestein gelebt wie mit Brüdern, während er unter den Menschen ein wenig verstandener Fremdling und Sonderling" sei. Aus dem Christentum, wie es die Kirchen praktizieren, habe er sich weit entfernt in ein frommes Heidentum, dessen Gott jenseits der Konfessionen lebt. Dies deckt sich mit Wagners Klage vom August 1913: Am wenigsten gelte er hier in seiner Heimat um Leonberg herum. Hier sei er stets der Gegenstand des Spottes seiner Miteinwohner gewesen. Trost dagegen habe er immer im Wald gefunden und sich von ihm erzählen lassen. Kein Mensch habe ihn reizvoller und schöner zu unterhalten vermocht. Deshalb hat Hesse in seinen Würdigungen gern Wagners Verse zitiert: »Lass hinter dir die Heimat, die dich quält / Und nicht den Geist begreift, der dich beseelt.«

Merkwürdig ist es, dass im Nachwort zum bereits erwähnten, leider unvollständigen Briefwechsel Hesses mit Wagner, der 1977 als Heft 6 der »Marbacher Magazine« erschien, Hesse verdächtigt wird, er habe dem Kollegen nahegelegt, Dialektgedichte zu schreiben, um ihn auf das Format eines Heimatdichters zu reduzieren. Dies ist eine Unterstellung, die gleichwohl in der neueren Sekundärliteratur über Wagner mit rätselhafter Begierde aufgegriffen wurde. Möglich war sie, weil einer von Hesses Briefen, worin er auf Wagners Abneigung gegen Mundartgedichte reagiert, bis heute noch nicht wieder aufgetaucht ist. Bevor wir aber den Wortlaut jenes verschollenen Schreibens nicht kennen, halte ich die Schlussfolgerung, Hesse habe Wagner den Vorschlag gemacht, Dialektgedichte zu verfassen, für verwegen. Denn weder in Hesses Korrespondenz noch in den Tausenden seiner Buchbesprechungen gibt es einen Anhaltspunkt dafür, dass er ein Freund von Dialektgedichten gewesen ist. Ich selbst, der ich als fünfzehnjähriger Schüler arglos genug war, Hesse für ein handschriftliches Gedicht, das er mir geschenkt hatte, mit einem Bändchen schwäbischer Mundartlyrik zu danken, bekam dieses Buch postwendend und mit einem würzigen Kommentar von ihm zurück. Und spricht etwa Hesses Antwort auf Wagners Bemerkung über Dialektgedichte wirklich für die Behauptung, er habe diesem nahegelegt, ausgerechnet solche zu schreiben?: »Es gibt«, heißt es in Hesses Reaktion vom 29. Juli 1914, »wenige Ausnahmen, wo im Dialekt wahrhaft poetische Gedichte gemacht wurden, so einige von Hebel und von Klaus Groth, aber das sind seltene Ausnahmen. Sonst ist der Dialekt zumal der schwäbische, wohl nur der groben Komik günstig.« Welches Interesse kann jemand, der diese Zeilen schrieb, daran gehabt haben, der ohnehin üblichen Bagatellisierung Wagners zum schwäbischen Heimatdichter durch solch einen Vorschlag Nahrung zu geben?

Es ist mir unbegreiflich, welche Genugtuung man heute daran finden kann, ausgerechnet denjenigen Autor, der sich zu Lebzeiten Christian Wagners am wirksamsten für ihn eingesetzt hat und ohne dessen Bemühungen weder Kurt Tucholsky noch Karl Kraus, weder Theodor Heuss noch Paul Zech, noch viele der Nachgeborenen – sei es nun Albrecht Goes, Karl Krolow oder Hermann Lenz, von Peter Härtling oder Peter Handke ganz zu schweigen – auf diesen Dichter aufmerksam geworden wären, durch derlei Mutmaßungen herabzusetzen. Wird Christian Wagner damit irgendein Dienst erwiesen? Hermann Hesse ist tot. Er kann hierzu keine Stellung mehr nehmen und – was bedauerlicher ist – sich nicht mehr zu Wagners hundertstem Todestag äußern. Da er es gewiss nicht versäumt hätte, seinem Kollegen, dessen Schriften er »einen sanften Strom von Kraft und Wirkung« wünschte, auch diesmal zu würdigen, sei es erlaubt Hermann Hesse selbst mit einem am 14. Januar 1919 in der »Neuen Zürcher Zeitung« veröffentlichten Nachruf auf Christian Wagner zu Wort kommen zu lassen:

»Es gibt Dichter, welche allen Bemühungen der Journalisten um ihre Berühmtheit siegreich widerstehen. So einer ist Christian Wagner. Wie viel haben wir uns um ihn bemüht, wie viel haben wir unsern Freunden von ihm erzählt, öffentlich und privatim, und wie wenig hat es genutzt! Nach wie vor liegen die schönen Gedichte dieses Weisen in ihrer kindlichen märchenhaften Schönheit da, verzaubert und unzugänglich, geschützt durch die Mauer der echten Originalität, die der Bürger und Leser so ungern überklettert.

Um es wieder einmal zu wiederholen: Christian Wagner, der vor einem Jahre über achtzigjährig starb, war ein Bauer in Württemberg, der seit Jahrzehnten Gedichte machte, keine Bauerngedichte, sondern richtige. Er ist vom schwäbischen Schillerverein mit Ehrengaben ausgezeichnet worden, hat einen der Ehrenpreise vom Bund rheinländischer Frauen erhalten, seine schönsten Gedichte in knapper Auswahl gab ich vor einigen Jahren ohne sichtlichen Erfolg heraus.

Jetzt erschien also eine neue Ausgabe, reichlicher als die meine, und hoffentlich erfolgreicher. Sie ist, von einem etwas andern Gesichtspunkt aus als die meine, sehr gut gemacht (Wagner ist keineswegs leicht auszuwählen) und sieht gefällig aus. Der alte Wagner aber, der ein kleiner, zäher, alter Bauer war und zu den wenigen echten Zauberern und Wurzelmännern gehört hat, die ich kannte, der ist während dieses lärmenden Welttheaters hinweggeschlichen und hat die bessere Seite aufgesucht. Wie oft hat er, einer der wenigen Aufrechten daheim im Reich, mir in der Kriegszeit einen seiner Grüße voll wilder Bitterkeit und Anklage gesandt!

Er war ein Friedensmann, und nicht aus Schwäche, sondern aus kindlicher Stärke. Er besaß so viel Phantasie, dass es ihm nicht möglich war zu begreifen, warum die meisten Menschen das Glück nicht da suchen, wo es einzig sein kann, sondern in den seltsamsten Symbolen und Bildnissen, in Geld, in Ehrenzeichen, in Ämtern, in Uniformstücken, in Nationalstolz und Heldentum. Er begriff das nicht, der alte Wagner, und darum hat er während des Krieges entsetzlich gelitten und ist am Krieg gestorben. Das ist doppelt schade, denn von sich aus wäre dieser Achtzigjährige ohne Zweifel mindestens zweihundert Jahre alt geworden. So gesund war er, bei aller mimosenhaften Zartheit seiner knabenhaften, stolzen, glühenden Seele.« (am 14.1.1919 in der »Neuen Zürcher Zeitung«.)

Zweihundert Jahre? Dann würde er heute noch leben. Begnügen wir uns damit, festzustellen, dass viele seiner Schriften noch lebendig genug sind, um uns so zahlreich zu seinem hundersten Todestag zusammenzuführen. Und hoffen wir, dass er, der in so gutem Einvernehmen mit dem Jenseits gelebt hat im Vertrauen auf die unzerstörbare Beständigkeit der Seele auch den Tod als Wandlung, als Formenwechsel und Übergang zu neuem

Leben erlebt hat. Denn Hesse zufolge gab es für ihn kein Ende: Er sah »in Tier und Stein, in Baum und Schilf, in Blume und Schmetterling verwandte und geliebte Seelen, die ihn an Vergessenes und Zukünftiges mahnten, an neues Leben, das zuvor schon vielmals in anderen Formen über die Erde gegangen war«. So heißt es in einem von Wagners Gedichten:

»Kannst du wissen, ob von deinem Hauche
Nicht Atome sind im Rosenstrauche?
Ob die Wonnen, die dahingezogen,
Nicht als Röslein wieder angeflogen?
Ob dein einstig Kindesatemholen
Dich nicht grüßt im Duft der Nachtviolen?«

Dank dem erfreulichen Einsatz der Christian-Wagner-Gesellschaft und dem verlegerischen Mut von Jürgen Schweier ist das Werk dieses Dichters heute in einem Umfang und einer Vollständigkeit lieferbar wie nie zuvor. Es wäre unser eigener Schaden, diese Ressourcen ungenutzt zu lassen und auf den regenerierenden Zuwachs an Wahrnehmungs- und Lebensqualität zu verzichten, den sie für uns bereithalten.

WIE EINE VERLORENE HEIMAT

Freude am Garten mit Hermann Hesse

Porträt von Hardy Cole

In salopper Gartenkleidung, mit Strohhut und offenem Hemdkragen, war Hermann Hesse Anfang Juli 1958, ein Jahr nach seinem achtzigsten Geburtstag, auf der Titelseite des Nachrichtenmagazins »Der Spiegel« abgebildet, auf einem charakteristischen, wenngleich mehr als zwanzig Jahre zuvor von seinem Sohn Martin aufgenommenen Porträtfoto. Der Blick durch die runden Gläser seiner Nickelbrille ist mit freundlicher Skepsis auf den Betrachter gerichtet, als wolle er prüfen, ob man den Widerspruch durchschauen werde, der sich zwischen dem wachen Ausdruck des Porträts und dem Bildvermerk »In der Gartenlaube« auftut, den die »Spiegel«-Redaktion daruntergesetzt hatte. Was dann in der Titelgeschichte zur Erhärtung dieser Legende unter der Überschrift »Hermann Hesse im Gemüsebeet« an teils fehlerhaft recherchierten, teils geistreich vergifteten

Halbwahrheiten nachgeliefert wurde, entsprach eher dem Wunschdenken des anonymen Verfassers als der Wirklichkeit und war weder in Einklang zu bringen mit dem aufklärerischen Selbstverständnis dieser Zeitschrift noch mit dem Format des Porträtierten, das auf die Lächerlichkeit eines Gartenzwerges unter den Nobelpreisträgern heruntergespielt wurde, mit dem sich zu befassen hoffnungslos rückständig und unter der Würde jedes Lesers sei, der ernst genommen werden und mitreden wolle.

Mit dieser Karikatur von Hesses angeblich wirklichkeitsfremdem »Gärtnerdasein zwischen den Tessiner Hügeln« waren die Weichen gestellt für die akademische Abstinenz und die journalistische Überheblichkeit der deutschen Hesse-Rezeption der folgenden Jahrzehnte. Denn wer mochte sich schon durch die Beschäftigung mit einem Autor disqualifizieren, den quietistische »Kleingärtnerfreuden« vom »internationalen Konzert der Weltliteratur ausschlossen« (»Der Spiegel«). Als dann wenige Jahre nach Hesses Tod rund um den Erdball eine Verbreitung seiner Bücher einsetzte, wie sie keinem anderen deutschsprachigen Dichter des 20. Jahrhunderts beschieden war, und dem Begriff der Weltliteratur auf eine Weise gerecht wurde, die bisher niemand für möglich gehalten hatte, waren die Meinungsmacher überfordert und reagierten, wenn überhaupt, mit aufsässiger Abwehr oder taktischem

Totschweigen, wie immer, wenn ein unerwartetes Phänomen den sonst so Zungenfertigen die Sprache verschlägt.

Die Zumutung, eine so handliche, jedes genauere Studium erübrigende Legende gegen ein zutreffendes Bild von diesem Dichter austauschen und eingestehen zu müssen, dass man mit dem Wunschbild des »Spiegel« vielleicht doch einem Gerücht aufgesessen sei, hat bis auf den heutigen Tag vor allem die Wahrnehmung von Hesses mittlerweile auch in Buchform zusammengefassten zeitkritischen Schriften behindert, die er zwar in sechzig verschiedenen Zeitungen und Zeitschriften publizierte, doch selber nicht gesammelt und in geschlossener Form vorgelegt hat. Denn gerade diese inzwischen mehr als zehn Bände füllenden politischen und kulturkritischen Publikationen und Briefeditionen sind es, die der Fama vom weltfremden Schrebergärtner jedweden Boden entziehen.

Weil es aber als ausgemacht gilt, dass Schriftsteller, die sich mit der Natur oder gar mit dem Inbegriff für Begrenztheit und Rückzug, mit ihrem Garten, befassen, unbedarft, reaktionär oder auf der Flucht vor den Realitäten des Lebens sind und sich den Forderungen des Tages entziehen, verdrängte man alles, was dieser Schablone widersprach. So konnte es kommen, dass Hermann Hesse, gemessen an seiner Bedeutung und Wirkung in der akademischen und öffentlichen Diskussion, nirgendwo in der Welt so unterrepräsentiert ist wie in seinem eigenen Sprachgebiet, obwohl sein Werk mittlerweile auch bei uns populärer ist und mehr gelesen wird als das all jener Autoren, mit denen man an der geistesgeschichtlichen Börse unserer Universitäten und Medien auszukommen glaubt. Ginge es im Kulturbetrieb mit rechten Dingen zu, würde also der realen Bedeutung von Künstlern (wie sie sich in ihrer überregionalen Breitenwirkung niederschlägt) die Beachtung im eigenen Land entsprechen, dann müssten Schriftsteller wie Hermann Hesse oder auch Stefan Zweig zu den best erforschten und meistdiskutierten ihrer Generation zählen.

Diesen Hintergrund sollte man vor Augen haben, wenn sein Verhältnis zur Natur, wie es sich auch in den Schilderungen seiner Gartenarbeit niedergeschlagen hat, in Augenschein genommen wird.

Schon sein erster, 1903 entstandener Roman »Peter Camenzind«, der es dem damals 25-jährigen Verfasser erlaubte, den acht Jahre lang ausgeübten Brotberuf als Buchhändler und Antiquar aufzugeben und künftig seinen Lebensunterhalt als Schriftsteller zu bestreiten, war eher das Gegenteil dessen, was in den Gründerjahren der Industrialisierung und Automation als progressiv und wünschenswert galt. Das Buch war ein Hymnus auf die von der fortschreitenden Urbanisierung und Industrialisierung bedrohte Natur und auf ein Leben, das sich im Einklang mit Gesetzen und Strukturen befand, über die sich nicht ungestraft hinwegsetzen kann, wer selbst diesen Mustern entspricht und entstammt. Der »Peter Camenzind« war ein Aufbegehren gegen die Einäugigkeit des Fortschritts, gegen das Diktat maschineller Fremdbestimmung, gegen die Beschleunigung, Monotonisierung und Versklavung des Lebens durch Stechkarte und Stoppuhr. Auch die vielgerühmten Vorteile der Mechanisierung, die Erleichterung der Arbeit und der Gewinn an Zeit, den die Rationalisierungstechnologie brachte, waren Hesse nicht geheuer. Es sei, schreibt er 1907 dem Schriftstellerkollegen Jakob Schaffner, »mit den Maschinen wie mit allem: die paar guten und freien Menschen werden gefördert, aber den Millionen Lumpen wird ihr Betrieb ebenfalls erleichtert«. Wie berechtigt diese frühen Vorbehalte gegen die »Perfektion der Technik« (Friedrich Georg Jünger) waren, zeigte sich schon bald am militärischen und propagandistischen Missbrauch, der die jeweiligen Machthaber zu beispiellosen materiellen Zerstörungen und Manipulationen der Bevölkerung befähigte, ganz zu schweigen von den Folgen für die Umwelt durch die motorisierte Beschleunigung jedweden Raubbaues.

Im Gegensatz dazu war die Welt des »Peter Camenzind« ein Kontrastprogramm. Naturschilderungen von unsentimentaler Kraft und Anschaulichkeit erinnerten an Herkünfte, die von den ökonomischen Prioritäten des Alltags übertönt und mundtot gemacht waren. In diesem Buch kamen sie wieder zu Wort und erlaubten dem Leser ein geradezu sinnliches Mitempfinden und ein Gefühl des Einbezogenseins, das sich abhob von der sentimentalen Naturschwärmerei der Sonntagsspaziergänger: »Viele sagen«, liest man im »Peter Camenzind«, »sie ›lieben die Natur‹, das heißt sie sind nicht abgeneigt, je und je die ihr dargebotenen Reize sich gefallen zu lassen. Sie gehen hinaus und freuen sich über die Schönheit der Erde, zertreten die Wiesen und reißen schließlich eine Menge Blumen und Zweige ab, um sie bald wieder wegzuwerfen oder daheim verwelken zu sehen. So lieben sie die Natur. Sie erinnern sich dieser Liebe am Sonntag, wenn schönes Wetter ist, und sind dann gerührt über ihr gutes Herz.«

Diese Parteinahme für das Bedrohte, sei es für Pflanzen und Tiere oder den körperbehinderten Nachbarn Boppi, machten schon dieses erste Buch Hermann Hesses, wie später noch manches andere, zu einer Programmschrift der jungen Generation und all jener, die sich von den »Grenzen des Wachstums« eingeschnürt fühlten. Ja, sogar Repräsentanten der Industrie, wie der AEG-Chef und spätere Reichsaußenminister Walther Rathenau, bescheinigten dem jungen Verfasser (1904 in der Zeitschrift »Die Zukunft«): »Herrlich ist die große Liebe des Schreibers zu aller Kreatur des Himmels und der Erde! Wenn er Sonne und Wolken, Berg und See, Bäume und Kräuter und lebendiges Wesen schildert und preist, so klingt durch seine Worte der Ton der Wahrhaftigkeit, der Gefühle und Gedanken, auch bekanntere und geläufige, erneut und adelt.«

Damit hatte Rathenau (in der einzigen Buchbesprechung, die er jemals veröffentlichte) etwas vorweggenommen, was bezeichnend ist für Hesses gesamte künftige Produktion, insbesondere aber seine Lyrik: Weder formale noch inhaltliche Innovationen sind es, denen Hesses Dichtungen ihre Wirkungen verdanken, sondern es ist die Glaubwürdigkeit des selbständig Erworbenen und Erlebten, die auch dem scheinbar Vertrauten die Frische und Unmittelbarkeit der Authentizität zurückgibt.

Dieser Übereinstimmung von Geschriebenem und Gelebtem entsprach der alternative Lebensstil, den Hesse nach der Veröffentlichung des »Peter Camenzind« praktizierte. Wie Peter Camenzind von Basel in sein Dorf Nimikon (= Sisikon bzw. Vitznau am Vierwaldstätter See), so zog auch er aus der Großstadt in das damals noch weltverlassene, kaum 300 Seelen zählende Bodenseedörfchen Gaienhofen, wo er sich 1904, gleich nach der Hochzeit mit der Basler Anwaltstochter Maria Bernoulli, in einem kleinen Bauernhaus niederließ, um dort nach den Idealen Tolstois, Thoreaus und des englischen Sozialreformers William Morris ein »stadtfernnaturverbundenes, einfaches Leben zu führen«. Dazu gehörte das Streben nach Autarkie, nach Unabhängigkeit von den zahllosen Fesseln und Ersatzbefriedigungen der Zivilisation. Hinzu kam schon damals ein starkes Bedürfnis nach Ursprünglichkeit: »Es wäre mir unmöglich zu leben, ohne daß die Umgebung meinen Sinnen wenigstens ein Minimum an echter Substanz, an wirklichen Bildern böte. In einer modernen Stadt, inmitten kahler Nutz-Architektur, inmitten von Papierwänden, inmitten von imitiertem Holz, inmitten von lauter Täuschung und Ersatz zu leben, wäre mir vollkommen unmöglich, ich würde da sehr bald eingehen.«

Einen Garten hatte Hesse damals noch nicht. Denn das kleine Haus am Kirchplatz ließ nur Raum für ein schmales Beet, das er längs der Wohnseite anlegte und mit Blumen und Johannisbeersträuchern bepflanzte. Nachdem 1905 sein erster Sohn zur Welt gekommen war und die wenigen Stuben (ohne Elektrizität und fließendem Wasser, das vom Dorfbrunnen geholt werden musste) allenthalben zu eng zu werden begannen, erwarb man außerhalb des Dorfes ein Grundstück für ein im Herbst 1907 fertiggestelltes eigenes Haus, das auch Platz genug ließ für die Anlage eines Gartens.

Es war der erste eigene Garten seines Lebens. Er ermöglichte der kleinen Familie eine weitgehende Selbstversorgung. Zugleich aber konnte sich Hesse damit einen Wunsch erfüllen, der weit zurück in die

Kindheit reichte, als seine Mutter dem damals Neunjährigen im steilen Gelände hinter dem Elternhaus in der Calwer Bischofstraße ein kleines Terrassenbeet zur Bepflanzung und Pflege anvertraute. Die Erinnerung an jenen Garten der Kindheit, an die ersten spielerischen Erfahrungen mit den Gesetzen des Organischen, des Planzens, Gedeihens und Vergehens, an Blumen, Eidechsen, Vögel und Schmetterlinge, muss unauslöschlich gewesen sein. Denn sie hat nachgewirkt bis in eines seiner letzten Gedichte (»Einst vor tausend Jahren«). So ist es begreiflich, dass er nun auch seinen eigenen Kindern, sobald sie für diese Eindrücke empfänglich wurden, zuerst im neuen Garten am Bodensee und später in Bern, diesen unmittelbaren Umgang mit der Natur ermöglichen wollte. Von der Kamera seiner Frau Mia haben sich Fotos erhalten, auf denen man Hesses vierjährigen Sohn Bruno mit einem Kinderspaten dem Vater beim Umgraben des Bodens nacheifern sieht. Dazu heißt es in einem Tagebuch, das sie damals führte: »Bruno hat vom Großpapa kleine Gartengeräte bekommen und ist nun überglücklich, dass er seinem Papa im Garten helfen kann. Er macht alles genau nach, was er ihn tun sieht, setzt ebenso den Fuß auf den Spaten und zerteilt die Schollen – alles kunstgerecht. Einmal kommt er am Morgen zu seinem Papa und sagt: ›Butzibai will spate, kum Papi, darfsch zueluege.‹[1]

Papi macht oft im Garten Feuer, um allerhand Abfall zu verbrennen. Einmal fehlen ihm die Zündhölzer. Da springt Bruno fort und kommt mit einer Kapuzinerblume: ›Do Papi, hesch e Fierli.‹«[2]

Über die Folgen dieses Eifers, die Ergiebigkeit und ländlich strotzende Blütenpracht des Gaienhofener Gartens mit seinen von Blumen eingefassten Rabatten, mehr als dreißig Obstbäumen und einer Allee von Sonnenblumen ist von Besuchern viel berichtet worden. Einer dieser Gäste, ein junger Lehrer aus dem (auf der benachbarten Seeseite gelegenen) Landerziehungsheim Glarisegg, berichtete Jahrzehnte später in der »Gazette de Lausanne«, Hesse habe ihn damals durch den neuen Garten geführt und dabei besonders auf den sandbestreuten Hauptweg aufmerksam gemacht: »Beachten Sie, wie schön fest dieser Weg ist. Er hat unter dem Sand ein gutes Bett, aber nicht von Stein, sondern dort unten liegt, hübsch geschichtet, die ganze deutsche Literatur von heute.« In einem Brief an seinen jüngsten Sohn vom September 1944 bestätigte Hesse diese Episode: »Wir hatten in Gaienhofen Sand die Menge, aber keine Steine, und ich hatte den Weg mit lauter unnützen Büchern und Massen von Zeitschriften unterlegt.« Das war so zweckmäßig wie unkonventionell. Denn auf-

[1] Schweizerdeutsch: »Butzi will umgraben, komm Papi, du darfst zuschauen.«

[2] »Da Papi, hast du ein Feuerchen.«

grund seiner vielgelesenen Buchbesprechungen erhielt Hesse schon damals von den Verlegern jährlich etwa 500 Bücher zum Rezensieren geschickt, deren ungeeignete er auf diese »grundlegende« Weise entsorgte.

Eine Lust am Sprengen von Konventionen, etwas Übermütiges, ja nicht selten Drastisches blitzt aus den meisten seiner in Gaienhofen geschriebenen Briefe. Es ist das Vergnügen, dem aufwändigen Standesbewusstsein der wilhelminischen Gesellschaft einen Lebensstil von provozierender Einfachheit entgegenzusetzen und das gestelzte Gehabe der intellektuellen Kollegen durch eine lakonische Praxisbezogenheit zu verunsichern. Etwas von dieser Aversion gegen alles Hochtrabende spricht auch aus der damals entstandenen ersten Betrachtung über seine Erfahrungen »Im Garten«, ein Bericht, der alles berührt, was ihn als Künstler an dieser Tätigkeit reizte: »Es ist ja etwas von Schöpferlust und Schöpferübermut beim Gartenbau, man kann ein kleines Stück Erde nach seinem Kopf und Willen gestalten, man kann sich für den Sommer Lieblingsfrüchte, Lieblingsfarben, Lieblingsdüfte schaffen. Man kann ein kleines Beet, ein paar Quadratmeter nackten Bodens zu einem lachenden Gewoge von Farben machen.«

»Es gibt«, schrieb etwa zur selben Zeit Hugo von Hofmannsthal in seiner Betrachtung über Gärten, »im Grunde nichts, was dem Dichter so nahesteht, als ein Stück lebendiger Natur nach seiner Phantasie zu gestalten.« Denn, fährt er fort, »der Gärtner tut, was der Dichter mit den Worten tut: er stellt sie so zusammen, daß sie zugleich neu und seltsam scheinen und zugleich auch wie zum erstenmal ganz sich selbst bedeuten, sich auf sich selbst besinnen.«

Doch kaum war erreicht, wovon Hesse so lange geträumt hatte, da meldeten sich in seinem stets zwischen Sesshaftigkeit und Nomadentum schwankenden Naturell bereits Vorboten künftiger Veränderungen. »Ich freue mich nun auf das erste im eigenen Garten gewachsene Obst und Gemüse, ohne jedoch die Sehnsucht nach der Weite verloren zu haben«, schreibt er bereits im März 1908 nach Basel. Und die Frage des Malers Franz Vetter, ob er sich in seinem neuen Heim auch als Imker betätige, verneint er wegen des Angebundenseins: »Bienen habe ich nicht, auch keine anderen Tiere außer Katzen. Ich liebe alle Tiere sehr, habe aber selber keine, die Verantwortung ist mir zu groß! Entweder muß man täglich an sie denken und sie pflegen, darf nie verreisen etc., oder man muß sie Freunden anvertrauen und ein schlechtes Gewissen haben.«

Immer häufiger beginnt Hesse nun zu reisen, zunächst nach München in seiner Funktion als Mitherausgeber einer Kulturzeitschrift; dann nach Italien und auf Vortragsfahrten, die ihn kreuz und quer durch Deutschland, von Bremen über Wien bis nach Prag führten. 1912, nach der Rückkehr von einem drei

Monate währenden Aufenthalt in Ceylon und Indonesien, entschließt man sich, von dem erst fünf Jahren bewohnten Haus am Bodensee Abschied zu nehmen (unter anderem »der langen einsamen Winter wegen«), um wieder zurück in die Schweiz in die Nähe einer Stadt zu ziehen.

»Im Garten habe ich, um diesen letzten Sommer hier recht zu feiern, Dahlien, Malven und Nelken zu Hunderten gepflanzt«, schreibt Hesse an seinem Geburtstag, und am 23. Juli 1912. Kurz vor der Übersiedlung nach Bern, resümiert er nicht ohne Wehmut in einem Brief an den Schriftstellerkollegen Heinrich Wolfgang Seidel: »Der Ort, an den der Postbote Ihre Sendung brachte, würde Ihnen gefallen, ich habe Wiesen und ein Dutzend Kilometer See vor den Fenstern und ums Haus her meinen bäuerlichen Garten mit vielen Dahlien, Sonnenblumen, Malven und Nelken, auch drei Buben drin, die den Himbeeren nachstellen. Die Außenseite meines Lebens hier ist hübsch und verlockend, und ich weiß nicht, ob ich es in Bern halb so schön haben werde. Zwar habe ich dort ein altes, etwas verwahrlostes Berner Landhäuschen weit vor der Stadt gemietet, mit Garten und alten Bäumen, aber im Augenblick ist doch die Anhänglichkeit an das Bisherige größer als die Freude aufs Neue.«

Das Haus seines kurz zuvor verstorbenen Malerfreundes Albert Welti, das er nun bezog, hatte im Vergleich zu Gaienhofen einen geradezu herrschaftlichen Garten, mit einem Brunnen, üppigen Bosketten und einem ovalen Rasenplatz, den man über eine Freitreppe erreichte. Doch gibt es darüber, gemessen an den zahlreichen Erwähnungen seines Gartens am Bodensee, verhältnismäßig wenige Äußerungen in Hesses Briefen und Schriften. Das mag einerseits daran liegen, dass er hier etwas Vorgegebenes und bereits fertig Gestaltetes antraf, das der individuellen Formgebung weit weniger Freiheit ließ als ein Gelände, das es erst urbar zu machen galt. Andererseits ist zu bedenken, dass schon zwei Jahre nach dem Einzug in die etwas baufällige Welti-Villa der Erste Weltkrieg ausbrach, in dessen Verlauf Hesse sich so viele zeitkritisch-journalistische Initiativen abverlangte wie nie zuvor und nie mehr später in seinem Leben und überdies eine Zentrale für Kriegsgefangenenfürsorge aufbaute, Aktivitäten also, die kaum mehr Raum für ein Privatleben ließen. Deshalb ist auch die kurz vor Kriegsausbruch begonnene Erzählung »Das Haus der Träume« (benannt nach einer Lithographie des früheren Hausherrn und Malers Albert Welti) unvollendet geblieben, eine Dichtung, die den Berner Garten auf poetischere Weise darstellt als die etwa gleichzeitig notierte Erwähnung in einem Brief vom 6. Mai 1914 an den Vater und seine Schwester in Korntal: »Schade, daß Ihr nicht auf einen Augenblick auf unseren Altan kommen könnt. Auf dem ovalen Rasen auf der Süd- und Giebelseite des Hauses blüht die große schneeweiße Magnolie, ums halbe Haus her in großen Trauben die Glyzinie, daneben eine Masse von Flieder, Feuerbusch und anderem; unten im Garten Maiblumen und Tulpen. Nächstens will ich Dahlien auspflanzen, die noch im Keller liegen; sie stammen noch aus Gaienhofen, wo ich an solchen Dingen reicher war und gegen hundert Stöcke gezogen habe. Allerlei zähe Unkräuter, die in Gaienhofen die Arbeit erschwerten, fehlen hier, und der Boden ist viel besser, aber Vögel und Schnecken fressen einem alles unter der Nase weg; die gestern Abend gesetzten Salatköpfe sind am Morgen nimmer da.« Und vier Tage später heißt es in einer der letzten Erwähnungen des Berner Gartens vor dem Kriege (auf einer Postkarte an den Komponisten Othmar Schoeck): »Aber wie kann ein Gärtner im Mai abkommen? Unkraut überall, dazu Dahlien setzen, Bohnen und Gurken stechen, Karotten säen! Es geht nicht. Höhere Mächte regieren unser Leben!«

Seit Beginn des Krieges und später noch bis 1931 ist der Garten kein Thema mehr für Hesse. »Höhere Mächte« hatten nicht nur den Frieden in Europa, sondern auch den im Hause Hesse zerstört. Vorboten kündigten dies bereits an im Roman »Roßhalde«, in der fragmentarischen Erzählung »Das Haus der Träume« und wenige Jahre später in Märchen wie »Iris«. Es zählt zu den Ergebnissen einer langwierigen Psychoanalyse, der sich zunächst Hesse, danach auch seine Frau Mia unterzog.

»Drüben hinter der gläsernen Zaubermauer«, heißt es schon 1914 angesichts des Ausblicks vom »Haus der Träume« auf das Massiv der Berner Alpen, »wußte er die schönen Paradiese liegen, dort floß das Leben gut und leicht in der Unschuld angeborenen Reichtums; und das Schöne wuchs dort mit der kindlichen Natürlichkeit anmutiger Blumen empor, das der Norden nur aus Qualen der Sehnsucht und grübelnden Trotzes gebar. … Er stand auf der Seite des Nordens, des Verzichtes und der unstillbaren Sehnsucht.« Erst fünf Jahre später gelang ihm der Absprung, die Überwindung der »gläsernen Zaubermauer«, um, getrennt von seiner Familie, 1919 als »kleiner abgerissener Literat mit ausgefransten Hosen« ein neues Leben zu beginnen. »Inzwischen war Krieg gewesen, war mein Frieden, meine Gesundheit, meine Familie zum Teufel gegangen; ich hatte die ganze Welt aus neuen Gesichtspunkten sehen lernen und namentlich meine Psychologie durch das Miterleben der Zeit und durch die Psychoanalyse völlig neu orientiert«, schrieb er im Januar 1920 an Ludwig Finckh.

An eine bürgerliche Existenz wie ehedem, mit eigenem Haus und Garten, war nun nicht mehr zu denken. Zwölf Jahre lang hauste er fortan wieder zur Miete in der »noblen Ruine« eines barocken Palazzos hoch über dem Luganer See, eingewachsen von einem verwilderten, steil ansteigenden Park, der in »Klingsors letzter Sommer« beschrieben ist. Hier bildete er sich zum Maler aus und schrieb – nachdem er mit dem »Demian« ein weiteres Mal zum Autor der jungen Generation geworden war, Werke wie »Siddhartha«, »Der Steppenwolf« sowie »Narziß und Goldmund«, welche die dritte Renaissance seiner Bücher auslösten.

Erst 1931, als ein vermögender Freund aus Zürich dem mittlerweile schon 54-jährigen Dichter den Bau eines eigenen Hauses ermöglichte und sich mit Ninon Dolbin eine Lebensgefährtin eingestellt hatte, die sich ihm unentbehrlich zu machen verstand (weil sie begriff, dass für einen Menschen wie Hesse Glück nichts anderes bedeutet als die Möglichkeit, für seine Arbeit zu leben), konnte erneut ein Leben gewagt werden, demjenigen ähnlich, das er in Gaienhofen und danach in Bern geführt hatte, ein Leben, das auch wieder Platz für einen eigenen Garten bot. Nur hatte diesmal der Garten für Hesse eine etwas andere Funktion als damals, als er noch Bestandteil eines auf Selbstversorgung und Distanz von den Abhängigkeiten der Zivilisation bedachten Lebens war.

Im Laufe der Jahre nämlich hatten seine Beschwerden mit den Augen, die 1901 durch eine verfehlte Operation der Tränenkanäle ausgelöst worden waren, zugenommen und zu schweren Neuralgien in der oberen Gesichtshälfte geführt. Deshalb brauchte er dringend einen Arbeitsrhythmus, der es den Augen ermöglichte, zu regenerieren. Von nun an bekam die Gärtnerei für ihn den Sinn einer »Hygiene und Ökonomie«, wie er es 1954 rückblickend in seinen »Notizblättern um Ostern« bezeichnete: »Ich brauche, wenn die Schmerzen in Augen und Kopf zu lästig werden, einen Wechsel, eine physische Umstellung. Die in langen Jahren zu diesem Zweck erfundene gärtnerische und köhlerische Scheinarbeit hat nicht nur dieser körperlichen Umstellung und Entspannung zu dienen, sondern auch der Meditation, dem Fortspinnen von Phantasiefäden und der Konzentration von Seelenstimmungen.«

So prachtvoll gelegen das im Juli 1930 erworbene, 11.000 Quadratmeter große Grundstück auf einem Südhang oberhalb des Dorfes Montagnola war, mit seinem herrlichen Ausblick über das Seetal auf die Berge des italienischen Ufers, zur Anlage eines Gartens jedoch war dieses recht steile und steinige Weinberggelände denkbar ungeeignet. Gleichwohl versuchte man ihm abzugewinnen, was gärtnerisches Geschick irgend vermochte.

Nach Hesses Devise, »das bißchen Freiheit dazu anzuwenden, den Willen der Natur zu meinem zu machen«, wurde das Grundstück nun von einer Gartenfirma, ohne einschneidende Flurbereinigungen, also unter weitgehender Beibehaltung der Struktur des Hügels, mit Humus, Stützmauern, Treppen und Wegen urbar gemacht, eine Quelle gefasst, Bäume gepflanzt und unter den zwei Dutzend Edelkastanien am Waldrand eine Bocciabahn angelegt. Zentrum des Gartens blieb der Weinberg, den Hesse am liebsten verpachtet hätte. Da sich aber kein Interessent dafür fand, musste ein Taglöhner beschäftigt werden, um bei der Ernte der 700 Kilo Trauben anzupacken, die es von nun an alljährlich einzubringen galt. Beete für Blumen, Erdbeeren, Gemüse, Salate und Kräuter wurden auf den unteren Terrassen angelegt, während auf den schmalen oberen die Weinreben standen. »Ich habe«, schrieb Hesse 1941 an P. A. Brenner, »einen primitiven Tessiner Garten mit Reben, Gemüsen, etwas Obst und Blumen, dort bringe ich im Sommer die halben Tage zu, habe ein Feuer oben brennen und knie in den Beeten, höre vom Tal herauf die Glocken der Dörfer, und empfinde in dieser naiv ländlichen Kleinwelt das Ewige und Innige ebenso wie wenn ich einen Dichter und Philosophen lese.«

Da Hesse ein »Abendmensch« war, der außer seiner Korrespondenz alle schriftliche Arbeit bevorzugt nachmittags und abends besorgte, legte er seine »Stunden im Garten« in der Regel auf den frühen Vormittag. Auf welche Weise er diese Zeit verbrachte, ist in der gleichnamigen Verserzählung nachzulesen, die er im Sommer 1935 zum sechzigsten Geburtstag seiner Schwester Adele geschrieben hat. Dieses Gedicht, an vier Julitagen entstanden, besteht aus einigen hundert Hexametern, jener Versform aus der Antike, die Homer, Ovid und Vergil verwandten und die in der deutschen Literatur unter anderem von Klopstock, Salomon Gessner, Goethe (»Hermann und Dorothea«, »Reineke Fuchs«) und Thomas Mann für seinen »Gesang vom Kindchen« benutzt wurde.

Kein Versmaß taugt in seiner Sprachmelodie und Gelassenheit so sehr zur Darstellung des behaglich Bukolischen wie der Rhythmus des Hexameters. Gleichzeitig aber eignet sich sein etwas feierlicher Duktus auch vorzüglich für humoristisch-ironische Wendungen, die Hesse immer dann einsetzt, wenn er das Bescheidene, Idyllische und scheinbar Anachronistische seiner Tätigkeit in Beziehung bringt zur Aufdringlichkeit des politischen Zeitgeistes. Das mochte auch Karl Korn im Auge gehabt haben, als er sich anlässlich einer Neuausgabe der »Stunden im Garten« erinnerte: »Damals in Deutschland, als es einiger List bedurfte, um sich dem öffentlichen Geschrei und den Aufmärschen zu entziehen, kam bei kam bei G. B. Fischer ein bibliophil ausgestattetes Buch heraus … Es hieß ›Stunden im Garten‹ und war ein Nachkömmling aus dem heute von Literaten verpönten Literaturzweig, der mit Vergils Georgica beginnt. Hesse vermittelte in dem anmutigen Buch nichts weiter als seine Gartenfreuden in Montagnola hoch über dem Luganer See, wo es noch keine High Snobiety gab, sondern nur Winzer, Gärtner,

Bauern … Dazu gehörte ein verbeulter, breitkrempiger Strohhut, wie ihn auch die großen französischen Landschaftsmaler in und vor der Natur getragen haben, die Renoirs und Cézannes … Inzwischen ist aber das Georgische literarisch so verfemt, dass sich kaum ein Literat noch diesen Eskapismus aus den sozialen und politisch-ideologischen Zwängen mehr leistet.«

Diesen Zwängen ist Hesse nie ausgewichen. Er hat ihnen mit dem (zwischen 1931 und 1942 entstandenen) »Glasperlenspiel« ein subversives Weltbild entgegengesetzt, ein Erziehungsmodell, das sich den pädagogischen Praktiken der Braunhemden widersetzte und sie auf weitblickend interdisziplinäre Weise unterwandert. Den von den Machthabern Verfolgten aber hat er sein Haus geöffnet, hat Hunderte von Emigranten und unzählige hilfsbedürftige Besucher tatkräftig unterstützt, hat ihnen mit Obdach, mit finanzieller, beratender und praktischer Hilfe durch Bürgschaften, Gutachten, Visavermittlung und Interventionen bei der Schweizerischen Fremdenpolizei beigestanden. Ganz zu schweigen von der aufklärenden und hilfsbereiten Funktion seiner vielen tausend Antworten auf Zuschriften aus allen Lagern und Ländern. Die Möglichkeiten dessen, was ein Einzelner tun kann gegen die Übermacht kollektiver Katastrophen, wurde ausgeschöpft bis an die Grenzen seiner Leistungsfähigkeit. In diesem Umfeld ist seine Gartenidylle entstanden. Ihre damals wie heute provozierende

Entschleunigung ist nichts anderes als ein bewusstes Retardieren der unaufhaltsamen Reizüberflutung und eine Erinnerung an Ordnungen, auf die jenseits der Turbulenzen der Gegenwart Verlass ist »wie auf die Blumen, deren alljährliche Wiederkehr auf den Wiesen vieltausendjährig und unwiderlegbar ist, während Weltreiche, Dynastien und Nationen hinwelken und morgen nicht mehr sein werden«.

Deshalb endet die Kontemplation aus dem Tessiner Garten des Dichters mit einer Besinnung auf das Beständige im Wechsel. Sie könne uns trotz aller Betriebsamkeit und den Zumutungen der Politik einen Schwerpunkt verschaffen, der skeptisch mache gegenüber einem Ehrgeiz, der »Geschichte aus Ideen gestalten will, denn es ist leider die Welt nun so beschaffen, daß dieser Trieb … am Ende zu Blut und Gewalt und Krieg führt. … Also setzen wir möglichst dem Weltlauf auch in drangvoller Zeit jene Ruhe der Seele entgegen, und tun wir das Gute, ohne an Änderung der Welt gleich zu denken; auch so wird sich's lohnen« (»Stunden im Garten«).

So stoisch diese Haltung anmuten mag, deckt sie sich doch merkwürdig genau mit der Devise eines Tatmenschen wie Luther: »Auch wenn morgen die Welt unterginge, würde ich noch heute mein Apfelbäumchen pflanzen.«

»UM FLOTTES LEBEN UM MICH BRAUSEN ZU HÖREN«

Hermann Hesse in München

München um 1910

Über die Aufenthalte des Dichters in München zu berichten ist keine ganz einfache Aufgabe. Denn die ergiebigsten Spuren reichen mehr als hundert Jahre zurück in die Vergangenheit. Und nicht wie Thomas Mann war Hermann Hesse jahrzehntelang dort ansässig, so dass man aus dem Vollen schöpfen könnte. Doch immerhin war er, den Thomas Mann als den ihm nächsten und liebsten unter seinen deutschen Autorenkollegen bezeichnet hat, von 1899 bis 1934 mindestens fünfzehnmal in Bayerns Metropole und hat dort, wenn ich richtig gezählt habe, wohl mehr als fünfzig Tage verbracht.

Erstmals kam er im Alter von 21 Jahren nach München, nachdem er gerade auf eigene Kosten seine erste Gedichtsammlung »Romantische Lieder« veröffentlicht hatte, in Begleitung einiger Studenten aus seinem

Tübinger Freundeskreis, der sich »Petit Cénacle« nannte, um die Bilder der Sezessionisten und in der Schlossanlage von Schleißheim die Gemälde des zwölf Jahre zuvor verstorbenen Hans von Marées kennenzulernen. Fünf Jahre später kam es dann zu ersten persönlichen Begegnungen mit Ricarda Huch und Thomas Mann, dessen Frühwerke Hesse kurz zuvor in der »Neuen Zürcher Zeitung« gewürdigt hatte. »Beide waren wir damals noch Junggesellen«, erinnert sich Hesse, »im Übrigen freilich waren wir einander nicht sehr ähnlich, man konnte es uns schon an der Kleidung und am Schuhzeug ansehen.« Denn Hesse war mit seinem Aussteigerroman »Peter Camenzind« gerade im Begriff, es dem Helden seines Romans gleichzutun und am entlegensten Winkel des Bodensees das alternative Leben eines Naturmenschen zu erproben. So mochte er dem adretten Kollegen Thomas Mann vorgekommen sein wie die legendäre Feldmaus der adretten Stadtmaus. Doch bevor Hesse für einige Jahre zum Landmann wurde, hatte auch er mit dem Gedanken geliebäugelt, statt an den Bodensee nach München zu ziehen, wenn nicht seine Verlobte und künftige Frau, die Basler Anwaltstochter Maria Bernoulli, ihn davon abgebracht hätte. Und da er nun einmal das weltoffen kunstfreundliche Klima dieser Stadt geschnuppert hatte, blieb er ihr verfallen, selbst aus der Entfernung. So wurde München künftig zu einem Magneten, der ihn anzog, wann immer es ihm in seinem ländlichen Domizil zu weltvergessen wurde, um mal wieder – wie er damals schrieb – »ein flottes Stück Leben um mich brausen zu hören«. Denn in München sei es nicht nur großstädtisch interessant, sondern auch behaglich, schön, geräumig und hell. »Ich war dort als Dichter«, erinnert er sich 1917, »nicht ein vereinsamter Einzelner, sondern gehörte zu einem Kreis, war gewissermaßen besser legitimiert.«

Anlässe dazu gab es reichlich, seit der junge Münchner Verleger Albert Langen seinem Berliner Konkurrenten Samuel Fischer eine so vielversprechende Aquistion wie den Hesse nicht gönnen mochte und ihm die verlockendsten finanziellen Köder auslegte, um ihn Fischers Netzen abspenstig zu machen. Zunächst glückte ihm das mit der Einladung zur Mitarbeit an seiner satirischen Wochenschrift »Simplicissimus« und ab 1906 mit der Gründung der Zeitschrift »März«, für deren Kulturteil er Hesse als Herausgeber gewinnen konnte. Die redigierte er nun gemeinsam mit Ludwig Thoma, mit dem ihn bis zum Beginn des Ersten Weltkriegs eine burschikose Freundschaft verband. Zwar seien sie, vermerkt Hesse, in mancher Hinsicht Antipoden gewesen, doch einig in ihrem Bedürfnis nach süddeutscher Selbstbehauptung gegen die herablassende Präpotenz preußischer Selbstherrlichkeit. Zu lebenslangen Freundschaften kam es damals auch mit anderen

Gefährten des Münchner Verlages wie den Malern Olaf Gulbransson, Rudolf Sieck und Alfred Kubin, den Redakteuren Reinhold Geheeb und Hans Erich Blaich, der unter dem Decknamen Dr. Owlglass (= Eulenspiegel) und Ratatöskr (= Eichhörnchen) seine geistreichen Glossen und frechen Verse veröffentlichte. Hinzu kam der politische Schriftführer der Zeitschrift »März«, der liberale Reichstagsabgeordnete Conrad Haußmann aus Stuttgart, der als geschickter Jurist den Verlag in den diversen Hochverratsprozessen verteidigte, mit denen der großspurige letzte deutsche Kaiser den »Simplicissimus« zu disziplinieren versuchte. Es sei, vermerkt Hesse in seinen »Erinnerungen an Conrad Haußmann«, auch in der Zeitschrift »März« »in den ersten Jahren ein guter Geist gewesen, und zwei der wichtigsten Tendenzen unserer Arbeit waren … die gegen Berlin-Potsdam und das Bestreben nach einer geistig-politischen, freundschaftlichen Annäherung an Frankreich, gegen Byzantinismus« und den Kadavergehorsam der preußischen Kasernenhofkultur.«

Neben den Redaktionstreffen, die Hesses Anwesenheit in der Kaulbachstraße, dem Sitz des Verlages, erforderlich machten, waren es vor allem seine in München lebenden Malerfreunde Max Bucherer, Albert Welti, Ernst Kreidolf, Otto Blümel und Alfred Kubin, die er gerne dort traf, dazu den Bildhauer Eduard Zimmermann, der 1906 hier die erste Büste von Hesse schuf.

Auch Hesses Basler Freund, der Keramiker, Maler, Möbeldesigner und Architekt Hermann Haas, war inzwischen nach München übegersiedelt und fertigte dort nach einer Modellzeichnung des Dichters dessen künftigen Schreibtisch an, der im August 1904 an den Bodensee spediert wurde und als einziges Möbelstück alle seine Umzüge überstanden hat. Ja noch 1975, lange nach Hesses Tod, trat dieses Fossil eine Reise um den halben Erdball nach Tokio an, weil die von jeher Hesse-vernarrten Japaner diese gewichtige Reliquie in dieser bisher größten, einem deutschen Dichter gewidmeten Ausstellung zeigen wollten. Waren doch auf diesem rustikalen Möbel fast alle seine Manuskripte bis hin zum »Glasperlenspiel« entstanden.

Mehrfach besuchte Hesse in München auch Deutschlands erstes politisches Kabarett »Die Elf Scharfrichter« in der Türkenstraße, verbrachte alkoholische Faschingsnächte in Schwabing und genoss in den Kammerspielen die tragikomischen Auftritte von Karl Valentin. Damals gab Valentin, erinnert sich Hesse, »mit einer kleinen Truppe u. a. ›Die Raubritter von München‹, eine außerordentliche Viecherei. … Nie habe ich ein vergnügteres Haus gesehen. Wie gern doch alle Menschen lachen! Weit von den Vorstädten laufen sie in der Kälte herein, zahlen Geld, warten lang, kommen erst um Mitternacht nach Hause, nur um eine Weile lachen zu können. Auch ich lachte sehr und meinetwegen hätte das Stück noch bis zum Morgen dauern können. Weiß Gott, wann man wieder zum Lachen kommt. Und je größer der Komiker ist, je schauerlicher und hilfloser er unsre Dummheit und unser banges Menschenlos auf die komische Formel bringt, desto mehr muss man lachen! Hinter mir unter den Zuschauern saß eine junge Frau, die legte mir beide Ellenbogen auf die Schultern. Ich drehte mich um, weil ich glaubte, sie hätte sich vielleicht in mich verliebt, aber es war nur das Lachen. Sie wurde davon gestoßen wie eine Besessene vom Dämon. Die Erinnerung an Valentin gehört zu den Kostbarkeiten dieser Reise.«

1910 spielte er erneut mit dem Gedanken, künftig wenigstens die Wintermonate mit seiner Familie in München zu verbringen. Nicht auszudenken, wie das auf sein Frühwerk abgefärbt hätte! Dann wäre wohl wie über seine Bodenseejahre auch ein Themenband über seine dortigen Erlebnisse und Eindrücke möglich geworden. Stattdessen müssen wir uns mit dem wenigen begnügen, was sich darüber in Erzählungen wie »Taedium vitae«, »Der Weltverbesserer« und seinem einzigen, 1910 in München, ein Jahr nach Albert Langens Tod, erschienenen Musikerroman »Gertrud« findet. Auch 1929 hat er noch einmal (in seinem Museumsbericht »Bilderbeschauen in München«) über den Genius Loci berichtet. Aber kein Vergleich mit Annette Kolbs Erinnerungsromanen »Die Schaukel« und »Daphne

Herbst« oder mit Thomas Manns »Doktor Faustus«, der nach der Katastrophe des Zweiten Weltkriegs die Genese des deutschen Niedergangs am Beispiel Münchens nachgezeichnet hat. Er sandte Hesse das Buch 1947 mit der Widmung: »Dies Glasperlenspiel mit schwarzen Perlen von seinem Freunde Thomas Mann«. Nach der Lektüre bemerkte Hesse in einem Brief vom Januar 1948 an den gleichfalls mit Thomas Mann befreundeten Schweizer Literaturkritiker Otto Basler: »Vermutlich hat Thomas Mann das ›faustisch‹ Deutsche, wie er es kannte und es selber in sich trägt, einmal von seiner diabolischen Seite betrachten wollen und zwar im Bild der deutschen Musikalität, die ja einerseits eine hohe Begabung, andererseits auch ein Laster ist, so wie Thomas Mann selber vermutlich seine tiefe Liebe zu Richard Wagner selbst als problematisch und gefährlich empfindet. Das wäre das Primäre. Hinzugetan hat er dann noch das andere, das Stück Zeitgeschichte und Schlüsselroman, den schlechteren aber auch amüsanteren Teil des Werkes und hat da insofern ins Schwarze getroffen, als München in der Geschichte der reaktionären Tendenzen wirklich eine führende Rolle gespielt hat und vermutlich heute noch spielt.« Schon vor 1914 war München ja leider ein Hauptsitz der »Alldeutschen«, »besonders dortige Verleger finanzierten diese Bewegung. Nach dem ersten Krieg war es ein Zentrum des sentimentalen Nationalismus. Hier ließ man Gustav

Landauer ermorden, ließ Hitler groß werden, und machte nach dem Putsch von 1923 seine Festungshaft zur Operette etc.« Diese Äußerung über das politische München jener Jahre ist der einzige abträgliche Befund, der bei Hesse vorkommt, wie denn seine kritischen Vorbehalte gegen Richard Wagner und die Missbrauchbarkeit seiner Musik nach wie vor bedenkenswert sind, zumal Thomas Manns Hassliebe zu Wagner für ihn verfänglich wurde und den blamablen »Protest der Richard-Wagner-Stadt« gegen ihn ausgelöst hat.

Vorherrschend jedoch sind Hesses positive Äußerungen über München als Stätte heiterer Sinnlichkeit, eines duldsamen Individualismus und kunstverständiger Toleranz, wenngleich ihn die intellektuellen Schaumschlägereien großspuriger Maler und Dichter der Schwabinger Bohème mitunter genervt haben. Sie seien, schrieb er 1913 in einem Brief, »das einzige, was ich an dieser famosen Stadt nicht mag«. Seine Erzählung »Taedium vitae« ist eine anschauliche Milieustudie des damaligen Schwabing. Dort kam er mit recht exzentrischen Naturellen in Berührung, aber auch mit Kollegen wie Otto Julius Bierbaum, Alexander von Bernus, dem Initiator des Schwabinger Schattentheaters, mit Wilhelm Weigand und Josef Hofmiller, den Gründern der »Süddeutschen Monatshefte«, mit Annette Kolb, Joachim Ringelnatz und dem ihm zeitlebens herzlich verbundenen Hans Carossa. Nicht zu vergessen seine

Freundschaft mit dem in der Dietlindenstraße, im Haus seines Schwagers, des Verlegers Ernst Heimeran, lebenden Autors der »Powenzbande«, Ernst Penzoldt, den Hesse als Humoristen mit der »lachenden Träne im Auge« rühmte.

Wenn Hesse nach 1934, als seine ab 1904 regelmäßig in der »Münchner Zeitung« erschienenen Feuilletons und Bücherberichte verboten wurden, auch nicht mehr nach München kam, so ist es zu guter letzt doch wieder ein dort lebender Autor gewesen, der ihn noch kurz vor seinem Tod in seiner Tessiner Wahlheimat besuchte und bald darauf auch an Hesses Beerdigung teilnahm. Es war Erich Kästner, der mir damals schrieb: »Meine Erinnerungen an Hermann Hesses Kameradschaft gehören zu meinen, was die Literatur anlangt, angenehmsten Erfahrungen. Es ist keine leichtfertige Redensart, wenn ich sage und schreibe, dass dieser Mann und Kollege mir unvergesslich sein wird.«

HERMANN HESSES ASIENREISE ALS MORITAT

Otto Blümel, Scherenschnitt aus dem Schattenspiel

Im vorletzten Sommer, den der Dichter am Bodensee verbrachte, hatte sich ihm die Möglichkeit geboten, den Schweizer Malerfreund Hans Sturzenegger, der seinen Bruder in Singapur besuchen wollte, auf einer Schiffsreise nach Indonesien zu begleiten. Er zögerte keinen Augenblick, diese Gelegenheit beim Schopf zu packen. Denn Indien war für Hermann Hesse schon immer ein Sehnsuchtsziel, zumal seine Mutter dort zur Welt gekommen war und sein Vater und Großvater an der Westküste des Subkontinents den sogenannten Heiden das Christentum nahezubringen versucht hatten. Schon seine ganze Kindheit im Calwer Elternhaus war bestimmt und durchsetzt von Reminiszenzen dieser aus Asien zurückgekehrten Missionarsfamilie, sei es nun durch Berichte, Erinnerungsstücke oder Besucher, die von der märchenhaften Welt am Äquator erzählten.

Diese nun endlich auch mit eigenen Augen erleben zu können hatte für Hesse einen unwiderstehlichen Reiz.

Die Nachricht von seinen exotischen Reiseplänen verbreitete sich wie ein Lauffeuer. Ja, sogar die regionalen Zeitungen nahmen Notiz davon und stimulierten die Phantasie seiner Sommergäste in Gaienhofen, insbesondere die des einfallsreichen Malers und Bühnenbildners Otto Blümel (1881-1973). Während sich Hesse mit Englischlektionen auf seine Tropenexpedition vorbereitete, dachte sich der Freund aus München einen Spaß aus und verfertigte in Wort und Bild ein Schattenspiel, das dem Dichter die Gefahren vor Augen führen sollte, auf die sich einzulassen er offenbar entschlossen war. Schon in seiner Kindheit hatte Otto Blümel Scherenschnitte und Silhouetten für Schattentheater entworfen, womit er Begebenheiten aus seiner Heimatstadt Augsburg glossierte. Ein Abenteuer freilich, wie Hesse es im Sinn hatte, bot seiner Phantasie ganz neue und kurzweiligere Entfaltungsmöglichkeiten.

So entstand innerhalb weniger Tage in einfallsreichen Sequenzen die Moritat von Hesses bevorstehender Asienreise. Sie wurde Ende August 1911, eine Woche bevor er die Koffer packte, in Otto Blümels Atelier in Anwesenheit des Dichters, seiner Familie und unter Mitwirkung anderer Freunde erstmals inszeniert. Mit der ihm eigenen Bescheidenheit hat Blümel später nie irgendwelches Aufheben davon gemacht. Die einzige

Notiz von ihm, die sich überliefert hat, lautet: »Anton Kerschensteiner hat als Kulissenschieber und Ludwig Renner als Sänger viel zu der geglückten Aufführung beigetragen.«

Das Spiel beginnt in Hesses vier Jahre zuvor auf einer Anhöhe über dem See erbauten Haus am Erlenloh. Von der dem Schweizer Ufer zugewandten Gartenterrasse hatte man damals noch einen weiten, unverbauten Blick über die ganze Seefläche, nach Osten zur Insel Reichenau und Konstanz, südwestlich zum Rheinausfluss bei Stein. Im ersten Bild des Schattenspiels sieht man den Dichter auf der verglasten Veranda mit der Lektüre eines alten Reiseschmökers beschäftigt. Es war der abenteuerliche Bericht des irischen Abtes Brandanus, der auf einer Barke mit einer Mannschaft von zwölf Mönchen im Jahre 577 eine Meerfahrt unternahm, um das »Land der Verheißung« zu entdecken. Hesse, der sich in seinen Bodenseejahren intensiv mit der Überlieferung alter Sagen und Heiligenhistorien befasste und zu dieser Zeit auch selber zahlreiche Legenden schrieb, scheint damals seinen Freunden die 1871 in deutscher Übersetzung erschienene Meerfahrt Brandans (»Navigation Sancti Brandani«, um 1050) zum Besten gegeben zu haben. Sie handelt von den Erlebnissen einer siebenjährigen Ozeanreise und von Meerungeheuern, die so groß waren, dass die Mönche sie für Inseln gehalten hatten. Solche Fabeln wecken in Otto

Blümels Moritat den Widerspruchsgeist des Dichters und, hin- und hergerissen zwischen Neugier und Zweifeln an der Glaubwürdigkeit des historischen Berichtes, fasst er plötzlich den Entschluss: »Nicht der Druckerschwärze trauen, / sondern selber gehn und schauen, / scheint mir rechten Mannes Art. / Mich gelüstet solche Fahrt / einmal selbst zu unternehmen, / um den Lügner zu beschämen.« Dass er daraufhin im Boot den ganzen Rhein hinab bis zu dessen Mündung in die Nordsee segelt und, wie es heißt, »Europen« umschifft und »plötzlich in den Tropen« landet, ist natürlich ebenso phantastisch wie alles, was ihm unterwegs zustößt, von der Begegnung mit einem Hai, der aus dramaturgischen Gründen als Walfisch daherkommt, bis zum Schiffbruch an der Küste von Ostafrika, wo die Reise ein abruptes Ende findet. Vom Fisch verschlungen und bald darauf wieder ausgespuckt – der unverdaulichen Chemikalien wegen, die der Schmetterlingsfan Hesse zum Präparieren der Tropenfalter mitgenommen hat –, findet er sich bald darauf umzingelt von Eingeborenen. Die wollen ohne viel Federlesens mit diesem »weißen Schwein« verfahren. Nur ihr auf seinen Erstlingsroman »Peter Camenzind« erpichter Häuptling, der sich als ein schiffbrüchiger Malergeselle aus Kaltbrunn bei Radolfzell herausstellt, rettet ihn vor dem Kochtopf. Auch die Rückreise auf dem Kriegsschiff »Dorothee« der kaiserlichen Marine ist natürlich erfunden, wenngleich schon etwas wahrscheinlicher. Man denke nur an den Hochseeflottentick des damaligen Kaiser Wilhelm II., der Deutschland auf Teufel komm raus zu einer Kolonial- und Seemacht aufrüsten wollte (»Unsere Zukunft liegt auf dem Wasser!«), und den nassforsch berlinernden Kommandoton seiner Offiziere, für den der aus Bayern stammende Otto Blümel wie alle seine Landsleute ein feines Gehör hatte.

Originalgetreu dagegen ist die Gestalt des Dichters mit Strohhut und Schmetterlingsnetz. Denn die Jagd auf Schmetterlinge und das Sammeln von Faltern war eine seiner Leidenschaften von Kindheit an, eine Passion, der er damals erneut mit seinen eigenen Kindern am Bodensee und erst recht am Äquator gefrönt hat, um einige besonders exotische Exemplare von seiner Reise nach Hause bringen zu können.

Urkomisch sind die Verse, die Otto Blümel sich für seine Moritat ausdachte. Ein fideler Einfall folgt auf den anderen, und wo ein Reim nicht ganz passt, wird mit etwas Sprachwitz nachgeholfen: »Fort nach Indien, fort nach Indien, / werden wir den Weg schon findien«, und im Urwald eingetroffen, »wo die Luft so heiß und dumpf / wie in einem trüben Sumpf« ist, seufzte Hermann Hesse »schwül: / Deutscher Wald wie bist du kühl!«. Dank ihrer Originalität haften viele dieser Verse im Gedächtnis, wie eingängige Melodien, die sich immer wieder einstellen, auch noch lange nachdem man sie gehört hat. Und wie angegossen passen zu diesen Versen auch die Scherenschnitte des Schattentheaters. Ihr Humor entspringt ähnlichen Quellen wie die Komik von Heinrich Hoffmanns »Struwwelpeter« oder der Schalk der Bildergeschichten Wilhelm Buschs und gewiss auch der Marionettenkomödien des Grafen Franz von Pocci.

Wirklichkeitstreu wie die erste Szene auf der Terrasse über dem Garten des Hesse-Hauses ist auch das letzte Bild mit der siebentürmigen Wasserburg von Steckborn, von wo aus der Schweizer Fährmann Jakob den Dichter über den See nach Gaienhofen zurückrudert. Dass Jakob auf den abenteuerlichen Bericht seines Fahrgastes nur mit einem gelassenen »Äbe' ja« reagiert, mag für den Leser zwar eine nur mäßig originelle Schlusspointe sein, für die damaligen Zuschauer des Schattenspiels dagegen war es ein erheiternder Ausklang, zumal jeder von ihnen den Jakob und seine durch nichts zu erschütternde thurgauische Wortkargheit kannte.

Fraglich ist, ob der amüsante Einfall, dem zufolge sich der Eingeborenenhäuptling als schiffbrüchiger Malergeselle vom Bodensee entpuppt, auf eine Anregung Hesses zurückgeht – ob also der Dichter bei dieser Posse doch ein wenig mitgemischt hat. Jedenfalls findet sich in Hesses Jugendschriften unter dem Titel »Hannes und Dadde« ein verblüffendes Gegenstück. Es handelt sich dabei um ein in Trochäen verfasstes

»frisch-fröhliches Seminaristen-Kneiplied«, das Hesse im Alter von 17 Jahren für seinen Maulbronner Schulfreund Theodor Rümelin geschrieben hat. Die unzertrennlichen Freunde, von Maulbronn ins Tübinger Stift versetzt, sollen sich dort auf ihr Examen vorbereiten. Doch plötzlich ist Hannes verschwunden. Auf das Gerücht hin, er sei nach Amerika geflohen, folgt ihm Dadde dorthin, nachdem er beim Examen gescheitert ist. Unter einen Indianerstamm geraten, wird er gefangen genommen und an einen Marterpfahl gebunden. Sein Leben verdankt er dem Häuptling, der sich unversehens als sein Schulfreund Hannes herausstellt, ähnlich wie sich der Häuptling bei Otto Blümel als ein Malergeselle aus Kaltbrunn, einem Dorf gegenüber der Bodenseeinsel Reichenau, entpuppt.

Wie Heinrich Hoffmanns »Struwwelpeter«, der ja zunächst auch nur für seine Kinder bestimmt war, hat sich Otto Blümel die Moritat weder für die Nachwelt noch für eine Buchpublikation ausgedacht. Sie war ein Spaß, aus besonderem Anlass einzig zum Hausgebrauch für seine Freunde. Vielleicht aber auch, um Hesse vor Antritt der Reise noch wankelmütig zu machen, in der Hoffnung, wie vordem den Rest des Sommers mit ihm am Bodensee verbringen zu können.

Als bewegliche Figuren eines Schattenspiels entworfen, können die Scherenschnitte freilich nur einzelne Szenen, nicht aber den von musikalischen Einlagen belebten Ablauf des Stückes vergegenwärtigen. Dennoch sind allein schon die Figuren und Verse so lebendig, dass es nicht schwerfällt, sich ihr Zusammenspiel vorzustellen und das Vergnügen nachvollziehen, das es den Zuschauern kurz vor Hesses Aufbruch nach Asien gemacht hat.

Am 7. September 1911 ist der Dichter dann von Genua aus, keineswegs im Segelboot, sondern an Bord der »Prinz Eitel Friedrich«, eines Dampfers des Norddeutschen Lloyd, in See gestochen. Er durchkreuzte das Mittelmeer, kam durch den Suezkanal, das Rote Meer und den Golf von Aden in den Indischen Ozean nach Ceylon (Sri Lanka), Sumatra und Singapur. Obwohl er es ursprünglich plante, hat er den indischen Subkontinent nie betreten. Denn viel früher als beabsichtigt, schon nach drei Monaten, musste er umkehren, weil er das feuchttropische Klima und, wie er sagte, den »Kolonialfraß« nicht mehr vertrug. Die Eindrücke von dieser Reise hat er in seinem Buch »Aus Indien« (1913) so anschaulich festgehalten, dass es bis auf den heutigen Tag, lieferbar ist.

Dagegen waren Otto Blümels Reime wie auch die Scherenschnitte des Schattentheaters lange Zeit verschollen, bis sein Sohn Walter sie, Letztere in etwas desolatem Zustand an verschiedenen Orten, wiederentdeckte. Anlässlich einer Veranstaltungsreihe, die Otto Blümels Geburtsstadt Augsburg 1997 zu Hesses

120. Geburtstag abhielt, präsentierte er sie erstmals der Presse, und bald darauf schon fiel der Entschluss, das Stück erneut aufzuführen. Zu diesem Zweck galt es, die aus schwarzem Karton gefertigten Scherenschnitte, welche die beiden Weltkriege nicht mehr ganz komplett und unversehrt überstanden hatten, originalgetreu zu restaurieren und nach alten Fotografien zu vervollständigen. Außerdem konstruierte Walter Blümel für die Neuinszenierung, die am 26. Juli 1997 im vollbesetzten Erdgeschoß des Münchner Rathauses am Marienplatz stattfand, eine von innen beleuchtete, dreiteilige Drehbühne, die es ermöglichte, die Transparente mit den verschiedenen Schauplätzen der Handlung ohne Zeitverlust ins Blickfeld zu rücken. Der Erfolg des nun erstmals vor einem großen Publikum gezeigten Schattenspiels war so überwältigend, dass das Stück seither mehr als zehnmal mit ganz ähnlichem Beifall auch an anderen Orten wiederholt werden konnte.

Sehr viel einfacher muss die Präsentation bei der Uraufführung Ende August 1911 in Gaienhofen gewesen sein. Die verschiedenen Szenentransparente, hinter welchen Otto Blümel die Figuren führte, wurden auf einen Tisch gestellt, so dass sich die Bühne in Blickhöhe der Zuschauer befand. In den mit musikalischen Einlagen überbrückten Pausen sorgte der bereits als »Kulissenschieber« erwähnte Anton Kerschensteiner für die erforderlichen Szenenwechsel. Leider hat sich bis heute kein einziger Bericht eines Augenzeugen über diese früheste Inszenierung gefunden, auch von Hesse ist bisher noch kein Brief darüber aufgetaucht. Nur ein kleines Stegreifgedicht von ihm ist überliefert, geschrieben anlässlich der Abreise des »Kulissenschiebers«:

»Heute geht schon wieder einer,
diesmal heißt er Kerschensteiner,
Wandervogel und Jurist.
Sich im Stande zu erhöhen,
sieht man ihn nach München gehen,
statt zu bleiben, wie er ist.
Möge Gott ihn lang erhalten,
hohe Ämter zu verwalten,
bis es ihm verleidet ist.«

Im Gegensatz zu Kerschensteiner, der schließlich zum Präsidenten des Bayrischen Arbeitsgerichtes aufstieg, verlief die Karriere seines Freundes Otto Blümel weniger spektakulär. Seit 1908 war er Leiter des Zeichensaals der bekannten in Bremen und München ansässigen Vereinigten Werkstätten für Kunst im Handwerk und mit seinen mehr als 600 innenarchitektonischen Einrichtungsentwürfen neben Professor Bruno Paul und Professor P. L. Troost einer ihrer produktivsten Mitglieder. Ab 1920 war Otto Blümel Fachdirektor der Schnitzschule in Partenkirchen. Zu seinen reizvollsten

Veröffentlichungen zählt das 1914 im Münchner Verlag von Albert Langen erschienene Bändchen »Larifari« mit den zeitkritischen Kasperlstücken »Der Dichter«, »Der Klausner« und »Die Maler«, das 1996 (herausgegeben von Manfred Wegner im Buchendorfer Verlag, München) neu aufgelegt wurde. Hesse schrieb darüber am 20. September 1917 in der Zeitschrift »März«:

»Wer ein paar Stunden lang die echteste Luft des alten, guten, kultiviert-vergnügten München atmen will, mit Anklängen an Pocci und Spitzweg und Anklängen an Schwabing, der lese und betrachte das Büchlein ›Larifari‹, drei Kasperlstücke, Text und Zeichnungen von Otto Blümel. Das ist kein Theater- und Modekasperl, mit Berliner Einschlag aus dem Hochdeutschen übersetzt, das ist der alte bayrische Kasperl, ganz und gar, einerlei ob er Radi frisst oder futuristische Bilder malt. Die drei Spiele gehören zu den besten Stücken süddeutschen Humors aus unserer Zeit.«

Blümels Vorliebe für die Mundart machte ihn auch zum Mitarbeiter bei der Erstellung des »Bayrischen Wörterbuches«. Denn »das Sprachliche«, betont er in einem für die »Münchner Zeitung« geschriebenen Selbstporträt, »hat mich von Jugend auf immer beschäftigt. Dabei habe ich früh gespürt und herausgefunden, dass die Mundart an Unmittelbarkeit und Ausdruckskraft der Schriftsprache oft weit überlegen ist, gerade auch im Ernsten und Zarten, dem die meisten Dialektschriftsteller aus dem Wege gehen.« Dieses Sensorium für die leisen Töne zeigt sich besonders in Otto Blümels 1932 in bayrischer Mundart geschriebenem „Werdenfelser Krippenspiel", das bald darauf in einer reizvoll von ihm ausgestatteten Buchausgabe ebenfalls bei Albert Langen erschien.

1913 plante Hesses Verleger für seine neue Reihe »S. Fischers Illustrierte Bücher« ein von Otto Blümel bebildertes Bändchen mit den damals in Buchform noch nicht vorliegenden Hesse-Erzählungen »Der Novalis«, »Casanovas Bekehrung« und »Ein Wandertag vor hundert Jahren«. Otto Blümel machte sich sofort an die Arbeit, doch offenbar zu einem Zeitpunkt, als im Verlag bereits mit der Ausstattung der Bändchen experimentiert wurde. Blümels größtenteils breitformatige Illustrationen erwiesen sich für den engen Satzspiegel der kleinen hochformatigen Bücher, auf die sich S. Fischer dann festlegte, als ungeeignet. Auch wollte der Verleger auf die ihm schwächer erscheinende Erzählung »Der Novalis« verzichten. Als Hesse dennoch darauf bestand, diese Geschichte aufzunehmen, verlor der Verlag die Lust an diesem Projekt, woran auch Otto Blümels Entgegenkommen, die Illustrationen dem gewünschten Kleinformat von 8 x 8,5 Zentimetern anzupassen, nichts mehr ändern konnte. Die reizvollen, heute im Nachlass des Illustrators befindlichen Bilder zu Hesses »Wandertag vor hundert Jahren« sind somit leider unveröffentlicht geblieben. Ob Blümel auch die Erzählungen »Der Novalis« und »Casanovas Bekehrung« noch bebildert hat, ist ungewiss.

Die Freundschaft, die Hesse mit Otto Blümel verband, war lebenslang. Ihr Briefwechsel von 1909 bis zum Tod des Dichters umfasst etwa 400 Schreiben und zählt zu seinen ungetrübtesten Verbindungen mit Künstlerkollegen, zumal sich Otto Blümel – was ja nicht von allen Freunden Hesses aus den Bodenseejahren gesagt werden kann – bei aller Traditionsverbundenheit auch gegenüber den Herausforderungen des Nationalsozialismus als immun erwies.

»RÜCKKEHR ZU DEN QUELLEN DES LEBENS«

Indien im Werk von Hermann Hesse

Bootshafen von Singapore

Als Hermann Hesse, 34-jährig, im Oktober 1911 zur weitesten Reise seines Lebens nach Asien aufbrach, verabschiedete er sich, kurz bevor er in Genua das Schiff bestieg, mit einigen Postkarten bei seinen Freunden. Eine davon war an Reinhold Geheeb, den Redakteur der satirischen Zeitschrift »Simplicissimus«, gerichtet und lautete:

»Still verlaß ich dieses Hafens Becken,
Nun kann Europa mich am … [Arsche lecken].«

Solch deftige Animosität gegen das im Rausch der industriellen Gründerjahre auftrumpfende Deutsche Reich war wohl begründet. Denn schon lange war dem Dichter der präpotente Eurozentrismus und die koloniale Vereinnahmung der sogenannten Dritten Welt wie auch die säbelrasselnde Prahlsucht des letzten deutschen Kaisers ein Dorn im Auge gewesen. Dass Hesse wenige Monate nach seiner Rückkehr von dieser Reise Deutschland für immer verließ und den Rest seines Lebens in der Schweiz verbrachte, hängt gleichfalls mit diesem zeitgeschichtlichen Klima zusammen. Nicht so sehr das Interesse für die Kolonialpolitik der von den Engländern und Holländern verwalteten Länder war es, das ihn zu dieser Exkursion in den Indischen Ozean motivierte, sondern seine Neugier auf alternative Weltbilder und Existenzformen, die ihn bereits vier Jahre zuvor in die Aussteiger- und Lebensreformkolonie auf den Monte Verità bei Ascona geführt hatte. Auch biographische Gründe waren im Spiel, ist doch seine Mutter an der westindischen Malabarküste zur Welt gekommen, wo auch die Großeltern und sein Vater als Sendboten der Basler Mission viele Jahre verbracht hatten. Dort hatten sie Hindus, Moslems und Buddhisten gegen die untereinander konkurrierenden anglikanischen, katholischen, methodistischen, prespiteranischen, wiedertäuferischen und sonstigen christlichen Bekenntnisse nun auch noch für die protestantische Variante der Heilslehren ihrer Kolonialherren zu erwärmen versucht.

Zwar war Hermann Hesses Vater bei der Geburt seines Sohnes schon seit fünf Jahren aus Indien zurück und vom Missionsdienst vor Ort aus Gesundheitsgründen freigestellt worden, doch setzte er diese Tätigkeit als Leiter des damals größten deutschen Missionsverlages auf publizistische Weise danach auch in der Heimat fort. So hatten seine Kinder reichlich Gelegenheit, mit den sogenannten Heiden, den Objekten dieses Bekehrungseifers, in Berührung zu kommen. Was Wunder, dass Hermann Hesse spätestens ab dem Zeitpunkt mit diesen Menschen zu sympathisieren begann, als auch ihm die Selbstbestimmung verweigert wurde und ihn die Familientradition in die überkommene Laufbahn zu drängen begann. Deshalb musste er sich wehren, um nicht selbst zum Opfer eines Weltbildes zu werden, das seiner Veranlagung so starke Grenzen setzte, dass er sich darin gefangen vorkam »wie ein Vogel in einem zu engen Käfig«. »So groß und edel das Christentum meiner Eltern als Dienst und Opfer war«, erinnert Hesse sich 1930 in seinem Aufsatz »Mein Glaube«, »die konfessionellen und zum Teil sektiererischen Formen, in denen wir Kinder es kennenlernten, waren mir schon sehr früh verdächtig und zum Teil ganz unausstehlich. Es wurden manche Sprüche und Verse gesagt und gesungen, die schon den Dichter in mir beleidigten.« Und ein Dichter, das war ihm seit seinem zwölften Lebensjahr klar, wollte er werden, nicht aber ungeprüft übernehmen, was für seine Eltern das Zweckmäßigste und Naheliegendste war, also deren Kurs fortzusetzen und gleichfalls ein missionierender Kirchenbeamter zu werden. Um dieser ihm vorbestimmten Laufbahn zu entkommen, ist er im Alter von 14 Jahren nach wenigen Monaten aus dem Theologischen Seminar fortgelaufen.

Fast zehn Jahre lang bis zu seinem dreißigsten Lebensjahr machten ihm die Darstellung und Rechtfertigung seiner Abweichungen von den traditionellen Erwartungen zu schaffen. Erst dann war er frei, sich Neuem zu öffnen. Dass er sich daraufhin ausgerechnet Indien zuwandte, jener Kultur, die seine Vorfahren zu christianisieren und zu europäisieren versucht hatten, ist nicht verwunderlich. Angeregt durch Arthur Schopenhauer, dem am stärksten vom indischen Denken geprägten europäischen Philosophen, beginnt Hermann Hesse ab 1907 mit Yoga, Askese und Selbstkasteiung zu experimentieren. Mit Herzklopfen, wie er sagt, vertiefte er sich in die spirituellen Erkenntnisse der hinduistischen »Bhagavad-Gita« und die bisher nur ins Lateinische übersetzte »frühlingshaften Gleichnisse der Upanishaden« und unternimmt daraufhin eine Reise nach Indonesien, wo er drei Monate lang die Völker studiert, an denen »der Europäer bis heute nur Dieb, Eroberer und Ausbeuter geworden ist«.

Ein befreundeter Schweizer Maler, Hans Sturzenegger, der seinen Bruder in Singapur besuchen wollte, begleitete Hesse auf dieser Reise, auf deren Rückweg er auch Vorderindien und dort vor allem Kerala kennenzulernen hoffte, dessen Sprache, das Malayalam, sein Großvater Hermann Gundert einen Großteil seiner Lebensarbeit gewidmet hat.

Aber es kam anders. Wie vordem seinem konstitutionell zarten Vater, machten auch Hesse das tropische Klima und die ungewohnte Ernährung so sehr zu schaffen, dass er es in diesen Breitengraden nur zwölf Wochen lang aushielt und nach Aufenthalten in Sri Lanka, der Malayischen Halbinsel und Sumatra die Reise früher als beabsichtigt abbrach, ohne den indischen Subkontinent betreten zu haben. Doch auch in der damals als Hinterindien bezeichneten Inselwelt fand er auf überwältigende Weise bestätigt, was er als Kind schon im Elternhaus an den zum Christentum bekehrten »Heiden« beobachtet hatte: »Die religiöse Ordnung und Gebundenheit all dieser Millionen Seelen. Der ganze Osten atmet Religion, wie der Westen Vernunft und Technik atmet.« Primitiv und jedem Zufall preisgegeben schien ihm das Leben des Abendländers verglichen mit der vertrauensvollen Religiosität des Asiaten, sei er nun Buddhist, Hindu oder Moslem.

Erstmals wurde ihm hier die Verwandtschaft zwischen Buddhismus und lutheranischem Protestantismus, zwischen hinduistischer und katholischer Bilderfreudigkeit und die einzigartige Legierung bewusst, zu welcher die Japaner den auf das Praktische gerichteten Konfuzianismus und den spirituelleren Taoismus unter dem Einfluss der indischen Buddhalehre zum Zen-Buddhismus verschmolzen haben, einer Weltliches wie Geistiges, Logik und Intuition in weltoffener Harmonie verbindende Lebenshaltung, die ihm auch bei der vorwiegend chinesischen Bevölkerung Singapurs so imponieren sollte. Indessen war es von diesem erfreulichen Augenschein bis zum wirklichen Verständnis der kulturgeschichtlichen Zusammenhänge noch ein weiter Weg. Gab es doch bis 1911 in Deutschland weder verlässliche Übersetzungen der Veden, der Upanishaden, der Bhagavad Gita, der Reden Buddhas noch der Schriften Lao Tses, die bei uns erst sieben Jahre später zu erscheinen begannen. Doch schon diese ersten, vor Ort erlebten Eindrücke und Beobachtungen genügten ihm, um bald darauf eine intensive Beschäftigung mit diesen Quellenwerken auszulösen, deren Ergebnisse nach dem Leidensdruck des Ersten Weltkriegs in seine indische Dichtung »Siddhartha« mündeten. Erst darin ist es ihm geglückt, eine gemeinsame Formel für das zu finden, was Buddhismus, Hinduismus, Konfuzianismus, Taoismus und Christentum miteinander verband, in einer Dichtung, die er als sein Glaubensbekenntnis bezeichnete und von der Henry Miller sogar sagte, er halte Hesses »Siddhartha« für eine wirksamere Medizin als das Neue Testament.

Drei Monate nach der Rückkehr von seiner Asienreise, im Dezember 1911, fixierte Hesse seine Eindrücke zunächst in dem 1913 erschienenen Buch »Aus Indien«, dessen bemerkenswertester Bestandteil die Erzählung »Robert Aghion« ist, worin er sich erstmals auch literarisch mit dem problematischen Religionsverständnis seiner Familie auseinandersetzte. Ursprünglich hatte er dieser Erzählung die konkretere Überschrift »Der Missionar« gegeben. Später ersetzte er diesen Titel durch den Eigennamen der Hauptfigur Robert Aghion, weil er wohl ahnte, wie allergisch sein damals noch lebender Vater und die ihm nahestehenden Kreise der Mission darauf reagieren würden.

Die Geschichte schildert den Werdegang eines englischen Vikars, der als Missionar in die britische Kronkolonie Bombay geschickt wird und bald schon erkennen muss, dass die stolzen Brahmanen keineswegs jenes angeblich so unbedarfte Naturvolk waren, das darauf wartet, sich von den Europäern über die göttliche Ordnung belehren zu lassen. Wie Hesse selbst, erlebt Robert Aghion den indischen Alltag als so von Religiosität und frommer Symbolik durchdrungen wie nirgendwo in Europa und findet dabei eine Toleranz gegen Andersgläubige, die ihn beschämt. Im Gegensatz zu seinen Landsleuten, Kolonialherren, Händlern und Missionaren, erlernt Robert Aghion die Sprache der Hindus, und in dem Maße, wie er dabei die von ihm zu »bekehrende« Kultur kennenlernt, scheint es ihm »eine Frechheit und Überhebung, als Abgesandter eines fremden Volkes diesen Menschen ihren Gott und Glauben zu nehmen und einen anderen dafür aufzunötigen«.

Robert Aghions Abkehr von seinem missionarischen Auftrag, sein Erlernen der hinduistischen Sprachen und die wachsende Wertschätzung dieser Menschen mögen eine Reverenz an Hesses Großvater, Dr. Hermann Gundert, gewesen sein, der gleichfalls als Missionar an die Malabar-Küste ausgezogen war und 24 Jahre später zwar nicht als Hinduist doch als hochkarätiger Indologe zurückkehrte, nachdem er die vielen Malayalam-Dialekte durch seine Bibelübersetzung – wie Luther die deutschen Mundarten – zu einer Hochsprache verschmolzen hatte.

Zehn Jahre nach dieser Missionarserzählung hat Hesse in der Buddha-Legende »Siddhartha« seinem Helden einen Gegenspieler zur Seite gesetzt: Es ist Siddharthas Freund Govinda, der sich nicht zu lösen vermag von der Autorität des Gotama. Obwohl auch Siddhartha diesen Buddha verehrt, muss er ihn doch an einem bestimmten Punkt seiner Entwicklung verlassen, um seinem eigenen Kompass folgen zu können, während Govinda immer ein Schüler, ein Trabant, Epigone und Mitläufer bleibt.

Seine Ahnung, dass die ganze abendländische Betriebsamkeit, die Überbewertung der Sekunde, des Materiellen und Quantitativen nur Selbsttäuschung sei, fand Hesse auf seiner Asienreise bestätigt. Zurückgekehrt, schrieb er im Februar 1912 an Wilhelm Schäfer: »In Indien war es sehr schön, wenn ich die Kost dort vertragen hätte und mich nicht auf Rotwein und Opium hätte einschränken müssen, wäre ich noch lang geblieben. So gab ich Vorderindien preis.« … »Ich war im Urwald in Hinterindien in Sumatra, habe mit den Affen malayisch gesprochen, Schmetterlinge gefangen und Krokodile belauscht. Es war wundervoll, und ich ginge am liebsten schon bald wieder hin, nur sind es leider 24 Tage Seereise.« Die Mehrheit der Einheimischen erlebte Hesse mit Zorn auf die Kolonialmächte als »arme Reste einer alten Paradiesmenschheit, die vom Westen korrumpiert und gefressen wird, liebe, gutartige und geschickte Naturvölker, denen unsere Kultur den Garaus macht. Wenn die Weißen hier das Klima besser vertrügen und ihre Kinder hier aufwachsen lassen könnten, gäbe es keine Inder mehr.« Und in einem Aufsatz über indische Architektur heißt es: Die Kolonialherren hätten die Städte ganz neu gestaltet und damit Hygiene und Bequemlichkeit, aber wenig Schönheit importiert. »Von allen Europäerbauten sind einzig die Bungalows schön, weil sie sich notgedrungen den Bedürfnissen des Klimas fügen und sich darum an den Urtyp des indischen Wohnhauses halten mussten. Alles andere, was sie hier gebaut haben und bauen, wäre würdig in einer deutschen Bahnhofsstraße des 19. Jahrhunderts zu stehen.« Falscher Marmor, Wellblech und Gewerbeschulrenaissance verseuchten die einheimische Bauweise. »Das übelste aber sind die Kirchen, die dort entwurzelt und in entgleister englischer Gotik das kulturelle Unvermögen des Westens predigen. Das gehört, weit mehr als Schmutz und Fieber, zu den Peinlichkeiten einer indischen Reise. Denn hier fühlt man sich im Innersten mitverantwortlich. Und diese Dinge sind alle, gleich einem deutschen Postgebäude, ebenso solide wie hässlich gemacht. Ein Malayenhaus, das gestern fertig wurde, wird in drei Monaten wetterfarben und angepasst und völlig eingewachsen sein, als stünde es schon 50 Jahre da. Ein holländisches Residentenpalais aber, eine englische Kirche, ein französisches Schulhaus wird unser Auge nicht erfreuen können, ehe es seine schuldbeladene Existenz zu Ende gelebt und seine Bestandteile der Natur zurückgegeben hat.«

Dass Europa den Naturvölkern gegenüber »voll von Schuld und ungebüßten Sünden starrt, lässt sich nicht leugnen«, betont er 1914 in seiner »Erinnerung an Asien«. »Die unterdrückten Völker der Tropenländer stehen unserer Zivilisation als Gläubiger mit älteren und gleichbegründeten Rechten gegenüber, wie etwa die Arbeiterklasse in Europa. Wer im eigenen Automobil und Pelz an Arbeitern vorüberfährt, die müde und frierend nach Hause gehen, kann keine ernsteren Gewissensfragen an sich stellen, als wer auf Ceylon, Sumatra oder Java als Herr zwischen lautlos bedienenden Farbigen lebt.« Die Menschen dort hätten es zwar im Gießen von Kanonen und Einrichten von Fabriken nicht weit gebracht, aber sie müssten es eines Tages zweifelsohne lernen und würden damit auch noch den Rest dessen verlieren, was sie den Industrienationen an Lebensqualität voraushätten. Dies ist der Tenor von Hesses 1913 erschienenem Reisebericht »Aus Indien«, einem ganz subjektiven, doch in seiner Anschaulichkeit erstaunlich sachlichen Buch, das mit eindringlichen Beispielen die Unterschiede der indonesischen und europäischen Lebensart darstellt.

Schon ein Jahr später, 1914, entlud sich der Aktivismus der europäischen Industrienationen im Ersten Weltkrieg, den Hesse journalistisch und zugleich praktisch mit dem Aufbau einer Zentrale für Kriegsgefangenenfürsorge zu widerstehen versuchte. Damit setzte er sich so vielen Angriffen aus, dass er darüber krank wurde und sich (übrigens als erster namhafter deutscher Schriftsteller) einer Psychoanalyse unterziehen musste.

1918, wenige Monate vor Beendigung des Völkermordens, begann in Deutschland erstmals eine vollständige und zuverlässige Ausgabe der Reden Buddhas zu erscheinen, in der kongenialen Übersetzung des drei Jahre zuvor im Alter von fünfzig Jahren gestorbenen Karl Eugen Neumann. Der äußere Erfolg dieses Quellenwerkes war allerdings gering. In den nächsten zehn Jahren konnten kaum 200 Exemplare davon verkauft werden. Aber das hatte wenig zu besagen, denn die langfristige Wirkung war erstaunlich. Setzte es doch der verheerenden Explosion abendländischer Hektik und Reizüberflutung eine innere Balance und Besonnenheit auf das entgegen, was unser Leben in Wirklichkeit ausmacht und fördert. Hesse empfand diese Veröffentlichung als Wohltat. In fünf Zeitungen und Zeitschriften hat er mit ausführlichen Besprechungen dafür geworben und sich gegen Kritiker gewehrt, welche glaubten, die scheinbar endlosen Wiederholungen und meditativen Bilderfolgen der Buddha-Reden als monotone Gebetsmühlen verspotten zu dürfen: »Diese Kritik«, schreibt Hesse, »geht von einer Einstellung aus, welche der Sache nicht gerecht zu werden fähig ist. Buddhas Reden sind nicht Kompendien einer Lehre, sondern sie sind Beispiele von Meditationen, und das meditierende Denken eben ist es, was wir bei ihnen lernen können, … Zweck und Resultat der Meditation ist nicht ein Erkennen im Sinn unserer westlichen Geistigkeit, sondern ein Verschieben des Bewusstseinszustandes, eine Technik, deren höchstes Ziel reine Harmonie, ein gleichzeitiges und gleichmäßiges Zusammenarbeiten von logischem und intuitivem Denken ist … Sobald wir aufhören, die Lehre Buddhas rein intellektuell zu betrachten … finden wir fast unabhängig vom philosophischen Gehalt den dynamischen Kern seiner Lehre und eines der großen Menschheitsvorbilder in ihm. Wer aufmerksam auch nur eine kleine Zahl der zahllosen Reden Buddhas liest, dem tönt daraus bald eine Harmonie entgegen, eine Seelenstille, ein Lächeln und Drüberstehen, eine völlig unerschütterliche Festigkeit, aber auch eine unbeirrbare Güte und unendliche Duldung. Und über die Wege und Mittel, zu dieser heiligen Seelenstille zu gelangen, sind diese Reden voll von Ratschlägen, Vorschriften und Winken.« Der gedankliche Inhalt der Buddhalehre, betont Hesse, sei aber nur die eine Hälfte seines Werkes, »die andere ist sein Leben, seine geleistete Arbeit«, eine seelische Selbstzucht, »von der jene Ahnungslosen keine Vorstellung haben, die über Quietismus, Träumerei und dergleichen bei Buddha reden und ihm die westliche Kardinaltugend der Aktivität absprechen. Die Warnungen vor dieser Gefahr, die wir so häufig vernehmen, stammen alle von Lagern, die Partei sind, die ein Dogma und ein Rezept zu hüten haben.«

Erst jetzt, nach der Erschütterung durch den Ersten Weltkrieg und nachdem er das buddhistische Quellenwerk studiert hatte, setzt Hesses intensivste Beschäftigung mit Indien ein, seiner Kultur und den verschiedenen Metamorphosen der indischen Religionsgeschichte. Nach dieser Asienreise hatte er zwar viel und mit Sympathie über Indonesien und Indiens Literatur geschrieben, über das Papageienbuch und die Somadewa-Märchen, dazu Reiseberichte und Rezensionen von Übersetzungen aus den Upanishaden, den Veden und der Bhagavad Gita. Aber erst jetzt trat seine Beziehung zu Indien in eine neue Phase und wurde auch produktiv für das eigene poetische Werk. Das erste Ergebnis war die erwähnte Erzählung »Siddhartha«, mit deren Niederschrift er im Dezember 1919 begann. Obwohl sein Held den Vornamen Buddhas trägt, gibt es zwischen ihm und dem historischen Buddha deutliche Unterschiede. Der historische Buddha, soviel wir heute, mehr als 2.500 Jahre nachdem er gelebt hat, von ihm noch wissen können, soll als jung verheirateter Sohn eines Präsidenten von Sakya mit 29 Jahren Frau und Sohn verlassen haben, aus Überdruss am Wohlleben und Luxus, aus Protest gegen die Ungerechtigkeit des Kastensystems, die Korruption der Brahmanen, die Käuflichkeit der Gnade, den Zauber- und Opferkult, und schließlich soll er über den Weg der Askese und Meditation die Erleuchtung gefunden haben.

Auch Hesses Siddhartha ist solch ein Ungenügsamer, der die eingefahrenen Spuren verlässt, um sich selbständig auf die Suche zu machen. Doch ist er eine moderne, von abendländischen Erfahrungen gespeiste Inkarnation des Buddha. Er ist kein Prinz, sondern der Sohn eines Brahmanen, Mitglied der Gelehrten- und Priesterkaste, wie auch der Theologensprössling Hesse es war. Während der historische Buddha bereits mit 29 Jahren fast alles hinter sich hat, Ehe und Familie, dem Irdischen entsagt und die menschliche Existenz als unabänderlichen Leidensweg empfindet, setzt der

Erfahrungsprozess von Hesses Siddhartha bereits ein, nachdem er sein Elternhaus verlassen hat. Wie der historische Buddha erlernt auch er bei den Samanas Askese und Meditation und begegnet einem Weisen, der die Überwindung der Welt, die Erlösung von Leiden und Tod weniger predigt als selber praktiziert, verkörpert und ausstrahlt. Die Erkenntnis, dass dieses Wissen nicht mit Worten vermittelt, sondern nur durch eigenständige Erfahrungen erlangt werden kann, unterscheidet Hesses Siddhartha von den Jüngern des historischen Buddha, die seine Gebote befolgen, ohne am eigenen Leib erfahren zu haben, aus welchen Turbulenzen sie entstanden sind. Deshalb muss Hesses Siddhartha bei der Hetäre Kamala (das Sanskritwort für Begehren) und beim Kaufmann Kamaswami (das Sanskritwort für Besitzen) eine Entwicklung durchlaufen, die das Sansara (das Weltleben) nicht meidet, sondern es im Gegenteil bis zur Neige durchleben muß, nach der Devise: »Der kürzeste Weg durch die Welt der Schmerzen führt mitten durch den Schmerz hindurch«, »Sobald das Leid groß genug ist, geht es vorwärts« und: »Eh nicht das Äußerste erreicht ist, kehrt sich nichts ins Gegenteil.« Erst als sich der Kreislauf wiederholt und Siddhartha bei seinem eigenen Sohn erfahren muss, dass es aussichtslos ist, Irrwege durch Ratschläge ersparen zu wollen, ist der Höhe- und Wendepunkt seiner Entwicklung erreicht, und er wird seinerseits zu einem Buddha geläutert.

So hatte Hesse selbst es erlebt, und anders konnte er dieses fernöstliche Weltbild für Europa nicht aktivieren. Das Echo bei seinen Zeitgenossen war zwiespältig. Die Presse besprach das Buch mit achtungsvoller Verlegenheit, als es im Oktober 1922 erschien. Man wollte nach dem verlorenen Krieg keine Introversion und Selbstkritik, sondern die Schmach der Niederlage verdrängen und das Verlorene zurückhaben. Nicht zufällig begann fast zum selben Zeitpunkt die nationalsozialistische Partei sich zu formieren und Hitler »Mein Kampf« zu schreiben.

Doch es gab auch Bestätigungen. Zwei Monate bevor die Buchausgabe von »Siddhartha« ausgeliefert wurde, ereignete sich der Glücksfall, dass ein indischer Geschichts- und Literaturwissenschaftler Hesse besuchte. Der damals 31-jährige Kalidas Nag aus Kalkutta hatte gemeinsam mit Romain Rolland den Dichter im August 1922 auf einem Kongress in Lugano den Schluss seines »Siddhartha« vorlesen hören. Und es war Liebe auf den ersten Blick. Denn während seines zweijährigen Aufenthaltes in Europa war dieser Historiker aus Bengalen bisher noch keinem Abendländer begegnet, der ihm, wie er sagte, »so von innen heraus asiatisch zu denken und zu leben« schien. Deshalb besuchte er den Dichter mehrfach in seiner Eremitage in Montagnola, rezitierte ihm Beispiele bengalischer Lyrik, Gedichte aus dem Sanskrit und sang Lieder von Tagore, was Hesse als überzeugendere Anerkennung empfand, als alle Pressereaktionen auf sein Buch. »Es war zum ersten Mal, daß mir der Ertrag meiner vieljährigen Beschäftigung mit Asien von einem Asiaten bestätigt wurde«, erinnert er sich in einem Aufsatz, den er bald nach dieser Begegnung schrieb. Und Kalidas Nag notierte in sein Tagebuch: »ki sunda manus = was für ein wunderbarer Mensch!« Für Hesse wiederum war Kalidas Nag, wie er 1923 bemerkte, ein »Engel aus einer imaginären Heimat«, von dem er sich nicht nur intellektuell verstanden glaubte, sondern aus einem gemeinsamen Urgrund heraus. Aus dieser Begegnung wurde eine Freundschaft, und noch mehrere Jahre wechselten der Dichter und der indische Gelehrte Briefe miteinander. Martin Kämpchen, der Indien-Berichterstatter der »Frankfurter Allgemeinen Zeitung«, hat diese Korrespondenz 1993 bei den Nachkommen von Kalidas Nag entdeckt, sie veröffentlicht und sowohl in Kalkutta als auch in Deutschland darüber berichtet. Seine Forschungen haben unter anderem ergeben, dass kein anderer der einflussreichen deutschen Autoren seiner Generation, weder Thomas Mann, Kafka, Rilke noch Stefan Zweig, Briefe mit einer indischen Persönlichkeit von kulturellem Rang gewechselt habe.

Die Bestätigung durch Kalidas Nag war also die erste und erfreulichste Rückmeldung, welche die »Siddhartha«-Dichtung ihrem Verfasser brachte. Ob Hesse glücklich gewesen wäre über die erst nach seinem

Tod einsetzende weltweite Rezeption dieses Buches und dessen Verfilmung darf man bezweifeln. Für Millionen zivilisationsüberdrüssige Amerikaner und Europäer ist der »Siddhartha« seit dem Vietnamkrieg eine Art Bibel geworden. Zu Hunderttausenden kamen sie als Hippies, Tramper oder als sensationshungrige Globetrotter nach Indien, in der Hoffnung, die Botschaft dieses Buches auf touristische Weise nachvollziehen zu können. Vermutlich sind die meisten von ihnen ebenso ernüchtert zurückgekehrt wie Hesse damals von seiner Indonesienreise, enttäuscht darüber, von geschäftstüchtigen Gurus geprellt worden zu sein und von indischer Spiritualität nichts als deren folkloristische Außenseite gefunden zu haben. Wie Hesse selbst, als er 1911 europamüde nach Asien floh, fanden sie dort zumeist nur den Reiz der Exotik. Denn vom indischen Geist, den er eigentlich gesucht hatte, waren sie eher abgelenkt worden. »Ich mußte«, notiert Hesse 1923, »aufhören, in Indien die Erlösung von Europa zu suchen, ich mußte aufhören, Europa im Herzen zu befeinden, ich mußte die magischen Brücken finden, das wahre Europa und den wahren Osten mir im Herzen und Geist zu eigen machen und das dauerte Jahre um Jahre, Jahre des Leidens, der Unruhe, des Krieges, der Verzweiflung.«

Doch mit dem »Siddhartha« war sein Umgang mit Indien keineswegs erschöpft. Im Aufsatz »Sehnsucht nach Indien« kam er 1925 wieder darauf zurück und empfahl neben Neuerscheinungen auf dem deutschen Buchmarkt, die sich mit indischer Kultur befassten, auch die von Ramanda Cyatterjee herausgegebene Monatsschrift »Modern Review« aus Kalkutta, von deren Frische, Geistigkeit und friedlicher Internationalität die europäischen Zeitschriften sich ein Stück abschneiden könnten. Er rühmt darin die Bilder indischer Maler und bedauert einmal mehr, dass es in Asien bald kein primitives Volk und keinen Malaien mehr geben werde, »der nicht den kleinen Amerikaner spielte«, und keinen Urwaldfluss mehr, dessen Verlauf in absehbarer Zukunft nicht korrigiert und in Zement gefasst sein werde.

Eines von Hesses bald darauf entstandenen »Krisis«-Gedichten aus der Steppenwolf-Zeit hat er dem indischen Dichter Bhartrihari gewidmet, einem dem Steppenwolf wahlverwandt zwischen Trieb und Geist nomadisierenden buddhistischen Mönch aus dem 7. Jahrhundert.

In seinem Alterswerk »Das Glasperlenspiel«, worin der Dichter in den Jahren 1931 bis 1942 ein Kontrastprogramm zur Ideologie des Nationalsozialismus entwickelte, finden wir eine weitere Reverenz an indisches Denken und die Vorstellung von Wiedergeburt und Seelenwanderung. Eine der Übungen, die man den Studenten der kastalischen Hochschule in der pädagogischen Provinz abverlangt, ist es, sich die Entwicklungen ihrer individuellen Anlagen unter den verschiedenen Konstellationen anderer Zeitalter vorzustellen, da »ihrer jetzigen Existenz frühere vorangegangen sein könnten, in anderen Körpern, zu anderen Zeiten, unter anderen Bedingungen«. Deshalb mussten sie als Spiel der Imaginationskräfte erfundene Lebensläufe verfassen, um »ihre eigene Person als Maske, als vergängliches Kleid einer Entelechie« kennenzulernen. Eine der drei von Hesses Romanheld Josef Knecht erdachten Wiedergeburtsphantasien ist der vierzig Seiten umfassende »Indische Lebenslauf«, der im hinduistischen Indien spielt. Er handelt vom Fürstensohn Dasa, der wie Hesses Romanheld Josef Knecht erkennen muss, dass er für die Politik und die Übernahme von Regierungsgeschäften ungeeignet ist, weil es ihm widerstrebt, auf die Gewaltanwendung seiner politischen Gegner gleichfalls mit Gewalt zu antworten. Diese indische Inkarnation Josef Knechts entstand 1936 und spiegelt so unmittelbar wie kein anderer der Lebensläufe seines Protagonisten Hesses eigene Situation, wie er damals – angefeindet von der Presse der Nationalsozialisten, ebenso wie von den Wortführern der Emigration – im Kreuzfeuer der Polemik unbeirrbar seinen Standpunkt einer überparteilichen Humanität aufrechtzuerhalten versuchte.

Auch die dem Buddhismus entstammende Konzentrationsübung des Yoga spielt bei Hesse eine Rolle bereits 1907 in den auf dem Monte Verità entstandenen Notizen eines »Naturmenschen«, danach im »Siddhartha« und programmatischer noch im »Glasperlenspiel«. Dessen spirituelle Praktiken werden der abendländischen Reizüberflutung und Betriebsamkeit als eine Quelle der Regeneration entgegengesetzt. Die Kontemplation ist für Josef Knecht »der unmittelbare Weg ins Innere des Weltgeheimnisses, wo im Hin und Wider zwischen Ein- und Ausatmen, zwischen Himmel und Erde, zwischen Yin und Yang« sich der Ausgleich vollzieht: »Je mehr wir von uns verlangen, desto mehr sind wir auf die Kraftquelle der Meditation angewiesen, auf die immer erneute Versöhnung von Geist und Seele. … Die wirklich großen Männer der Weltgeschichte haben alle entweder zu meditieren verstanden, oder doch unbewusst den Weg dorthin gekannt, wohin Meditation uns führt. Die anderen, auch die begabtesten und käftigsten, sind alle am Ende gescheitert, weil ihre Aufgabe oder ihr ehrgeiziger Traum so von ihnen Besitz ergriff und sie zu Besessenen machte, daß sie die Fähigkeit verloren, sich immer wieder vom Aktuellen zu lösen und zu distanzieren.« Es gehe nicht darum, heißt es im »Glasperlenspiel«, unsere intellektuellen Aktivitäten »in ein seelisch-vegetatives Traumleben umzubiegen, sondern im Gegenteil, um geistiger Höchstleistung fähig zu sein. Wir sollen nicht aus der Vita activa in die Vita contemplativa fliehen, noch umgekehrt, sondern zwischen beiden wechselnd unterwegs, in beiden zuhause sein, an beiden teilhaben.«

Dies war in Hesses Augen auch das Geheimnis der Erfolge Mahatma Gandhis, dem es gelang, die größtmögliche Aktivität mit scheinbarer Passivität, die politische Befreiung von der englischen Kolonialherrschaft mit Gewaltlosigkeit zu erreichen. Deshalb war Gandhi für Hesse »mehr als sämtliche amerikanischen Präsidenten des Jahrhunderts, samt allen Schöpfern und Vertretern des Kommunismus von Marx bis Stalin«. ... »Das einzige und Herrliche an Gandhi ist nicht ein Wissen um fromme Geheimnisse oder eine besondere Gabe im Formulieren religiöser Begriffe, sondern die Tapferkeit und unbedingte Opferbereitschaft, mit der er seine Person in den Dienst der Wahrheit und des Guten stellt. Das Bezwingende an diesem Führer ist das, dass er seinem Ideal unbedingt und bis zu jedem Opfer die Treue hält, und dass er stets zuerst von sich selber, nicht von den anderen, Gehorsam und Opfer verlangt.« Es gebe unter den Politikern, Rednern, Predigern der heutigen Welt nicht viele, denen wir es zutrauen, dass sie im Notfall für ihre Sache leiden und sterben würden. »Gandhi trauen wir es ohne weiteres zu, und er hat es viele Male schon durch die Tat bewiesen. Ein reiner Mensch, bereit für sein Ideal zu leiden und zu sterben, das ist immer und überall ein seltenes Kleinod«, schrieb Hesse 1931 in einer Empfehlung von Mahatma Gandhis

Autobiographie. Und ein Jahr später, kurz vor der Machtergreifung Hitlers: »Man vergleiche Gandhis Person und sein Leben mit irgendeinem unserer Politiker und Propagandisten, um den Unterschied zwischen ehrgeizigem Führerspielen und echtem, vorbildlichem Führerleben zu spüren!« Und als Gandhi dann 1948 doch noch den Preis für seine Unbestechlichkeit bezahlen und sein Leben dafür lassen musste, kommentierte der Dichter das so: »Der Tod von Gandhi war für mich kein Schrecken, er war die gewissermaßen legitime Antwort der Welt auf Gandhis Leben und Werk, so wie Golgatha die folgerichtige Antwort der Welt auf Jesus war.«

Hesse selbst ist dieses Los erspart geblieben. Denn 1912 schon, gleich nach seiner Indonesienreise, hatte er Deutschland verlassen und von der Schweiz aus mäßigenden Einfluss auf sein militantes Vaterland zu nehmen versucht. Damals noch bemühte er sich, den Krieg publizistisch zu bekämpfen. Zwanzig Jahre später im Zweiten Weltkrieg war er nach bitteren Enttäuschungen zu der Überzeugung gelangt, dass die tagespolitisch-journalistische Form des Widerstands zwecklos sei. Stattdessen unternahm er den Versuch, der Zerstörung etwas Aufbauendes entgegenzusetzen. Es war das jeden Totalitarismus ad absurdum führende »Glasperlenspiel«. Und hier wie auch in Hesses Briefen aus den Kriegsjahren ist es wieder ein indisches, diesmal ein hinduistisches Symbol, das ihn vor der Verzweiflung bewahrt hat. »Wenn man genauer zusieht«, antwortet er 1939 einem Leser bei Kriegsbeginn, »ist die Welt nie viel anders gewesen und die alten Mythologien, namentlich die indische, haben das gewusst und wunderbar ausgedrückt, wie der lächelnde Vishnu im Schlaf eine Welt erschafft, eine schöne, strahlende Welt, wie diese Welt verfällt und erkrankt, zu Krieg und Hölle wird, und wie am Ende Shiwa sie zu Trümmern und Scherben tanzt, damit es wieder von vorn anfangen und der hold lächelnde Vishnu wieder eine strahlende, junge, unschuldige Welt erschaffen kann.« Hitler also als Instrument des Shiwa im ewigen Kreislauf von Zerstörung und Wiederaufbau? Das macht diesen pathologisch Besessenen zwar um keine Spur akzeptabler, aber die 75 Jahre Frieden in Deutschland und Europa, die bisher auf seinen Niedergang gefolgt sind, bestätigen dennoch das hinduistische Geschichtsbild.

Und noch eine weitere indische Vorstellung, das Sanskritwort »tat twam asi« (= das bist du) aus den Upanishaden, bestimmt Hesses Werk seit dem »Siddhartha«. Sie ist für ihn der »Inbegriff aller Lebenskunst und Glückslehre«, ähnlich dem christlichen »Liebe deinen Nächsten wie dich selbst«. Denn »indisch aufgefasst«, sagt Hesse, »im Sinn der ganzen vorbuddhistischen Philosophie, ist mein Nächster nicht nur ›ein Mensch wie ich‹, sondern er ist Ich, er ist mit mir Eins, weil die Trennung zwischen ihm und mir, zwischen Ich und Du, nur Täuschung ist, nur Maya. Mit dieser Deutung ist auch der ethische Sinn der Nächstenliebe völlig ausgeschöpft. Denn wer erst eingesehen hat, dass die Welt eine Einheit ist, dem ist ohne weiteres klar, dass es sinnlos ist, wenn die einzelnen Teile und Glieder dieses Ganzen einander wehtun.«

Unter Frömmigkeit verstand Hesse »nicht das Pflegen von feierlichen Gefühlen, sondern vor allem die Pietät, die Achtung des Einzelnen vor dem Ganzen der Welt, vor der Natur und den Mitmenschen, das Gefühl des Einbezogenseins und Mitverantwortlichseins«. Wer sich darum bemüht, »dem zeigt sich das Überpersönliche und Ganze hinter aller Vereinzelung, der darf sich einbezogen fühlen und vertrauen, dessen Einzelseele kann sich – indisch ausgedrückt – auf die Allseele verlassen«.

Genau das hat dieser Dichter zu leben versucht und nie das Artistische vom Sozialen, die Ethik von der Ästhetik getrennt. Seine Gefangenenfürsorge im Ersten Weltkrieg, seine Tätigkeit als Vermittler der Weltliteratur und der Werke seiner zeitgenössischen Kollegen mit etwa 3.000 Buchbesprechungen, sein Einsatz für die Emigranten im Zweiten Weltkrieg, die Unterstützung von Bedürftigen aus den Einkünften seiner Malerei und nicht zuletzt mehr als 44.000 Antworten auf Leserbriefe legen Zeugnis davon ab. Und so suchte er auch in den Religionen eher das lebensfördernde und Gemeinsame als das Trennende zu betonen. Gleichwohl respektierte er ihre Eigenarten, denn er liebte die Vielfalt als wechselseitige Bereicherung und Ergänzung. So verschieden ihre Symbole und Bilder sich auch darstellen, die entscheidenden Inhalte der Weltreligionen waren für Hesse identisch. In immer neuen poetischen Gleichnissen hat er deshalb seine Erfahrung gestaltet: »Der Inder sagt Atman. Der Chinese sagt Tao. Der Christ sagt Gnade.« Auch die am Ende seines Lebens entstandenen Gedichte »Uralte Buddhafigur in einer japanischen Waldschlucht verwitternd« (Dezember 1959), »Der erhobene Finger« (Januar 1961) und »Junger Novize im Zenkloster« (Februar 1961) zeugen von dieser Einstellung.

Und merkwürdiges Paradox: Seine christlichen Vorfahren waren ausgezogen, um den Indern oft genug gewaltsam ihr eigenes Weltbild aufzudrängen. Er dagegen setzte diesen Weg in umgekehrter Richtung fort, indem er ohne jeden Zwang, allein durch die Bildkraft seiner Dichtungen, asiatische Alternativen nach Europa brachte und bald darauf – wirkungsvoller als all seine Vorläufer – auch in die ganze westliche Welt.

EIN ANSPORN ZUR EMANZIPATION

Zur Kurzgeschichte »Der Waldmensch«

Postkarte aus Hesses Album von der Indienreise

Hermann Hesses Erzählung »Der Waldmensch« entstand drei Jahre nach seiner Indonesienreise und wenige Monate vor Ausbruch des Ersten Weltkriegs. Veröffentlicht wurde sie erst am 24. April 1917 in der Zeitschrift »Simplicissimus«, in Buchform jedoch viel später 1935 im Sammelband »Fabulierbuch«. Der Erstdruck erschien unter dem Titel »Kubu«. So heißt ein vormalaischer Volksstamm von Urwaldjägern, dessen Namen der Autor für seinen jungen Helden übernommen hat.

Keine Erzählung Hesses reicht so weit in die Vergangenheit zurück wie diese. Sie spielt vor etwa 10.000 Jahren in den Mangrovenwäldern Sumatras, als die ersten Menschen mit ihren nächsten Verwandten, den Affen, noch im Streit lebten. Aber nicht ein Streit unter den Hominiden ist das Thema der Erzählung, sondern der Bruch mit vorgegebenen Verhaltensnormen, wenn sie unseren Horizont verriegeln, statt ihn zu öffnen.

Den Urmenschen in dieser Kurzgeschichte war der Wald damals noch Heimat, Schutzort, Wiege, Nest und Grab und ein Leben außerhalb dieser überkommenen Geborgenheit unvorstellbar. In ihrer Angst vor der vermeintlich tödlichen Kraft der Sonne bestärkt sie ein erblindeter Häuptling Mata dalam (= der das Auge inwendig hat). Der junge Kubu dagegen ahnt, dass das Verbot, sich ins Licht zu trauen, vielleicht etwas mit der Blindheit des Priesters zu tun haben könnte. Weil Mata dalam seine Stammesmitglieder nicht nur daran hindert, die Obhut des Waldes zu verlassen, sondern mit den Jahren auch immer herrschsüchtiger und despotischer wird, regen sich in Kubu erste Zweifel an dessen Glaubwürdigkeit. Zum Widerstand aber kommt es erst, als der Häuptling das Ritual einführt, in Neumondnächten den Mädchen ihr linkes Ohr zu durchstechen, wobei es dem Blinden passiert, dass er dabei einer der jungen Frauen ein Auge aussticht. Die Empörung der Jugend darüber deutet Mata dalam als Untergrabung seiner Autorität, worauf er dem Mädchen auch noch das andere Auge durchsticht. Als Kubu daraufhin gegen den Alten handgreiflich wird, verstößt ihn der Häuptling mit einem Bannfluch aus der Gemeinschaft. Diese Ächtung führt zu Kubus Emanzipation. Er verlässt seinen Stamm, schlägt sich alleine durch das dunkle nicht enden wollende Dickicht des Dschungels, entdeckt einen Fluss und darin die Spiegelung der Sonne im Wasser. Er empfindet das Licht als Wohltat und keineswegs als lebensbedrohlich, wie es der Blinde verkündet hatte. Von nun an beginnt er das Halbdunkel des Waldes zu hassen, wo die Priester psalmodierten »und wo er, der Junge und Mutige, verfemt und ausgestoßen worden war«. Um der Willkür des Blinden, die Menschen hinters Licht zu führen, ein Ende zu machen, kehrt Kubu zu seinem Stamm zurück und erschlägt ihn. Danach setzt er seine Expedition fort, bis er eines Tages am Ende des Waldes das offene Meer erreicht und überwältigt wird von dem Glücksrausch einer hellen, von der Sonne regierten Erde, auf welcher »befreite Wesen im Lichte lebten und niemandem untertan waren als der Sonne«.

Das Ambiente dieser Geschichte hatte Hesse Anfang Oktober 1911 kennengelernt, als er auf der Insel Sumatra, unweit von Djambi, mitten im tropischen Urwald in einer urtümlichen Pfahlbausiedlung kampierte und dort Einblick in das Leben der eingeborenen Malaien bekam. Dass er die Erzählung dann aber erst Anfang 1914, im Vorfeld des Ersten Weltkriegs, in der Endphase von Kaiser Wilhelms II. hochtrabendem »persönlichem Regiment« niederschrieb, ist wohl kein Zufall. War es doch das Finale der autokratischen Hohenzollern-Dynastie, dessen Krisenstimmung sich in einer anfangs allseits bejubelten Kriegseuphorie entlud. Dass Kubu den Häuptling erschlägt – eine Tat, die für den im Verlauf des Kriegs immer stärker gegen gewaltsame Lösungen opponierenden Hesse künftig nicht mehr in Frage gekommen wäre –, ist ein Indiz dafür. Entscheidender aber ist wohl die autobiographische Komponente. Denn wie Kubu hatte sich auch der Verfasser aus der Scheingeborgenheit seiner kirchenhörigen Herkunft befreien müssen, ein für alle Beteiligten leidvoller Emanzipationsprozess, der erst mit dem Roman »Demian« und nach dem Tod seines Vaters mit der Erzählung »Kinderseele « abgeschlossen war. So schreibt er Anfang 1918 in der autobiographischen Schrift »Phantasien« über »die Normalen«, die wir hier gleichsetzen können mit der Gruppendynamik der risikoscheuen Waldmenschen:

»Auf dem Wege vom Fisch, Vogel und Affen bis zu dem kriegführenden Tier unserer Zeit, auf dem langen Wege, auf dem wir mit der Zeit Menschen und Götter zu werden hoffen, konnten es nicht die ›Normalen‹ sein, die von Stufe zu Stufe vorwärts gedrängt hatten. Die Normalen waren konservativ, sie blieben gern beim Gesunden, Bewährten. Eine normale Eidechse kam nie auf den Gedanken, es einmal mit dem Fliegen zu versuchen. Ein normaler Affe dachte nie daran, den Baum zu verlassen und aufrecht auf der Erde zu wandeln. Der das zuerst getan, der das zuerst probiert, zuerst davon geträumt hatte, der war unter den Affen ein Phantast und Sonderling, ein Dichter und Neuerer gewesen, und kein Normaler. Die Normalen, so sah ich, waren dazu da, die gefundene Form einer Lebensweise; einer Rasse und Art festzuhalten, zu schützen und zu befestigen, damit Rückhalt und Lebensvorrat da sei. Die Phantasten aber waren dazu da, ihre Sprünge zu machen und das nie Erdachte zu träumen, damit vielleicht einmal aus dem Fisch ein Landtier und aus dem Affen ein Affenmensch werden könne.«

Das Milieu, in dem sich die Geschichte vom Waldmenschen Kubu zuträgt, hat Hesse 1934 in der Erzählung vom »Regenmacher« und dessen Sohn Turu wieder aufgegriffen. Nur spielt sie etwa 5.000 Jahre später in einer matriarchalen Kultur.

»EIN GROSSER, KÖNIGLICHER ARZT«

Albert Fraenkel und sein Patient Hermann Hesse

Albert Fraenkel (1864-1938)

Als einen Arzt großen Stils, ja als eine königliche Erscheinung hat Hermann Hesse Albert Fraenkel charakterisiert. Doch wenn wir das Altersfoto des 74-jährigen Mannes betrachten, dann ist wohl seine schlanke hochgewachsene Statur zu erahnen, aber der Ausdruck seines Blickes hat nichts Majestätisches oder Selbstbewusstes mehr, sondern etwas melancholisch Resignatives, das eher unsre Besorgnis und Teilnahme bewirkt. Aber wie sollte er es denn auch verkraftet haben, am Ende eines überaus fruchtbaren und wohltätigen Lebens als Arzt, Kardiologe, Pharmakologe, Forscher, Fürsorger der Kriegsbeschädigten, als Gründer von Sanatorien und Kliniken und Anwalt der Einkommensschwachen den Boden unter den Füßen entzogen zu bekommen, nur weil die Machthaber einer ganzen Nation mit ihrer Rassenideologie den Antisemitismus oktroyiert hatten? Und als ob er es damals schon geahnt hätte, ist als Folge dieser Stigmatisierung noch lange nach Fraenkels Tod seine Urheberschaft an der Erfindung der lebensverlängernden Strophantin-Injektion totgeschwiegen und unterschlagen worden. Dabei hatte es, seinen eigenen Worten zufolge, ein ganzes Menschenalter gedauert, bis es ihm gelungen war, diese Behandlung gegen alle Widersacher durchzusetzen. Von den Nationalsozialisten seiner Ämter enthoben, war er am Ende seines Lebens auf das Wohlwollen mutiger Kollegen angewiesen, um noch Kranke diagnostizieren und als Angestellter einer Privatklinik heilen zu können, soweit sich überhaupt noch Ärzte fanden, die bereit waren, »ihre Patienten einem nichtarischen Christen anzuvertrauen«, wie er vier Jahre vor seinem Tod feststellen musste.

Als einen ganz anderen hatte Hermann Hesse den damals 45-jährigen Mediziner erlebt, als er im Juli 1909 erstmals nicht mehr als Gast im Haus der Familie Fraenkel, sondern als Patient nach Badenweiler kam. Zuvor hatte er die dritte und definitive Fassung seines Musikerromans »Gertrud« abgeschlossen, erschöpft und voller Selbstzweifel. Denn das eigentliche Problem, dem er mit diesem Roman auf den Grund kommen und das er damit bewältigen wollte, glaubte er verfehlt zu haben. Es ging darin um eine voreheliche Neigung zu einer geliebten Frau, die – obwohl sie ihn kaum beachtet hatte – ebenso wenig abgetan und überwunden war, wie es im vorherigen Roman »Unterm Rad« seine Erfahrungen mit der Schule gewesen sind. Die trügerische Geborgenheit in einer fünf Jahre zuvor halbherzig geschlossenen Ehe mit einer neun Jahre älteren Frau, der Mutter seiner drei Söhne, machte ihm damals zu schaffen. Voller Selbstzweifel blickte er zurück auf die Zeit, als ihm nichts weniger vorstellbar war als eine bürgerlich-etablierte Existenzform. Passte sein inzwischen sesshaft gewordenes Leben als Familienvater und Hausbesitzer zu seinem Naturell? Hatte er vordem nicht intensiver gelebt? War damals die Liebe nicht ebenso wie die Schriftstellerei ein Abenteuer und Kampf gegen Widerstände gewesen, eine sich täglich erneuernde Bewährungsprobe, ein spannendes Werben um Zuneigung und Anerkennung mit durchaus ungewissem Ausgang? »Warum bist du so tot? Wann bist du das letzte mal jung gewesen?«, fragt sich der Ich-Erzähler in Hesses 1908 veröffentlichter Novelle »Taedium vitae« (Lebensüberdruss). Jedenfalls war auch noch lange nach dem deprimierenden Verlauf seiner Neigung zu Frauen, die nicht um ihn geworben, sondern in die er sich selbst verliebt hatte, diese Wunde noch keineswegs vernarbt und auch in der dritten Version des »Gertrud«-Romans nicht zu bewältigen gewesen. In dieser Verfassung kam er nach Badenweiler.

Dort hatte Albert Fraenkel, 19 Jahre zuvor, nach seinem Studium in München und Straßburg, eine Landarztpraxis eröffnet und danach in der Villa Hedwig am Parkrand unterhalb der Römertherme eine diätetische Kuranstalt eingerichtet, die er 1903 durch ein zusätzliches Kurhaus für Lungenkranke erweitern konnte. »In der kurzen Zeit, in der ich ihm nahetrat und einige Male sein Gast war, es waren die letzten Jahre vor dem Ersten Weltkrieg«, erinnert sich Hesse am Ende seines Lebens in der »Neuen Zürcher Zeitung«, »war Fraenkel der König von Badenweiler. Die Patienten, Tuberkulöse und Herzkranke, kamen von allen Seiten in Luxuswagen aus dem Elsass, aus Luxembourg, aber auch dritter Klasse aus dem deutschen Osten, aus Polen und Russland, manche trugen, des Deutschen nicht mächtig, Papptäfelchen angehängt mit Aufschriften wie: ›Badenweiler, Dr. Fraenkel‹.« Denn binnen knapp zwanzig Jahren war es diesem Arzt geglückt, das anfangs kaum 600 Einwohner zählende Heilbad im Süden des Schwarzwalds zu dem nach Baden-Baden bedeutendsten des Großherzogtums Baden und überdies zu einem Kurort für Lungenerkrankungen aufsteigen zu lassen.

Seine Kompetenz als Lungenspezialist mochte auch deshalb so grenzüberschreitend sein, weil er die Tuberkulose aus eigener Erfahrung kannte. Denn während seiner Zeit als Assistenzarzt hatte er sich selbst damit infiziert, so dass er sich nicht nur in die Befindlichkeiten seiner Patienten hineinversetzen konnte, sondern auch aus ureigenstem Interesse motiviert war, neue therapeutische Methoden zu entwickeln. Das deckte sich ganz mit Hesses Erfahrung, der mehrfach betont hat: »Kein Mensch kann beim anderen sehen und verstehen, was er nicht selbst erlebt hat.« Dieses Einfühlungsvermögen muss sich offenbar auch auf die Art übertragen haben, wie er mit seinen Patienten umgegangen ist. So vermerkt Hesse in seinen Erinnerungen: »Was mich am meisten in Erstaunen setzte, war seine seelische Offenheit, ein grenzenloses, scheinbar ganz passives Offenstehen für alles, was der Tag und die Stunde ihm vor die Augen und Ohren stellte, die Berichte und Fragen der Mitarbeiter und der Pflegerinnen, die Klagen und Leidensgeschichten der Patienten, der klugen und der dummen, der geschwätzigen und der gehemmten, der cholerischen und der geduldigen. Kam er mittags aus diesem anspruchsvollen Vielerlei nach Hause zu Tisch, so ging er mit der gleichen Bereitschaft, Sorgfalt und Genauigkeit auf die Gespräche der Familie und Gäste ein. All die mannigfachen Leben, alle diese vielen Gestalten und Anliegen, Geschichten und Schicksale schienen in ihn einzuströmen, ohne den geringsten Widerstand anzutreffen, er nahm sie wie Atemluft in sich auf und hatte Aufmerksamkeit und Gedächtnis nicht nur für das Bedeutende oder das medizinisch Interessante, sondern auch für eine Menge kleiner Züge, rührender oder drolliger, er hätte drei Theaterdichter stets mit Stoff versehen können. Es sah so aus, als sei dies beständige Aufnehmen und Offenstehen ganz ungewollt und passiv. Doch war es das natürlich nicht, und im Gespräch merkte man sehr bald, dass er das Wahrgenommene auch nach Merkmalen ordnete, siebte und in Kategorien brachte. So konnten wir heitere Gespräche über die verschiedensten Typen von Patienten, von Hoteliers und Pflegerinnen haben, die wir mit Vergnügen klassifizierten und etikettierten, etwa die damenhafte, die fromme, die sentimentale, die kaltschnäuzige, die neckische Schwester, der vergnügte Hebammen- und der mechanisierte Laborantinnentyp usw. Fraenkel war sehr weitherzig und duldsam, hatte aber auch seine kräftigen und dauernden Aversionen, z. B. gegen einen berühmten Kollegen, von dem er gern sagte: ›Er sieht aus wie ein Theologe und das ist er wohl auch.‹ Und als ich bald nach jenem Aufenthalt in der Villa Hedwig eine kleine Sanatoriumsskizze schrieb, in der ich ihn und seine ärztliche Psychologie zu zeichnen versuchte, lachte er mich nach der Lektüre herzlich an und sagte: ›Ich hatte geglaubt, ich hätte Sie erwischt. Aber jetzt bin ja ich es, den Sie erwischt haben‹.«

Erwischt, bedeutet das nicht: er hatte ihn zutreffend charakterisiert? Offenbar ist Fraenkel das auch bei Hesse geglückt, sonst hätte der Dichter die Kur nicht noch zweimal wiederholt mit einem Gebrechen, welches im

Begriff war, somatisch zu werden, weil er es künstlerisch noch nicht darzustellen und damit vom Hals zu schaffen vermochte. Wie persönlich, ja zuweilen schalkhaft der Austausch mit diesem unkonventionellen Medizinmann war, zeigt eine Postkarte, die ihm Hesse nach seiner Rückkehr aus Badenweiler in sein verregnetes Domizil am Bodensee schrieb:

»Ohne Ende steigt das Wasser,
Überschwemmt ist der Verfasser.
Könnt ich doch bei Fraenkel trocken
Auf dem Gartenbänkel hocken!«

Fast alle Dichtungen Hermann Hesses sind Resultate von lebens- und zeitgeschichtlichen Krisen, von Turbulenzen, in die jeder gerät, der es wagt, seine eigene unverwechselbare Veranlagung gegen den Konformitäts- und Anpassungsdruck von außen zu behaupten und keinem anderen Kompass zu vertrauen als dem des persönlichen Gewissens. In dieser Gewissenskultur – freilich unter pietistischem Vorzeichen – ist Hermann Hesse als Sohn protestantischer Indien-Missionare aufgewachsen. Ihr diente mit christlich-kolonialistischer Ausrichtung auch der Missionsverlag, den seine Großeltern und Eltern nach ihrer Rückkehr aus Indien im württembergischen Calw betrieben, eine theologische Familientradition, die ihr ältester und begabtester Sohn Hermann nach dem

Willen seiner Eltern fortsetzen sollte. Aber es kam anders.

Aus einer Nervenheilanstalt, in die man den Widerstrebenden eingeliefert hatte, schrieb der Fünfzehnjährige an seinen Vater:

»Sehr geehrter Herr! … Ich glaube, wenn ich Pietist und nicht Mensch wäre, wenn ich jede Eigenschaft und Neigung in mir ins Gegenteil verkehrte, könnte ich mit Ihnen harmonieren … Wenn Ihr mir schreiben wollt, bitte nicht wieder Euren Christus. Er wird hier genug an die große Glocke gehängt. Christus und Liebe, Gott und Seligkeit steht in jedem Winkel geschrieben und dazwischen alles voll Haß und Feindschaft. Wenn der Geist des verstorbenen Christus, des Juden Jesus sehen könnte, was er angerichtet, er würde weinen … Wären doch Anarchisten da!« Unterschrieben mit »H. Hesse, Gefangener im Zuchthaus zu Stetten« und dem Nachsatz: »Ich beginne mir Gedanken zu machen, wer in dieser Sache schwachsinnig ist.«

Wir kennen den weiteren Verlauf. Er kommt in ein normales, also nicht mehr religiös ausgerichtetes Gymnasium nach Cannstatt, wo er bis zur Mittleren Reife durchhält. Es folgt eine einjährige Schlosserlehre, bis die Eltern endlich wenigstens eine Ausbildung zum Buchhändler tolerieren, die ihn einen Schritt näher zu seinem Ziel, Schriftsteller zu werden, bringt. Im Alter von 22 Jahren veröffentlicht er, anfangs auf eigene Kosten, erste Lyrik- und Prosasammlungen, und 1904 wird er dank des Erfolgs seines Romans »Peter Camenzind« endlich unabhängig. Vordem hatten ihn alle Mädchen, in die er sich verliebte, abgewiesen. Doch seit dem einsetzenden Ruhm änderte sich das Blatt, ohne dass er noch auf Jahre hinaus das Scheitern sämtlicher von ihm selbst ausgehenden Neigungen verschmerzen konnte. Zwar waren nun die äußeren und existenziellen Widerstände überstanden. Was ihm künftig zu schaffen und ihm immer wieder regenerationsbedürftig machte, waren endogene, wenn man so will, selbstverschuldete Krisen, die zumeist dann entstanden, wenn er sich in Lagen manövriert sah, die ihn am Schreiben, also an deren Bewältigung auf artistische Weise, hinderten.

Nach den ersten drei Ehejahren mit seiner neun Jahre älteren Frau Mia, die er erst nach langem Zögern und eher auf ihr Betreiben hin geheiratet hatte, überkam ihn das Gefühl des Angebundenseins und der Unfreiheit. Auch der plötzliche Wohlstand und der Personenkult im Kulturbetrieb waren ihm so wenig geheuer, dass er 1906 einem österreichischen Schriftstellerkollegen schrieb: »Ich gäbe meinen letzten Pfennig dafür, wenn ich den Camenzind anonym herausgegeben hätte. Dieses Berühmtsein ist eine lästige Sache. Kein Tag, an dem nicht Autoren mir ihre neuen Bücher zur Besprechung senden, Verleger Phrasen machen und Jünglinge Manuskripte einschicken.«

Sein Unbehagen scheint er damals so exzessiv mit Alkohol und Tabak betäubt zu haben, dass er sich genötigt sah, 1907 eine Kur mit Fasten, Rauch- und Alkoholabstinenz in der Aussteigerkolonie auf dem Monte Verità bei Ascona zu unternehmen, um auszuprobieren, ob ihm deren damals schon ökologisch und ganzheitlich orientierte Methoden eines »Zurück zur Natur« hilfreich sein könnten. Kurz darauf begegnete er bei seinem Malerfreund Fritz Widmann dem 13 Jahre älteren Albert Fraenkel, und es entstand, wie er berichtet, »beinah auf den ersten Blick eine Vertraulichkeit, die insofern etwas Neues und eine Bereicherung meines Lebens war, als ich bis dahin beinah ausschließlich Künstler zu Freunden gehabt hatte. »Der mir an Alter, Erfahrung und Menschenkenntnis weit überlegene Mann hat mir manches aus seiner Praxis erzählt und manche Krankengeschichte von der psychologischen Seite her durchgesprochen. Außerdem lernte ich in seinem Hause und in den von ihm betreuten Sanatorien die Methoden eines ärztlichen Großbetriebes und seinen ganzen Mitarbeiterstab kennen.«

Kein Wunder, dass den Einzelgänger Hesse dies beeindruckte und er sich einem Mediziner anvertraute, der die Krankheiten seiner Patienten nicht nur punktuell, sondern darüber hinaus auch ihre individuelle Eigenart und somit ihr ganzes Leben im Auge hatte. Interessant in diesem Zusammenhang ist die Antwort des Dichters auf die Frage seines Vaters nach dem damals ja noch innovativen Verfahren der Psychoanalyse, das Albert Fraenkel nicht expressis verbis, doch intuitiv bereits auf eigene Weise praktizierte. In diesem Brief, den Hesse in Badenweiler im Verlauf seiner ersten Konsultation bei Fraenkel schrieb, heißt es: »Die psychologische Methode besteht vor allem darin, daß man die Störungen des Nerven- und Stimmungslebens in allen Formen, soweit sie nicht erkennbare leibliche Schäden zur Ursache haben, auf unausgeglichene seelische Zustände und Erlebnisse zurückführt. Natürlich kann hier nur ein sehr gescheiter, denkender und lebenserfahrener Arzt etwas leisten. Er sucht ein Bild vom Stimmungsleben des Patienten zu bekommen, teils durch direkte Fragen, teils durch Beobachtung, und sucht das Bild möglichst zu präzisieren, bis er so etwas wie eine Kurve der Stimmungsschwankungen zwischen Lust und Unlust etc. erkennt. Nun kann er das Krankheitsbild mit ähnlichen vergleichen und seine Erfahrung anwenden. Den Beginn des Erfolges oder doch der Kur sieht er schon darin, daß der Patient Vertrauen faßt, sich verstanden fühlt. Und daß der Kranke nun, im Verein mit dem helfenden Arzt, seine eigenen üblen Zustände objektivieren und ruhig betrachten lernt, wodurch ein seelisches Drüberstehen und Überwinden erleichtert wird. In einfachen Fällen kann schon diese simple Art von Trost sehr heilend wirken. Und jedenfalls ist damit, da dem Leidenden das Gefühl völliger Vereinsamung und des Unverstandenseins genommen oder geschmälert wird, immer schon etwas erreicht.«

Damit hat Hesse wiedergegeben, was er in seiner damaligen Lebenslage mit künstlerischen Mitteln für sich selbst noch nicht zu leisten vermochte und wie er die Kur bei Albert Fraenkel erlebt hat. Einschränkend freilich fügt er hinzu: »Natürlich kann diese Erforschung und Behandlung, vollends da die Methode noch jung ist, in Fällen wie meinem nur sehr unvollkommen sein. Intellektuelle Menschen mit gesteigerter Sensibilität und fein verzweigter Individualität kann auch der klügste Arzt nur teilweise erfassen und erraten, zumal bei Künstlern, Dichtern usw.« Dann folgt ein Zusatz, der darauf hinweist, was die Vorgehensweise Albert Fraenkels von allen Medizinern, die Hesse späterhin konsultiert hat, unterscheidet, nämlich die Aufgeschlossenheit, des Arztes auch seinerseits vom Künstler zu lernen. Für Fraenkel sei »jeder solche Fall doppelt interessant«, er beobachte mit Spannung Hesses Versuche, »sich meine Person und mein Leben richtig vorzustellen. Eine ›Heilung‹ versprach ich mir von Anfang an nicht, ich will ja nicht aus meiner Haut und Seele.«

Es war also ein Austausch auf Gegenseitigkeit, kein schematisches Abfertigen nach eingefahrenen Methoden. Zwei Jahrzehnte später, als Hesse längst auch mit professionellen Psychoanalytikern wie Josef Bernhard Lang und C. G. Jung seine Erfahrungen gemacht hatte, bemerkte er, was diese von einem Arzt wie Albert Fraenkel unterschied. Bei ihnen vermisste er das Sensorium für das, was den Künstler ausmacht, das Wissen um die Neurose als Produktionsmittel, die Erkenntnis, dass es sinn- und wertvoll ist, »wenn ein Dichter aus den Nöten und Beklemmungen seiner persönlichen Gebundenheit den Antrieb nimmt, die Unvollkommenheit seines Lebens durch die Vollkommenheit seines Werkes zu erlösen«.

Bei Albert Fraenkel scheint Hesse für diese Sicht der Dinge Verständnis gefunden zu haben, also ein Gespür für die Antitoxine, welche der Künstler entwickelt, um mit Hilfe seiner Werke zunächst autotherapeutisch für sich selbst Konfliktlösungen zu finden, die dann später auch den Lesern behilflich sein können, ähnliche Krisen zu verkraften. Während die Aufmerksamkeit des Arztes auf die Abweichung von der Norm, also das sogenannte Pathologische, gerichtet sein muss, ist einem kreativen, künftige Entwicklungen vorausträumenden und anbahnenden Menschen nichts so verdächtig wie das sogenannte Normale. Nicht die Träume, die uns die Antriebe unseres Innern enthüllen, sind es, denen Hesse misstraut, sondern vielmehr der auf Gleichschaltung bedachten Außenwelt, »die zwischen dem Menschen einen Wächter, eine Moral und Sicherheitsbehörde gesetzt hat und nichts von dem anerkennt, was direkt aus dem Seelenabgrund kommt, ohne dass es vorher von jener Behörde abgestempelt wurde«.

Infolgedessen wolle auch Fraenkel seine Patienten »nicht zwingen und vergewaltigen«, bemerkt Hesse in seiner Badenweiler Sanatoriumsstudie »Haus zum Frieden«, »er will nicht zarte Leute robust und hagere fett machen, sondern er will nur einem jeden das Verharren in seiner Haut und Person, auch wenn sie noch krank ist, ermöglichen und erleichtern«. Auffallend dabei, vermerkt Hesse, sei Fraenkels »vorurteilslose Achtung vor allen Erscheinungen der lebendigen Natur, eine nahezu moralfreie Beurteilung jedes menschlichen Zustandes, aller Lebenslagen, Leidenschaften und Verirrungen«. Auch in der Beurteilung dessen, was normal und psychisch krank ist, scheint er mit Fraenkel harmoniert zu haben, also mit seiner mehrfach geäußerten Ansicht, dass wohl alle Künstler und Intellektuelle Neurastheniker seien und eigentlich keine schwachen Nerven haben, sondern normale.

Im Gegensatz zu Hesses 1924 entstandenem Bericht »Kurgast« ist seine Badenweiler Erzählung »Haus zum Frieden« eine lockere, fast tagebuchähnliche Skizze, die mit dem Porträt des Arztes einsetzt und unter zwanzig Mitpatienten drei Charaktere genauer umreißt: einen Schriftsteller, eine vermögende Dame, die durch Selbstmorddrohungen eine besondere Zuwendung des Arztes zu erzwingen versucht, und einen schwedischen Archivar, der von seiner Trunksucht geheilt werden will. Albert Fraenkel, der nicht namentlich genannte Gründer des Sanatoriums, wird dort als ein Mediziner geschildert, »der nicht Krankheiten, sondern Menschen behandelt«, indem er versucht, den Patienten »innerhalb der Bedingungen ihrer beschädigten Natur eine möglichst günstige und erträgliche Lebensweise zu bieten oder anzuerziehen«.

Die Schilderung solcher Beobachtungen als Fiktion ermöglicht es Hesse, sich im Porträt des Schriftstellers gewissermaßen von außen, im Blickwinkel seiner Mitmenschen, zu sehen und darzustellen. Das Erfundene in diesem ansonsten ziemlich wirklichkeitsnahen Bericht besteht darin, dass sich der Ich-Erzähler als Dauergast vorstellt, der das Sanatorium »seit etwa einem Jahr« in Anspruch nimmt, während sich Hesse selbst 1909 ja nur knapp vier Wochen im Sanatorium der der Villa Hedwig aufhielt. Den Schriftsteller schildert er als den menschenscheuen Verfasser eines Jugendwerkes, das »ein Schlager gewesen war«, weshalb die Öffentlichkeit jedes seiner späteren Werke damit verglich. Unschwer lässt sich in ihm der Autor des »Peter Camenzind« wiedererkennen, auch wenn es ein Theaterstück ist, dem der fiktive Doppelgänger seinen Ruhm verdankt. Der Arzt kann ihn von der Befürchtung befreien, ein körperliches Leiden sei die Ursache seiner Beschwerden. Vor die Wahl gestellt, die seelischen Anlässe seines Leidens zu therapieren auf die Gefahr hin, dabei »die schöpferische Kraft als Künstler zu verlieren«, entscheidet sich der

Dramatiker in dieser Erzählung wie auch Hesse selbst dafür, »auf das stabilere Glück der Ruhe zu verzichten, von Apollo abzufallen und zu Dionysos zurückzukehren«. Dabei glückt es dem Arzt, die Dinge an ihren Platz zu rücken, Wichtiges von Beiläufigem zu unterscheiden und, »was eben noch Last und Bleigewicht war, in eine Seifenblase zu verwandeln«.

Ähnliches berichtet auch der Philosoph Karl Jaspers (1883-1969) im Rückblick auf seine eigenen Kuren in Badenweiler, so 1934 in seinem Gratulationsschreiben zu Fraenkels siebzigstem Geburtstag, worin es heißt: »Es schien mir, als ob Sie mit dem Eingehen auf den einzelnen Patienten eine phantastische Verwandlungsfähigkeit besäßen. Sie lebten, sich selber scheinbar zum Opfer bringend, im anderen als ob Sie es selbst seien, aber mit dem Plus einer korrigierenden, weiterblickenden Übersicht.«

Zu Recht stellt sich Bernd Weidmann in seinem Essay über »Albert Fraenkel im Spiegel seiner Patienten Hermann Hesse und Karl Jaspers« angesichts ihrer ja erst Jahrzehnte nach ihrer Behandlung durch Fraenkel entstandenen Würdigungen die Frage, ob er wirklich die ungetrübte Lichtgestalt war, als die er im Rückblick der Erinnerungen der beiden erscheint, ob sein Leben und Verhalten vielleicht nicht auch Brüche und Irrtümer aufweist, die eine verklärende Sichtweise relativieren. »Ein gewisser Hang zur Selbstinszenierung und launenbedingte Widersprüchlichkeiten in der Therapie des jungen Karl Jaspers scheinen immerhin belegbar zu sein.« Ich kann das angesichts der mir zugänglichen bisher überlieferten Quellen nicht überprüfen. Vielleicht ließe sich heute, wo allenthalben der Ausbruch des Ersten Weltkriegs wieder ins Rampenlicht rückt, auf Fraenkels »stramm nationale« Haltung hinweisen, während Hesse bei der Schilderung seiner Beschwerden, die ihn damals nach Badenweiler führten, auch den politischen Aspekt erwähnt hat: »Außer privaten Sorgen«, erinnert er sich 1960, »empfand ich mit wachsender Stärke das politische Unbehagen in der überheblichen, protzigen Gesellschaft des wilhelminischen Deutschland, ein Unbehagen ähnlich dem, das heute nahezu jedermann angesichts der Machtanhäufungen und Rüstungen in Ost und West empfindet. Mich führte es, noch zwei Jahre vor Ausbruch des Krieges, aus Deutschland und aus vielen Bindungen und Traditionen heraus.« Wie damals viele Juden war Fraenkel ein begeisterter Patriot, was die braunen Machthaber zwei Jahrzehnte später keineswegs davon abhielt, sie als undeutsch zu eliminieren. Fraenkel hat Hesses Distanzierung vom politischen Deutschland und seine 1912 erfolgte Übersiedlung in die Schweiz damals als »Verstandes-Neutralität« bezeichnet und ihre Bedeutung wohl erst erkannt, als es für ihn selber zu spät war.

Liest man die Erinnerungen und Berichte von Fraenkels Mitarbeitern, sind abträgliche Befunde nur mit

Mühe zu ermitteln. Im Gegenteil scheint in seiner Umgebung das Arbeitsklima, wie Hesse es in Badenweiler beobachten konnte, durchaus harmonisch und erfreulich gewesen zu sein. Wie sehr dabei Fraenkels Behandlungsmethode auf seine Assistenzärzte abgefärbt hat, zeigt sich in dem, was Hesse über eine Phase seiner Depressionen und des Missmuts berichtet. Da heißt es: »An einem solchen Tag lief ich finsteren Gesichts dem Dr. [Max] Hedinger in die Hände, der fragte mich, was mir fehle, und als ich nichts anderes als ein allgemeines Taedium vitae nennen konnte, lud er mich ein, mit ihm in sein Haus zu kommen. Da führte er mich ins Musikzimmer, wo ein schöner Flügel stand, bot mir einen Sessel an und spielte mir eine halbe Stunde Bach. Es war eine vorzügliche Therapie. Und ein anderer Fraenkel-Schüler, der ganz junge Assistent Heineke [(hier verwechselt Hesse im Rückblick aus fast 50 Jahren Albert Heineke mit seinem Kollegen Oskar Thorspeken]), der für Brahms schwärmte … hat mir ebenfalls einmal einen sehr wertvollen Dienst erwiesen. Ich war mit meinem Roman ›Roßhalde‹ beschäftigt, in dem Krankheit und Sterben eines begabten und liebenswürdigen Knaben zum Gleichnis wird. Über diese Krankheit, eine Meningitis und ihre Symptome erbat ich mir von ihm medizinische Auskünfte. Er verstand genau, woran mir gelegen war, und schilderte mir einige Details mit großer Eindringlichkeit, man findet sie alle treu in meinem Buch [»Roßhalde«] verwendet.«

Mit all dem jedoch ist noch nichts darüber gesagt, was Albert Fraenkels Bedeutung weit hinaus über die aktuelle im Dienst an seinen damaligen Patienten für unzählige Herzkranke ausmacht. Für Hesse war »die Arbeitskraft dieses sehr zarten, durch eine frühe Tuberkulose geschwächten und zu vorsichtigem Leben gemahnten Mannes ein reines Wunder. Ich habe schon damals«, berichtet er weiter, »über dieses scheinbare Perpetuum mobile einer übermenschlichen, jeden Tag sich erneuernden Energie viel nachgedacht.« Denn ähnlich gründlich und motiviert wie im Umgang mit seinen Patienten muss Albert Fraenkel auch als Forscher gewesen sein, sobald mit den Wintermonaten die Saison in Badenweiler nachließ und er im Pharmakologischen Institut der Universität Heidelberg mit innovativen Therapiemethoden experimentierte. Bereits 1906 hatte er auf dem Münchner Internistenkongress seine bahnbrechende, mit C. H. Boehringer zur Ampulleni-Injektion entwickelte Strophantintherapie vorgestellt. Ausgehend von einem Pfeilgift, das ostafrikanische Jäger aus den Samen der Strophantuspflanze gewinnen, war es ihm geglückt, die darin enthaltenen Glykoside, dank ihrer Wasserlöslicheit, in einer verträglichen Dosis mit gutem Erfolg nicht nur bei akutem Herzversagen, sondern auch bei chronischer Insuffizienz des Herzens zu verabreichen. Verglichen mit dem zuvor üblichen Einsatz von Digitalisglykosiden war das eine effizientere Methode, weil ihre Wirkung wesentlich rascher erfolgte. Bei intravenöser Anwendung erzielte er dank einer Erhöhung des Schlagvolumens und Verbesserung der Pumpleistung des Herzens lebensrettende Erfolge. Auch an Fraenkels Kontakte zu Albert Schweitzer, der ihm Blätter und Samen der Strophantuspflanze aus dem Ufergebiet des afrikanischen Ogoweflusses sandte, sei in diesem Zusammenhang erinnert. Dass man heute dieselbe therapeutische Wirkung mit weiterentwickelten Methoden erreicht, tut seinen Verdiensten keinen Abbruch, hat er doch schon damals das Leben unzähliger Menschen zu verlängern vermocht.

Doch nicht genug damit. Eine fast ebenso nachhaltige Leistung dieses unermüdlichen Mannes war die Schaffung des Tuberkulosekrankenhauses Rohrbach, das sich seit seiner Gründung im Jahr 1920 zu einer der führenden Thoraxkliniken Deutschlands entwickelt hat. Fraenkels größte soziale Leistung jedoch ist das 1927 von ihm geschaffene internistische Mittelstandssanatorium Speyererhof für Patienten, die nicht in der Lage waren, den Aufenthalt in einem Privatsanatorium zu bestreiten. In dieser opulenten, auf dem waldreichen Westhang des Königstuhls über der Rheinebene gelegenen Anlage werden heute noch in Zusammenarbeit mit den Neurologischen Universitätskliniken Heidelberg, Mannheim und Ludwigshafen von 350 Mitarbeitern alljährlich mehr als 2.000 Patienten behandelt.

Dass die Stadt Heidelberg den Initiator dieser Entwicklungen inzwischen durch ein Ehrengrab auf dem dortigen Bergfriedhof gewürdigt und ihm somit für die Demütigungen, denen dieser tapfere Mann am Ende seines Lebens ausgesetzt war, Abbitte geleistet hat, ist immerhin erfreulich. Denn nicht nur für Hermann Hesse zählte er, wie ihm der Dichter 1913 geschrieben hatte, zu jenen Menschen, »denen ich mich im Wollen befreundet und zugehörig fühle und in denen neben einem spezialisierten Talent und Beruf ein bestimmender allgemeiner Kulturwille vorhanden ist – und ohne eine stille Gemeinschaft solcher Menschen zu wissen, wäre es wesentlich schwerer und trüber zu leben«.

Über zwei Jahrzehnte später, am Sonntagnachmittag des 10. Mai 1936, wurde Hesse in seinem Tessiner Heim der Besuch eines Unbekannten gemeldet. »Ich fragte nach seinem Namen«, erinnert er sich in seinem Bericht über Albert Fraenkel und fährt fort: »seinen Namen wolle er nicht nennen. Und schon kam er den Fußweg zwischen den Kastanien gegangen, ein hagerer Alter mit weißem Haar und ganz farblosem Gesicht und fragte: ›Kennen Sie mich noch?‹ es war Fraenkel. Mehr als zwanzig Jahre hatten wir uns nicht mehr gesehen. Er sah dem jüngeren Fraenkel sehr ähnlich, wenn er am Abend eines strengen Arbeitstages so blaß und erloschen bei

Tische saß. Die Braunen hatten ihn nicht umgebracht, aber seiner Titel, seiner Funktionen, seiner Ehre und Würde beraubt. Den zweiten Krieg hat er nicht mehr erleben müssen.«

Noch etwas genauer, weil zeitnäher, ist von dieser letzten Begegnung in einem Brief die Rede, den Hesse am 15. Mai 1936 an seine in Wien weilende Frau Ninon gerichtet hat. Man habe ihm gemeldet, »es sei ein Besuch da, er sei ein alter Freund von mir und wolle sehen, ob ich ihn noch kenne. Ich ging ihm entgegen, da stand auf dem Waldwegchen ein schneeweißer alter Mann und sah mich aus traurigen, schönen Augen freundlich und fragend an. Es war mein einstiger Arzt und Freund Dr. Fraenkel, den ich seit dem Jahr 1913 nicht mehr gesehen und von dem ich nicht geglaubt hatte, daß er noch lebe. Auch seine Frau war da, sie waren zu Gast in Ruvigliana bei einem Freund, der Deutschland 1933 verließ. … Fraenkel gründete nach dem Krieg zwei Musterkliniken für Arme und ist seit 1933 natürlich beiseite gestellt, ein alter gebrochener Mann. Er war eine Stunde oder länger da, es war ein Erlebnis für mich.«

Als eine »raffiniert humane Kur« hatte Hermann Hesse bereits 1909 seine Aufenthalte in Fraenkels Badenweiler Sanatorium bezeichnet. Und weil, dem bekannten physikalischen Gesetz zufolge, Energie nicht verloren gehen kann, wird das, was dieser Arzt und

Forscher an Empathie für seine Mitmenschen erbracht hat, wohl auch noch künftig als ermutigendes Beispiel weiterwirken.

HAND ANLEGEN, STATT PREDIGEN!

Hermann Hesse und Albert Schweitzer

Albert Schweitzer in Lambarene 1964

Ein Jahr nach Ausbruch des Ersten Weltkriegs hat Hermann Hesse, der aus vielerlei Gründen, unter anderem wegen seines Unbehagens an der politischen Entwicklung in Deutschland, bereits 1912 in die Schweiz übergesiedelt ist, in Bern eine Zentrale der Kriegsgefangenenfürsorge gegründet. Von dort aus versorgte er von 1915 bis 1919 mit einem kleinen Team von Mitarbeitern Hunderttausende von Internierten in den Gefangenenlagern der Entente mit konstruktiver und weiterbildender Literatur. Was ihm aber mehr und mehr zu schaffen machte, waren die Unsummen von Geldern, die von den verschiedensten pazifistischen Organisationen für ihre publizistischen Aktivitäten verausgabt wurden. Das veranlasste ihn, im November 1915 in einer Wiener Tageszeitung einen Artikel unter dem Titel »Den Pazifisten« zu veröffentlichen, worin es heißt: »Ihr Friedensleute, die ihr Zeit und Geld habt, alle eure ethischen Blätter und Broschüren zu schreiben und zu drucken, Säle zu mieten und Vorträge zu halten – bei welchen praktischen Arbeiten tut ihr mit? Wohin gebt ihr euer Geld? Auf welchem Büro, in welchem Spital beschäftigen sich eure Frauen, eure Männer? Wie viel Geld, wie viel Arbeit und Betätigung leistet ihr im Verhältnis zu dem, was ihr redet, was ihr schreibt, was ihr an Drucksachen verschickt? … Ich klage euch an, dass ihr redet, wo so viel zu tun wäre, dass ihr Versammlungen besucht und Vorträge anhört, statt da und dort tätig zu sein, statt Liebesgaben zu sammeln oder zu packen, statt eure Säle den Kranken, euer Geld den Armen, euren Idealismus den Leidenden zur Verfügung zu stellen. Wer heute einen Taler für die Lazarette gibt, wer ein Buch für die Gefangenen schenkt, wer Adressen für Pakete an Gefangene schreibt oder Nägel in Kisten schlägt, die Kleider und Schuhe zu frierenden Menschen bringen sollen, der tut unendlich viel mehr als ihr mit allen Broschüren, mit allen Vorträgen. Lasst einmal die Zukunft der Menschheit ein Jahr lang auf sich beruhen und verbindet Wunden, speist Hungrige, tröstet Trostlose, schenkt Bedürftigen, dann erst glauben wir wieder an eure Worte und Lehren.«

Zu diesem Zeitpunkt hatte der zwei Jahre ältere Theologe und Musikwissenschaftler Albert Schweitzer längst ähnliche Konsequenzen aus der deprimierenden

Zeitgeschichte gezogen. Nach seiner Habilitation als evangelischer Theologe begann er im Alter von dreißig Jahren ein Medizinstudium, um seine humanitären Ideale auch praktizieren zu können. 1912 wurde er zum Arzt approbiert. Ein Jahr darauf, nach seiner medizinischen Promotion, gründete er im ehemaligen Französisch-Äquatorial-Afrika, dem heutigen Gabun, das Urwaldhospital Lambarene, um etwas von der »Schuldenlast, die der weiße Mann in Afrika durch Sklavenhandel und Ausbeutung auf sich geladen hat, wiedergutzumachen. Denn wie sein Schriftstellerkollege Hermann Hesse konnte er sich keine pazifistische Haltung vorstellen, ohne sie auf zupackende Weise zu beherzigen. Als ihm 1928 der Frankfurter Goethe-Preis verliehen wurde, betonte Albert Schweitzer, dass es auch für Goethe »keine Arbeit gab, die er [für] unter seiner Würde hielt, keine praktische Beschäftigung, von der er sagte, dass andre sie besser tun könnten als er«, sondern Goethe sei darauf bedacht gewesen, »die Einheit seiner Persönlichkeit im Nebeneinander von praktischem Tun und geistigem Gestalten zu verwirklichen«.

Im August 1946 wurde auch Hermann Hesse mit dem Goethe-Preis ausgezeichnet. Zu diesem Anlass schrieb ihm Albert Schweitzer am 4. Dezember 1946 aus Lambarene: »Als ein Bewunderer Ihrer Schöpfungen komme ich Ihnen sagen, wie sehr ich mich darüber freue. … Ich fühle mich mit Ihnen durch das Humanitätsideal verbunden. Beide sind wir ihm in der Zeit, da es an Geltung verlor, treu geblieben. Dies schafft eine Zusammengehörigkeit, die ich in diesen Jahren lebhaft empfunden habe.« Und wohl im Hinblick auf Hesses Versdichtung »Stunden im Garten« fügte er hinzu: Auch er fühle sich zuweilen als Tessiner, »wenn ich als Maurer tätig sein muss und Mauern mit unbehauenen Steinen aufführen und die Steine mit meiner Hand daraufhin betrachte, wie der Hammer auf sie fallen muss«.

Ob die beiden bereits vorher miteinander korrespondiert haben, ist ungewiss. Unbekannt ist auch, ob Albert Schweitzer Hesses Empfehlungen einiger seiner wichtigsten Bücher kannte. Denn sie erschienen 1932 in deutschen und zur Zeit des Nationalsozialismus in schwedischen Journalen, die Schweitzer am subtropischen Ufer des Ogowestromes, achtzig Kilometer unterhalb des Äquators, wohl kaum zugänglich waren. Die erste von Hesses Besprechungen galt der Quintessenz von Schweitzers Schaffen als Musiker, Theologe, Kulturphilosoph und Arzt, die er 1932 unter dem Titel »Aus meinem Leben und Denken« veröffentlicht hat. Darüber schrieb Hesse: »In diesem Leben ist alles Aktion und Energie. Die Gesundheit, Robustheit und Willensstärke dieses Mannes hätte für einen Weltkriegs-Feldmarschall ausgereicht; dieser protestantische Pfarrer aber hat sie in den Dienst der christlichen Liebe gestellt. Er war Pfarrer, Professor, berühmter Orgelspieler, Musikschriftsteller, gelehrter

Theologe, alles mit Eifer und Hingabe, aber mit etwa dreißig Jahren wirft er alles hin, um Medizin zu studieren und an den Kongo zu den in großem Elend lebenden Negern zu gehen: Es ist ein Schuss von jünglingshaftem Überschwang, ja beinahe von Donquichoterie darin, wenn der erfolgreiche Musiker, der beliebte Prediger, der große Deuter Johann Sebastian Bachs, wenn dies Wunderkind mehrerer großer Begabungen der differenzierten Welt seiner Arbeiten und Erfolge den Rücken kehrt und ausgerechnet zu den kranken Schwarzen am Äquator geht, wo seine Musik, seine Gelehrtheit, sein ganzes hochbegabtes Wesen in einem primitiven Fürsorgedienst verbraucht wird. Aber näher besehen, war dieser Sprung an den Kongo nicht nur voll Größe und Verantwortung, er war sogar klug, war sogar genial, denn es war der Sprung aus dem Festwachsen und Altwerden in einem geistigen Beruf ins Gegenteil: in die unmittelbare Arbeit am Mitmenschen, die nicht mit Worten, sondern mit Taten, mit täglicher und stündlicher Hingabe vollzogen wird. Mir scheint, niemand müsste Schweitzers Umsatteln zum Missionsarzt besser verstehen und würdigen können als wir Kollegen, wir Künstler, Gelehrte und Schriftsteller, die wir die Gefahr des ›Dienstes am Wort‹ so wohl kennen.

Ich weiß nicht, wie weit Schweitzers theologische Arbeiten die Wissenschaft gefördert haben, und kann nicht beurteilen, wie groß er als Autor und als Denker ist, ich habe sogar Einwände gegen manche seiner Auffassungen; in seinem Werk finde ich mehr kraftvolle Leidenschaft als vorbildliche Weisheit – aber gerade mit dem Schritt zur Selbsthingabe, mit dem Verzicht auf das Wirken im Wort zugunsten des Wirkens mit der Liebestat hat er mitten ins Schwarze getroffen und das denkbar Weiseste getan. Vielleicht hätte keines seiner Talente und keiner seiner Erfolge uns mehr bereichert als um Spezialitäten, während das Ganze seines Lebens uns jetzt eine Gabe von allerhöchstem Wert, ein Vorbild und einen Trost bedeutet.«

Auch in einer Stockholmer Zeitschrift hat Hesse für den Kollegen geworben, als er im Januar 1936 in »Bonniers Litterära Magasin« auf dessen neues Buch »Die Weltanschauung der indischen Denker« hinwies: »Ich weiß nicht, wie viel man in Schweden von Albert Schweitzer weiß. Dieser merkwürdige und in manchem Sinn vorbildliche Mann ist Elsässer, war Theologe, auch theologischer Schriftsteller, sprang dann aber im Drang nach einem aktiven, der Tat gewidmeten Leben zur Medizin über und hat in Afrika im Anschluss an eine französische Missionsgesellschaft ein Hospital für Neger gegründet, dem er seine ganze große Lebenskraft widmet, und das er aus Geldmitteln erhält, welche er alle paar Jahre auf einer europäischen Reise durch Vorträge und durch Orgelkonzerte gewinnt. Denn dieser Vielseitige ist auch Musiker, nämlich ein bedeutender Orgelspieler hat ein umfangreiches Buch über Johann Sebastian Bach und dessen Musik geschrieben. Dieser Mann der Tat und des Willens hat nun, schon im höheren Alter, sich unvermutet der Welt des indischen Geistes zugewandt, zu dem Deutschland ja seit mehr als hundert Jahren ein besonders leidenschaftliches Verhältnis hat.«

In seinen ein Jahr zuvor in der »Neuen Rundschau« veröffentlichten »Notizen zu neuen Büchern« ist Hesse dann näher und nicht ganz unkritisch auf dieses Werk eingegangen. »Der tapfere Albert Schweitzer, ein vorbildlicher Abendländer, betrachtet in einem lebendigen, kraftvollen und äußerst anregenden Buch ›Die Weltanschauung der indischen Denker‹ und zwar geht er, charakteristisch für ihn, dabei den historischen Weg, indem er die Entwicklung des indischen Denkens aufzuzeigen sucht. Er tut es mit Energie und mit großer Reinlichkeit, auch ohne allen Gelehrtenhochmut, streng um Objektivität bemüht – was nicht hindert, daß wir seine Methode gelegentlich als allzu rationalistisch und seinen Standpunkt dennoch als einseitig empfinden können. Wenn er zum Beispiel von ›natürlichem Empfinden‹ spricht, so vergißt er hinzuzufügen ›des Auslandes‹. Er überbetont die ›Weltverneinung‹ als eine rein indische Angelegenheit und hat für den kontemplativen Grundsatz des ›Nichtstuns‹ (den auch die gar nicht weltverneinenden Chinesen so wohl kennen) zwar Verständnis und intellektuelle Anerkennung, nicht aber das eigentliche Einfühlungsvermögen. Kurz, er ist durch und durch Nichtinder; ist ganz Aktion und ethische Forderung, und das Erstaunliche und wahrhaft Liebenswerte an seinem Buche ist, daß er damit trotzdem so hingebender Liebe und so großer Gerechtigkeit gegen das Indische fähig war. Die Trennungslinien, die er zwischen Ost und West, zwischen vita activa und vita contemplativa zieht, sind von einer Schärfe, die nicht überall überzeugt – man könnte diese Trennungslinien auch in andrer Richtung durch die Völker und die Geschichte ziehen. Aber mag Schweitzers blutvoll energische Art ihm den Zugang zu einigen Nuancen des Indertums erschweren, im ganzen tut er der indischen Geistesgeschichte nicht mehr Zwang an, als jede Geschichtsschreibung es tun muß – immer wird der Europäer die Zeit und den Entwicklungsgedanken ebenso überbetonen, wie der Inder sie vernachlässigt. Das so persönliche und frische Buch erreicht vielmehr einen Grad von Objektivität, der es unmittelbar zum Lehrbuch geeignet macht, denn Schweitzer hat etwas vom genialen Lehrer und gerade für viele von denen, die mit indischen Vorstellungen liebäugeln und sich gern solche Worte wie Ahimsa [Gewaltlosigkeit] oder Karma [die Summe unserer Handlungen aus dem gegenwärtigen und aller unserer vorherigen Leben] ins Knopfloch stecken, wäre das Studium dieses Buches eine reinigende Kur.«

Zu Indiens buddhistischem und hinduistischem Denken hatte Hesse, der rebellische Sohn pietistischer Indien-Missionare, ja ein besonders kenntnisreiches Verhältnis, das sich in vielen seiner Schriften, insbesondere seiner indischen Legende »Siddhartha«, niedergeschlagen hat. So ist es nicht verwunderlich, dass Henry Miller sie als »eine wirksamere Medizin als das Neue Testament« bezeichnet hat. »Einen Buddha zu schaffen, der den allgemein anerkannten Buddha noch übertrifft«, schrieb Henry Miller, »das ist eine ungeheure Tat, gerade für einen Deutschen.«

Ein letztes Mal hat Hesse sich 1955 über Albert Schweitzer anlässlich einer Umfrage zu seinem achtzigsten Geburtstag geäußert. Auf die Frage, inwieweit das Werk und die Persönlichkeit dieses Mannes auch ihn selber beeinflusst hätten, entgegnete er:

»Da Albert Schweitzer nur drei Jahre älter ist als ich, gehört er nicht zu denen, die mich gelehrt und geformt haben: ich war längst auf meinem Wege, als ich zum ersten Mal etwas von ihm las. Aber wir bedürfen nicht nur der Lehrer und Erzieher, wir bedürfen auch der Freunde und Anregung, der Ermunterung und Bestätigung durch befreundete, gleichstrebende Geister. Wer in der Wüste des heutigen Lebens und der heutigen Weltgeschichte das Gute meint, den Frieden, die Menschlichkeit, die Brüderlichkeit, den Verzicht auf Gewalt, dem bedeutet es viel, da und dort in der Welt einen etwas älteren Bruder und Kameraden zu wissen. Das hat mir einst Romain Rolland bedeutet, das bedeutet mir auch Albert Schweitzer. Ich habe längst nicht alles von ihm gelesen, bin aber immer wieder seinem wachen Geist und seinem wachen, edlen Herzen begegnet. Seine Kulturkritik, sein Buch über den indischen Geist, sein Buch über Johann Sebastian Bach wurden mir wichtig. … Von allem aber, was der große Kamerad geschrieben hat, liebe ich am meisten seine Kindheits- und Jugenderinnerungen. In diesen unvergesslichen Seiten, in denen Schweitzer schlicht von seinen Herkünften und ersten Lebensjahren erzählt, spürt man konzentriert das ganze Erbe enthalten, das er angetreten und so vorbildlich verwaltet hat. Und da weht eine Innigkeit und Wärme des Herzens, die einen an die schönste Kindheitsgeschichten deutscher Sprache, etwa die von Jung-Stilling, erinnert.«

Es ist Albert Schweitzers 1924 erschienenes Buch »Aus meiner Kindheit und Jugendzeit«, auf das Hesse hier hinweist, hat doch auch er selbst seine frühen Erlebnisse in vielen Erzählungen überliefert, getreu seiner Erfahrung: »Der Mensch erlebt das, was ihm zukommt, nur in der Jugend in seiner ganzen Schärfe und Frische, so bis zum dreizehnten, vierzehnten Jahr und davon zehrt er sein Leben lang.« (»Roßhalde«) Der Schriftwechsel dieser wahlverwandten Gefährten klingt aus mit einem Glückwunschschreiben Schweitzers zur

Verleihung des Friedenspreises Des deutschen Buchhandels an Hermann Hesse vom 5. Oktober 1955 aus Günsbach: »Es tut mir so leid in Europa zu sein und nicht nach Frankfurt kommen zu können, um endlich einmal Sie von Angesicht zu sehen. Aber ich bin so müde und habe eine schwere Arbeit fertig zu stellen, ehe ich Mitte des Monats nach England gehen muß. Da darf ich mir keinen freien Tag gönnen«, so sind sich die beiden also nie persönlich begegnet. Aber auch wenn Albert Schweitzer die Reise nach Frankfurt zur Preisverleihung hätte antreten können, Hesse selbst, der offizielle Würdigungen nie selber entgegengenommen hat, wäre nicht da gewesen. Denn Preise und Ehrungen waren für ihn »kein Vergnügen und Fest, sondern Bestandteil des komplizierten, zum großen Teil aus Missverständnissen konstruierten Phänomens, das man Berühmtheit nenne …, Versuche der offiziellen Welt, sich ihrer Verlegenheit inoffiziellen Leistungen gegenüber zu erwehren«. Für Albert Schweitzer dagegen waren es willkommene Gelegenheiten, um auch dabei für seine Sozialarbeit zu werben und ihr neue Mittel zu erschließen.

Aber auch anderes, was in den bisher erwähnten Selbstzeugnissen nicht zur Sprache kommt, hatten die beiden gemeinsam. An erster Stelle wäre da wohl ihre Emanzipation von der konfessionellen Enge ihrer Herkunft aus protestantischen Pfarrhäusern zu nennen.

Beide unterschieden sie nicht nach Religionen, Nationalitäten und Rassen, sondern einzig der Dienst am Menschen war ihnen wichtig. Wie Hesse schätzte auch Schweitzer die Erkenntnisse der altchinesischen Philosophen, Konfuzius, Lao Tse und Mong Dsi, die sie durchaus mit ihrem christlichen Weltbild vereinbaren konnten. An Repräsentation und spektakulären Auftritten war ihnen nicht das Geringste gelegen, sondern ihre Sache war das Handanlegen, die unmittelbare Hilfe. Befragt, warum er auf eine akademische Karriere verzichtet habe, antwortete Albert Schweitzer: »Ich bin Arzt geworden, weil ich arbeiten wollte, ohne reden zu müssen. Jahrelang hatte ich mich in Worten ausgegeben. … Das neue Tun aber konnte ich mir nicht als ein Reden von der Religion der Liebe, sondern nur als ein reines Verwirklichen derselben vorstellen.« Das ließe sich auch von Hesse und seiner Unterstützung politisch Verfolgter sagen, denen er unter anderem die Einkünfte aus seiner Aquarellmalerei zukommen ließ. Beide waren sie äußerst sparsam, um das dadurch Zusammengehaltene, wo Not am Mann war, sozial und sinnvoll verwenden zu können. Preisgelder aus den ihnen zugefallenen Ehrungen verwandten sie für karitative Zwecke, Hesse zur Unterstützung bedürftiger Kollegen, Freunde, aber auch Kriegsgeschädigter aus seiner Heimatstadt Calw. Schweitzer, 1952 befragt, was er mit dem Friedensnobelpreis mache, antwortete: »Dafür werde ich Wellblech zum Bedachen der Häuser meines Leprösendorfes kaufen.«

Ebenso streng wie gegen sich selbst waren sie im Umgang mit anderen. Das hat Albert Schweitzer bei seinen Mitarbeitern den Ruf eines »Tyrannen mit dem goldenen Herzen« eingebracht. Über diese Art von produktivem »Eigensinn«, den zu ermutigen Hesse 1919 ein essayistisches Loblied angestimmt hat, verfügte auch sein Weggefährte in Lambarene. Doch dessen straffe und autoritäre Führung seiner Mitarbeiter im Kampf gegen die Lepra, Malaria und Schlafkrankheit hatte nichts Verletzendes. Eine weitere Gemeinsamkeit mit dem Dichter war seine Tierliebe und Ehrfurcht vor allem Leben. Hinzu kommt beider Abneigung gegen subjektive Willkür. Dazu gehört auch ihre musikalische Vorliebe für die ausgewogenen kristallinen Ordnungen des Barock, insbesondere die Kompositionen von Johann Sebastian Bach.

So aufgeschlossen sie gegenüber den technischen Errungenschaften waren, überwog doch ihre Zurückhaltung, wo immer sie den Menschen versklaven und zum Missbrauch verlocken. Einig waren sie sich auch im Zweifel an der Wirksamkeit kollektiver Heilslehren und Ideologien. Eine ungleich wirksamere Verbesserung der Verhältnisse trauten sie dem Vorbild möglichst vieler mündiger Einzelner zu. Weil die politische Vernunft nicht dort anzutreffen sei, »wo die politische Macht liegt«, schrieb Hesse, »muß ein Zustrom von Intelligenz und Intuition aus nicht offiziellen Kreisen stattfinden, wenn Katastrophen verhindert oder gemildert werden sollen«. Sowohl der menschenfreundliche Dichter aus dem Schwarzwald wie auch der selbstlose Arzt aus dem benachbarten Elsass haben dies, dank der Kraft ihres Beispiels, auf ermutigende Weise beherzigt.

GRENZÜBERSCHREITENDE GEMEINSAMKEITEN

Das »Alemannenbuch«

Erstausgabe 1919

Die Entstehungsgeschichte dieser 1919 erschienen Anthologie reicht zurück bis in die Zeit des Ersten Weltkriegs. Längst hatte sich der Begeisterungstaumel der Augustwochen von 1914 gelegt, als man in den Hauptquartieren der preußisch-habsburgischen Heeresleitung noch glaubte, nach einem siegreichen Blitzkrieg gegen Frankreich mit vereinten Kräften ebenso rasch auch Russland unterwerfen zu können. Stattdessen detonierten die Blitze dieses anfangs auf wenige Monate berechneten »Stahlgewitters« nun schon ein ganzes Jahr, hoffnungslos festgefahren im Westen wie im Osten in zermürbenden Zweifronten- und Stellungskriegen mit Millionenverlusten, Zehntausenden Kriegsgefangenen, und noch immer war kein Ende abzusehen.

Zu diesem Zeitpunkt, im Sommer 1915, begann der damals 38-Jährige und seit drei Jahren in Bern ansässige

Hermann Hesse seinen Dienst in der Gefangenenfürsorge – freiwillig und ehrenamtlich –, weil sich hier endlich eine Möglichkeit bot, in der Praxis umzusetzen, was er selbst unter »Liebe zu Volk und Vaterland« verstand. Nach der Kriegserklärung Italiens vom Mai 1915 hatte Hesse gemeinsam mit Richard Woltereck in Bern eine Hilfsstelle für deutsche Kriegsgefangene eingerichtet, um die mittlerweile vielen tausend in französischen und italienischen Lagern festsitzenden Soldaten mit dem Dringlichsten versorgen zu können, unbehelligt von Transport- und Grenzschwierigkeiten, unter dem Schutz der schweizerischen Neutralität. Ähnliche Institutionen für die Internierten in Russland und England gab es bereits in Hamburg und in Köln. Von Frankfurt am Main und Stuttgart aus kümmerte man sich um Geld- und Kleiderspenden, während von Bern aus die Versorgung mit Zeitschriften, Büchern und Musikalien organisiert werden sollte. Woltereck, ein zuvor bei der Deutschen Botschaft in Rom tätiger Zoologieprofessor, war nach dem Abbruch der diplomatischen Beziehungen zu Italien in dieses Amt berufen worden. Mit Hermann Hesse, dem annähernd gleichaltrigen Schriftstellerkollegen, trat ein ebenso willkommener wie effizienter Mitarbeiter an seine Seite, mit dem er schon innerhalb weniger Monate eine wissenschaftlich-belletristische »Bücherzentrale für deutsche Kriegsgefangene« aufzubauen vermochte, die bereits zum Jahresende 1916/17 in der Lage war, annähernd 140.000 Bücher zu verschicken. Denn Hesse, der mit der Beschaffung, Auswahl und sinnvollen Verteilung des Lesestoffes beauftragt war, gelang es, von 1915 bis 1919 mit Zeitungsartikeln, öffentlichen Spendenaufrufen sowie ungezählten Bittbriefen an Verleger, Autorenkollegen und Mäzene jährlich Hunderttausende von Büchern zu beschaffen, welche dann, in möglichst vielseitiger individuell dosierter Zusammenstellung an die Internierten versandt, ihren Beitrag geleistet haben, die in erzwungener Isolation dahinvegetierenden Soldaten vor Resignation und Stumpfsinn zu bewahren.

Es ist hier nicht der Ort, um detaillierter über diese merkwürdig wenig erforschten, doch außerordentlich segensreichen vier Jahre »Sozialarbeit« zu berichten, während welcher Hesse überdies zwei Gefangenenzeitschriften herausgab und seine eigene dichterische Produktion fast völlig vernachlässigte. Aber so viel soll doch festgehalten werden, dass sich aus dieser Tätigkeit nach Kriegsende nicht nur die bedeutsame Monatsschrift »Vivos voco« (=Ich rufe die Überlebenden) ergab, sondern auch ein »Alemannenbuch« samt einem neuen, zunächst vorwiegend dem süddeutschen, elsässischen und schweizerischen Schrifttum gewidmeten Verlag, und das kam so:

Je länger der Krieg dauerte, desto unaufhaltsamer wuchs auch die Zahl der Versorgungsbedürftigen und desto komplizierter wurde es, jene Bücher zu beschaffen, die in den Lagern und Lazaretten gewünscht wurden. Mehr und mehr hatte der nicht enden wollende Krieg alle wirtschaftlichen Reserven erschöpft und damit die Bereitschaft der Bevölkerung zu weiteren Spenden. So sah man sich schon Ende 1917 genötigt, die ausbleibenden Bücher selber herzustellen und einen eigenen Verlag zu betreiben. Bis Ende 1918 erschien in diesem Verlag der Bücherzentrale Bern-Gümligen eine »Bücherei für deutsche Kriegsgefangene« mit 22 von Hesse herausgegebenen Bändchen. Am stärksten gefragt von all diesen meist belletristischen Titeln war die Anthologie »Ein badisches Buch«, und das besondere Echo darauf muss Hesse und Woltereck wohl bewogen haben, außerdem noch sechs weitere regional orientierte Titel herauszugeben: Lesebücher für die ihrer Heimat verlustig gegangenen Landsleute aus Pommern, Schleswig-Holstein, Bayern, Sachsen, Schwaben und den Rheinlanden. Reizvoll illustriert, wie sie waren, erfreuten sich diese »Heimatbücher für Deutsche Kriegsgefangene« großer Beliebtheit.

Vermutlich war es diese Buchreihe, die den damals 35-jährigen Kunsthistoriker und Altphilologen Karl Hoenn (1883-1956) auf den Gedanken brachte, der Reihe auch ein »Alemannenbuch« hinzuzufügen. Doch als er diesen Vorschlag machte, war es für ein solches Projekt im Verlag der Bücherzentrale schon zu spät. Denn etwa gleichzeitig, im November 1918, hatten in Compiègne die Waffenstillstandsverhandlungen begonnen. Ein Ende des Krieges und somit auch weiterer Investitionen in die Gefangenenfürsorge stand bevor. Als Nachzügler in der Folge der Heimatbücher konnte im März 1919 nur noch das »Schwabenbuch« erscheinen. Danach waren die Mittel erschöpft.

Obwohl aus den Anfängen der künftig noch folgenreichen Beziehung zwischen Hesse und Hoenn bisher keine Briefe ausfindig gemacht werden konnten, liegt es auf der Hand, zu folgern, dass sich Karl Hoenn durch den inzwischen geschlossenen Verlag nicht entmutigen ließ. Sein Engagement für die Kultur der alemannischen Regionen ging so weit, dass er bereit war, dafür einen eigenen Verlag zu gründen. Nach dem alemannischen Mikrokosmos von Gottfried Kellers Seldwyler Geschichten nannte er ihn Seldwyla Verlag. Die Startpublikation sollte das »Alemannenbuch« sein, um das grenzüberschreitende Konzept der neuen Firma sichtbar zu machen. Dafür entwickelte er ein Programm, das im Lauf der Jahre in dem Maße vielseitiger und weltoffener wurde, als es Hoenn gelang, den anfangs widerstrebenden Hesse als Berater, Autor und Mitarbeiter zu gewinnen.

Die erste bisher auffindbare Erwähnung des »Alemannenbuches« findet sich in einem Brief Hesses vom 6. Januar 1919 nach Stuttgart an den schwäbischen

Schriftstellerkollegen Wilhelm Schussen: »Es soll dieses Jahr ein Buch erscheinen, in welchem ›alemannische‹ Dichter beisammen stehen, Süddeutsche und Deutschschweizer. Es wird wahrscheinlich recht gut, vielleicht werde ich selber den Herausgeber machen, jedenfalls tue ich mit.« Was die Herausgeberschaft betrifft, scheint Hesse noch eine Zeitlang gezögert und andere Kollegen, wie zum Beispiel den befreundeten Schriftsteller Emil Strauß, vorgeschlagen zu haben, der ihm bereits das Manuskript seiner noch unveröffentlichten Novelle »Der Schleier« zur Verfügung gestellt hatte. Am 15. Januar 1919 richtete Hesse den folgenden Zwischenbescheid an Wilhelm Schussen: »Dieser Tage entscheidet es sich, ob ich der Herausgeber sein soll: ich tue es sehr ungern, aber es bringt ein kleines Honorar ein, wenn auch viel Arbeit, und da muß man halt.« Eine Woche später scheint dann der Würfel gefallen zu sein, denn inzwischen hatte sich Strauß unmissverständlich von Karl Hoenn, dem Verleger, distanziert, den er – aus welchen Gründen auch immer – verdächtigte, ein Schieber und Kriegsgewinnler zu sein.

Hesses erste Unternehmung als Herausgeber war folgender Rundbrief an die künftigen Mitarbeiter, der deutlicher als später das Buch umreißt, was diese Publikation enthalten und bewirken sollte:

»Sehr geehrter Herr!
Für ein ›Alemannenbuch‹, das ich im Lauf dieses Jahres herausgeben werde, erbitte ich Ihr Interesse und Ihre Mitarbeit.
Das Buch wird in sehr guter Ausstattung, von einer gewissen Zahl von wohlwollenden Interessenten schon erwartet, in einem neu gegründeten Verlage erscheinen, welcher das ›Alemannische‹ in sorgfältig gewählten, mustergültigen Ausgaben pflegen wird.
Dabei ist nicht an eine Provinzial- und ›Heimatkunst‹ gedacht, und vor allem soll diesem Alemannenbuch und dem daran anschließenden Verlag nichts ländlich Beschränktes, Altmodisches, Spießiges anhaften, auch nicht unter dem Mantel der Stilisierung und Biedermeierei. Wir wollen nicht den alten Hebel nachahmen, oder den alten Gotthelf, oder Gottfried Keller. Aber wir glauben und wissen, daß auf dem Boden, auf dem jene Geister wuchsen, auch heute Geist wächst. Der ist es, den wir meinen.
Der eigentümliche, prachtvolle Landschafts- und Kulturwinkel, den wir den alemannischen nennen und dessen geographische Mittellinie etwa dem Oberrhein zwischen Konstanz und Basel entspricht, stellt, mit teilweise scharfen, teilweise schwimmenden Grenzen, ohne Zweifel ein eigenes Kulturland, ein eigenes geistiges Klima dar. Was dort wächst, kann von lokalem Gepräge sein wie die Verse Hebels, es kann die Wucht und massige Erdschwere

eines Gotthelf haben oder frei und spielend in alle Welt hinauswirken wie die Dichtung Kellers – immer wieder wird den Früchten dieses Bodens etwas von Luft, Himmel, Klima ihrer Heimat anhaften, ein zarter Geruch, den in seiner vollen Süße nun der Landsmann spürt.
Diese Heimat und Gemeinsamkeit will unser Buch, und weiter der alemannische Verlag, zusammenfassen. Die natürliche Einheit von Volkstum, Sprache, Kultur; die von Zürich und Konstanz bis weit ins Schwäbische und Badische und Elsässische hineinreicht, wird von Landes- und Zollgrenzen durchschnitten. Der Krieg hat diese Grenzen zu Wällen werden lassen, er hat sie tiefer, brennender, rücksichtsloser gezogen. Der alemannische Geist, den wir meinen, will diese Grenzen wieder aufheben, er ist unpolitisch, unkriegerisch, er sieht nicht das Trennende, sondern das Verbindende. An einer kleinen Ecke beginnen wir das Werk des Aufbaus, des Neu-Aufbaus von Vertrauen, guter Nachbarschaftlichkeit, geistiger Zusammengehörigkeit.
Ich bitte nun um Ihre Mitarbeit an dem Alemannenbuch. Erwünscht sind mir kürzere Erzählungen, Gedichte und Aufsätze, Erinnerungen, Schilderungen. Besonderen Wert lege ich natürlich bei dieser ersten Publikation des alemannischen Verlags auf Stücke von wirklich alemannischer Prägung. Landschaftliches und Autobiographisches ist höchst willkommen. Das Honorar wird ein anständiges sein.

Wir bitten nur um ungedruckte Beiträge, und um Einsendung vor Beginn des Sommers, je bälder desto lieber. Ich glaube, wir Mitarbeiter tun da nicht bloß an einer hübschen Anthologie mit, wie es deren viele gibt, sondern wir arbeiten an einer Sache, die Zukunft hat. Unsere Arbeit gilt dem Aufbau, dem Frieden, dem Geist der Zukunft.

Mit Grüßen Ihr ergebener

Hermann Hesse«

Als Hesse diesen Brief, vermutlich im Februar 1919, versandte, hatten in Versailles gerade die Friedensverhandlungen begonnen. Der Größenwahn der Hohenzollern-Dynastie war in sich zusammengebrochen. Reichskanzler Prinz von Baden hatte die Abdankung des letzten deutschen Kaisers verkündet und somit den Weg bereitet für die erste deutsche Republik, deren nun endlich vom Volk gewähltes Parlament sich soeben anschickte, mit der Nationalversammlung in Weimar die Wende zur Demokratie herbeizuführen.

War das der richtige Augenblick, um ein neues Regionalbewusstsein zu wecken und die Trennung von Stammeszugehörigkeiten zu beklagen, die ja nichts als die Folge einer regionalen Variante jenes Patriotismus war, der gerade erst Schiffbruch erlitten hatte?

Wer Hesses Ausführungen genau liest – er hat sie in seinem »Alemannisches Bekenntnis« überschriebenen

Vorwort noch um entscheidende Argumente vertieft – wird erkennen, dass es sich hier um kein antidemokratisches oder gar restauratives Konzept handelt, sondern um eine völkerverbindende Initiative ohne lokalpatriotischen Dünkel. Denn gerade am Beispiel der organischen Zusammengehörigkeit »Alemanniens«, das mit seinen badischen, schwäbischen, elsässischen und schweizerischen Gemeinsamkeiten in Herkunft, Brauchtum, Mundart und Architektur die künstlichen Schranken der politischen Landesgrenzen überspringt, sieht er ein Modell zur Überwindung des aufgesetzten, engstirnigen und gefährlichen Ausschließlichkeitsanspruchs der Nationalstaaten. Schon einmal, zwölf Jahre zuvor, hatte Hesse eine ähnliche Initiative ergriffen, als er von 1907 bis 1912 gemeinsam mit Ludwig Thoma die Zeitschrift »März« herausgab, eine Halbmonatsschrift, die ursprünglich »Süddeutschland« heißen sollte und »in Politik, Literatur, Kunst und Wissenschaft alles sammelte, was in Süddeutschland [Österreich und der Schweiz] … etwas kann« (Ludwig Thoma). Wie das im selben Verlag erscheinende satirische Witzblatt »Simplicissimus« war diese Zeitschrift gegen »den Hochmut des preußischen Militarismus und Deutschlands selbstherrlichen Theaterkaiser Wilhelm II.« gerichtet.

Dieses Anliegen nahm Hesse mit dem »Alemannenbuch« wieder auf und schrieb in seinem Vorwort: »Als Gegner der National-Eitelkeiten darf ich die Alemannen nicht rühmen und sie mit Tugenden beladen, wie Völker es gerne voreinander tun. Ich halte weder die Treue noch die Schlauheit, weder die Tapferkeit noch den Humor für reservierte Spezialbegabungen der Alemannen, obwohl sie von alledem gute Proben geliefert haben. Die Alemannen haben weder eine Peterskirche gebaut, noch haben sie einen Dostojewski, und wenn sie aus heimatlichem Dünkel nichts von fremder Art und Kunst wissen wollen, so tue ich nicht mit ... Manches gefällt mir bei den Schwaben besser ... Anderes liebe ich wieder speziell bei den Schweizern ...: eine bürgerlich-demokratische Mischung der Stände und Gesellschaftsschichten ohne scharfe Grenzen ... Darin hatten wir auf der reichsdeutschen Seite manches verlernt und versäumt, was wir jetzt neu zu lernen im Begriff sind.«

Im Juli 1919 war es so weit, dass die Manuskripte der Beiträge für die Anthologie vorlagen. Besonders glücklich war Hesse mit dem Ergebnis offenbar nicht, denn der Hauptbeitrag des Buches, den er voranstellen wollte, »sollte einer von Emil Strauß sein, den ich auch monatelang schon in Händen hatte«, berichtet er dem Schweizer Freund und Mitarbeiter Walter Schädelin und fährt fort: »Aber im letzten Augenblick, ich wollte schon zu drucken beginnen, zog Strauß in einer Laune, auf einer flüchtigen Postkarte, sein Manuskript und seine Mitarbeit wieder zurück. Der Grund war, daß er gehört habe, das Buch stehe unter dem Protektorat des Prinzen

Max [von Baden], den er nicht leiden kann! Ich schrieb ihm nur drei Zeilen, sehr höflich, und erlaubte mir nur so viel Kritik seines für mich unbegreiflichen Benehmens, daß ich es eine ›Laune‹ nannte. Seither sind wir auseinander, neulich hat er mir sogar feierlich und eingeschrieben zwei Bücher zurückgesandt, die er seit vielen Jahren von mir geliehen hatte.«

Emil Strauß kannte Max von Baden von seiner Schulzeit her und war ihm weder politisch noch persönlich gewogen. In einem Brief vom 11. Mai 1920 schrieb Strauß an Theodor Rümelin: »Sie fragen nach Hesse. Ich stehe nicht mehr in Beziehung zu ihm. Ich hatte ihm vor einem Jahr einen Beitrag zu einem von ihm beabsichtigten ›Alemannenbuch‹ gegeben; dann hörte ich zufällig, daß dieses Sammelbuch unter dem Patronat und aus Mitteln des Prinzen Max von Baden herauskäme, und mußte entsprechend meiner Stellung zu diesem verdächtigen Herrn, so leid es mir tat, meinen Beitrag zurückerbitten. Hesse schrieb mir einen so haltlos ungezogenen Brief, als wollte er all die Vorwürfe, gegen die ich ihn seit fast zwanzig Jahren immer wieder verteidigt hatte, mit ein paar Zeilen rechtfertigen. Schade!« Dieses Schreiben Hesses ist leider nicht mehr verfügbar, da Strauß kurz vor seinem Tod 1960 in Freiburg seine gesamte Korrespondenz verbrannt hat.

Sieht man auf die künftige politische Entwicklung von Emil Strauß, dann kann man sich Hesses Verwunderung über das Launenhafte der Strauß'schen Entscheidung, die Mitarbeit an diesem Lesebuch zu verweigern, anschließen. Wie hätte sich der künftige Träger der 1936 von Hitler verliehenen Goethemedaille zu den übernationalen und demokratiefreundlichen Aktivitäten seines ehemaligen Klassenkameraden, des Prinzen Max, und des »Alemannenbuch«-Herausgebers Hesse bekennen können?

Für Hesse, der Straußens Entwicklung damals noch nicht ahnte, war es ein Rückschlag, auf diesen seiner damaligen Meinung nach wichtigsten zeitgenössischen alemannischen Schriftstellerkollegen verzichten zu müssen, dessen »aus den Quellen des Dialekts gesättigtes und verjüngtes Deutsch« er zu den originellsten Sprachleistungen der Gegenwartsliteratur zählte. In etwa zwanzig Rezensionen und Essays hatte er seit 1904 in zwölf verschiedenen deutschen, schweizerischen und österreichischen Blättern jede Gelegenheit wahrgenommen, um sich für die Verbreitung der Strauß'schen Bücher einzusetzen, und noch 1934 schrieb er – ohne ihm den seit dem »Alemannenbuch« nie mehr behobenen Bruch ihrer ehedem freundschaftlichen Beziehungen nachzutragen – in der »Neuen Zürcher Zeitung«: »Emil Strauß ist heute (und war es von seiner ersten Novelle an) ohne Zweifel der begabteste und kräftigste Vertreter des alemannischen Schrifttums, nicht im Sinne einer ›Heimatkunst‹ und provinziellen Eigenbrötelei, sondern im Sinne jeder echten vollwertigen Dichtung: Er schreibt ein prachtvolles reifes, nuancenreiches und musikalisches Deutsch – und dieses Deutsch … stammt aus dem deutschen Südwesten und bezieht seine Kraft, seine Eigenart, seinen Tonfall und seine sehr reiche Ornamentik aus dem Alemannischen, wie es etwa in dem Dreieck zwischen Freiburg, Schaffhausen und Basel gesprochen wird. Es ist zur Zeit kein anderer deutscher Dichter da, dessen Sprache so treu und zugleich so zwanglos mit der heimatlichen Mundart verbunden ist … Im Gegensatz zu manchen ›Volksdichtern‹ zeigt dieser Erzähler, daß ein ›bodenständiges‹ oder ein ›volkstümliches‹ Deutsch keineswegs ein armes und schlechtes Deutsch sein müsse, daß die Verbundenheit mit den Quellen der Volkssprache keineswegs ein Minus bedeuten müsse, vielmehr ein prachtvolles Plus sein könne.«

Die Begriffe »bodenständig« und »volkstümlich« hat Hesse in Anführungszeichen gesetzt angesichts der fatalen Doppeldeutigkeit, die ihnen inzwischen von politischer Seite her zugewachsen war. Dass nicht nur bei Emil Strauß, sondern auch bei ebenso geschätzten Autoren wie Knut Hamsun und anderen das »prachtvolle Plus« ihrer Naturnähe und Heimatverbundenheit zu einer Anfälligkeit für die Tendenzen des Nationalsozialismus führen sollte, hat Hesse künftig nicht wenig zu schaffen gemacht, zumal ihm selbst deren Werdegang nicht nachvollziehbar war. Sein Tagebuch vom Juli 1933 und manche seiner Briefe geben darüber Auskunft.

Der »Schleier«-Novelle, die Emil Strauß 1912 geschrieben hatte und erst 1920 veröffentlichen sollte, waren politische Tendenzen nicht anzumerken. Statt wie geplant im »Alemannenbuch« erschien sie als letztes seiner Bücher – als Liebhaberausgabe in einer winzigen Auflage von 300 Exemplaren – noch bei S. Fischer in Berlin, bevor Strauß mit seinem Gesamtwerk in den mittlerweile der »völkischen« Literatur aufgeschlosseneren Verlag Albert Langen-Georg Müller überwechselte. Dort wurde es 1930 nachgedruckt und gleich darauf von Hesse als »Kostbarkeit ganz besonderen Ranges« empfohlen.

Dass diese »Kostbarkeit«, die Hesse als Hauptbeitrag des »Alemannenbuches« den anderen Texten voranzustellen beabsichtigte, damals entfallen musste, hatte Konsequenzen. Denn stärker als ursprünglich geplant, musste er nun selbst als Mitarbeiter auftreten, war doch das im Juli 1919 vorliegende Ergebnis der Auftragsarbeiten summa summarum durchaus nicht so, dass es das Buch sonderlich attraktiv gemacht hätte. Manche Autoren, wie Ludwig Finckh, Albert Steffen, Max Schwendimann, Felix Moeschlin oder Hans Reinhart hatten schlicht das Thema verfehlt, bei anderen lässt sich darüber streiten, ob ihre Beiträge – außer dass sie von »Alemannen« verfasst waren – etwas spezifisch Landestypisches auszudrücken vermochten. Zeitgeschichtlich am ergiebigsten waren die Beiträge von Jakob Schaffner und Otto Flake.

Sie schildern das Lebensgefühl nach dem Krieg. Dem Niedergang des »unglücklichen, geschlagenen Vaterlandes« stellt Schaffner die schwärmerische Hoffnung auf das »sich wiedergebärende Mutterland« entgegen. Neben charakteristischen Beobachtungen der »skrupellosesten Schuldenwirtschaft« bei blühender Schwarzmarktmentalität auf Kosten der ausgemergelten Bevölkerung (»Nie gingen die Geschäfte der Antiquare und Kunsthändler so glänzend«), stehen jedoch auch Bilder wie dieses: »Die Amsel auf unserm Dach ist mächtiger und wahrer als der ganze Waffenstillstand ... denn sie singt von der unwiderstehlichen Allmacht des Mutterlandes ... Immer ist das Reich der Mutter Aufgang und Anfang. Und immer wieder ist das Reich des Vaters Niedergang und Ende.« Die Mythologie solch fragwürdigen Trostes, die übrigens auch diesen Schweizer Autor später den Nationalsozialisten in die Arme treiben sollte, gipfelt in der ebenso romantischen wie verstiegenen Schlussfolgerung: »Was ist uns im Grund zusammengebrochen? Das System der Grenzen. Wunderbar ist das: wir sind wieder grenzenlos geworden.«

Anders der Elsässer Otto Flake, den nach dem Krieg zwar auch das »Gefühl für die Traumhaftigkeit dessen, was wir Realität nennen«, überkommt und der den Rückhalt sucht, »irgendwohin zu gehören«. Denn er sieht sich als einer der vielen, die – weil sie in Städten aufgewachsen sind – ihre Heimatbindung verloren haben, obwohl sie die Homogenität dieses Kulturraumes spüren und ihren Ausdruck aus der Vergangenheit kennen, ohne ihn selbst noch generieren zu können.

Neben essayistischen Beiträgen und der launigen Betrachtung Robert Walsers über das badische und das welschschweizerische Freiburg, einem parodistischen Exkurs über die regional unterschiedlichen Physiognomien der beiden gleichnamigen alemannischen Städte, dürften wohl das letzte der Gedichte René Schickeles und Betrachtungen wie die von Wilhelm Schussen und Walter Schädelin sowie die in alemannischer Mundart nacherzählten Geschichten von Hans Thoma am besten ins Konzept des Herausgebers gepasst haben.

Aus eigenem Bestand fügte Hesse das im Mai 1918 entstandene Gedicht »Abends« und eine noch unveröffentlichte Erzählung hinzu. Sie trägt die Überschrift »Kinderseele« und versucht, ein damals fast dreißig Jahre schwelendes unbewältigtes Erlebnis aus Hesses Calwer Kindheit in den Griff zu bekommen, die Erinnerung an eine Kraftprobe mit seinem (zwei Jahre vor der Niederschrift verstorbenen) Vater, eine Erzählung, die der Psychologe Alexander Mitscherlich zu den interessantesten literarischen Darstellungen des Generationenkonflikts zählte. Dieses später so berühmt gewordene Dokument der Selbstbehauptung hat im »Alemannenbuch« seine Uraufführung erlebt. Und noch ein weiterer Text stammt von Hesse, obwohl er sich hierbei hinter einem erfundenen Verfassernamen verbirgt. Es ist die Fabel »Der Europäer«, angeblich geschrieben von Emil Sinclair, dessen Roman »Demian« wenige Wochen zuvor erschienen war.

In der politischen Fabel vom Europäer, geschrieben im Januar 1918, nimmt eine zweite große Sintflut das längst fällige Kriegsende vorweg und zieht eine beschämende Bilanz der verheerenden Anwendung, welche der Okzident mit seinen technischen Errungenschaften gemacht hat.

Auf die Idee, sich der Tarnkappe eines Decknamens zu bedienen, war Hesse 1917 gekommen, als man ihm gedroht hatte, ihn aus der Gefangenenfürsorge zu suspendieren, falls er die Absicht habe, weiterhin gegen die Kriegsinteressen Deutschlands gerichtete Artikel zu veröffentlichen. Damals diente ihm dieser an den revolutionären Hitzkopf und Hölderlin-Freund Isaac von Sinclair erinnernde Name als Vorzeichen für die einschneidende Wandlung, die der Krieg in seinem Leben und Schaffen bewirkt hatte.

Im August 1919 ging das Manuskript des »Alemannenbuches« an den Verleger, angereichert um Hesses eigens für diese Anthologie verfasstes »Alemannisches Bekenntnis«. Warum es dann nochmals fast ein halbes Jahr dauern sollte, bis das Buch erschien, lässt sich aus den bisher zugänglichen Dokumenten nicht eindeutig erklären. Gewiß wird Karl Hoenns Inanspruchnahme als erster Schriftleiter der zuvor von Hesse und Woltereck neu gegründeten Zeitschrift »Vivos voco« dabei mitgespielt haben, die im Oktober 1919 zu erscheinen begann. Denn erst im Dezember, nachdem Hoenn deren Redaktion an zwei Kollegen abgetreten hatte, konnte das »Alemannenbuch« endlich ausgeliefert werden. Es sei, schreibt Hesse damals an Walter Schädelin, »für mich wie für den Verlag unter ungeheuren Schwierigkeiten entstanden und wird ein schlechtes Los haben, da in der Schweiz gedruckte Bücher jetzt in Deutschland unmöglich verkäuflich sind«. Der Ladenpreis, bei einer Auflage von vermutlich 3.000 Exemplaren, betrug damals 15 Mark. Dreihundert nummerierte Halblederbände wurden in bibliophiler Ausstattung zum Preis von siebzig Mark angeboten. Eine Anzeige im Dezemberheft von »Vivos voco« fasst nochmals programmatisch zusammen, was mit diesem Buch beabsichtigt war:

»Das Alemannenbuch ist ein Sammelwerk zeitgenössischer Dichtung aus dem alemannischen Sprach- und Kulturkreis.

Dies Sammelbuch, das ebenso der jüngsten literarischen Jugend wie den schon Anerkannten offenstand und das einige noch ganz unbekannte Namen bringt, will die innere Zusammengehörigkeit des alemannischen Kulturkreises zeigen und das Gefühl für Stammestum und natürliche Verwandtschaft und Nachbarschaft wecken.

Herausgeber ist der Dichter Hermann Hesse, der, von Kind an auf schwäbischer wie auf schweizerischer Seite daheim und in zwei alemannischen Mundarten aufgewachsen, hierfür wohl der geeignetste Mann war. Ihm lag besonders auch der Gedanke am Herzen, gegenüber den bestehenden politischen Landesgrenzen die innere Einheit eines der begabtesten und fruchtbarsten deutschen Sprachgebiete zu betonen.«

Hesses Prognose der Unverkäuflichkeit sollte sich nicht bestätigen, war doch die erste Auflage schon so rasch vergriffen, dass bereits 1920 nachgedruckt werden konnte mit einigen Veränderungen und Anreicherungen im Bildteil. Besonders die zweite und letzte Auflage fand ihren Weg nun auch nach Deutschland, während die erste nur in der Schweiz erhältlich war. Damit wurde der neugegründete Seldwyla Verlag bald auch außerhalb der Schweiz bekannt. In den knapp fünf Jahren seiner Existenz gelang es ihm, neben weiteren regional orientierten Titeln, wie den von Hesse herausgegebenen Lebenserinnerungen des Schnyder von Wartensee, »Ein Luzerner Junker vor hundert Jahren« (1920), eine Produktivität zu entfalten, die weit über den alemannischen Raum hinaus Beachtung fand. Namentlich Hesses Dostojewski-Essays »Blick ins Chaos« (1920), deren deutsche ebenso wie die von T. S. Eliot angeregte englische Ausgabe 1923 bei Seldwyla erschien, die bibliophile Ausgabe von Hesses »Gedichten des Malers« (1920) und die von ihm edierte sechsbändige Buchreihe »Merkwürdige Geschichten« mit Titeln von Jean Paul, Achim von Arnim, altitalienischen Novellen und Schwänken, »Geschichten aus Japan«, Mordberichten aus dem Pitaval und altfranzösischen Sagen erweiterten das regionale Programm und erfreuten sich besonderer Beliebtheit. Warum Hesses umfangreichere Sammlung der »Geschichten aus dem Mittelalter« 1925 zwar noch bei Karl Hoenn, aber unter anderer Verlagsangabe veröffentlicht worden sind, ist bisher ebenso wenig zu ermitteln wie die Gründe für die kurz zuvor erfolgte Liquidierung des Seldwyla Verlages.

Die Resonanz, die das »Alemannenbuch« als Startedition des Seldwyla Verlages damals in der Presse fand, war zwar spärlich, aber überaus positiv. Die wenigen Besprechungen, die sich bisher fanden, sind ausführlich und zeigen, dass das Anliegen des Buches verstanden wurde. So schrieb zum Beispiel Otto von Greyerz in der Berner Tageszeitung »Der Bund« vom 1. Februar 1920: »Je mehr uns heute die Verflachung durch internationalen Anschluß und wirtschaftliche Interessengruppierung droht, umso dringlicher wird ein Sammeln und Zusammenwachsen naturverwandter Volkskräfte, denn hier ist wesenhafte Übereinstimmung, nicht bloß Verständigung, Entente, auf Grund vorübergehender politischer Zweckmäßigkeit«; während Oskar Walzel im »Berliner Tageblatt« vom 23. Januar 1921 hervorhebt: »Hesse spricht im ›Alemannischen Bekenntnis‹, trotz aller Freude an dem Umkreis, den er wie eine Heimat empfindet, fast weltbürgerlich, leugnet mindestens die Grenzen, die von Geschichte und Politik zwischen den Völkern gezogen werden.«

Diese beiden Tendenzen, so sehr sie sich einerseits in ihrer Beschränkung auf das Regionale, andererseits in ihrem grenzüberschreitend gesamteuropäischen Ethos zu widersprechen scheinen, sind merkwürdig aktuell geblieben. Haben doch 1981, mehr als sechzig Jahre nach Erscheinen des »Alemannenbuches« unter anderem Martin Walser und Manfred Bosch, der Schweizer Adolf Muschg und der Elsässer André Weckmann mit der Zeitschrift »Allmende« erneut ein Organ ins Leben gerufen, das denselben Ideen diente. Mit ihren regelmäßigen, sowohl der alemannischen Tradition und Geschichte als auch den übernationalen Gemeinsamkeiten der Zukunft gewidmeten Beiträgen hat diese Zeitschrift weitergeführt, was 1919 von Hermann Hesse und Karl Hoenn begonnen wurde. Über die Scheinbarrieren der Hochsprachen und Zollschranken hinweg pflegte sie auch den Dialekt als Auffrischungsmittel und »Goldreserve der Sprache« (Martin Walser). Und weil für die Franzosen »Allemagne« ohnehin ein Synonym für ganz Deutschland ist, bedeutet »alemannisch« auch für Adolf Muschg in seinem Vorwort zum ersten Heft der »Allmende«: »Unbekümmert um Grenzen zu reden wie einem der Schnabel gewachsen ist … jederzeit ein Stück weit auswandern, ohne den Boden zu verlieren – einen Boden, der schön ist wie jede Heimat … Nachbarschaft schmuggeln. Dem Zöllner ein Schnippchen schlagen … sich wiedererkennen, also Zusammengehörigkeit.«

»DIE HAUPTSACHE MUSSTE ICH SELBER LEISTEN«

Hermann Hesse und die Psychoanalyse

Hermann Hesse 1926,
Foto: Gret Widmann

Hermann Hesses letzte Äußerung über die Psychoanalyse notierte er drei Jahre vor seinem Tod in einem zu Lebzeiten unveröffentlichten Scherzgedicht. Es lautet:

»Psychologie
Der Hummer liebte die Languste
Was aber unerwidert blieb.
Die Liebe sank ins Unbewusste
Und wurde dort zum Todestrieb.

Ein Psychologe untersuchte
Den Fall und fand ihn gar nicht klar.
Der Hummer lief davon und fluchte
Er fand zu hoch das Honorar.

Der Psychologe nun verübelte
Ihm dies Verhalten, wenn auch stumm.
Doch sein gescheites Köpfchen grübelte
Noch länger an dem Fall herum.

Auch ohne Arzt genas der Hummer
Und fand ein andres Liebesglück.
Der Arzt führt aber seinen Kummer
Auf einen Geldkomplex zurück.«

Zur Schonung unserer darbenden Ärzteschaft mag es hier unkommentiert bleiben. Doch bis es zu dieser heiteren Sichtweise kam, galt es für Hesse, einen weiten Weg zurückzulegen, ein Hindernislauf, dessen wichtigste Stationen aber durchaus erwähnenswert sind.

Wo lernen wir die Regungen unseres Unbewussten am unmittelbarsten und häufigsten kennen, wenn nicht in unseren Träumen? Verbringen wir doch etwa ein Drittel unseres Lebens im Schlaf, in einem Zustand scheinbarer Ruhe, welcher der Regeneration unserer körperlichen und geistigen Funktionen dient. Ein Fünftel dieser Zeit entfällt auf das Träumen, so dass ein achtzigjähriger Mensch etwa sechs Jahre seines Lebens verträumt hat. Die restlichen vier Fünftel des Schlafes dienen dazu, die tagsüber erlebten Eindrücke und Erfahrungen für das Langzeitgedächtnis auszuwählen und zu ordnen, um sie in der haltbaren Form der Erinnerung dauerhaft zu speichern.

Mit der wissenschaftlichen Untersuchung der Träume hat an der Schwelle vom 19. zum 20. Jahrhundert die professionelle Psychoanalyse begonnen. Den Anfang machte Sigmund Freuds damals erschienenes Pionierwerk »Die Traumdeutung«.

Auch Hermann Hesses aus der Not des Ersten Weltkriegs geborene Erfahrungen mit der Psychoanalyse haben 1916 mit Traumdeutungen eingesetzt. Bis zu diesem Zeitpunkt vermochte er alle seine Konflikte noch durch deren Darstellung auf künstlerische Weise zu meistern. Damals jedoch, im Kreuzfeuer der deutschnationalen Angriffe auf seine journalistischen Mahnrufe zur Völkerversöhnung, versagte dieses Mittel. Als ein von den Medien geächteter Vaterlandsverräter und Nestbeschmutzer ist nicht nur er selbst, sondern bald darauf auch seine Frau so depressiv geworden, dass Hilfe von außen in Anspruch genommen werden musste. Er lernte dabei die Psychoanalyse, die ihn seit ihren Anfängen eher theoretisch interessiert hatte, nun auf ganz unmittelbare Weise im eigenen Leben kennen.

Wie hatte er die Psychoanalyse vordem wahrgenommen?

Wann sich Hesse erstmals mit Sigmund Freuds bereits 1900 erschienenem Standardwerk »Die Traumdeutung« befasst hat, ist nicht eindeutig zu ermitteln. In seiner Bibliothek bewahrte er die Ausgabe von 1914, und aus demselben Jahr stammt auch seine erste bisher auffindbare öffentliche Erwähnung Freuds in einer kritischen Empfehlung von Richard Löwensteins Abhandlung »Nervöse Leute«, worin es heißt: »Freud und seine ›Psychoanalyse‹ haben erbitterte Gegner, und gewiss ist Freuds Methode noch mit subjektiven Vorurteilen behaftet, aber der Weg zur Erkennung und Heilung ist von ihm gezeigt.“ Wenngleich mit der für seine Sichtweise bezeichnenden Einschränkung: „Dass es dieselben psychischen Leiden waren, die Beethovens Symphonien und van Goghs Bilder geschaffen [haben], ist eine andere Seite der Sache.«

In seinem fühesten Artikel über Freud, »Künstler und Psychoanalyse«, in der »Frankfurter Zeitung« vom Juli 1918, einer beherzten Verteidigung der analytischen Psychologie, betont er, dass er darin »fast alle seine aus Dichtern und eigenen Beobachtungen gewonnenen Ahnungen bestätigt fand«. Jedem Künstler bescheinige Freud den Wert der Phantasie, der Fiktion. Denn überall benutze die Psychoanalyse die Dichtung aus der voranalytischen Zeit als Belege. Dennoch könne ihrerseits auch die Analyse für den Künstler fruchtbar werden, denn sie fordere »eine Wahrhaftigkeit gegen sich selbst, an die wir nicht gewöhnt sind«. … »Wer den Weg der Analyse, das Suchen seelischer Urgründe, aus Erinnerungen, Träumen und Assoziationen, ernsthaft eine Strecke weit gegangen ist, dem bleibt als bleibender Gewinn das, was man etwa das innigere Verhältnis zum eigenen Unbewußten nennen kann. Er erlebt ein wärmeres, fruchtbareres, leidenschaftlicheres Hin und Her zwischen Bewußtem und Unbewußtem, er nimmt von dem, was sonst ›unterschwellig‹ bleibt und sich nur in unbeachteten Träumen abspielt, vieles ans Licht herüber.« Das Ernstnehmen der nächtlichen Reminiszenzen hielt Hesse für so ergiebig, dass er an anderer Stelle vermerkte, »der Traum ist das Loch, durch das du den Inhalt deiner Seele siehst, und dieser Inhalt ist die Welt. Die ganze Welt, von deiner Geburt bis heute, von Homer bis Heinrich Mann, von Japan bis Gibraltar, vom Sirius bis zur Erde, vom Rotkäppchen bis zu Bergson.« Deshalb sei die erziehende, fördernde und spornende Kraft der Analyse für niemand ergiebiger als für den Künstler, »denn ihm ist es ja nicht um die möglichst bequeme Anpassung an die Welt und ihre Sitten zu tun, sondern um das Einmalige, was er selbst bedeutet.«

Hesse wusste, wovon er sprach, als er das 1918 schrieb. Denn wohl als erster deutscher Dichter hatte er sich seit zwei Jahren selber einer Psychoanalyse unterzogen, sprach also aus eigener Erfahrung.

Unerträgliche Kopfschmerzen, Schwindel und Angstzustände waren es, die ihn Anfang April 1916 gezwungen hatten, für sieben Wochen das Sanatorium Sonnmatt bei Luzern aufzusuchen. In dieser Privatklinik nahm sich unter der Leitung des Hydrotherapeuten

Heinrich Hotz ein Team von Medizinern verschiedenster Spezialisierung der Patienten an. Er habe jetzt drei Ärzte, schrieb Hesse im Mai 1916, »welche zwar gemeinsam arbeiten aber in vielem doch sehr divergieren, so daß meinem behandelten Ich schließlich doch die Rolle einer letzten Instanz übrigbleibt. Der eine Arzt hier im Haus ist mein Sanatoriumsonkel, er berät mich in Diät etc., verschreibt mir Bäder, Güsse, Massagen und schwebt über dem Ganzen. Der zweite Arzt ist [der Internist] Hans Brun. Er hat mir gestern den Magen ausgepumpt. ... Der dritte ist ein Psychiater, die Kur bei ihm ist für mich nicht bloß die wichtigste, sondern auch die interessanteste.«

Nachdem die internistische Behandlung mit der damals noch neuen Methode der Diathermie keine Linderung seiner Beschwerden gebracht hatte, blieb nur noch die gleichfalls neue Methode der Psychotherapie. »Wir doktern zwar auch am Körper emsig herum«, berichtet Hesse damals, »ich werde jetzt täglich von innen her elektrisch geheizt und mit Chlorophyll gefüttert. Aber wenn ich dabei auch ein Herkules werde, so bin ich damit vor Rückfällen in die schlimmsten nervösen Zustände gar nicht gesichert. Das muß im Gemüt und Willen vor sich gehen, und da ist zwischen Erkennen der Ursachen und dem Tun immer ein Zwiespalt. Es geht mir diesmal ans Leben, und ich kann mich um eine entscheidende innere Krisis nicht mehr drücken.«

Der behandelnde Arzt, der Schweizer Psychoanalytiker Josef Bernhard Lang, war nach dem Urteil seines sechs Jahre älteren Lehrers und Kollegen C. G. Jung ein »sehr merkwürdiger, aber außerordentlich gelehrter Mann«. Mit ihm hatte Hesse in der ersten und wichtigsten Phase seiner Analyse Glück. Denn es komme, antwortet er 1949 einem Ratsuchenden, bei der Psychotherapie »viel darauf an, daß dabei zwei annähernd gleichwertige, d. h. jeder in seinem Typ vollwertige Menschen zusammenkommen. Für uns Künstler liegt die Schwierigkeit darin, daß den meisten Psychologen jedes naive und objektive Verhältnis zur Kunst fehlt, sie können zwar sehr für Kunst schwärmen, haben aber von der Eigengesetzlichkeit dieser Welt keine Ahnung. Aber für die erste Phase einer Analyse ist das nicht so wichtig.«

Was Hesse bis dahin durch die Lektüre der Schriften Freuds nur theoretisch wusste, lernte er nun während der analytischen Gespräche mit J. B. Lang in der Praxis und auf seine eigene Situation hin angewandt kennen. Dann aber musste er seinen Aufenthalt in Sonnmatt unterbrechen, denn die Arbeit für die Kriegsgefangenenfürsorge, die er auch noch im Sanatorium fortsetzte, sowie seine familiären und finanziellen Verhältnisse ließen es nicht zu, länger in der Klinik zu bleiben.

Weil nach so kurzer Therapie die Konflikte längst noch nicht ausgeräumt waren, einigte man sich auf eine ambulante Fortsetzung der Analyse. Von Juni 1916 bis November 1917, fast anderthalb Jahre lang, reiste Hesse, zunächst allwöchentlich, später nur noch sporadisch, von seinem Wohnsitz Bern nach Luzern, um Dr. Lang aufzusuchen. Nie zuvor und auch in seinem späteren Leben nie wieder hat er so regelmäßig und mit einem solchen Aufwand an Zeit (allein die Hin- und Rückfahrt dauerte sechs Stunden) einen Arzt konsultiert wie damals.

Schwerpunkt dieser Therapie war die Traumanalyse. Dabei hatte der Patient nicht nur die ihm erinnerlichen Traumreste zu schildern, sondern dem Arzt die damit verbundenen aktuellen und lebensgeschichtlichen Zusammenhänge aufzudecken. Erst danach war der Analytiker am Zuge, um den »manifesten« Inhalt des Traumes in den therapeutischen zu übersetzen. Wenn dies glückte, konnte es zu einer Befreiung kommen, zu einer Entlastung aus der Erkenntnis, dass man subjektive Erlebnisse und Zustände zu sehr überschätzt und objektiviert hatte. Erst dann wurde es wieder möglich, mit den vordem als unveränderlich vermuteten Umständen »zu spielen wie auch mit den scheinbar starren Begriffen Krank und Gesund, Schmerz und Freude«. Auf diese Weise könne die Verzweiflung zur Gnade werden, schreibt Hesse, indem sich das Leben durch das Abschälen einer Haut für neue Verwandlungen öffne. »Diese Erlebnisse des Erlöstwerdens sichern natürlich nicht gegen neue Verzweiflungen, aber sie fördern den Glauben daran, dass jede Verzweiflung von innen heraus überwindbar ist.« Man werde dabei zwar nicht ›gesund‹, man verliere nicht den Schmerz, aber man beginne wieder neugierig auf das zu werden, was uns noch bevorsteht, und finde den amor fati und damit eine neue Motivation weiterzumachen. Was Hesse im Rückblick auf seine eigene Analyse solchermaßen zusammenfasste, ist auch eines der Leitmotive des damals entstandenen »Demian«, worin es heißt: »Man muß seinen Traum finden, dann wird der Weg leicht. Aber es gibt keinen immerwährenden Traum, jeden löst ein neuer ab, und keinen darf man festhalten wollen.« … »Ich lebe in meinen Träumen. Die anderen Leute leben auch in Träumen, aber nicht in ihren eigenen. Das ist der Unterschied.«

Der beschwerliche Weg, der zu diesen Ergebnissen geführt hat, lässt sich mittlerweile auf detaillierte Weise nachvollziehen anhand eines Traumtagebuches aus der Schlussphase seiner ersten Psychoanalyse, das von seiner Frau Ninon bis dreißig Jahre nach dem Tod des Dichters gesperrt und der Forschung erst 1995 zugänglich wurde.

Dieses Tagebuch umfasst 111 Maschinenschriftseiten und wurde erstmals 1996 im Themenband »Traumgeschenk« veröffentlicht. Es setzt im Juli 1917 ein und reicht bis zum August 1918. Es fällt also in die Zeit, in der Hesse sich genötigt sah, für seine Kriegsgefangenenfürsorge einen eigenen Verlag zu gründen, Aktivitäten, die ihn noch unabkömmlicher von Bern machten als zuvor, ihm also keine Reisen zu Dr. Lang nach Luzern mehr erlaubten, zumal er außerdem noch zwei Internierten-Zeitschriften zu redigieren hatte. Diese Umstände waren es wohl, die ihn bewogen, die Traumanalyse von nun an auf schriftlichem Weg fortzusetzen, um sie nicht zu unterbrechen und um anhand dieser Aufzeichnungen das therapeutische Gespräch auf dem Postweg wieder aufnehmen zu können. Immerhin hatte sich Hesses Befinden mittlerweile schon so weit stabilisiert, dass er in der Lage war, C. G. Jungs Wink zu beherzigen, dem zufolge »das Unterbewußte nur dann befriedigend funktioniert, wenn das Bewußtsein seine Aufgaben bis zum Rand des Möglichen erfüllt«. Dies muss damals der Fall gewesen sein, denn nie zuvor war Hesse sowohl durch seinen karitativen Einsatz während des Krieges als auch durch seine journalistische Zeitkritik ähnlich gefordert wie in den Jahren 1917 bis 1919.

Von Beginn des Traumtagebuches an ist er sich über die Fragwürdigkeit des Unterfangens im Klaren, nämlich der nur rudimentär möglichen Wiedergabe des Geträumten. Er weiß, dass die noch greifbaren Traumreste nicht repräsentativ sein können für den Schlaf insgesamt. Denn was wir während der ersten Tiefschlafphasen erleben, entzieht sich unserem Erinnerungsvermögen. Und nur die Traumreste, die kurz vor dem Aufwachen noch präsent sind, lassen sich, fragmentarisch genug, rekonstruieren: »Ich habe oft Träume«, notiert er im August 1917, »wo Bilder gleichsam übereinander fotografiert sind, was die Erinnerung erschwert«. Teils kommen sie ihm wie ein fast unauflösbares »Gewirr und Gefilz« vor, teils spricht er von »reichlichen Folgen flüchtiger Bilderreihen« und vergleicht sie mit bemalten und übereinandergelegten Glasscheiben, deren Reihenfolge unsicher sei, weil deren Überlagerung den Durchblick verstellt. Doch entschlossen, auch diesen Widerständen etwas Positives abzugewinnen, setzt er sie in Bezug zur Ausdrucksarbeit überhaupt und tröstet sich mit dem Vergleich: So wie der Versuch, einen Traum aufzuschreiben sich zur Aussage verhalte, die dieser Traum umfasst, so verhalte sich ja auch das Werk des Künstlers zu dem, was er eigentlich darstellen wollte. Im besten Falle komme nur ein Bruchteil dessen zur Ausführung, was zu sagen sei. Dennoch sei dies kein Anlass zu resignieren, sondern ein Antrieb, immer neue Darstellungsversuche zu unternehmen.

Gewiss hätte Hermann Hesse die Vorbehalte Martin Walsers nachvollziehen können, der 1995 schrieb: »Wenn es mir gelingt, einen Traum in Sprache wiederzugeben, ihn also festzuhalten, dann ist das schon eine zerstörerische Aktion. Aber wenn ich ihn danach auch noch, um ihn sozusagen zu verstehen, einer ihn deuten wollenden Sekundärsprache aussetze, dann ist er erledigt.« Den Jargon und das Deutungsinventar der Psychoanalyse, die damit gemeint sind, hat auch Hesse als wenig hilfreich erfahren. Acht Jahre nach diesem Traumtagebuch, im Bericht über seine »Nürnberger Reise« (1925), spricht er vom »Panzer allzu enger, allzu eitler Akademik«, der das Vokabular der professionellen Analyse umgebe, sei ohnmächtig »wie jeder Versuch, das Phänomen des Lebens zu vereinfachen, es auf eine wissenschaftliche, scheinbar exakte Formel zu bringen«.

So ist es kein Zufall, dass er nicht nur im Tagebuch, sondern auch in seinen späteren Verlautbarungen zur Psychoanalyse nur selten deren professionelles Vokabular übernimmt. Kein einziges Mal ist bei ihm zum Beispiel von einem »Ödipus-Komplex« die Rede, den zu diagnostizieren bei Hesses problematischer Mutterfixierung und seiner konfliktgeladenen Vaterbeziehung für die Schulpsychiatrie ja die naheliegendste Schablone gewesen sein muss. Nur einmal übernimmt er einen Terminus von C. G. Jung (»Was mich an individuelles und kollektives Unbewußtes mahnt«), sonst ist er weitgehend immun gegen akademische Patentdefinitionen und interessiert sich als Künstler viel eher für die artistische Seite der »nächtlichen Spiele« wie zum Beispiel

»die Gleichzeitigkeit mehrerer Traumschichten, die ineinander übergehen können«, was ihn an die Gleichzeitigkeit des Realen und Visionären erinnert, die ihm erstrebenswert erscheint als »ein Zustand, in dem wir gewissermaßen durch die Wirklichkeit hindurch wie durch Glas eine bedeutsame, andere, höhere Welt sehen« können. »Das Glück der Träume«, lesen wir noch in seinem 14 Jahre später entstandenen Märchen »Die Morgenlandfahrt«, »bestand aus der Freiheit, alles Erdenkliche gleichzeitig zu erleben, Außen und Innen spielend zu vertauschen, Zeit und Raum wie Kulissen zu verschieben«.

Im unbewussten Seelenleben, wie es sich in der Sprache des Traumes, der Visionen und Halluzinationen äußere, finde man über die eigenen privaten Verwicklungen hinaus etwas durchaus Überindividuelles und Zeitloses, das mit uralten mythologischen Mustern, Systemen und religiösen Kulten übereinstimmen könne.

Zweifellos hat ihm in den Jahren 1916 bis 1918 und erneut 1920/21, während der Produktionskrise im Verlauf der Niederschrift seiner indischen Legende »Siddhartha« die Prozedur der Analyse weitergeholfen. Schon 1918, im Rückblick seines Aufsatzes »Künstler und Psychoanalyse«, nennt er die Gründe. Sie habe ihn genötigt, das zu sehen, zu untersuchen und ernst zu nehmen, was er gerade am erfolgreichsten an sich verdrängt habe. Nur in der intensiven Selbstprüfung der

Analyse werde ein Stück Entwicklungsgeschichte wirklich erlebt und durchdrungen, »über Vater und Mutter, über Bauer und Nomade, über Affe und Fisch zurück wird Herkunft, Gebundenheit und Hoffnung des Menschen nirgends so erschütternd erlebt wie in einer ernsthaften Psychoanalyse«.

In seinem Traumtagebuch legt der Dichter sich Rechenschaft ab, auch über seine persönlichen Schwächen und Versäumnisse. Im Gegensatz zu der daraus hervorgegangenen überpersönlichen Seelenbiographie des »Demian« haben diese Aufzeichnungen noch ganz den Aggregatzustand des Privaten und zeigen gerade in der Preisgabe der eigenen Problematik einmal mehr, was er 1929 in seinem »Bekenntnis des Dichters« von sich und seinesgleichen erwartet hat: »Wir suchen unsere Zeit nicht zu erklären, nicht zu bessern, nicht zu belehren, sondern wir suchen ihr, indem wir unser eigenes Leid und unsere eigenen Träume enthüllen, die Welt der Bilder, die Welt der Seele, die Welt des Erlebens immer wieder zu öffnen. Diese Träume sind zum Teil arge Angstträume, die Bilder sind zum Teil grausige Schreckbilder – wir dürfen sie nicht verschönern, wir dürfen sie nicht weglügen.«

Auf Anfragen seiner Leser hin hat Hesse noch Jahrzehnte später immer wieder bestätigt, dass ihm die damalige Analyse gut bekommen sei. Doch betont er, dass man dabei die Hauptsache selber leisten müsse.

Nützlicher als die Technik der praktischen Analyse habe sich für ihn die Lektüre einiger Bücher von Freud und Jung erwiesen. »Später wurde mein Verhältnis zur Psychoanalyse kühler, teils weil ich viele Fälle erfolglos, ja schädlich wirkender Analysen mitanzusehen bekam, teils aber auch, weil ich nie einem Analytiker begegnet bin, der ein echtes Verhältnis zur Kunst gehabt hätte.« Und im April 1950 erinnert er sich: Kein einziger von den vielen Therapeuten, die er gekannt habe, »sah in der Kunst etwas anderes als eine Ausdrucksform des Unbewußten. Der neurotische Traum eines beliebigen Patienten war ihnen ebenso wertvoll und weit interessanter als der ganze Goethe. Mit dieser Erkenntnis war ich endgültig und völlig von der analytischen Atmosphäre frei. Die Kur ist mir aber im Ganzen gut bekommen.«

Das Verständnis für den Künstler, für die Antriebe und Wirkungen kreativen Schaffens, das Hesse bei den Nervenärzten so sehr vermisste, steht in engem Zusammenhang mit dem, was der Traum für ihn bedeutet hat. Denn, so schreibt er 1932 an Christoph Schrempf: »Die Künste dienen dem Leben, sie sind Funktionen wie Schlaf und Traum« und helfen biologische Bedürfnisse zu befriedigen. Therapeuten aber, die dies nicht erkannten, waren für Hesse gelehrte Banausen, ohne Gespür für die Gegengifte und Heilmittel, welche der Künstler entwickelt, zunächst als Autotherapie für sich selbst und später als Hilfe für unzählige Leser, um ähnliche Krisen zu überstehen.

Während die Aufmerksamkeit des Arztes auf die Abweichung von der Norm, also das offensichtlich Pathologische gerichtet sein muss, ist einem kreativen, künftige Entwicklungen vorausträumenden und anbahnenden Menschen nichts so verdächtig wie das sogenannte Normale. Nicht die Träume, die uns die Antriebe unseres Inneren enthüllen, sind es, denen er misstraut, sondern vielmehr der auf Gleichschaltung bedachten Außenwelt, die zwischen dem Menschen und »seiner Seele einen Wächter, eine Moral, eine Sicherheitsbehörde gesetzt hat und nichts von dem anerkennt, was direkt aus dem Seelenabgrund kommt, ohne daß es vorher von jener Behörde abgestempelt wurde«. Das schrieb Hesse 1917 in seiner Betrachtung über die »Sprache« und fährt fort: »Der Künstler aber richtet sein ständiges Mißtrauen nicht gegen das Land der Seele, sondern gegen eben jene Grenzbehörde und geht heimlich aus und ein zwischen hier und dort, zwischen bewußt und unbewußt, als wäre er in beidem zu Hause.«

»Unsere Träume« hielt er für »das Beste das wir haben, während das andere nur Wirklichkeit ist«. Denn der Traum setzt sich hinweg über deren Hürden. Er ist für Hesse sowohl ein Impuls des inneren Kompasses als auch ein Treibstoff des Fortschritts und der Evolution, die sich des exponierten Einzelnen und nicht selten des sogenannten Neurotikers zu ihrer Entfaltung bedient und sich dabei nicht im Geringsten um die jeweiligen

Vorstellungen von normal und verrückt, krank und gesund kümmert. Über die Relativität dessen, was normal und verrückt sei, hat er sich oft geäußert: »Wir Künstler und Intellektuelle«, schrieb er 1929, »sind ja heute alle Neurastheniker, vielmehr wir haben eigentlich keine schwachen Nerven, sondern normale«. Oder im bereits fünf Jahre zuvor entstandenen »Kurgast« heißt es: »Die Psychiater erklären einen Menschen für gemütskrank, der auf kleine Störungen, kleine Reizungen, kleine Beleidigungen seines Selbstgefühls empfindlich und heftig reagiert, während derselbe Mensch vielleicht Leiden und Erschütterungen gefaßt erträgt, welche der Majorität sehr schlimm erscheinen. Und ein Mensch gilt für gesund und normal, dem man lange auf die Zehen treten kann, ohne daß er es merkt, der die elendeste Musik, die kläglichste Architektur, die verdorbenste Luft klaglos und beschwerdelos erträgt.« Deshalb könnten »diese Neurosen am Ende ja auch eine Gesundheit sein, nämlich das einzig mögliche Reagieren beseelter Naturen auf eine Zeit, die nur Geld und Zahl und keine Seele mehr kennt«. Menschen dagegen, denen solche Dickfelligkeit abgeht, neigen zu Insuffizienzgefühlen und Komplexen, welche – sobald die Ventilfunktion des Traumes überfordert ist – auch tagsüber kompensiert werden müssen. Dann nämlich, bemerkt Hesse in einem Brief vom Juni 1929, versage die schützende Magie des Traumes, weil auch der beste Träumer im Wachen die Außenwelt wichtiger nehme, als nötig. »Die Verrückten können das besser. Sie erklären sich für Kaiser und die Zelle für ihr Schloß, und alles stimmt wunderbar.« Die Außenwelt verzaubern zu können, ohne dabei verrückt zu werden, das sei sein künstlerisches Ziel. Es zu erreichen, sei nicht leicht, »dafür aber ist wenig Konkurrenz da. 99 Menschen von 100 haben ja ganz andere Ziele.« Und weil das so ist, weil die Mehrheit der Zeitgenossen (die für den Arzt ja das Maß der Normalität abgeben) die kreativen Formen der Kompensation nicht zu erkennen und nützen verstehe, fehle auch den meisten Psychiatern ein Sensorium dafür, dass es sinn- und wertvoll sei, »wenn ein Dichter aus den Nöten und Beklemmungen seiner persönlichen Gebundenheit heraus« den Antrieb nimmt, »die Unvollkommenheit seines Lebens durch die Vollkommenheit seines Werkes zu erlösen«.

Den Wertmaßstäben der Psychoanalyse zufolge, bemerkt Hesse 1930, müsse ein Dichter, der »den langen und mühseligen Weg zur Sublimierung seiner Spannungen im Werk verschmäht und statt dessen eine Anpassungskur durchführt und ›normal‹ wird, wertvoller sein als jeder andere«. Deshalb seien für die Nervenärzte Menschen wie Novalis, Hölderlin, Lenau, Beethoven, Nietzsche nichts als schwer pathologische Erscheinungen, wenn sie deren Werke ohne Kenntnis ihres Namens und ihres Ruhmes läsen. Denn nur dies habe der Künstler dem Geistesgestörten voraus, dass er seiner Verrücktheit wegen nicht eingesperrt werde, sondern aufgrund seiner Werke etwas gelte. »Daß diese Männer aus ihren Komplexen eine Welt geschaffen haben und … daß jede kulturelle Leistung aus Komplexen kommt, daß Kultur überhaupt nichts anderes ist als ein Einschalten von Widerständen und Reibungsgelegenheiten zwischen Trieb und Geist, und daß Leistungen nicht dort entstehen, wo Komplexe ›geheilt‹ werden, sondern wo diese Hochspannungen sich schöpferisch erfüllen, von alledem weiß die Analyse so wenig wie die moderne Wissenschaft überhaupt. Wie sollte sie auch. Der Zweck der Medizin inklusive Analyse ist ja nicht die Erkenntnis des Genies und der Tragik des Geistes, sondern ihr Zweck ist, zu bewirken, daß die Patientin Meyer womöglich ihr Asthma oder ihre nervösen Magengeschichten verliert. Der Geist läuft wahrlich auf anderen Pfaden, nicht auf diesen«, schrieb Hesse 1928 an den Psychotherapeuten Theodor Schnittkin.

Selbst noch für C. G. Jung war die Kunst, also die kreative Form des Träumens und ihrer Sublimierung in Gestaltung, ein Mechanismus der Verdrängung. Hesse hat das zwar nicht abgestritten, entgegnete ihm aber, er selbst wende das hohe Wort Sublimierung nur dort an, »wo es mir erlaubt scheint von geglückter Verdrängung zu reden, also von der Auswirkung eines Triebs auf einem zwar uneigentlichen, aber kulturell hochrangigen

Gebiet, z. B. in der Kunst ... Und wo ein begabter Mensch mit einem Teil seiner Triebkräfte solche Dinge fördert, finde ich seine Existenz und sein Tun von höchstem Wert, auch wenn er vielleicht als Individuum pathologisch ist. Eben darum ist ja die Psychoanalyse für Künstler so sehr schwierig und gefährlich, weil sie dem, der es ernst nimmt, gleich das ganze Künstlertum zeitlebens verbieten kann. Geschieht das bei einem Dilettanten, dann ist es gut, geschähe es bei einem Händel oder Bach, so wäre es mir lieber, es gäbe keine Analyse; und wir behielten dafür den Bach«, beantwortet er im September 1934 einen Brief von C. G. Jung.

Damit ist ausgesprochen, was sich in der Praxis seit Menschengedenken bewährt hat: die kompensatorische Wirkung der Kunst, welche Konfliktlösungen von beachtlicher sozialer Wirkung erzielt. Auch die Psychiatrie hat das inzwischen erkannt, überall dort, wo sie Musik, Malerei und Dichtung für therapeutische Zwecke verwendet.

Mehr als ein Jahrzehnt lang (von 1916 bis 1927) hat sich Hesse der Psychoanalyse und der Traumdeutung bedient für seine Expeditionen ins Innere. Sein Werk hat durch diese Erfahrung an Komplexität und Tiefgang gewonnen, ohne darüber an Bildhaftigkeit zu verlieren. Der Gefahr, durch zergliedernde Analyse die kreative Synthese aufs Spiel zu setzen, ist er dabei auf ebenso problembewusste Weise entronnen, wie sein Dichterkollege

Rainer Maria Rilke, der sich der Psychoanalyse verweigerte, um sich, wie er sagte, mit den »Teufeln« nicht auch seine »Engel« austreiben zu lassen.

Mit zunehmendem Alter verlor die Traumdeutung als Vehikel der Selbsterkenntnis für Hesse an Bedeutung. Gern zitierte er den Ausspruch des altchinesischen Dichters Dschuang Dsi: »Ich habe geträumt, ich sei ein Schmetterling, und jetzt weiß ich nicht, ob ich ein Mensch bin, der träumt, er sei ein Schmetterling, oder vielleicht ein Schmetterling, der träumt er sei ein Mensch.« Der Surrealismus der Träume jedoch fand stets sein artistisches Interesse. Er spricht von der »Unerschöpflichkeit ihrer Spielphantasie, von ihrer geistreichen Kombinatorik und ihrem oft hinreißenden Humor«. Auch im Alter noch blieben Traum, Märchen und Magie für ihn so verwandte Bereiche, dass ihm sein eigenes Leben mitunter wie ein Märchen vorkommen konnte: »Oft fühle ich«, heißt es in seinem »Kurzgefaßten Lebenslauf«, »die Außenwelt mit meinem Inneren in einem Zusammenhang und Einklang, den ich magisch nennen muß, … weil die sogenannte Wirklichkeit für mich keine sehr große Rolle spielt, weil Vergangenes mich oft wie Gegenwart erfüllt und Gegenwärtiges mir unendlich fern erscheint, darum kann ich auch die Zukunft nicht so scharf von der Vergangenheit trennen, wie man es meistens tut. Ich lebe sehr viel in der Zukunft.«

Die Wirkungsgeschichte seiner Bücher hat dieser Feststellung recht gegeben. Gerade auch dort, wo sie auf Kritik und Widerstand stoßen, ist es nicht selten ihr zukunftsorientierter und evolutionärer Impuls, der von den Kritikern als provozierend empfunden wird. Das war schon zu Hesses Lebzeiten so, als ihm zum Beispiel 1926 ein junges Mädchen schrieb, sie habe neulich geträumt, sie sei ein Affe und er, der Dichter, wolle sie dazu verführen, ein Mensch zu werden.

»In den Träumen meiner Leser«, kommentiert Hesse diesen Brief, »habe ich scheint's keinen guten Ruf, doch sehe ich daraus, daß die Träumende wenigstens nicht ihre schwächsten Antriebe mit meiner Maske bekleidet.«

»DEMIAN«
EINE STIMME DER EVOLUTION

Erstausgabe 1919

Vorgeschichte

Es musste schon einiges zusammenkommen, bis der Siedegrad erreicht war, ohne den ein Buch wie Hesses »Demian« nicht hätte entstehen können.

Im September 1912, fünf Jahre vor der Niederschrift dieser »Geschichte einer Jugend«, war der damals 35-jährige Hermann Hesse mit seiner Familie in die Schweiz übergesiedelt, um künftig nie wieder in Deutschland ansässig zu werden. Persönliche wie zeitgeschichtliche Gründe waren dafür ausschlaggebend. Hesses Ehe mit der Basler Fotografin und Mutter der drei Söhne, Mia Bernoulli, hatte erste Risse bekommen. Mit dem 1912/13 entstandenen Eheroman »Roßhalde« und einer Ortsveränderung, dem Umzug aus der Weltabgeschiedenheit des badischen Bodenseeufers nach Bern, in die Hauptstadt der alten Heimat seiner Frau, waren sie nur vorübergehend zu kitten. Außer diesen privaten Sorgen, berichtet Hesse in den 1960 geschriebenen »Erinnerungen an Ärzte«, »empfand ich auch mit wachsender Stärke das politische Unbehagen in der überheblichen, protzigen Gesellschaft des wilhelminischen Deutschland, ein Unbehagen ähnlich dem, das heute nahezu jedermann angesichts der Machtanhäufungen und Rüstungen in Ost und West empfindet. Mich führte es noch zwei Jahre vor dem Ausbruch des Krieges aus Deutschland und aus vielen Bindungen und Traditionen heraus.«

Fast gleichzeitig mit der Übersiedlung in die Schweiz hatte Hesse auch seine seit fünf Jahren bestehende Herausgeberschaft bei der in München erscheinenden kulturpolitischen Monatsschrift »März« niedergelegt, einem Blatt, das ähnlich wie die vom selben Verlag (Albert Langen) publizierte Wochenschrift »Simplicissimus« gegen die militante Präpotenz Preußens und das Imponiergehabe des letzten deutschen Kaisers gerichtet war.

Die Folge dieser Politik, der Erste Weltkrieg, schob denn auch bald dem saturierten, nur noch auf koloniale Profitmaximierung bedachten Konsumverhalten der Belle Époque einen Riegel vor. Ein Ende des kleingeistigen Größenwahns, wenn auch nicht unbedingt ein militärisches, war von Hesse schon seit langem erhofft und 1914/15 auch begrüßt worden wie ein erlösendes Gewitter nach drückender Schwüle. So ist in seinen ersten Reaktionen auf den Krieg in Tagebuch und Briefen von »einer Erschütterung der Atmosphäre« die Rede, welche Gelegenheit zu politischer Neuordnung schaffe. Er spricht von »einer Katastrophe des entseelten Kapitalismus« und »einer riesigen moralischen Aufrüttelung, die uns am Ende irgendwie nützen und guttun muß, trotz der Opfer«. ... »Da unsere Atmosphäre einigermaßen faul war, kann der Wechsel immerhin Gutes bringen.«

Vier Tage nach der Mobilmachung hatte er sich auf das deutsche Konsulat in Bern begeben, um sich mustern zu lassen. Da er abgewiesen wurde, meldet er sich drei Wochen später erneut, diesmal als Freiwilliger. Doch nicht, weil er über Nacht Patriot geworden und vom allgemeinen Kriegsfieber angesteckt gewesen wäre, sondern – wie es Briefe und Tagebuchnotizen zeigen – aus Solidarität mit den zahlreichen zum Kriegsdienst rekrutierten Freunden in Deutschland und um dem lähmenden Warten auf einen Gestellungsbefehl zuvorzukommen, mit dem er noch jahrelang zu rechnen haben sollte, denn vorläufig hatte man ihn wegen »hochgradiger Kurzsichtigkeit« vom Militärdienst nur zurückgestellt.

Bis zur Niederschrift des »Demian«, im September 1917, waren Hesses Sympathien noch auf Seiten Deutschlands, dessen Staatsbürgerschaft er damals noch nicht aufgeben mochte, weil es ihm unfair erschienen wäre, sie »in der Zeit, in der sie Opfer von mir forderte, zu verleugnen und abzulegen«. Mit Beifall verzeichnet er bis 1915 jeden deutschen Sieg und äußert sich enttäuscht bei Niederlagen. Vor allem erregt ihn jeder Fehler von deutscher Seite, jeder Missgriff, der Deutschland ins Unrecht setzen, seine Glaubwürdigkeit und somit jene Neuorientierung gefährden könnte, die er als Resultat von diesem Krieg erwartete. Gleich Hesses erster publizistischer Aufruf »O Freunde, nicht diese Töne!« vom 3. November 1914 zielte in diese Richtung und wandte sich gegen die chauvinistische Verteufelung der Feinde seitens der Maulhelden und Schreibtischtäter im eigenen Lager: »Ehre jedem, der mitkämpft mit Blut und Leben, auf dem Schlachtfeld unter den Granaten! Uns anderen, die es mit der Heimat gut meinen und an der Zukunft nicht verzweifeln wollen, uns ist die Aufgabe geworden, ein Stück Frieden zu erhalten, Brücken zu schlagen, Wege zu suchen, aber nicht mit dreinzuhauen (mit der Feder!) und die Fundamente für die Zukunft Europas noch mehr zu erschüttern. ... Daß Liebe höher sei als Haß, Verständnis höher als Zorn, Friede edler als Krieg, das muß ja eben dieser unselige Weltkrieg uns tiefer einbrennen als wir es je gefühlt. Wo wäre sonst sein Nutzen?«

Das war eine ziemlich andere Form von Vaterlandsliebe, als sie sich sonst in den etwa 5.000 Gedichten niederschlug, die allwöchentlich in den deutschen

Medien publiziert wurden, eine Rhapsodik, die sich darin überbot, Sieg auf Krieg zu reimen. Schon im Oktober 1914 hatte Hesse dem befreundeten Stuttgarter Reichstagsabgeordneten Conrad Haußmann mitgeteilt: »Schade, ich könnte jetzt die schönsten Kriegsnovellen schreiben, aber es stünde mir wie der Sau das Chemisle« (schwäbische Bezeichnung für Frackhemd).

Seine Unterstützung dagegen finden »die guten Stimmen der Vernunft und der Klarheit« von den Fronten, denen er auch im März 1915 noch vertraut: »Viele der im Feld Stehenden haben nicht mehr den Eindruck, das feindliche Völker gegeneinander stehen, sondern Brüder, die nur zur Zeit durch Mißverständnis und Fehler sich verzankt haben und nachher wieder Brüder sein werden. Die Verfasser der großen Spei-Artikel und Hasslieder gegen England, Rußand usw. werden sich in Bälde sehr schämen müssen. Überhaupt werden alle die, die bei diesem Krieg so plötzlich ›umgelernt‹ haben und das Gegenteil von allen ihren früheren Überzeugungen verkündigen, bald ebenso elastisch ein neues Gegenteil verkünden. … Ich habe wahrlich Hochachtung vor der Wucht und Einigkeit, mit der Deutschland jetzt dasteht, aber ich liebe es zu sehr, um den Hurrahpatriotismus nicht zu hassen. Je mehr wir alle Fehler bei England, Rußland etc. suchen, je weniger wir geneigt sind, auch bei uns selber Einkehr zu halten und alte Fehler bei der Wurzel zu packen, desto schlimmer.«

Doch schon vier Monate später muss er, ernüchtert über die deutschen Offensiven in Polen und Litauen, feststellen: »Die Akquisitionslust mancher Patrioten bei uns, die den Krieg geradezu als Eroberungskrieg könnte erscheinen lassen, macht auch keinen guten Eindruck im Ausland.« (Brief an Conrad Haußmann vom 15. Juli 1915)

Etwa zur selben Zeit gründete Hesse in Bern mit dem gleichgesinnten Zoologieprofessor Richard Woltereck eine Zentrale für Deutsche Kriegsgefangenenfürsorge, um nicht länger nur publizistisch auf die Ereignisse reagieren zu müssen, sondern seine Haltung auch durch Taten beglaubigen zu können.

Damit aber hatte er sich eine riesige und bisher ganz ungewohnt praktisch-organisatorische Arbeit aufgeladen, die – je endloser der Krieg sich hinzog – immer drückender wurde, weil sie kaum mehr ein Privatleben zuließ und überdies Hesses finanzielle Reserven erschöpfte. Denn bis die neue Organisation auf festen Füßen stand und mit Unterstützung des Roten Kreuzes und der deutschen Behörden rechnen konnte, arbeitete er (bis Mai 1917) nicht nur ehrenamtlich, sondern musste diesen Einsatz teils mit eigenen, teils mit von überall her zusammengebettelten Mitteln auch finanzieren. Hinzu kam ab Januar 1916 die gleichfalls ehrenamtliche Betreuung zweier Zeitschriften, des »Sonntagsboten für die deutschen Kriegsgefangenen« und bald darauf der »Deutschen Internierten-Zeitung«. Und fast gleichzeitig hatte er sich einer gegen ihn gerichteten Pressekampagne zu erwehren. Denn einige der etwa zwanzig Zeitungs- und Zeitschriftenbeiträge, mit denen Hesse bisher auf den Krieg reagiert hatte, waren von den Patrioten in Deutschland höchst kontrovers aufgenommen worden und hatten ihm schon 1915 den Ruf eines »Nestbeschmutzers« und »Vaterlandsverräters« eingebracht. Als ihm überdies 1917 von der Deutschen Gesandtschaft die Unvereinbarkeit solch subversiver Publizistik mit seiner Tätigkeit für die Internierten vorgehalten und angedroht wurde, die Unterstützung dafür zu streichen, kam es zu einer folgenreichen Zäsur.

Emil Sinclair

Plötzlich betrat ein junges, bisher völlig unbekanntes Nachwuchstalent, ein gewisser Emil Sinclair, die Szene, der merkwürdigerweise in derselben Zeitung, worin bisher die meisten von Hesses inkriminierten Artikeln erschienen waren, deren Zeitkritik mit noch ungemütlicheren Satiren und Aufsätzen fortsetzte, während Hesses eigene Kommentare zum Kriegsgeschehen seltener wurden. Da Sinclair, wie es hieß, schwer erkrankt und unzugänglich sei, habe er es dem befreundeten Hermann Hesse überlassen, seine Manuskripte in die Medien zu bringen. Neben Sinclairs politischen Artikeln, die Hesse unter anderem an die »Neue Zürcher Zeitung« vermittelte, war es vor allem das Manuskript von Sinclairs erstem Roman »Demian«, den er im Oktober 1917 seinem Berliner Verleger S. Fischer empfahl. Das war nichts Ungewöhnliches. Wenden sich doch von jeher viele Nachwuchsautoren mit ihren Manuskripten nicht direkt an die Verlage, sondern an prominente Kollegen, in der Hoffnung, durch deren Protektion von den Verlegern eher akzeptiert zu werden.

Wer war dieser junge Autor, um den Hesse sich so nachdrücklich bemühte? War es ein Nachkomme des Hölderlin-Freundes Isaac von Sinclair (1775-1815), des kämpferischen Republikaners, der in einen Hochverratsprozess verwickelt war, weil er eines Anschlags gegen den Kurfürsten von Württemberg und der Planung eines revolutionären Umsturzes bezichtigt wurde? Oder war es ein Spross des amerikanischen Sozialkritikers Upton Sinclair (1878-1968), dessen Romane über Industrie- und Börsenkorruption schon vor Ausbruch des Krieges auch in deutscher Übersetzung Aufsehen erregt hatten? Über ein Jahr lang, vom Februar 1919 bis zum Mai 1920, wurde über die Identität des »Demian«-Verfassers gerätselt. Denn ähnlich wie nach ihm B. Traven (alias Ret Marut) war Hesse sehr daran gelegen, die Spuren zu verwischen.

Warum veröffentlicht ein Autor unter Pseudonym? Weil er die Folgen befürchtet, die seine Publikationen ihm eintragen könnten, wenn er auf den Decknamen verzichtet? Weil er Spaß am Versteckspiel hat und ausprobieren will, ob seine Schriften sich auch unter veränderten Vorzeichen und ohne den Bonus eines bereits berühmten Verfassernamens durchsetzen? Wer derlei riskiert, lässt sich auf ein Experiment ein, das er sich leisten können muss. Denn nochmals als Anfänger zu debütieren setzt innere und materielle Reserven voraus, über die Hesse 1917 durchaus nicht mehr verfügte. Was war geschehen?

Vater und Vaterland

»Was ist das für eine Welt, in der man kein feiner Kerl sein kann, ohne Neurotiker zu werden!«
(Aus einem Brief vom 5. August 1916 an Hildegard Neugeboren)

Unter dem Druck des nicht enden wollenden Völkermordens und der desillusionierenden Erkenntnis, dass es ein Irrtum gewesen war, während der ersten beiden Kriegsjahre die Gewalt als notwendiges Übel in der Hoffnung auf eine bessere Zukunft hingenommen zu haben, war Hesse im März 1916 in eine schwere Depression gefallen. Verschärft wurde die Krise durch den plötzlichen Tod seines Vaters (die Mutter war bereits

1902 gestorben) und durch das Bewusstsein, »wie es hinter uns abbröckelt und wir allein auf der treibenden Scholle im Weltmeer stehen«. Denn mit dem Verlust dieses Mannes (des Theologen und Missionsschriftstellers Johannes Hesse) war für den Sohn die wohl stärkste Bindung an seine Herkunft und an ein Weltbild durchtrennt, an dessen pietistischem Erbe er sich von klein auf wundgerieben und das ihn gleichwohl geprägt hatte wie kein anderer Einfluss danach. Der Psalmvers, den der Vater für seinen Grabstein bestimmte hatte: »Der Strick ist zerrissen, der Vogel ist frei«, sollte bald darauf auch für den Sohn eine Bedeutung bekommen, die so einschneidend war, dass er ihr vorläufig noch auszuweichen suchte. Das zeigt sein bewegender Nachruf »Zum Gedächtnis« vom März 1916, ein vergeblicher Versuch, den zerrissenen Strang der Tradition neu zu knüpfen. Dort vermochte er es noch nicht, die spannungsgeladenen Kehrseiten seiner Bindung an einen Vater einzubeziehen, der in seiner letzten gleichnamigen Publikation »Die Bibel als Kriegsbuch« empfohlen hatte.

Die im Nachruf geschilderte Episode, wie Hesse, der bisher nie einen Ring getragen hat, den Ehering des toten Vaters übernimmt und nachts durch das Fremdgefühl an seinem Ringfinger erwacht, verweist bereits auf ein ganz anderes Erwachen, das erst die Katharsis einer monatelangen Psychoanalyse bewirken sollte, an die er sich heranwagte, nachdem der Versuch, seine Depression durch einen Sanatoriumsaufenthalt auszukurieren, fehlgeschlagen war. Noch anderthalb Jahre sollte es dauern, bis schließlich auch in ihm selbst der »Strick zerrissen« und alle Fesseln gelöst waren, die ihn mit der pietistischen Enge und der problematischen Dominanz von Vater und Vaterland verbanden. Damit war aus dem altbekannten Hermann Hesse der bisher unbekannte Emil Sinclair geboren.

Es war kein Zufall, dass die ersten Veröffentlichungen Emil Sinclairs, die zeitkritischen Aufsätze »Wenn der Krieg noch zwei Jahre dauert« und »Eigensinn«, zu einem Zeitpunkt erschienen, als das Manuskript des »Demian« bereits vorlag und als dem im Mai 1917 vom Preußischen Kriegsministerium zum »Beamtenstellvertreter« beförderten Hermann Hesse nach »mehrmaligen offiziellen Rüffeln« mit Konsequenzen für seine Kriegsgefangenentätigkeit gedroht worden war, falls er durch seine journalistischen Aktivitäten erneut gegen die Interessen der deutschen Kriegsführung verstoße. Daraus hatte sich sich noch ein sachlicher und dringlicherer Grund für das Pseudonym ergeben. Denn beides schien Hesse für die Genese eines besseren Nachkriegsdeutschland unverzichtbar: die Veränderung an der Basis durch Einwirkung auf unzählige der in Gefangenschaft desorientierten Soldaten ebenso wie die Beschleunigung eines Waffenstillstandes durch gezielte Publizistik. Beides war subversiv und nur durch die Personalunion mit einem Doppelgänger zu vereinbaren, die es Hesse erlaubte, das eine zu tun, ohne das andere zu lassen. Denn »die Beeinflussung der Leute, die zu Hunderttausenden durch den Krieg aus jedem vernünftigen Leben herausgerissen sind«, schrieb er im Januar 1918 über seine Berner Sozialarbeit, »scheint mir immer wichtiger für die Zukunft zu werden. Die Regierung hat anderes zu tun, wo sie eingreift, pflegt sie nur das Patriotische und Kriegerische.«

»Demian«

Als Sinclairs Zeitungsartikel erschienen, lag das Manuskript seines Romans »Demian« bereits seit Oktober 1917 auf dem Schreibtisch des Verlegers S. Fischer in Berlin, versehen mit einem positiven Gutachten des Verlagslektors und Schriftstellerkollegen Oskar Loerke.

Man hat später oft darüber gestritten, ob das Buch denselben Erfolg gehabt hätte, wenn es schon damals, also noch vor Beendigung des Krieges, erschienen wäre und nicht erst zwanzig Monate nach dem Eintreffen des Manuskriptes. Denn hätte Samuel Fischer 1917 geahnt, dass Hesse, der es ihm empfahl, auch der Verfasser des »Demian« war, dann wäre das Buch gewiss umgehend gedruckt und noch rechtzeitig vor Weihnachten ausgeliefert worden. Da es sich aber um einen vermeintlich jungen, unbekannten Verfasser handelte, ließ man sich Zeit bis zum Sommer 1919 und begründete die Entscheidung mit den kriegsbedingt schlechten Papierverhältnissen.

Gewiss, erst als der Krieg verloren war, gab es in Deutschland ein Klima der Besinnung und Neuorientierung, das 1917 in diesem Ausmaß noch nicht vorhanden war. Aber der »Demian« ist kein Buch, dessen Wirkung auf den damaligen Zeitgeist angewiesen wäre. Wie jedes zeitlose Werk ist es zwar aus der Zeitgeschichte hervorgegangen, doch nicht mehr an sie gebunden. Das zeigen die wesentlich höheren Auflagen, die es auch heute, mehr als hundert Jahre nach seiner Niederschrift, noch erzielt (in den letzten Jahrzehnten, 1973 bis heute, mehr als zwei Millionen Exemplare, ausländische Ausgaben nicht mitgerechnet). Doch im Gegensatz zu heute wurde es damals, ähnlich wie Goethes »Werther« (mit dessen Wirkung Thomas Mann es damals verglich), leidenschaftlich diskutiert.

Wie kam es, fragte der Dichter Klabund in seiner Besprechung von 1920, »daß ein so stilles Buch wie der ›Demian‹ so laut gewirkt hat«? Was hat nach dem verlorenen Krieg die Gemüter dabei dermaßen erregt?

Schon im Vorwort finden wir formuliert, was in Kriegszeiten, als das Einzelleben seinen Wert verloren hatte, viele Leser treffen musste: »Was das ist, ein wirklich lebender Mensch, das weiß man heute allerdings weniger als jemals, und man schießt denn auch die Menschen, deren jeder ein kostbarer und einmaliger Versuch der Natur ist, zu Mengen tot.«

Mehr an aktuellem Zeitbezug wird zunächst nicht gegeben. Denn bis zum letzten, wieder in den Krieg mündenden Kapitel ist das Buch eine einzige Versuchsanordnung und ein Modell, auf welche Weise künftig eine Wiederholung kollektiver Katastrophen vermeidbar wäre, nach Hesses Devise: »Wir müssen nicht hinten beginnen, bei den Regierungsformen und politischen Methoden, sondern wir müssen vorn anfangen, beim Bau der Persönlichkeit, wenn wir wieder Geister und Männer haben wollen, die uns Zukunft verbürgen.« Wie das zu bewerkstelligen sei, hat Hesse im »Demian« vorgeführt, ein Jahr bevor er es anlässlich der Novemberrevolution von 1918 auch direkt formulierte als er in einer politischen Flugschrift (»Zarathustras Wiederkehr«) die Spartakisten ermunterte, »nicht an den Ästen zu rütteln, sondern die Wurzeln tiefer zu treiben«. Im »Demian« geschieht das auf subtilere und nachhaltigere Weise durch eine Art Gewissenserforschung mit psychoanalytischer Methode.

Der etwa zwanzigjährige Ich-Erzähler Emil Sinclair rekapituliert darin seinen bisherigen Werdegang und verfolgt seine Prägungen durch Erziehung und Gesellschaft so weit in die Vergangenheit zurück, wie er sich zuverlässig erinnern kann, bis in sein zehntes Lebensjahr. Dabei lässt er alle Autoritäten, Vorschriften und Traditionen Revue passieren, die ihn von klein auf zu Kompromissen gezwungen und daran gehindert haben, »den Führer in sich selbst zu suchen«.

Genau solch einen Rückblick hatte der damals 35-jährige Psychotherapeut (und C. G. Jung-Schüler) Josef Bernhard Lang Hesse im Verlauf seiner Krisis von 1916 abverlangt. Zunächst durch die Beachtung seiner Träume und dann durch die Nötigung, das Geträumte selber zu deuten, wurden ihm dabei die Augen für jene neuralgischen Stellen geöffnet, an welchen das Leiden nicht mehr pathologisch und privat, sondern auf »gesunde« und prototypische Kollisionen mit einem Weltbild zurückzuführen waren, das nicht mit seinen Anlagen harmonierte, also den immanenten Gesetzen der Natur widersprach. Inwiefern diese Konflikte kein Einzelfall, sondern aktuelle Varianten archetypischer Verhaltensmuster waren, für die es Entsprechungen in der Mythologie und Geschichtsschreibung gab, erfuhr er nun von seinem Therapeuten.

Alles, was Sinclair von Kindheit an zu schaffen gemacht hatte, die oft unbegreiflichen Bewertungskriterien von gut und böse, oben und unten, privilegiert und verächtlich, wohlanständig und asozial werden ihm dabei als fragwürdig und willkürlich bewusst. So lernt er frühe Kindheitserlebnisse, wie seine Qualen unter den Erpressungsmanövern des Gassenhelden Kromer, als Folgen einer ähnlich verhängnisvollen Dominanz und Fremdbestimmung begreifen, wie sie sich der Obrigkeitsstaat gegenüber seinen in wirtschaftlicher Abhängigkeit gehaltenen Untertanen herausgenommen hatte. Auch der Krieg und die auf allen Seiten gleichermaßen von Wunschdenken bestimmte Berichterstattung durch die Presse waren Erscheinungsformen dieser Bevormundung, der es mit Misstrauen zu begegnen galt.

Deshalb lässt Hesse seinen Emil Sinclair, anders als Hans Giebenrath im frühen Roman »Unterm Rad«, nicht unter dem angeblich »gut gemeinten« Konformitätsdruck seiner Umwelt zusammenbrechen, sondern weist ihm einen Weg, der es ermöglicht, Gegenkräfte zu entwickeln. Diese melden sich bezeichnenderweise immer erst in besonders kritischen Lagen, die im Roman mit der Figur des Demian personifiziert werden. Demian, der dort als ein etwas älterer Mitschüler dargestellt wird, ist also in Wirklichkeit keine andere Person (ebenso wenig wie dessen noch rätselhaftere und etwas blutleer-abstrakt bleibende Mutter »Frau Eva«), sondern eine Gegensteuerung und Stimme aus Sinclairs Unbewusstem, die der Erzähler dank der Psychoanalyse zu beachten gelernt hatte. Sie macht ihn vertraut mit den Erkenntnissen der Tiefenpsychologie und legt die archetypischen Wurzeln seiner Konflikte frei. Dabei erweist es sich, dass diese Wurzeln so stark durch pietistische Infiltrationen befallen und eingeschnürt waren, dass sie erst davon befreit werden mussten, um Sinclair davor zu bewahren, auch »unters Rad« zu kommen.

Thomas Mann, den das Buch damals so nachhaltig berührt hatte, dass er noch 1948 für die zweite amerikanische Ausgabe ein Vorwort dazu schrieb, sah freilich in dieser Durchdringung von Realistischem und Fiktivem, in der Zweigleisigkeit von Tatsachenbericht und allegorischer Doppelgängerei ein Manko. Am 30. Mai 1919, während seiner ersten Lektüre, notierte er in sein Tagebuch: »Der stilistische Widerspruch liegt darin, daß die Erzählung sich durchaus als Leben gibt (mit dem Namen des Verfassers als dem Helden etc.), daß sie aber dabei deutlich und durch und durch geistige Konstruktion und Komposition ist. Das ist ein Fehler. Eine Konstruktion müßte sich mehr als solche, künstlicher geben.« Das ist ein formaler Einwand. Aber für Hesse war das Problem so vital, dass er keine Wahl hatte, es mit artistischer Distanz zu behandeln.

Es ist ein Glück für dieses Buch, dass es ganz erlebnisgesättigt und realistisch beginnt und erst dann erfundene Gestalten und evolutionäre Impulse ins Spiel bringt, wo sie für Emil Sinclair, den Erzähler, im selben Maße akut werden, wie für Hesse das Pseudonym notwendig wurde. Was geschieht?

Kromers Pfiff

Die schöne Geborgenheit einer übersichtlichen Kleinstadt mit ihrer scheinbar naturgegeben-selbstverständlichen Trennung zwischen Arm und Reich, kirchlichen und weltlichen Autoritäten, Elternhaus und Schule gerät für den Lateinschüler Emil Sinclair mehr und mehr ins Wanken. Denn neben der heilen und reinlichen Welt seiner Herkunft, der privilegierten und etwas langweiligen Wohlanständigkeit der guten Sitten und gewaschenen Hände, kommt er schon ein paar Gassen weiter in den Sog der ungleich verlockenderen und geheimnisvolleren Welt der Handwerker, Fabrikarbeiter und Dienstmägde, von denen manche so viel freier, ungehemmter und beneidenswert selbstsicherer aufzutreten verstanden. Und einen noch größeren Zauber hat für den Zehnjährigen der tabuisierte Bereich der Landstreicher und Asozialen, die Gegend von Schlachthaus und Gefängnis. Einer aus diesem Milieu, Franz Kromer, der Sohn eines Alkoholikers, drei Jahre älter als Sinclair, zieht diesen magnetisch an, weil er patenter, männlicher und souveräner zu sein scheint. Er bringt es fertig, durch eine Zahnlücke zu spucken und dabei, wohin er nur will, zu treffen. Um von ihm akzeptiert zu werden und die Kluft zwischen sich selbst, dem »Herrensöhnchen und Gymnasiasten«, und Kromer, dem Volksschüler und Gassenjungen, abzubauen, renommiert Sinclair mit einer Tat, die er gar nicht begangen hat. Um nicht ins Hintertreffen zu geraten, reagiert er auf Kromers Imponiergehabe genauso aufschneiderisch wie dieser und behauptet, einen Sack Äpfel gestohlen zu haben. Doch Kromer durchschaut das Erschwindelte des Annäherungsversuches und macht es sich zunutze. Er droht Sinclair damit, seinen angeblichen Diebstahl anzuzeigen, falls er sich nicht bei ihm freikauft mit einem Geldbetrag, den dieser nicht besitzt, wodurch er ihn zu einem wirklichen Diebstahl zwingt. Dass Sinclair diesen Konflikt niemandem anvertrauen kann, am wenigsten seinem frommen Vater, ist das entscheidende Problem und führt zum Bruch mit den Wertbegriffen der erlaubten und »lichten« Welt seiner Herkunft.

In dieser kritischen Situation taucht erstmals Demian auf, ein neu in die Stadt zugezogener und bezeichnenderweise vaterloser Mitschüler, der beim Konfirmationsunterricht in Sinclairs Klasse hospitiert. Da er die alttestamentarische Geschichte von Kain und Abel und die Stigmatisierung des Verbrechers durch das Kainszeichen ganz anders deutet als der Pfarrer oder der Vater, beginnt Sinclair sich für den Neuling zu interessieren. Für Demian zählt Kain zu den »Leuten mit Mut und Charakter, die anderen Leuten immer sehr unheimlich sind. … Weil man Angst vor Kain hatte, hängte man ihm diese Geschichte an.« Nicht viel anders reagiert

Demian auf die neutestamentarische Episode vom bekehrten Schächer (Lukas 23): »Eine richtige Pfaffengeschichte, süßlich und unredlich, mit Schmalz und Rührung und höchst erbaulichem Hintergrund.«

Auf die Frage eines Lesers nach der Quelle der Kainsproblematik im »Demian« antwortete Hesse am 13. April 1930 grundsätzlich, also ohne die Angriffe auf den Spartakusbund zur Entstehungszeit des Buches zu erwähnen: »So wie die ›Erkenntnis‹, also das Erwachen zum Geist, von der Bibel als Sünde dargestellt wird (repräsentiert durch die Schlange im Paradies), so wird das Menschwerden, die Individuation, das Sichdurchkämpfen des Einzelnen aus der Masse heraus zur Persönlichkeit, stets von Sitte und Herkommen mit Mißtrauen betrachtet. … Und so scheint mir, läßt sich sehr wohl Kain … als ein ins Gegenteil entstellter Prometheus, als ein für seinen Vorwitz und seine Kühnheit durch Ächtung gestrafter Vertreter des Geistes und der Freiheit auffassen.«

Trotz der Entlastung durch Demians Bemerkung, dass das sogenannte Böse vielleicht ebenso berechtigt wie das vermeintlich Gute sei, verfolgt Sinclair die Affäre mit Kromer bis in den Schlaf. Er träumt, dass Kromer ihn zwinge, seinen Vater zu erstechen. Aber auch Demians Standpunkt ist ihm noch so unheimlich, dass er träumt, auch von ihm unterdrückt zu werden, was er jedoch bezeichnenderweise gern erträgt.

Mit lauter kleinen, unter Höllenqualen begangenen Diebstählen gelingt es Sinclair schließlich, das von Kromer erpresste Lösegeld abzubezahlen. Der aber tyrannisiert ihn weiter, und dies umso sadistischer, da er natürlich weiß, auf welche Weise sich Sinclair das Geld verschafft hat. Eine Kettenreaktion, die, wie in der Politik, mit unaufhaltsamer Eigendynamik aus dem Schneeball eine Lawine produziert. Doch als Kromer ihn auffordert, beim nächsten Mal seine Schwester mitzubringen, um von seiner Macht über ihn auch sexuell zu profitieren, ist für Sinclair die Schmerzgrenze erreicht. Und wie von einer geheimnisvollen Kraft gerufen, ist plötzlich wieder Demian zur Stelle, dem sich Sinclair anvertrauen und der Kromer in Schach zu halten vermag. Von nun an verliert Kromers Pfiff seine Suggestion, welcher Sinclair bis zur Hörigkeit verfallen war. Der Druck von außen in Verbindung mit Demian (in Wirklichkeit einer Kraft aus seinem Inneren) ermöglicht ihm Hilfe zur Selbsthilfe und wird sich künftig in kritischen Situationen noch so lange einstellen, bis Sinclair erwachsen und mit der Gegenkraft in sich selbst, also mit Demian, eins geworden ist.

Traum und Wirklichkeit

»In Träume kann man kaum eingreifen. Erst nach der Niederschrift. Als Redakteur des eigenen Traums.« Martin Walser

Wie Emil Sinclair in der Erzählung, so hat auch Hesse den Demian zunächst als selbständige Person erfahren, bevor er sie – dank der Psychoanalyse – als sein eigenes Alter Ego zu erkennen vermochte. Das zeigt eines der Traumtagebücher, die er bald nach Beginn seiner Analyse bei J. B. Lang zu führen begonnen hat. In diesem leider nur fragmentarisch überlieferten Typoskript, worin Hesse seine Träume vom August bis September 1917 festhielt, begegnen wir Demian zum ersten Mal. Er ist dort eine etwas zwielichtige Gestalt, die in der Nacht vom 11./12. September 1917 in einem seiner Träume auftaucht und merkwürdigerweise mehr dem Franz Kromer gleicht als der Romanfigur, die Hesse nach ihm benannt hat.

In diesem Traum sieht sich Hesse auf dem nächtlichen Heimweg in einer alten Stadt, die ihm bald wie sein Geburtsort Calw, bald wie sein damaliger Wohnort Bern vorkommt, von einem Mann überfallen, der Demian heißt. Betrunken, wie der Fremde zu sein scheint, glaubt der Träumende, es rasch mit ihm aufnehmen zu können, doch unterliegt er im Zweikampf und wird dabei um seine Brieftasche erleichtert. Das sei der Tribut für seine Niederlage, gibt der Sieger ihm zu verstehen. Tags darauf notiert Hesse diesen Traum und seine Assoziationen dazu, um sich selbst und J. B. Lang, dem Analytiker – der vier Kapitel später als Pistorius in der Geschichte vorkommt – Anhaltspunkte für die Deutung zu geben: »Zu Demian fällt mir ein: es ist eine Verstümmelung von Damian, klingt aber durch den veränderten Laut stark an ›Dämon‹ an, erinnert mich auch etwas an Demiurg. Auch der wirkliche Name Damian hat für mich stets etwas Seltsames, ein wenig Unheimliches gehabt, etwas, was an Katholisches, an finstre Romantik oder so was anklang. Das Ringen war unheimlich, der Mann sehr stark, das Gefühl des Unterliegens häßlich. Aus diesem Unterliegen und Beraubtsein, das ich anfangs leichtnahm, entwickelte sich mehr und mehr ein Bann, der mich an Demian fesselte. Der Schulkamerad, dem er ein wenig glich, ist ein hübscher kräftiger Mensch, mir auch heut noch befreundet, ein Ingenieur, eigenwillig und kräftig in jeder Hinsicht, sehr begabt, mit eigenartigen Gedanken und einer seltenen geistigen Energie, dabei eigensinnig und nicht von seinem Weg abzubringen. Bei alledem ist er kein Sonderling, sondern angepasst und gesund. Die Traumfigur klang freilich nur schwach an ihn an und hatte nichts von seinen (sehr sympathischen) Zügen.«

In der Erzählung macht Hesse also aus dem geträumten Bedroher einen Befreier und Franz Kromer zu seinem

Antipoden, nach der Devise: »Was mich nicht umbringt, macht mich stark.«

Es spricht manches für die Vermutung, dass die im Buch geschilderte Affäre mit Franz Kromer nicht erfunden ist, sondern auf ein authentisches Kindheitserlebnis zurückgreift, welches der Traum nur reaktiviert und in Beziehung zu Hesses aktuellem Befinden gesetzt hat. Die eher sympathischen Züge des Schulkameraden, die er mit seinem Traumgegner assoziiert, unterstreichen die Ambivalenz des Konfliktes. Doch scheint mir die Affäre mit Kromer zu lebensnah geschildert, als dass sie erfunden sein könnte, ganz abgesehen davon, dass Hesse fast nie etwas erfindet, wenn ihm das Erlebte so zusetzt, dass ihm kein anderer Weg bleibt, als es durch Darstellung zu bewältigen.

Auf die Frage eines Lesers, ob nicht auch Kromer eine Art Sinclair sei, hat Hesse am 8. Dezember 1955 geantwortet: »Natürlich lebt auch der Knabe Kromer das, was aus ihm heraus will. Er tut es auf niederer Stufe und wird, falls er nicht höher steigt, entweder als Bankdirektor oder als Zuchthäusler enden. Immerhin geben seine Quälereien und Gemeinheiten dem geplagten Sinclair Anstoß zu wertvollen Entwicklungen.« Dass diese Entwicklung einhergeht mit einer höchst eigenwilligen Verarbeitung der pietistischen Prägungen seiner Herkunft (»Leute von Charakter kommen in der biblischen Geschichte gern zu kurz«), ist kein Zufall.

Sowohl das Motiv vom angeblichen Apfeldiebstahl (vgl. die Äpfel vom »Baum der Erkenntnis des Guten und Bösen«, die man nicht essen darf in I Mose 2/17) als auch die Geschichte vom angepassten Abel und Außenseiter Kain, das Motiv vom unterwürfigen Schächer am Kreuz, das Symbol der Urmutter Eva (als Gegensatz zur klerikalen Neigung, das Geschlechtsleben zu unterschlagen) oder die eigenwillige Deutung von Jakobs Kampf mit dem Engel Gottes (»Ich lasse dich nicht, es sei denn, du segnest mich«, I Mose 32/27) sind die ersten Stationen einer Befreiung aus erstarrten Reglementierungen und Ritualen, die Hesse wie Emil Sinclair künftig davor bewahren, zu Mitläufern vorgegebener Direktiven zu werden, seien sie nun religiöser, politischer oder weltanschaulicher Herkunft.

Auch andere Motive dieser »Geschichte einer Jugend« entstammen dem erwähnten Traumtagebuch, so zum Beispiel der Wappenvogel über Sinclairs Haustür, der seine Entwicklung wie eine beständige Mahnung vorwegnimmt. Am 28. August 1917 träumte Hesse vom Bild eines jungen Adlers, welcher sich sowohl aus seinem Ei als auch aus einem ihm umgebenden Rahmen herausarbeitete: »Vielleicht war er unter Glas, jedenfalls standen die Spitzen der Krallen und des Schnabels fühlbar heraus, während das übrige gewissermaßen künstlich und Bild blieb«, vermerkt er im Tagebuch. Das Ei und die Gefangenschaft im Rahmen, denen der Traumvogel zu entkommen sucht, korrespondieren mit Hesses akuter Situation zum Zeitpunkt des Traumes: der Stagnation in seiner Ehe, der Beschneidung seiner politischen Meinungsfreiheit (durch den ihm 1917 aufgenötigten Beamtenstatus in der deutschen Kriegsgefangenenfürsorge) und seinem Ruf als »allzu beliebter Unterhaltungsschriftsteller«

Von solch einem Vogel (mythologisch gesehen: dem altägyptischen Horus und späteren Phönix) träumt auch Sinclair, und wieder ist es Demian, der ihn ermuntert, das Traumsignal zu beherzigen und sich den Vogel einzuverleiben, um sich mit dessen Kraft aus dem Ei seiner familiären und dem Rahmen der gesellschaftlichen Fesseln befreien zu können. Sobald Sinclair das befolgt hat, wacht er auf und ist von dem Traumvogel so erfüllt, dass er sich ihn auch im Wachzustand aneignen, ihn malen und das Bild an Demian senden muss. Der bedankt sich dafür mit der merkwürdigen Botschaft: »Der Vogel kämpft sich aus dem Ei. Das Ei ist die Welt. Wer geboren werden will, muß eine Welt zerstören. Der Vogel fliegt zu Gott. Der Gott heißt Abraxas.« Das Ei, dem dieser Vogel entschlüpft, erinnert an historische Gemmen, in deren Oval einst die Symbole des Abraxas-Gottes dargestellt wurden. Dessen Eigenschaften hat Hesse in Gestalt und Funktion des Demian personifiziert.

Abraxas

Abraxas, so vermerken es die Nachschlagewerke, ist ein magisches Zauberwort und Geheimname eines Gottes aus der ägyptisch-griechischen Gnosis, einer esoterischen Philosophie, deren zentrales Anliegen die Antwort auf die Frage »pothen tò kakòn« (woher kommt das Böse?) ist. Abraxas ist ein Sonnengott, der mit dem lichten auch das dämonisch-diabolische Prinzip zu vereinbaren vermag. Nicht zuletzt weil diese ganzheitliche Gottheit das Männliche und Weibliche und alle scheinbaren Gegensätze als produktive Polaritäten begreift und nicht gegeneinander ausspielt, ja sogar mit öffentlichem Geschlechtsvollzug gefeiert hat, sind ihre Spuren von der frühchristlichen Nachwelt gründlich getilgt worden. Deshalb ist, außer diverser Zahlensymbolik (die sieben Buchstaben des Namens Abraxas verweisen auf die sieben Tage der Woche und die 365 Tage, in welchen die Sonne die Erde umkreist: A=1, b=2, r=100, a=1, x=60, a=1, s=200, was 365 ergibt) über die Eigenschaften dieses Gottes kaum mehr etwas Konkretes zu finden, jedenfalls nur ein Bruchteil dessen, was wir im »Demian« über Abraxas erfahren: »Abraxas ist Gott und Satan, er hat die lichte und die dunkle Welt in sich. ... Wenn man von Abraxas weiß, darf man nichts fürchten und nichts für verboten halten, was die Seele in uns wünscht. ... Recht und Unrecht sind nur relative Begriffe. Jeder muß für sich selbst herausfinden, was ihm erlaubt und verboten ist. … Die Natur ist nicht in Gut und Böse aufgeteilt. In der Evolution gibt es keine Moral.«

Woher weiß Hesse von diesem Mythos, was davon ist überliefert, was erfunden? Darauf gibt das Traumtagebuch nur einen indirekten Hinweis. Es verzeichnet unter dem Datum des 8. September 1917 ein im Traum gemaltes Bild, das wohl auf Hesses erste Begegnung mit C. G. Jung zurückzuführen ist, der ihn am Tag zuvor in ein Berner Hotel zum Abendessen eingeladen hatte. Über den Anlass der Einladung ist dem Tagebuch nichts zu entnehmen. Hesse kannte C. G. Jung bisher nur aus seinen Essays über die »Wandlungen und Symbole der Libido« (1912) und natürlich auch aus den analytischen Gesprächen mit seinem Arzt J. B. Lang, mit dem er bis zum Zeitpunkt jener Tagebuchnotiz immerhin bereits 200 Therapiestunden verbracht hatte. Für beide, C. G. Jung wie J. B. Lang, stand damals die Gnosis im Mittelpunkt des Interesses. Den Anstoß zur Erforschung dieser esoterischen Lehre scheint C. G. Jung gegeben und in seinem Kollegen Lang einen sprachenkundigen Partner für diese Recherchen gefunden zu haben. Noch in einem Brief C. G. Jungs vom 24. April 1950 (an den amerikanischen Germanisten Emanuel Maier) schildert er J. B. Lang als einen »sehr merkwürdigen, aber außerordentlich gelehrten Mann, der orientalische Sprachen (Hebräisch, Arabisch und Syrisch) studiert hatte und sich vor allem für die Gedankenwelt der Gnosis interessierte. Er hat durch mich ein reiches Wissen über Gnosis erworben, das er ebenfalls an Hesse weitergab.« Dieses Wissen war es vermutlich, das Jung auch in seinen 1916 erschienenen Privatdruck »Septem Sermones ad Mortuos« (»Die sieben Belehrungen der Toten«) eingebracht hatte, den er nicht mit seinem Verfassernamen zeichnete, sondern dem in Syrien gebürtigen Gnostiker Basilides zuschrieb, der 130 n. Chr., zur Zeit des römischen Kaisers Hadrian, in Ägypten lehrte (»geschrieben von Basilides in Alexandria, der Stadt, wo der Osten den Westen berührt«). Es ist anzunehmen, dass J. B. Lang diese Schrift kannte und Hesse davon berichtet hat. Sie ist übrigens erst 1961, ein Jahr nach C. G. Jungs Tod, durch Aniela Jaffés Jung-Biographie einem größeren Publikum bekannt geworden.

Über die etwa dreistündige Begegnung mit C. G. Jung in jenem Berner Hotel vermerkt Hesses Tagebuch nur wenig. Doch überliefert es sein Erstaunen, dass Jung offenbar noch nicht wusste, dass er sich zu diesem Zeitpunkt bereits anderthalb Jahre in Analyse bei J. B. Lang befand. Eines der Gesprächsthemen war ihre gemeinsame Vorliebe für altchinesische Philosophie und Literatur, die im deutschen Sprachgebiet erst seit 1910 durch die Übertragungen des Sinologen Richard Wilhelm bekannt geworden war, mit dem später sowohl C. G. Jung (ab 1923) als auch Hesse (ab 1926) freundschaftlich verkehrten. »Wir sprachen gestern Abend über Vieles«, notiert Hesse in sein Tagebuch, »auch das Gnostische und Chinesische kam dran, es war wertvoll und spannend ihn zu hören«.

Was Hesse von Jung dabei über die Mythen »als Offenbarungen der vorbewußten Psyche, als unfreiwillige Äußerungen über unbewußte seelische Vorkommnisse« erfuhr oder über das gnostische Denken in Polaritäten, über Abraxas und die Kainiter (eine daraus entstandene Sekte, die an die Überlegenheit Kains gegenüber der Masse der obrigkeitshörigen Abel-Anhänger glaubte), können wir heute nur noch aus Jungs Schrift »Septem Sermones ad Mortuos« ermitteln, die er Hesse im Dezember 1919, unmittelbar nach seiner Lektüre des »Demian«, auch zusandte.

In den »Septem Sermones«, dieser (für einen Wissenschaftler) höchst merkwürdigen Schrift, deren Tonfall an Nietzsches visionären Hymnus »Also sprach Zarathustra« erinnert, beantwortet ein Allwissender die Fragen gestorbener Christen, die von Jerusalem zurückkamen, »wo sie nicht fanden, was sie suchten«. Aus sieben (der Buchstabenzahl des Namens Abraxas entsprechenden) Predigten erfahren sie, was sie im Leben falsch gemacht haben, indem sie es versäumten, »nach ihrem eigenen Wesen zu streben«. Denn »das natürliche Streben der Kreatur geht auf Unterschiedenheit« im »Kampf gegen uranfängliche gefährliche Gleichheit«: »Nicht euer Denken sondern euer Wesen ist Unterschiedenheit. Darum sollt ihr nicht nach Verschiedenheit, wie ihr sie denkt, streben, sondern nach eurem Wesen. Darum gibt es im Grunde nur ein Streben, nämlich das Streben nach eurem Wesen.« Gemeint ist, wie im Demian, der unverwechselbare genetische Code jedes Menschen, dessen Verwirklichung nach Hesses wie nach C. G. Jungs Auffassung die evolutionäre Aufgabe aller Lebewesen ist.

Dann hören die Verstorbenen von Gott und Teufel als einem produktiven Antagonismus und von Abraxas, der alle scheinbar konträren Pole in sich vereint. Er ist die Komplementärkraft, welche die Widersprüche, ohne die nichts bewirkt wird, verbindet. Dort werden die Spannungen erzeugt, die das Leben ausmachen (männlich/weiblich – Gutes/Böses – Liebe/Hass – Geschlechtlichkeit/Geistigkeit etc.). In Abraxas ist der Lichtgott Luzifer, den das Alte Testament als diabolisches Prinzip von Jehova getrennt hat, noch integriert. Denn um das Gute zu bewirken, bedarf es auch Luzifers als »Teil von jener Kraft« – wie es in Goethes »Faust« heißt –, »die stets das Böse will und stets das Gute schafft«. Deshalb wird nichts verteufelt, was das Leben und das Principium Individuationis ausmacht. Denn jede geglückte Individuation ist ein Schritt vorwärts in der Entwicklungsgeschichte des Lebens und eine Annäherung an Gott, der nirgendwo ist als in uns selbst.

Schaudernd erfahren die im Monotheismus verankerten Christen von der Vielzahl der Götter, welche der Vielzahl der Menschen entspreche: »Wehe euch, daß ihr diese unvereinbare Vielheit durch den einen Gott ersetzt. Dadurch schafft ihr die Qual des Nichtverstehens und der Verstümmelung der Kreatur, deren Wesen und Trachten Unterschiedenheit ist. Wie seid ihr eurem Wesen getreu, wenn ihr das Viele zu Einem machen wollt? Was ihr an den Göttern tut, geschieht auch an euch. Ihr werdet alle gleich gemacht, und so ist euer Wesen verstümmelt. Unzählige Götter harren der Menschwerdung. Unzählige Götter sind Menschen gewesen. Der Mensch hat am Wesen der Götter teil, er kommt von den Göttern und geht zum Gotte.«

Soweit einige auch für den »Demian« relevante Aussagen des C. G. Jung'schen Traktats.

Wie Hesse war auch C. G. Jung ein den religiösen Prägungen seines Elternhauses entwachsener Pfarrerssohn. Ein solcher erscheint nun im »Demian«. Sein Name Pistorius erinnert an einen Arzt und Theologen aus der Reformationszeit (Johannes Pistorius 1546-1608), der vom Calvinismus zum Katholizismus konvertierte und in der Kampfschrift »Anatomia Lutheri« zu beweisen versuchte, dass dieser von sieben bösen Geistern besessen sei. Doch außer dem Namen hat Hesses Pistorius allenfalls die medizinische Ausbildung und die religionsphilosophischen Interessen mit dem historischen Pistorius gemein.

Pistorius

So wie die Psychoanalyse im Werdegang Hesses damals etwas Neues und von außen her Assimiliertes war, ist auch die Gestalt des Pistorius nicht wie die des Demian und dessen Mutter Eva eine Projektion aus seinem Inneren, sondern eine von außen dazukommende Figur. Sie enthält Züge des mit Hesse befreundeten Berner Organisten Prof. Ernst Graf (1886-1937), vor allem aber solche seines Arztes und Traumdeuters Dr. J. B. Lang (1881-1945), der ihn mit Abraxas und den Archetypen der Jung'schen Psychoanalyse bekannt gemacht hatte.

Im fünften Kapitel der Erzählung, wo es den Wappen- und Traumvogel für seinen Flug zu Abraxas zu befreien gilt, taucht Pistorius auf. Sinclair ist inzwischen 18 Jahre alt, am Ende der Schulzeit und mehr mit der Suche nach einer idealen Liebe (Beatrice) befaßt als mit trigonometrischen Hausaufgaben. Angelockt durch ein merkwürdig besessenes Orgelspiel, lernt er den Organisten Pistorius kennen. »Wenn einer, der etwas notwendig braucht, dies ihm Notwendige findet, so ist es nicht der Zufall, der es ihm gibt, sondern er selbst, sein eigenes Verlangen und Müssen führt ihn zu ihm hin.« Die Art seines Orgelspiels, »als wolle er an Himmel und Hölle rütteln«, lässt Sinclair vermuten, dass der Organist von Abraxas weiß. Und in der Tat gibt sich Pistorius zu erkennen als ein Mensch mit dem Kainszeichen, ein gleichfalls verlorener Sohn: »Mein Vater ist ein fabelhaft ehrenwerter Mann, ein bedeutender Pfarrer und Prediger … und ich bin sein vielversprechender Herr Sohn, der aber entgleist und einigermaßen verrückt geworden ist. Ich war Theologe und habe kurz vor dem Staatsexamen diese biedere Fakultät verlassen, obgleich ich eigentlich immer noch beim Fach bin, was mein Privatstudium betrifft. Was für Götter die Menschen sich ausgedacht haben, das ist mir immer noch höchst wichtig und interessant.« Unübersehbar sind dabei die Parallelen zu Hesses eigener Biographie, so dass die Grenzen zwischen Lehrer und Schüler bzw. Therapeut und Patient zu verschwimmen beginnen.

Pistorius ist nicht nur versiert in Mythologie und Religionsgeschichte, sondern auch in der Naturwissenschaft und Entwicklungsgeschichte des Lebens, die er auf verblüffend weitblickende Weise zu deuten versteht: Wie auf der Erde die meisten Stationen der Evolution noch vorhanden sind und in der Embryonalzeit der Lebewesen erneut durchlaufen werden, sieht er auch den Menschen, die sogenannte Krönung der Schöpfung, keineswegs als Endstation der Entwicklung an, sondern in noch allen Formen seiner Vorexistenzen vertreten: »Sie werden doch nicht alle Zweibeiner, die da auf der Straße laufen, für Menschen halten, bloß weil sie aufrecht gehen und ihre Jungen neun Monate tragen. Sie sehen doch, wie viele von ihnen Fische oder Schafe,

Würmer oder Egel sind, wie viele Ameisen, wie viele Bienen!« … »Mancher wird niemals Mensch, bleibt Frosch, bleibt Eidechse, bleibt Ameise. Mancher ist oben Mensch und unten Fisch. Aber jeder ist ein Wurf der Natur nach dem Menschen hin.« … »In jedem von ihnen sind die Möglichkeiten zum Menschen da, aber erst indem er sie ahnt, indem er sie bewusst machen lernt, gehören diese Möglichkeiten ihm.«

Als Motor dafür, wie für jede Weiterentwicklung der Evolution, sieht er Abraxas (das Ganzheitliche der Natur, unbekümmert um die Zensurierungen in Gut und Böse): »Fragen Sie ja nicht erst, ob das wohl auch dem Herrn Lehrer oder dem Herrn Papa oder irgendeinem lieben Gott passe oder lieb sei! Damit verdirbt man sich. Damit kommt man auf den Bürgersteig und wird ein Fossil. … Abraxas hat gegen keinen Ihrer Träume etwas einzuwenden. … Aber er verlässt Sie, wenn Sie einmal tadellos und normal geworden sind … und sucht sich einen neuen Topf, um seine Gedanken drin zu kochen.« Vernehmbar wird uns diese vorwärtstreibende Kraft nach Ansicht der C. G. Jung'schen Lehre durch das, »was man eigentlich möchte«. Dass man auch wollen muss, was man eigentlich möchte, ist dafür unabdingbar. Die Stimme aus dem Unbewussten, die sich sowohl in wachen Wunschträumen als auch im Schlaf meldet, weist uns den Weg dorthin. Deshalb spielt die Traumdeutung eine so große Rolle in den Gesprächen zwischen Pistorius und Sinclair. Sie alle, so berichtet Sinclair, »trafen mit leisem stetigem Hammerschlag auf denselben Punkt in mir«, sie »halfen Häute abstreifen, Eierschalen zerbrechen, und aus jedem hob ich den Kopf etwas höher, etwas freier«, bis auch sein Traumgesicht den »schönen Raubvogelkopf aus der zertrümmerten Weltschale stieß«.

Damit hat Sinclair einen weiteren Schritt geschafft. Er ist freier und selbstbewusster geworden und beginnt plötzlich wie Demian eine Vertrauenswürdigkeit auszustrahlen, die anziehend wirkt, wie auf den Mitschüler Knauer, der ihm seine Alpträume über »geschlechtliche Reinheit« und Onanie anvertraut. Weil von der christlichen Tradition alle materiellen Dinge, also auch der Körper und seine Bedürfnisse, mit dem Bösen in Verbindung gebracht werden, war Knauer in Bedrängnis geraten. Die offizielle Moral der Selbstunterdrückung hatte ihn bis kurz vor den Selbstmord getrieben, vor dem ihn der inzwischen fast schon zum Demian gewordene Sinclair im letzten Augenblick noch abzuhalten vermag.

Bald darauf beginnt sich Sinclairs neu gewonnene Autonomie auch auf seine Beziehung zu Pistorius auszuwirken. Die Rollen vertauschen sich. Denn nun vermag Sinclair die Träume und Konflikte des Freundes zu deuten. Auf ganz ähnliche Weise hat sich im Verlauf der Analyse Hesses eigenes Verhältnis zu seinem Arzt Dr.

Lang entwickelt und verändert. Das »Antiquarische« der Jung'schen Analyse, das gelehrsame Beharren auf einer vorwiegend vergangenheitsorientierten Erforschung mythologischer Archetypen mittels vergleichender Religionsgeschichte, konnte Hesse wie seinem Emil Sinclair bald nicht mehr genügen, so dass er eines Tages erkennt: Pistorius »war ein Sucher nach rückwärts, er war ein Romantiker. … Er verharrte allzu warm im Gewesenen, er kannte allzu genau das Ehemalige. … Seine Liebe war an Bilder gebunden die die Welt schon gesehen hatte, und dabei wußte er im Innersten selber wohl, daß das Neue neu und anders sein und nicht aus Sammlungen und Bibliotheken geschöpft werden mußte.«

Der Maler Gunter Böhmer (1911-1986), ein gemeinsamer Freund von Hesse wie auch von J. B. Lang, hat das eigenartige Verhältnis der beiden einmal beschrieben: »Dr. Langs ›Sprechzimmer‹ war voll von seltsamen und wie mir schien kultischen Gegenständen und Geräten unbekannter Rituale. Auf einer Schiefertafelwand sah man mit weißer Kreide Zauberformeln einer mir unverständlichen Horoskopmathematik hingekritzelt. … Das Merkwürdige blieb für mich die besondere Art, teils unkomplizierter, teils gestörter Pendelbewegungen zwischen den beiden Freunden: Man sah Hesse durch Dr. Lang um eine Spur geheimnisvoller, rätselhafter, beunruhigender. Man sah Dr. Lang durch Hesse eine Spur gesicherter.«

Sinclair und Pistorius, Hesse und Lang blieben lebenslang Freunde, aber ihr Verhältnis begann sich ab 1917 zu ändern, bis schließlich der Arzt es war, der bei seinem Patienten Hilfe fand. Dennoch kommt Dr. Lang in Wirklichkeit eine größere Rolle zu als die des Traumdeuters, weil Hesse ihm auch eigene Züge gab. Das zeigt ein Brief an seine Schwester Adele vom 16. Oktober 1920, in welchem er sich mit diesem Arzt fast identifiziert: »Im Leben hatte ich keinen Demian, nur einen Pistorius, und doch hab ich mir den Demian daraus geformt.«

Dank Pistorius und der Psychoanalyse war aus Sinclair Demian und aus Hesse der neue Autor und Kriegsgegner Emil Sinclair geworden.

Zeitkritik durch Selbstkritik

Das Ende dieser Geschichte einer Jugend führt Emil Sinclair zurück zum Anfang und Anlass seines Berichtes, zu den Umwälzungen des Ersten Weltkriegs. Nachdem er durch Frau Eva seine Anima, die weibliche Komponente seiner Selbstfindung (verkörpert durch die Mutter seines Alter Ego Demian), gewonnen hat, ist Sinclairs innere Entwicklung fast abgeschlossen. Dazu ist es nun auch höchste Zeit. Denn schon sind die Vorzeichen der kommenden Umwälzungen nicht mehr zu übersehen. Und wie schon zuvor in allen bedrohlichen Lagen ist plötzlich Demian wieder zur Stelle. Er spürt, was bevorsteht, und ahnt, dass es nun auch der Gemeinschaft nicht länger erspart bleiben kann, ihren obrigkeitsstaatlichen Rahmen zu sprengen, der ihr längst zu eng geworden ist: »Die Seele Europas ist ein Tier, das unendlich lang gefesselt war. Wenn es frei wird, werden seine Regungen nicht die lieblichsten sein. … Ich spüre, daß es Auseinandersetzungen gibt. … Natürlich werden sie die Welt nicht verbessern! Ob die Arbeiter ihre Fabrikanten totschlagen, oder ob Rußland und Deutschland aufeinander schießen, es werden nur Besitzer getauscht. Aber umsonst wird es doch nicht sein. … Es wird ein Aufräumen mit steinzeitlichen Göttern geben. Diese Welt, wie sie jetzt ist, will sterben. Sie will zugrunde gehen, und sie wird es. … Die Welt will sich erneuern. Es riecht nach Tod. Nichts Neues kommt ohne Tod.« Das entspricht der von Hesse favorisierten hinduistischen Vorstellung vom Gott Schiwa, der in einem ekstatischen Tanz die von Zeitalter zu Zeitalter verkommende Welt zerstört, damit der zu seinen Füßen schlummernde, als Säugling dargestellte Gott Vischnu die Erde erneuern und wieder Recht und Ordnung herzustellen vermag.

Wie Hesse selbst zu Beginn des Ersten Weltkriegs, begrüßt auch Demian den Umsturz, zwar nicht gerade begeistert, aber doch als unvermeidlichen ersten Schritt in eine bessere Zukunft. Die überlebten Autoritäten mussten sich erst selber ruinieren, bevor es zu einem Neubeginn kommen konnte, je schneller desto besser. Also widersetzt er sich nicht, sondern zieht ins Feld, um den Prozess zu beschleunigen. Sinclair folgt ihm nach und erwirbt Erfahrungen, die ihn unabhängig von Demian machen.

Zunächst muss er erkennen, dass die ganze aufgestaute Aggression, die sich 1914 so enthusiastisch entlud, eigentlich nicht den Feinden galt: »Ihr blutiges Werk war nur Ausstrahlung des Inneren, der in sich zerspaltenen Seele, welche rasen, töten, vernichten und sterben wollte, um neu geboren werden zu können. Es kämpfte sich ein Riesenvogel aus dem Ei, und das Ei war die Welt, und die Welt mußte in Trümmer gehen.«

Was Sinclair zuvor im Verlauf seiner Pubertät erfahren hatte, vollzog sich jetzt auch in der Außenwelt, ins Überdimensionale entfesselt, mehr dumpf als bewusst. Doch anders als seine persönliche Befreiung war die kollektive Entladung des Krieges nichts Selbstbestimmtes und Eigenständiges. Sie führte ihm vor Augen, dass die Mehrheit der Zeitgenossen offenbar eher bereit war, ihr Leben für verordnete Ziele zu riskieren, als für die eigenen zu kämpfen. Dabei zeigte es sich, dass die »Menschen fähig sind, für ein Ideal zu sterben. Nur durfte es kein persönliches, kein freies und selbstgewähltes Ideal sein, es mußte ein gemeinsames und übernommenes sein«, das es erlaubte, vor den Aufgaben des Inneren in einen äußeren Aktionismus zu fliehen, der abhängig von den Machthabern blieb.

Mit dieser Erfahrung ist Sinclair erwachsen geworden. Von nun an braucht er keinen Demian, keinen personifizierten Führer mehr, um seine Konflikte zu meistern. Damit ist er auch gefeit gegen die gefährlichste Form der Fremdbestimmung, die den Führer in uns selbst, den Kompass des individuellen Gewissens, ersetzen möchte durch Leithammel, Programme und Ideologien.

Beide, Sinclair wie Demian, werden im Krieg verwundet, Demian, um zu sterben, Sinclair, um weiterzuleben und fortan neben den persönlichen auch die gesellschaftlichen Bewährungsproben auf eine Weise zu meistern, wie ihr Autor sie künftig bestehen sollte: »Das Richtige ist schon in uns drinnen«, antwortet Hesse am 4. November 1920 auf eine Frage seiner Schwester Adele, »darum muß Demian am Ende auch verschwinden, da er [Sinclair] den Führer, oder doch diesen, nimmer braucht.«

Die Bezeichnung Demians als »Führer«, seine Nähe zu Nietzsche (den Sinclair studiert und als Wahlverwandten erkennt), die positive Wirkung der Abraxas-Symbolik (»Unsere Bestimmung ist es, die Gegensätze richtig zu erkennen, erstens nämlich als Gegensätze, dann aber als Pole einer Einheit«) und die Einbeziehung des Krieges in die Erzählung haben einige Literaturwissenschaftler zu der Mutmaßung ermuntert, das Buch habe den Faschismus in Deutschland begünstigt. Gründlicher, glaube ich, kann man das Buch und das, was den Autor zur Niederschrift bewog, nicht missverstehen, stellt es doch den Kern seiner Aussage genau auf den Kopf: »Den [politischen] Führer braucht und verlangt, wer selbst nicht verantworten und selber nicht denken mag.«

Ist es doch gerade die Introversion, die Beherzigung der Stimme in uns selbst, die Hesse und seine wacheren Leser seit dem »Demian« immun gemacht hat gegen die Schlagworte, Parolen und Ansteckung seitens der Massenhypnosen. Nur durch die Widerstände des Gewissens wird uns der Auftrag der Evolution erkennbar, »ein Wurf der Natur zum Menschen hin« zu sein, dem die Aufgabe gestellt ist, »innerhalb unseres eigenen einmaligen und persönlichen Lebens einen Schritt weiter zu tun, vom Tier zum Menschen«. Denn »alle Kultur ist durch Introversion entstanden«, schrieb Hesse an R. J. Humm. Gerade weil die Hauptfiguren seiner Bücher sich diesem »Weg nach Innen« verschreiben– und was wäre im Deutschland der 1920er und 1930er Jahre nötiger gewesen als ein solcher Kurs der Selbstkritik! – und sich nicht durch eine Flucht nach außen entziehen, um neuen Feindbildern, Minoritäten und Sündenböcken (seien es nun Kommunisten, Juden oder Behinderte) die eigene Mitschuld an den politischen Fehlentwicklungen anzulasten, werden sie glaubwürdig. Dieser »Weg nach Innen« (Titel eines Sammelbandes, den Hesse für die vier Erzählungen gewählt hat, die unmittelbar nach dem »Demian« entstanden) war kein Rückzug ins Private, sondern aktiviert, statt einem politischen Rattenfänger zu folgen, die individuelle Gegensteuerung.

Sowohl Hesses politische Entwicklung als auch die Reaktion der künftigen »Führer« Deutschlands auf sein Werk sollte jenen zu denken geben, welche Jahrzehnte nach der Entstehung des »Demian« und 75 Jahre Jahre nach dem Niedergang des Nationalsozialismus dem Buch ausgerechnet das anhängen wollen, wovor es warnt und was es mahnend vorwegnimmt. Sie wiederholen damit eine ganz ähnliche Verdrehung der Tatsachen, wie sie 1917 die deutschnationale Presse mit Karl Liebknecht inszenierte, als sie gerade denjenigen mit dem Kainszeichen stempelte, der die Großindustrie als eine der treibenden Kräfte des Krieges erkannt hatte. Denn leider werden fatalerweise stets diejenigen inkriminiert, die das Übel beim Namen nennen statt dessen Verursacher.

»AM LIEBSTEN GÄBE ICH JEDES NEUE WERK UNTER EINEM NEUEN PSEUDONYM HERAUS«

Porträt von Hardy Cole

Mit der zeitkritischen Satire »Wenn der Krieg noch zwei Jahre dauert« (damals unter dem Titel »Im Jahr 1920«) war Emil Sinclair im November 1917 erstmals an die Öffentlichkeit getreten. Auch die nachfolgenden journalistischen Publikationen Sinclairs, die fast alle von Eduard Korrodi, dem Feuilletonchef der »Neuen Zürcher Zeitung« publiziert wurden, erregten zwar Aufsehen, doch längst nicht jene Neugierde auf den Verfasser, wie sie zwei Jahre später einsetzte, als endlich auch sein »Demian« vorlag. Das Rätselraten um das vermeintliche Nachwuchstalent, dem 1919 der Fontane-Preis verliehen wurde (eine Auszeichnung, die damals etwa dem Preis der Gruppe 47 oder dem Klagenfurter Ingeborg-Bachmann-Preis entsprach), setzte bereits vor dem Erscheinen der Buchausgabe (im Juni 1919) ein. Denn schon in den von Februar bis April erschienenen

Heften der Zeitschrift »Die neue Rundschau« war die Erzählung vorabgedruckt worden. Zu den ersten, die darauf reagierten, gehörte Thomas Mann, der am 31. Mai 1919 in sein Tagebuch notierte: »Beendete mittags im Park Sinclairs ›Demian‹, der wie der Zauberberg in den Krieg mündet und auch sonst die merkwürdigsten Ähnlichkeiten aufweist. Mein Eindruck, trotz mancher Kritik, tief.« Und fast gleichzeitig schrieb Alfred Döblin in seinem Aufsatz »Reform des Romans« in der Zeitschrift »Der neue Merkur« über das Buch: »Ich sog es mit kleinen Schlucken ein, und jedesmal legte ich es mit einer ungemeinen Sättigung und Befriedigung hin … mit einer Sicherheit, die ohnegleichen ist, rührt er an das Wesentliche; er hebt ans Licht die urgeborene Amoralität; real sehe ich, fühle ich, erlebe ich die übermoralischen Seelenbewegungen, oh, wie grenzenlos schwer ist es, das zu sehen, dahin vorzudringen. … Es lehnt auf das Entschlossenste in Wort und Gebärde das Intellektuelle ab … und wie viel reiner ohne Apparate stellt sich hier der Sinn dar.«

Thomas Mann und Döblin waren nicht die Einzigen, die nun etwas über den unbekannten Autor in Erfahrung zu bringen suchten (Thomas Mann im Juni an den gemeinsamen Verleger: »Sagen Sie mir bitte: Wer ist Emil Sinclair? Wie alt ist er? Wo lebt er? Sein ›Demian‹ in der Rundschau hat mir mehr Eindruck gemacht als irgend etwas Neues seit langem. … Jedenfalls war ich außerordentlich gefesselt und erfüllt.« Und am 8. Juli 1919 an Josef Ponten: »Gäbe der Verfasser nicht zu verstehen, daß er unbehelligt sein will, ich glaube, ich würde ihm schreiben.« Döblin am 2. November 1919 an Ephraim Frisch: »Bezüglich des Sinklair [sic] konnte ich nichts herauskriegen. Fischer selbst sagte mir, als ich ihn nach Details betr. Sinklair fragte – denn mich interessiert der Name auch –, daß er über ihn nichts sagen dürfe.«)

Keiner der Kollegen, von den Philologen und Rezensenten ganz zu schweigen, vermochte das Rätsel zu lösen. Dabei hätten doch gerade Journalisten und Literaturwissenschaftler aus den Parallelen in Stil und Milieu mit Hesses vielgelesenem Frühwerk »Unterm Rad« (das damals schon in 100.000 Exemplaren verbreitet war) ihre Schlüsse ziehen können. So war es für den Autor »merkwürdig zu sehen, wie gerade die raffinierten Literaten mich hinter dem Pseudonym nicht erkannten, weder Thomas Mann noch Korrodi etc. etc., während manche ganz naive Leser, die aber mit dem Herzen lasen, mich bei der ersten Seite schon erkannten«, berichtet er am 7. August 1939 an Helene Welti. Zu diesen Lesern gehörte auch Hedwig Fischer, die Frau des Verlegers, die ihm bereits im gleichen Monat, als die Buchausgabe des »Demian« zusammen mit Hesses »Märchen« ausgeliefert wurde, dankte: »Ihre schönen Märchen … und Ihr ›Demian‹ (ich denke immer, den haben Sie auch geschrieben), haben mich wirklich getröstet in diesen dunklen Tagen. … Wenn Sie es also nicht sind, sondern ein Ihnen innerlich Verwandter, so erzählen Sie mir von ihm.«

Leser, die ihn nicht erkannten, auch Freunde wie zum Beispiel der Schweizer Journalist Carl Seelig, ließ Hesse durchaus im Ungewissen (»Leider kann ich Ihnen wegen Sinclair z. Zt. nicht helfen. Er ist krank und für gar nichts zu haben«, im April 1919). Doch Lesern gegenüber, die seine Urheberschaft ahnten, gab er sie schweren Herzens preis. So antwortete er am 27. August 1919 seinem Verleger: »Ich habe anonym (um nicht die Jugend durch den bekannten Namen eines alten Onkels abzuschrecken) den ›Zarathustra‹ geschrieben. Ich habe, wie Ihre Frau ja schon erriet, pseudonym den ›Demian‹ geschrieben (schon 1917), was Sie aber durchaus noch geheim halten müssen.«

Samuel Fischer hielt sich daran. Das zeigen die Antworten des Verlages auf die Anfragen der Presse. Aber seiner Frau wurde es doch »verteufelt schwer, es nicht sagen zu dürfen, wenn die Menschen von Ihrem Buch schwärmen. … Darf ich nicht wenigstens Flakes, die Sie lieben und den Demian lieben, das Geheimnis lüften? Frau Flake schrieb mir mal: ›Beim Lesen der ersten Kapitel sah ich immer die Straßen von Calw, Hesses Geburtsort.‹« Das schrieb sie ihm am 24. Oktober 1919 und nochmals am 1. Mai 1920: »Ich ärgere mich immer, daß die Welt nicht weiß, daß Sie Sinclair sind. … Ich traue mich wegen Ihres strengen Verbotes immer nicht, Ihr Geheimnis zu enthüllen, so oft ich mich dazu versucht fühle.« Wie Hedwig Fischer gehörte auch die Elsässerin Toni Flake – die erste Frau des Schriftstellers Otto Flake – zu den Lesern, die nicht nur mit dem Intellekt, sondern »mit dem Herzen lasen« und deshalb den Autor auf Anhieb erkannten. Seit 1906, als sie zu ihrem 19. Geburtstag den ersten Sammelband mit Hesses Gedichten geschenkt bekommen hatte, war sie eine leidenschaftliche Leserin des zehn Jahre älteren Dichters, die sich nicht nur alles beschaffte, was irgend von Hesse erreichbar war, sondern damals schon sein Geburtsstädtchen besucht hatte.

Lassen wir es dahingestellt, ob Hedwig Fischer (deren Mann sowohl die Bücher Otto Flakes als auch Hermann Hesses verlegte) dann doch der Versuchung nicht mehr zu widerstehen vermochte, die befreundete Frau Flake in ihrer Vermutung zu bestätigen. Jedenfalls konnte man noch im selben Monat (Mai 1920) in Otto Flakes Zeitschrift »Die fünf Hefte« in einem Hinweis auf neu erschienene Bücher von Thomas Mann (»Herr und Hund«, »Gesang vom Kindchen«) und Hermann Hesse (»Klingsors letzter Sommer«) lesen: »Von zwei ehemals ruhigen Schilderern gegebener Bürgerlichkeit ist Mann noch ruhiger und bürgerlicher geworden, Hesse zu Intensität und dem Opfer des Bürgerlichen gekommen. Man lese unter diesem Gesichtspunkt den Roman ›Demian‹ und man wird vielleicht die Antwort auf die Frage finden, wer Emil Sinclair sei.« »Ich hatte«, schrieb Otto Flake Jahrzehnte später – jedoch leider ohne den Spürsinn seiner Frau zu erwähnen – »aus dem Stil und den Ideen auf Hesse geschlossen«.

Eigentlich war mit Flakes Hinweis für die Öffentlichkeit das Pseudonym nun gelüftet, zumal Hesse kurz darauf die 800 Mark (damals 130 Schweizer Franken) des für Emil Sinclair bestimmten Fontane-Preises zurückgab. Aber die Sache hatte noch ein Nachspiel.

Eduard Korrodi, der als Feuilletonchef der »Neuen Zürcher Zeitung« zwei Jahre lang – ohne den Braten zu riechen – Sinclairs zeitkritische Aufsätze publiziert hatte, mochte dieses Manko nicht auf sich sitzen lassen. Mit einem Leitartikel »Wer ist der Dichter des ›Demian‹?« ergriff er nun die Flucht nach vorn und inszenierte eine Enthüllungskampagne, die von seiner bisherigen Ahnungslosigkeit ablenken und ihn selbst umso vorteilhafter ins Spiel bringen sollte. Denn statt zuzugeben, dass auch er Sinclair für ein Nachwuchstalent gehalten hatte, versuchte er in seinem Artikel den Anschein zu erwecken, neben Flake habe auch er selber längst schon die Personalunion von Emil Sinclair und Hermann Hesse erkannt. In einem Begleitschreiben zu seinem Bericht forderte er Hesse auf, sich zu stellen und Korrodis »Enthüllungen« öffentlich zu bestätigen.

Auf diese Journa-»list« muss Hesse mit einer würzigen Entgegnung reagiert haben, an deren ungekürztem Abdruck ihm offenbar lag, wie aus Korrodis Antwort hervorgeht. Doch die »tückische kleine Madame« (wie Thomas Mann Korrodi zu nennen pflegte) dachte nicht daran, eine Replik zu veröffentlichen, die seinen fragwürdigen Anteil an der »Enthüllung« ins rechte Licht gerückt hätte. Denn sich verteidigen zu müssen, ließ er Hesse wissen, »wäre nicht im Interesse Ihres Briefes und der doch schließlich schönen Tatsache (für den Leser), daß Sie der Dichter des Demian sind ... Ich gestehe auch offen«, räumte er am Schluss seiner Antwort ein, »daß ich den Stil Sinclairs anders empfand«.

Im Grunde genommen war es für Hesse einerlei, wer nun den Stein ins Rollen gebracht hatte. Ob Hedwig Fischer, ob Otto Flake oder Eduard Korrodi, war nebensächlich angesichts der ihm ärgerlichen Nötigung, dass er sein Pseudonym nun früher als erhofft preisgeben musste. Was ihm – dem alle Effekthascherei zuwider war und der es zeitlebens vermied, in die Schlagzeilen zu geraten – vor allem auf die Nerven ging, war das Medienspektakel, das Korrodi mit seiner Demaskierungsaktion ausgelöst hatte. Dass er sich dabei mit fremden Federn schmückte, passte dazu und schien Hesse typisch für eine Berichterstattung, der es mehr um Sensation als um das Inhaltliche zu tun war. Auch dass Korrodi eine Replik, die er doch selber provoziert hatte, unterschlug und stattdessen (am 4. Juli 1920) lieber einen eigenen offenen Brief »An Hermann Hesse, den Dichter des ›Demian‹« publizierte, worin er sich mit den für ihn unverfänglichen Aussagen aus Hesses Entgegnung schmückte, passte zu dieser Art von Journalismus. Auch der Nachwelt hat er den vollständigen Wortlaut dieser Entgegnung entzogen, da sie von ihm (einer Auskunft seines Nachfolgers Werner Weber zufolge) mitsamt seiner ganzen Autorenkorrespondenz vernichtet worden sei. Doch auch das von Korrodi stattdessen publizierte Schreiben »An Hermann Hesse, den Dichter des ›Demian‹« ist beredt genug: In gewundener Gelehrsamkeit und einer für ihn ganz untypisch unterwürfigen Ehrerbietung lässt er seine Leser wissen, einzig aus »Liebe zum Dichter« habe er dafür sorgen wollen, dass diese »Rose uns früher unter ihrem Namen erblüht«. Im Übrigen aber lässt er sein Publikum weiterhin in dem Glauben, er sei es gewesen, der »die Knospe des Geheimnisses eilfertig aufgebrochen« habe – und Generationen von Literaturwissenschaftlern haben ihm das auch abgenommen.

Hesse scheint auf diesen Artikel nicht mehr geantwortet zu haben, veröffentlichte jedoch noch im selben Monat eine Erklärung, worin er sich expressis verbis als Verfasser des »Demian« zu erkennen gibt. Sie erschien nicht in der »Neuen Zürcher Zeitung«, sondern in der von ihm selbst herausgegebenen Monatsschrift »Vivos voco«. Den »Demian« ließ er ab der im November 1920 fälligen (4.) Neuauflage (17. Tausend) fortan mit verändertem Untertitel erscheinen: »Die Geschichte von Emil Sinclairs Jugend von Hermann Hesse«. Als solche wurde sie bis 1925 in 70.000 Exemplaren verbreitet, bis zu Hesses Tod waren es 116.000; danach und bis heute explodierte die deutsche Auflage um mehr als das Zwölffache der zu Hesses Lebzeiten erschienenen »Demian«-Ausgaben, nicht mitgerechnet die Millionenauflagen der Übersetzungen in Japan, Korea, den USA und anderen Ländern.

Auch das Sinclair-Pseudonym hat späterhin Schule gemacht. So ließ Peter Weiss unter diesem Namen 1980 seine frühe Erzählung »Die Fremde« erscheinen. Doch konnte seine Urheberschaft ungleich rascher als die des »Demian« aufgeklärt werden, sie wurde noch im selben Jahr gelüftet.

War das Sinclair-Pseudonym von Peter Weiss eine Art Reverenz an den Mentor seiner künstlerischen Anfänge (Hesse hatte 1937 dem damals 21-jährigen Emigranten Peter Weiss eine Wohnung in seinem ehemaligen Domizil der Casa Camuzzi in Montagnola und einen Studienplatz an der Prager Kunstakademie besorgt), so waren Hesses eigene Beweggründe, einen Decknamen zu benützen, ganz andere. Denn »der diese Dichtung schrieb«, ließ er Korrodi wissen, »war nicht ich, war nicht Hesse, der Autor soundso vieler Bücher, sondern ein anderer Mensch, der Neues erlebt hatte und Neuem entgegenging«. Es müsse doch möglich sein, sich einen neuen Namen zu geben, wenn man sich »an einem bestimmten Punkt seines Lebens als ein Beginnender empfindet. Genau dies war mein Fall.«

Im Vergleich zu seinen vorherigen Büchern war der »Demian« ein innerer Neubeginn, und wie die meisten seiner Fiktionen weniger literarische, um der Kunst willen betriebene Gebilde, sondern eine Art Autotherapie zur Bewältigung aktueller Krisen. In dem Maße, wie es ihm glückte, diese auf überpersönliche Weise auszudrücken, konnten auch andere sich darin wiedererkennen – ganz unabhängig vom Namen des Verfassers. Dies hatte das Experiment mit dem Pseudonym ja bewiesen. Erstmals war es dabei zu dem Phänomen gekommen, dass eine neue Jugend einen damals schon mehr als Vierzigjährigen für ihren Generationsgenossen hielt. Ein Unikum in der Geschichte der Literaturrezeption, das sich künftig auch im Ausland von Generation zu Generation wiederholen sollte. Denn wo immer erstmals eine Übersetzung des »Demian« erschien, gab es Leser, die das Buch für das Werk eines Zeitgenossen, ja eines Autors ihrer eigenen Nationalität gehalten haben.

Mit der Wahl eines unbekannten Verfassernamens war es Hesse zwei Jahre lang gelungen, die Vorurteile zu unterlaufen, mit denen das Bild, das man sich bisher von ihm gemacht hatte, behaftet war. Erst mit dem »Demian« ist er den Etiketten entwachsen, womit ihn die Literaturhistoriker dem Autor von »Peter Camenzind«, »Unterm Rad«, »Gertrud«, »Roßhalde«, »Knulp« und den frühen Erzählungen versehen hatten, indem sie ihn als »Neuromantiker«, als »Idylliker des Provinzialismus« oder als Exponenten einer »weltflüchtigen Innerlichkeit« klassifizierten.

Doch weil derlei Prägestempel wetterfest sind, kam es zu kuriosen Irritationen, zum Beispiel bei Alfred Döblin, der Sinclair auf Kosten von Hesse rühmte, den er für eine »langweilige Limonade« hielt. Ähnliches berichtet Hedwig Fischer in einem Brief vom 17. Juli 1920: Sie habe von einer begeisterten »Demian«-Leserin, der sie daraufhin die »Klingsor«-Novellen empfahl, die Antwort bekommen, sie könne mit Hesse nichts anfangen. Was Wunder, dass dieser auch künftig am liebsten jedes neue Werk unter einem neuen Pseudonym herausgegeben hätte.

Heute, wo wir sein Gesamtwerk überblicken, erscheint uns dieses Buch als Zäsur zwischen dem Frühwerk, das stilistisch wie thematisch der Vergangenheit, der Welt seiner Herkunft und Heimat zugewandt war, und dem Schaffen der zweiten Lebenshälfte, welches sich stärker dem Süden, dem Übernationalen, der Zukunft und kühneren Ausdrucksformen öffnen sollte. Seine nächsten Arbeiten, die Erzählungen »Klein und

Wagner« und »Klingsors letzter Sommer« sind ganz anderer Natur. Er ist nun auch Maler geworden und hat sich als Dichter wie als Aquarellist den kühneren Ausdrucksweisen des Expressionismus zugewandt, um gleich darauf mit seiner Buddha-Legende »Siddhartha« den Eurozentrismus seiner Zeitgenossen zu durchbrechen. Von nun an entstehen Bücher, die nur noch ausnahmsweise aus der Ich-Perspektive berichten. Das Leiden am Zeitgeist war mehr als ein subjektives gewesen. Sinclair hatte sich zu Demian emanzipiert.

»MIR LIEGT DAS POLITISCHE NICHT, SONST WÄRE ICH LÄNGST REVOLUTIONÄR«

Hermann Hesse im Widerstand gegen den Zeitgeist

Hermann Hesse 1929, Foto: Gret Widmann

Wenn er sich selbst beurteilte, war Hermann Hesse schon immer ein Meister des Understatements. Seine Selbstkritik konnte es aufnehmen mit den Kritiken seiner erbittertsten Gegner. Doch seine zahllosen Stellungnahmen zu Politik und Zeitgeschichte, die erst 1977 in den beiden Sammelbänden »Politik des Gewissens« zusammengefasst wurden, beweisen das Gegenteil. Sie zeigen, wie der Zukunftsforscher Robert Jungk es damals formulierte, »einen über die Tagespolitik hinausdenkenden Visionär künftiger Politik«, der interessiert ist an einer »radikalen Veränderung der politischen Strukturen und Lebensweisen, sich aber weigert, ja weigern muss, revolutionären Programmen und Funktionären zu folgen«. Dem hätte Hesse wohl kaum widersprochen, auch wenn er im Vorwort zu einer knappen Auswahl dieser Schriften, die er selber

1946 unter dem Titel »Krieg und Frieden« veröffentlichte, Wert auf die Einschränkung legte, seine politischen Stellungnahmen seien »das Gegenteil von politisch, weil jede dieser Äusserungen den Leser nicht vor das Welttheater und seine Probleme zu führen« suche, »sondern vor sein ganz persönliches Gewissen«.

Beides, das Bedürfnis nach einer fundamentalen Veränderung der politischen Verhältnisse, wie er sie erlebte, und sein Zögern, sich der üblichen Methoden politischer Einflussnahme zu bedienen, schließen sich keineswegs aus. Denn waren es nicht gerade die Methoden der Berufspolitik, die zugelassen hatten, was von 1914 bis 1945 in Deutschland geschah? Was wäre von Wilhelm II. bis Hitler und Stalin wünschenswerter gewesen als etwas mehr unprofessioneller, also systemkritischer und außerparlamentarischer Widerstand seitens des »ganz persönlichen Gewissens«, der zwar vereinzelt wenig auszurichten vermag, doch ins Gewicht fällt, sobald er bei vielen bestärkt und ermutigt wird? Ist es nicht eben diese individuelle Kontrollinstanz, die als Sand im Getriebe den Machthabern so zuwider ist, dass sie vor keiner Methode zurückschrecken, eine Gegensteuerung aus der Bevölkerung auszuschalten? Noch 1960, dreißig Jahre vor der gewaltlosen Selbstbefreiung der DDR, schrieb Hesse an den Vorsitzenden des »Kuratoriums Unteilbares Deutschland« (W. W.Schütz) nach Bonn: »Heute liegt die politische Vernunft nicht mehr dort, wo die politische Macht liegt. Es muss ein Zustrom von Intelligenz und Intuition aus nichtoffiziellen Kreisen stattfinden, wenn Katastrophen verhütet oder gemindert werden sollen.«

Es wird wohl auch heute wieder Stimmen geben, die als Fazit aus diesen 800 Seiten politischer Diagnostik die Briefe Hesses vom Februar 1936 anführen werden, worin er – im Kreuzfeuer sowohl von »rechten« als auch von »linken« Interessengruppen – mit der ihm eigenen Reizbarkeit behauptet: »Meine Stellung ist bis zum Fanatismus apolitisch ... Ich werde mich bis zum Tod dagegen wehren, mich selber politisieren zu lassen. Es müssen doch auch Leute da sein, die unbewaffnet sind.«

»Unpolitisch« an diesem Schriftsteller ist nur sein Widerstand gegen die politische Praxis, wie er sie erlebte: gegen das nationalistische und koloniale Imponiergehabe des zweiten deutschen Kaiserreiches, das in den Ersten Weltkrieg mündete, und später das Versagen der deutschen Sozialdemokratie, »die weder etwas zum Zustandekommen der Revolution [von 1918] noch zur edlen Ausnützung derselben getan hat, sondern als dummer, fetter Erbe auf den Leichen Liebknechts, Landauers etc. sitzt, welche Persönlichkeiten sie alle ebenso gehasst und sabotiert hat, wie sie es jedem Geist gegenüber tut« (Brief vom 9. April 1929 an Heinrich Wiegand). Des Weiteren zählt hierzu seine

Kritik an der »Halt- und Geistlosigkeit« der Weimarer Republik, welche die Ermordung Erzbergers und Rathenaus hinnahm und nach dem Münchner Putsch von 1923 die militärische Galionsfigur Ludendorff freisprach, Hitler dagegen in angeblicher »Festungshaft« hätschelte und ihn dort »Mein Kampf« schreiben ließ. Aber auch die Jahrzehnte danach, die Genese und »Machtergreifung« des deutschen Faschismus, der Zweite Weltkrieg und die durch erneute Aufrüstung beschleunigte Polarisierung Deutschlands in zwei kontroverse Staatsgebilde waren nicht dazu angetan, die Kluft zu überbrücken, die Hesse von der politischen Praxis seiner Zeit trennte.

»Unpolitisch« sind also die Positionen Hesses nicht, weil er die Meinung von Alexander Solschenizyn geteilt hätte, dass »die Auseinandersetzung mit der Politik das geistige Wachstum behindert«, sondern weil er keinen der damaligen Machthaber unterstützen wollte und konnte. Dass eine »Politik des Gewissens« den Praktiken und dem Trott der Tagespolitik so entgegengesetzt und lästig war, dass sie in der Vergangenheit ignoriert worden ist, macht sie jedoch noch lange nicht zu einem untauglichen Modell für die Gegenwart und Zukunft. Ganz im Gegenteil, denn wäre sie schon damals in das allgemeine Bewusstsein gedrungen, dann hätte die deutsche Geschichte spätestens ab 1917 einen ganz anderen Verlauf genommen und Deutschland mit der Novemberrevolution von 1918 damit begonnen, »zwischen Sowjet und dem Westen neue Formen der Entkapitalisierung« zu entwickeln, die mehr als nur eine Kopie von Moskau gewesen wären (Brief vom 29. Februar 1932).

Der Weg Hesses zur Erkenntnis dieser Notwendigkeit war lang und schmerzhaft. Die Ablösung von den traditionsverwurzelten und sentimentalen Bindungen einer Liebe zu Herkunft und Heimat vollzog sich nur langsam und begann eigentlich erst im Verlauf des Ersten Weltkriegs. Die Zwiespältigkeit der Tagebuchaufzeichnungen des damals kaum Vierzigjährigen, seiner privaten und öffentlichen Stellungnahmen bis 1917 spiegelt diesen Prozess einer fortschreitenden Ernüchterung.

»Die sogenannte große Zeit war angebrochen«, erinnert er sich in seinem »Kurzgefaßten Lebenslauf« von 1924 (SW 12, S. 46), »und ich kann nicht sagen, daß sie mich gerüsteter, würdiger und besser angetroffen hätte als alle andern auch.« Ebenso wie die meisten seiner Landsleute stellte sich auch Hesse – obwohl er Deutschland bereits zwei Jahre zuvor verlassen hatte und mit seiner Familie in Bern lebte – am 29. August 1914 als Kriegsfreiwilliger zur Verfügung. Freilich weniger aus Enthusiasmus für die »große Zeit« als aus Solidarität mit seinen zahlreichen bereits einberufenen Kollegen und Freunden, teils auch, weil er damals noch hoffte, der

Krieg werde die autokratische Willkür und die gesellschaftlichen Spannungen abbauen, welche die zunehmende Industrialisierung zwischen einer zum Arbeiterproletariat entmündigten Bevölkerung und der Bourgeoisie der Besitzenden und Adligen verschärft hatte.

»Aus dem blöden Kapitalistenfrieden herausgerissen zu werden«, schrieb er damals (am 26. Dezember 1914), »tat vielen gut ... Das gefällt mir eigentlich an diesem phantastischen Krieg, daß er gar keinen ›Sinn‹ zu haben scheint, daß es nicht um irgendeine Wurst geht, sondern daß er die Erschütterung ist, von der ein Wechsel der Atmosphäre begleitet wird. Da unsre Atmosphäre einigermaßen faul war, kann der Wechsel immerhin Gutes bringen.« Das war ein hoffnungsvoller Irrtum, wie er bald genug erfahren sollte, ein Irrtum, den er mit den bedeutendsten seiner Zeitgenossen teilte, von deren Mehrheit er sich damals nur darin unterschied, dass er sich nicht an ihrem patriotischen Chauvinismus beteiligte und früher als die meisten die Gewalt als untaugliches Mittel erkannte, um einen ersehnten »Wechsel der Atmosphäre« herbeizuführen. Hinzu kam seine übernationale Herkunft als Sohn eines baltendeutschen Missionars mit russischer Staatsangehörigkeit und einer in Indien geborenen Mutter, deren Eltern aus Württemberg und der französischen Schweiz stammten – eine Familie, deren grenzübergreifende Aktivitäten das Patriotische eher fremd war.

Am 15. Oktober 1914, nach der Rückkehr von einem längeren Aufenthalt in Stuttgart, notierte er ins Tagebuch eine Beobachtung, die ihm zehn Jahre später, bei der Niederschrift seines »Kurzgefaßten Lebenslaufs«, als ein Schlüsselerlebnis bewusst wird: »Ich war zu Besuch in einem großen Lazarett, auf der Suche nach einer Möglichkeit, mich irgendwie als Freiwilliger [zum Militärdienst war er, seiner Kurzsichtigkeit wegen, für untauglich befunden worden] sinnvoll in die veränderte Welt einzupassen, was mir damals noch möglich schien. In jenem Verwundetenspital lernte ich ein altes Fräulein kennen, das früher in guten Verhältnissen privatisiert hatte und jetzt in diesem Lazarett Pflegerinnendienste tat. Sie erzählte mir mit so rührender Begeisterung, wie froh und stolz sie sei, daß sie diese große Zeit noch habe erleben dürfen … Für diese Dame hatte es des Krieges bedurft, um aus ihrem trägen und rein egoistischen Altjungfernleben ein tätiges und wertvolles zu machen. Aber als sie mir ihr Glück mitteilte in einem Korridor voll verbundener und krummgeschossener Soldaten, zwischen Sälen, die voll von Amputierten und Sterbenden lagen, da drehte sich mir das Herz um … Wenn auf zehn Verwundete eine solche begeisterte Pflegerin kam, dann war das Glück dieser Damen etwas teuer bezahlt.« … »Wie soll man das verstehen?«, notierte er 1914 in sein Tagebuch. Nur so, dass »das Leben der meisten so arm im engen eigenen Kreis« verlaufe, dass jeder sich freue, einmal etwas Außerordentliches zu erleben, egal mit welchen Opfern es erkauft werden müsse. In seinem Gedicht »Der Künstler und die Krieger« hatte er im Dezember 1914 diesem Aspekt noch etwas Positives abzugewinnen vermocht: »Die in finstrer Fron am Karren zogen, / Denen trüb ein feiges Wohlsein rann, / Alle sind dem Alltag jetzt entflogen, / Jeder ward ein Künstler, Held und Mann.«

Das Außerordentliche, das Hesse durch das Risiko einer Künstlerexistenz schon lange zuvor vollzogen hatte mit dem Verzicht auf die gesicherte Monotonie und das saturierte Gleichmaß des bürgerlichen Alltags, war nun mit dem Krieg als ein kollektiver Ausnahmezustand über Millionen passiver Untertanen hereingebrochen, als eine nicht unwillkommene Abwechslung, als Abenteuer und nicht zuletzt als eine plötzlich legitime Möglichkeit der Bewährung vor äußeren, staatlich verordneten »Feinden«. Dass es sich dabei vor allem um unbewusstes Fluchtverhalten und um von den Machthabern geschickt benutzte Projektionen innerer wie auch gesellschaftlicher Unzufriedenheiten auf äußere angebliche Feinde handelte, erklärt den Enthusiasmus der Bevölkerung beim Ausbruch des Ersten Weltkrieges weit besser als die außenpolitischen Vorwände der Kriegserklärungen.

Der Krieg als eine Flucht heraus aus den Folgen politischer und individueller Unmündigkeit nach außen in den Rausch und Selbstbetrug eines Aktionismus, der doch nicht viel mehr war als eine »traurige Prügelei um nicht ganz klare Werte« (Tagebuchnotiz vom 14. Oktober 1914), stichhaltiger lässt sich das emotionale Vakuum, in das sich der Erste Weltkrieg entlud, kaum auf einen Nenner bringen. Und das nicht etwa aus der Retrospektive, aus der Kenntnis aller historischen Daten und Fakten, sondern bereits 1914, wenige Monate nach Kriegsausbruch. Wie war solch eine Diagnose möglich?

Verletzbarer als die Mehrheit reagiert der Künstler auf seine Zeit. Diese Verwundbarkeit ist seine Last, aber zugleich auch sein Produktionsmittel. Nur die Darstellung des Unbehagens ermöglicht ihm das Ertragen. Je genauer, komplexer und fesselnder es ihm gelingt, seine Wahrnehmungen zu vermitteln, desto mehr Menschen erkennen sich darin wieder und finden eigene, zuvor unbewusste Eindrücke und Antriebe ausgedrückt und dem Bewusstsein verfügbar gemacht. Je unabhängiger der Künstler von Staat und Gesellschaft ist, desto aufrichtiger und freier kann er in seinem Urteil bleiben und desto größer auch ist seine Chance zur Objektivität und zu Aussagen, die über das Tagespolitische hinausreichen. Hinzu kam bei Hesse der größere Abstand seines Blickwinkels aus der neutralen Schweiz und wohl auch der Erfolg seiner Bücher, der ihm eine Freiheit der Meinung erlaubte, ohne auf irgendwelche Interessengruppen Rücksicht nehmen zu müssen.

Aber auch später, in Zeiten, als es ihm schlecht ging – also ab 1917 bis zur Mitte der 1920er Jahre und während des Nationalsozialismus bis 1946 –, nahm er lieber die größten Schwierigkeiten in Kauf, als sich auf irgendwelche Zugeständnisse an die jeweiligen politischen Strömungen, Tendenzen und Gruppierungen einzulassen, die auf eine Beschränkung seiner Meinungsfreiheit hinausgelaufen wären. Denn für einen unabhängigen Geist gibt es die Partei nicht, mit der man sich vorbehaltlos identifizieren könnte. Der Ausspruch seines Kollegen Ernst Penzoldt, der auf die Frage: »Welcher Partei ich angehöre?« antwortete: »Die hat nur ein Mitglied!«, hätte auch von Hesse stammen können, weil selbst bei jenen politischen Kräften, die das kleinere Übel für ihn gewesen wären, die programmatische Enge sowie der Konformitätsdruck der Fraktionsdisziplin den Bewegungsspielraum zu sehr einschränkten, während ihm andererseits die parteienspezifische Bereitschaft zu wahltaktischen Wendemanövern kaum möglich gewesen wäre: »Meine Aufgabe ist es … mich frei vom Starrsinn der Programme zu halten und meine Ehrfurcht dem Lebendigen zu bewahren, das keine Programme kennt.« (1931)

Auch die Geschichte seiner Zugehörigkeit zur Preußischen Akademie der Künste illustriert diese Haltung. Hinzu kam Hesses für den Kulturbetrieb geradezu provozierender Mangel an Eitelkeit und Geltungsbedürfnis. Nie hat ihn, trotz vieler Offerten, sein Renommee dazu verlocken können, etwa wie Gerhart Hauptmann oder Thomas Mann, als Repräsentant des kulturellen Deutschland aufzutreten und sich als solcher im In- und Ausland huldigen zu lassen. Damals wie heute hat es nicht an Stimmen gefehlt, die solche Zurückhaltung als »elitär« und unsozial, als Flucht aus der Öffentlichkeit und Mitverantwortung ins Private und Unverbindliche gedeutet haben. Hesse hat diese Vorwürfe hingenommen. Sie waren der Preis für die Unbestechlichkeit seiner Zeitkritik, die sich mit der Stoßkraft seiner fiktiven Werke nicht nur die Waage hält, sondern auch deren weltweite Wirkung überzeugender motiviert als jede philologische Deutung. Wie sonst wäre es möglich gewesen, dass die junge Generation Amerikas, die in den 1960er Jahren nichts als die Romane und Erzählungen Hesses kannte (eine Auswahl seiner politischen Schriften erschien dort erst 1971), durch diese hindurch jene politische Brisanz witterte, die uns erst heute anhand seiner zeitkritischen Schriften offensichtlich wird und Hesse schon damals neben Herbert Marcuse zu einem Toxin gegen den Vietnamkrieg der Johnson- und Nixon-Ära machte?

Hesses politische und kulturkritische Schriften, aber auch seine Briefe zeigen den Hintergrund, der ihn zu den Gegenwelten seiner poetischen Werke motivierte. Sie belegen seine Fähigkeit zu verblüffend lapidarer Analyse, ohne welche die ausgewogenen Synthesen seiner Erzählungen und Gedichte undenkbar wären. Der Prozess seiner politischen Entwicklung erstreckte sich über viele Jahre. Notwendig dazu waren sowohl die gutgläubigen Illusionen und Irrtümer der Jahre 1914 bis 1916 wie auch Hesses bisher fast unbekanntes tagespolitisches Engagement von Kriegsbeginn bis 1922. Ohne ihre Kenntnis ist ein wirkliches Verständnis seiner Entwicklung kaum möglich.

Diese vollzieht sich in mehreren Phasen: Genau genommen setzt sie bereits 1905 ein durch seine Mitarbeit an der satirisch gegen das persönliche Regiment des letzten deutschen Kaisers gerichteten Wochenschrift »Simplicissimus«, zu der 1907 sein Engagement als Kulturredakteur der süddeutsch-europäischen Zeitschrift »März« kam, als deren Mitarbeiter er bis 1912, bis zu seinem endgültigen Verlassen Deutschlands, zeichnet. Damit hatte er schon damals Position bezogen gegen den präpotenten Dominanzanspruch der preußischen Innen- und Außenpolitik. Doch trat Hesse hier noch nicht als prononciert politischer Publizist in Erscheinung, es sei denn indirekt mit kulturkritischen Aufsätzen und Buchbesprechungen, die das Politische nur streifen. Dieser eher zurückhaltenden Position entsprach dann auch seine Ambivalenz beim Ausbruch des Ersten Weltkriegs. Hin- und hergerissen zwischen seiner Liebe zu Deutschland und der Verachtung für das obrigkeitshörige Versagen seiner politischen und intellektuellen Repräsentanten, war es, wie wir bereits gesehen haben, Hesse anfangs noch möglich, den Krieg zu akzeptieren wie ein Gewitter, das eine »Reinigung der Atmosphäre« verspricht. Doch der Einblick in die propagandistische Praxis der internationalen Kriegsführung, worüber er sich in der Schweiz weit weniger einseitig informieren konnte, als es in Deutschland möglich gewesen wäre, lässt erste Zweifel aufkommen und bewegt ihn, seine Sicht der Dinge nun auch öffentlich zu vertreten.

Zu Beginn freilich wendet er sich noch nicht gegen den Krieg als solchen, sondern vielmehr gegen alles, was die Glaubwürdigkeit Deutschlands in diesem Konflikt gefährdet, unter anderem die publizistische Mobilmachung vieler seiner Schriftstellerkollegen, die das Kriegsgeschehen täglich mit etwa 50.000 Gedichten verherrlichten.[1]

Auch den völkerrechtlich illegalen Überfall deutscher Truppen auf Belgien und Luxemburg und die »Akquisitionslust mancher Patrioten bei uns, die diesen

[1] Julius Bab, »Die Kriegslyrik von heute«, in: »Das literarische Echo«, 1.10.1914, Berlin.

Krieg geradezu als einen Eroberungskrieg könnte erscheinen lassen« (Brief vom 15. Juli 1915), erlebt er als einen Verrat an jenem geistigen Deutschland, dem er sich verpflichtet fühlte und das er nun, im Augenblick der Bewährung, von seinen Repräsentanten und Intellektuellen im Stich gelassen fand. So wendet er sich gegen die chauvinistische Dämonisierung der Feinde, gegen die elastische Hörigkeit der Presse, der Kirchen, des Kulturbetriebs und seiner namhaften Repräsentanten, die im »Manifest der 93 [deutschen Schriftsteller, Maler, Komponisten, Professoren und Nobelpreisträger] an die Kulturwelt« vom September 1914 den Militarismus als Voraussetzung für vaterländische Kultur gerechtfertigt hatten. Schon in seinem ersten Aufruf »O Freunde, nicht diese Töne!« vom Oktober 1914 und künftig immer vernehmbarer stellt Hesse die Frage: Was kommt danach? Auch in seinem »Offenen Brief an einen Verwundeten« (1914) spricht er die Hoffnung aus, dass der Krieg, welcher, intensiver, als es im Frieden möglich gewesen sei, Menschen der verschiedensten sozialen Schichten im gemeinsamen Kampf miteinander in Berührung bringe, auch die standesbedingten Gegensätze als fragwürdig entlarven und so zu einem Abbau überlebter Standesunterschiede beitragen möge: »Der Mann, der heute neben mir oder meinem Bruder im Felde steht, darf nicht morgen wieder ein aus der Ferne bemitleideter Proletarier werden ... Es tauchen vermutlich nach diesem Kriege Gelegenheiten und Stimmungen zu Neuordnungen im staatlichen Leben auf, die nicht wiederkommen werden. Die wollen wir nutzen.« Nicht den Feinden Deutschlands und schon gar nicht ihrer Denunziation gelten die Appelle Hesses während der Kriegsjahre, sondern dem Versagen im eigenen Lager, das seine Hoffnung auf ein demokratisches Nachkriegsdeutschland gefährden könnte. »Dann wird der deutsche Geist aufs neue / Durch die verklärte Heimat wehn / Und wieder in bescheidner Treue / An stille Friedenswerke gehen«, heißt es in einem unveröffentlichten Gedicht »An den Kaiser«, das sich in Hesses Nachlass fand. Geschrieben hatte er es auf Bitten des befreundeten Mörike-Herausgebers Prof. Harry Maync für eine Veranstaltung der deutschen Kolonie in Bern anlässlich des Geburtstags von Wilhelm II. im Januar 1915. Wie wenig wohl ihm war bei diesen Versen für den ihm ja seit langem eher lächerlichen Adressaten, geht aus Hesses Vermerk unter der Handschrift des Gedichtes hervor: »Darf nicht veröffentlicht und vervielfältigt werden.« Es war wohl eine Konzession an die Machthaber, um sie seinen Plänen gewogen zu machen und der Gründung einer Berner Zentrale für Kriegsgefangenenfürsorge zuzustimmen. Denn seit dem Appell »O Freunde, nicht diese Töne!« hatte er erfahren müssen, dass allein mit publizistischen Reaktionen auf das

Tagesgeschehen und mit pazifistischen Aufrufen wenig auszurichten war. Das Wünschenswerte musste nicht nur deklariert, sondern auch praktiziert werden durch eigenes Handanlegen und Aufbauarbeit.

»Mir ist es wunderlich«, schreibt er angesichts der ohnmächtigen Publizistik der Pazifisten im Oktober 1915 in der »Frankfurter Zeitung«, »wie man für die ferne (friedliche) Zukunft schwärmen kann, während die blutige Gegenwart auf Schritt und Tritt unsere Hilfe anruft.« Und einen Monat später in der Wiener Zeitung »Die Zeit«: »Ich klage Euch an, daß Ihr redet, wo so viel zu tun wäre, daß Ihr Versammlungen und Vorträge besucht, statt tätig zu sein, statt Eure Säle den Kranken, Euer Geld den Armen, Euren Idealismus den Leidenden zur Verfügung zu stellen. Wer Adressen für Pakete an Gefangene schreibt, wer Nägel in Kisten schlägt, die Kleider und Schuhe zu frierenden Menschen bringen sollen, der tut unendlich viel mehr als Ihr mit allen Reden, mit allen Broschüren, mit allen Vorträgen.«

Das war keine Koketterie eines Intellektuellen mit der »Basis«, sondern eine Forderung, entstanden aus Hesses eigenen Erfahrungen und Aktivitäten. Tatsächlich war es ihm ein halbes Jahr vor der Niederschrift dieses Artikel geglückt, gemeinsam mit dem Zoologieprofessor Richard Woltereck und in Verbindung mit der Deutschen Gesandtschaft in Bern eine

Bücherzentrale für deutsche Kriegsgefangene aufzubauen, welche Hunderttausende Gefangener statt mit patriotischer Tendenzliteratur mit solcher Lektüre versorgte, die ihnen nicht nur die gegenwärtige Misere erleichtern, sondern sie auf einen wirklichen Neubeginn nach dem Krieg vorbereiten sollten. Für eine solche Aufgabe war Hermann Hesse, der ja nicht nur seine eigenen Bücher schrieb, sondern auch die der anderen las, das Lesenswerte in seinen Besprechungen empfahl und zu den besten Kennern seiner Zeitgenossen und ihrer Lesebedürfnisse gehörte, geradezu prädestiniert. An keiner anderen Stelle hätte er damals sinnvoller eingesetzt werden können. Auch kannte er sich gut genug, um seinen Weg einer sozialen Wirksamkeit dort zu suchen, wo er am effektivsten war. Unser Staat, schrieb Hesse 1919, sei es gewohnt, dass die Talentlosen sich in seinen Dienst drängen und er beliebig über sie verfügen könne, und fährt dann fort: Das Einzige, worin er selbst sich von den Dilettanten und Strebern unterscheide, sei sein Wissen, zu welcherlei Arbeit sein Gehirn und seine Vorgeschichte ihn bestimmen. Diese Arbeit suche er so konzentriert wie möglich zu tun.

Ein gutes Drittel aller seiner im Ersten Weltkrieg veröffentlichten Aufsätze galt daher den Zwecken der Kriegsgefangenenfürsorge. Denn je mehr sich der Krieg in die Länge zog, desto bedrohter sah Hesse die Soldaten durch geistige Desorientierung und innere Verwahrlosung. Manch ein Leser wird sich bei der Lektüre all dieser oft karitativen Aufrufe vielleicht fragen: Ist denn auch das Politik? Statt Geheimdiplomatie, Grundsatzdebatten, Wahlreden und Koalitionsverhandlungen all dieser inoffiziell humanitäre Kleinkram? Doch gerade jenseits der Schlagzeilen und realpolitischen Rituale kam damit in unser herkömmliches Politikverständnis eine neue Dimension: Verbindlichkeit statt Rhetorik, praktiziertes Engagement mit einem Gespür für die wirklichen Bedürfnisse. Demselben Zweck dienten auch die beiden Zeitschriften für Gefangene, die Hesse bis 1919 unter dem neutralen Decknamen eines Schweizers herausgab, um nicht den Argwohn der feindlichen Aufsichtsinstanzen zu wecken.

Verdacht aber kam keineswegs vom Ausland, sondern von Seiten der deutschen Behörden. Hesses politische Stellungnahmen in den Tageszeitungen begannen so unbequem zu werden, dass sie ihn von Aktivitäten für die Internierten zu suspendieren drohten. Obwohl diese Tätigkeit anfangs freiwillig und unbezahlt war, mochte es Hesse darauf nicht ankommen lassen. Sie war ihm zu wichtig und einflussreich, als dass er sie allein den Behörden überlassen wollte: »Denn die Regierung hat anderes zu tun; wo sie eingreift, pflegt sie nur das Patriotische und Kriegerische.« (8. Januar 1918)

In der Tagespresse fand sich fortan nichts mehr von ihm, das politisch verfänglich gewesen wäre. Hatte er klein beigegeben? Stattdessen meldet sich ein gewisser Emil Sinclair zu Wort, ein bis dahin völlig unbekannter Autor, gegen dessen zeitkritische Satiren die Artikel Hermann Hesses sich geradezu harmlos gelesen hatten. Erst drei Jahre später, lange nach Kriegsende, wurde das Pseudonym aufgedeckt. Den Anstoß dazu gaben nicht Sinclairs politische Aufsätze, sondern sein Roman »Demian«, der die Nachkriegsgeneration im gleichen Maße aufwühlen sollte wie zuvor seinen Autor, der sich unter dem Druck der Verhältnisse ab 1916 einer Psychoanalyse unterziehen musste.

Mit dem im Verlauf dieser Therapie geschriebenen »Demian« hatte Hesse eine Krisis ausgetragen, die er deutlich verändert verließ. So war denn auch der von Oswald Spengler deklamierte »Untergang Europas« für ihn kein nihilistisches Endzeitpathos, sondern das Signal zu einem umfassenden Neubeginn.

Nie wieder hat Hesse das Tagesgeschehen so hoffnungsvoll verfolgt und begleitet wie in den Jahren von 1917 bis 1922. Der Krieg hatte sein lang ersehntes Ende gefunden. Der Neubeginn, also die erhoffte »Reinigung der Atmosphäre«, stand bevor. Der Obrigkeitsstaat hatte sich auf Kosten 16 Millionen Gefallener selber ad absurdum geführt, und diese einmalige Gelegenheit zu einem ganz neuen Anfang, auch im Politischen, galt es nun mit allen Kräften zu nutzen. In dieser Aufbruchsstimmung schrieb Hesse 1919 während der beiden letzten Januartage wie unter Diktat sein »Revolutionsvermächtnis«, die politische Flugschrift »Zarathustras Wiederkehr«, ein Aufruf gegen den Radikalismus von rechts und links, ausgelöst durch die Spartakistenaufstände der Revolution von 1918, und gleich darauf den ersten Akt eines seiner wenigen Theaterstücke mit dem Titel »Heimkehr«, einem »Draußen vor der Tür« des Ersten Weltkriegs. Die Flugschrift erschien anonym als »Ein Wort an die deutsche Jugend von einem Deutschen«, vor allem deshalb, weil der erhoffte Umschwung nichts mehr zu tun haben sollte mit den alten fragwürdigen Autoritäten, von denen Hesse sich selbst keineswegs ausschloss. Schon der Ankündigungstext nimmt eine der entscheidenden Einsichten vorweg, die ihm die Kriegsjahre gebracht hatten und die wenig später auch als Leitmotiv für seine künftige Arbeit in der politisch-sozialen Monatsschrift »Vivos voco« gelten wird: »Wir müssen nicht hinten beginnen bei den Regierungsformen und politischen Methoden, sondern wir müssen vorn anfangen beim Bau der Persönlichkeit, wenn wir wieder Geister und Männer haben wollen, die uns Zukunft verbürgen.« Da er seine Landsleute kannte und spürte, wie sehr die jahrhundertelange Kadavergehorsam ihnen noch in den Knochen saß, schreibt er in »Zarathustras Wiederkehr«: »Ihr Deutsche seid mehr als jedes andere Volk der Welt an das Gehorchen gewöhnt. Ihr seid das frömmste Volk der Welt. Aber was für Götter hat Eure Frömmigkeit sich erschaffen! Kaiser und Unteroffiziere!« Und weil er wusste, dass jede Systemveränderung oberflächlich bleibt, wenn sie nicht von der Bevölkerung getragen wird, galt sein Augenmerk nun vor allem der qualitativen Veränderung, der Ermutigung möglichst vieler Einzelner zum Eingeständnis ihres Mitläufertums und zur Selbstkritik. Ein fast utopisches Konzept, bedenkt man die erdrückende Übermacht der unbelehrbaren Revanchisten und die geringe Resonanz, die solch unbequeme Mahnrufe finden mussten. Was stattdessen Gehör fand, waren Schuldzuweisungen wie die sogenannte Dolchstoßlegende: das Gerücht der durch den Ausgang des Krieges ihres Selbstverständnisses und Einflusses entledigten Militärs, der »im Felde unbesiegten Front« sei die deutsche Zivilbevölkerung, namentlich die sozialistische Linke und die Sozialdemokratie, in den Rücken gefallen und habe die Niederlage Deutschlands herbeigeführt. Das war willkommener als Hesses Aufrufe zur Revision der alten Verhältnisse. Denn nun hatte man wieder einen Sündenbock, eine neue Fluchthilfe heraus aus der eigenen Verantwortung in die Verleumdung gerade jener Minoritäten, die sich anschickten, die Konsequenzen aus den Fehlern der Vergangenheit zu ziehen.

Wieder einmal wurde – und noch dazu unter Berufung auf die sagenumwobene Autorität des »Helden von Tannenberg«, des Generalfeldmarschalls von Hindenburg – die Verantwortung für das Vergangene nach außen, auf bequeme Feindbilder verlagert.

Als im November 1918 die erste deutsche Republik ausgerufen wurde und die Sozialdemokratie mit Friedrich Ebert den ersten Reichspräsidenten stellte, schien endlich auch politisch ein Neubeginn möglich. Denn immerhin hatte die Regierungsform sich verändert, wenn auch noch nicht das Fundament, weil die Machtpositionen der bisher tonangebenden Schichten nahezu unangetastet blieben. So wurde unter anderem der gesamte Justiz- und Beamtenapparat des kaiserlichen Deutschland übernommen. Unverändert blieben auch Großgrundbesitz, Industrie- und Finanzkapital sowie das beamtete, obrigkeitshörige Schul- und Universitätssystem. Der erste Einsatz der aus dem Weltkrieg zurückgekehrten ehemaligen Reichswehr galt denn auch der Unterdrückung der Revolution, also der Beseitigung gerade jener Kräfte, die ähnlich wie Hesse (wenn auch mit parlamentarischen Mitteln) den neuen Staat vor einer restaurativen Unterwanderung bewahren wollten. Ohne einen aus Russland importierten Kommunismus für wünschenswert zu halten, lag die Sympathie Hesses bei der konsequenten Entschlusskraft Gustav Landauers, Karl Liebknechts, Kurt Eisners und

Rosa Luxemburgs, die ihren Kampf gegen die Konzessionsbereitschaft der Sozialdemokratie mit dem Leben bezahlen mussten.

Was Hesse daran hinderte, im Februar 1919 einem Ruf der Münchner Räteregierung zu folgen und den ihm angebotenen Posten dort anzunehmen, um sich selbst an ihrem Kampf zu beteiligen, hat er später, 1931, in seinem »Brief an einen Kommunisten« zusammengefasst. Für ihn konnte die Aufgabe des Künstlers nicht die des Funktionärs sein, der sich einer Parteidoktrin unterwirft. Gerade das macht ja seiner Auffassung nach die Vertrauenswürdigkeit und inoffizielle Autorität der Kunst aus, sich nicht mit pauschalen, leicht fassbaren Rezepten und Parolen zu begnügen, sondern die Unabhängigkeit des eigenen Urteils zu bewahren, um statt tendenziöser Teilaspekte der ganzen komplexen Vielfalt der Wirklichkeit samt ihrer scheinbar unvereinbaren Widersprüche gerecht werden zu können. Als Dichter fühlte er sich »weder als etwas Besseres noch etwas Geringeres als der Minister, als der Ingenieur, als der Volksredner«, sondern als etwas vollkommen anderes. »Ein Beil ist ein Beil«, fährt er fort, »und man kann damit Holz spalten oder auch Köpfe. Eine Uhr aber oder ein Barometer sind zu anderen Zwecken da, und wenn man mit ihnen Holz oder Köpfe spalten will, gehen sie kaputt, ohne daß irgend jemand davon Nutzen hat.« Der Künstler dagegen ist für ihn ein »Nerv im

Körper der Menschheit, ein Organ, um auf zarte Anrufe und Bedürfnisse zu reagieren, ein Organ zum Wecken, zum Warnen, zum Aufmerksammachen. Aber er ist nicht ein Organ, um damit Plakate zu verfassen, er eignet sich nicht zum Ausrufer auf dem Markt, denn seine Stärke liegt ja gar nicht in der lauten Stimme, das kann Hitler viel besser.«

1931, als er diese Zeilen schrieb, war es nicht mehr schwer, zu erkennen, was Deutschland mit dem Nationalsozialismus bevorstand. Die Leser Hermann Hesses waren bereits seit zehn Jahren darauf vorbereitet. Denn schon kurz nach der Gründung der NSDAP hatte er in seiner Zeitschrift »Vivos voco« anlässlich antisemitischer Publikationen, unter dem Titel »Verrat am Deutschtum«, gewarnt, er habe Anlass, »einmal ein Wort über eine der häßlichsten und törichtsten Formen jungdeutschen Nationalismus zu sagen, über die blödsinnige, pathologische Judenfresserei der Hakenkreuzbarden und ihrer zahlreichen, namentlich studentischen Anhänger«. Der gegen die Sozialisten gerichteten Dolchstoßlegende Hindenburgs habe sein »böhmischer Gefreiter«, den er im Januar 1933 zum Reichskanzler inthronisieren sollte, ein noch griffigeres Feindbild hinzugesellt, »die Juden«, über das Hesse geschrieben hatte: »Daß man eine Menschenklasse schlechthin für das Übel der Welt und für die tausend schlimmen Sünden und Bequemheiten des eigenen, deutschen Volkes als

Sündenbock aufstellt, ist eine Entartung so schlimmer Art, daß ihre Schande allen Schaden, der je durch Juden geschehen sein mag, zehnfach aufwiegt.«

Doch für den politischen Nachwuchs waren Feindbilder vielversprechender. Damit konnte alle Unzufriedenheit über die Folgen des Krieges, über die verhängnisvollen Auswirkungen des Versailler Vertrages und die Revanchepolitik des französischen Delegierten Georges Clemenceau , die bald darauf die Inflation und illegale Besetzung des Ruhrgebiets auslöste und Deutschland bis ins Jahr 2000 mit ruinösen Reparationszahlungen politisch zu isolieren versuchte, für den Aufstieg des Nationalsozialismus demagogisch benutzt werden. Die Folgen der Weltwirtschaftskrise von 1929 und eine Massenarbeitslosigkeit, die 1932 die Sechs-Millionen-Grenze überschritten hatte, waren Aufwind für Hitler, der ihn nun innenpolitisch nutzte, um die Schuld daran jenen Kräften anzulasten, die sich seinen Zielen widersetzten, und ein willkommener Vorwand, sich ihrer entledigen zu können. Die führenden Kräfte der Revolution waren bereits ermordet, es folgten Matthias Erzberger (1921), Walther Rathenau (1922) und Friedrich Ebert (1925) als Opfer eines systematischen Rufmords. Und als 1929 Gustav Stresemann starb, konnten die restaurativen Kräfte triumphieren. In diesem politischen Klima hatte Hesse 1924 die Schweizer Staatsangehörigkeit zurückerworben und seine Zeitschrift »Vivos voco« 1926 ihr Erscheinen eingestellt. Im selben Jahr schrieb er den »Steppenwolf«, dem kurz darauf ein Sammelband »Betrachtungen« folgte mit einer ersten Auswahl seiner politischen Aufsätze. Es blieb bei einer einzigen Auflage. Denn wie fast alle seine zeitkritischen Publikationen konnte auch dieses Buch bis 1946 nicht mehr nachgedruckt werden.

Neue, unauffälligere und längerfristige Wege des Widerstandes galt es nun einzuschlagen. Bereits 1931, zwei Jahre vor Hitlers Machtergreifung, beginnt Hesse mit der Konzeption des »Glasperlenspiels«, um »einen geistigen Raum aufzubauen, in dem man leben und atmen konnte, aller Vergiftung der Welt zum Trotz, und um den Widerstand des Geistes gegen die barbarischen Mächte zum Ausdruck zu bringen«. Noch bevor er mit der Niederschrift des neuen Buches begann, skizzierte er den Ausgang: »Das Glasperlenspiel« sollte enden mit einer Unterredung zwischen dem Führer der Diktatur und seinem Gegenspieler Josef Knecht, der Hauptgestalt des Buches. Auf der Rückseite eines Briefes der »Neuen Rundschau« vom 22. Juni 1931 notierte er unter der Überschrift »Schluß« den Verlauf dieses Gespräches: Thema des Dialogs ist das Verhältnis zwischen Geist und Politik. Der Diktator beabsichtigt, auch die Kultur seinem neuen Regime dienstbar zu machen – wie Hitler mit seinen NAPOLA-Internaten. Neben den staatlichen Schulen und Universitäten versucht er nun auch die bis dahin unabhängigen Institutionen, also auch Kastalien, die Schule des Glasperlenspiels, gleichzuschalten. Andernfalls müsse seine Partei dagegen ebenso rigoros vorgehen wie gegen jede andere Opposition: also Kastalien verbieten, es zerstören und seine Repräsentanten töten. »Der Versucher«, heißt es in dem Entwurf, »spricht recht klug und beinahe geistig. Knecht gibt höflich und bescheiden Auskunft, macht keinerlei Versuch sich zu retten. Er weigert sich, auf den Vorschlag einzugehen, d. h. sein Institut dem Staat zu unterstellen und die ihm vom Staat überwiesenen jungen Leute auszubilden, damit so der Geist mit der Politik und Aktion verbunden werde.« Knecht antwortet dem Führer: Wer sich jahrelang dem Erlernen des Glasperlenspiels gewidmet habe, der sei für jedes Ausüben von Macht, für jedes materielle Streben für immer verdorben. Damit aber hat er sich ans Messer geliefert. Vor seiner Hinrichtung ersucht er den Diktator noch um die Erlaubnis und Frist zu einem letzten Spiel, das ihm gewährt wird. Als Thema dieses Spiels wählt Knecht »den Kampf der unreinen, streberischen Mächte gegen den reinen Geist, mit scheinbaren Fortschritten der Macht und Politik, die sich aber langsam als lauter Auflösungen erweisen, und zuletzt wo das ursprüngliche Geist-Thema sich zum Macht-Thema umgekehrt hat, stellt sich heraus, daß alles vom Geist verwandelt und durchsetzt ist«.

Zwei Jahre nach dem Beginn der Arbeit am »Glasperlenspiel« und der Niederschrift dieser Motive war Hitler an der Regierung, die Meinungsfreiheit unterdrückt, die Literatur durch die Reichsschrifttumskammer gleichgeschaltet, und die jüdischen wie alle unerwünschten Autoren bereits gefährdet und ihre Bücher verbrannt. Es war also schon zu spät, als nun unter dem Druck der Bedrohung ihrer Existenz viele von Hesses Kollegen ins Ausland flohen und dort mit naheliegendem Protest und redlichem Abscheu zu reagieren begannen. Er dagegen, weil er bereits 1912 die Konsequenz aus seinem Misstrauen gegen das offizielle Deutschland gezogen hatte und ausgewandert war, sah sich dieser politischen Entwicklung nicht mehr im selben Maße ausgeliefert wie seine Kollegen im Reich. Weniger exponiert, aufgrund seiner längst vollzogenen Emigration, brauchte er sich nicht in kurzatmigem Reagieren zu erschöpfen, sondern war gefestigt genug, um in ständiger Auseinandersetzung mit dem Aktuellen ein Gegenmodell entwickeln zu können, das auf eine längere Zeitspanne berechnet war. Dieses Modell war das »Glasperlenspiel«.

Hesses Antwort auf seine Zeit war also mehr als hektische Entrüstung, sie ging einen Schritt weiter, sowohl in die Zukunft als auch zurück bis zu Spinoza, Leibniz und Bach, um die Machthaber der Gegenwart mit ihren zeitlosen Gegenspielern zu konfrontieren.

Aufschlussreich ist es, anhand der drei seit 1932 entstandenen Fassungen der Einführung »Von Wesen und Herkunft des Glasperlenspiels« (SW 5, S. 519) zu verfolgen, wie Hesse – ausgehend von der unmittelbaren Reaktion auf die aktuellen politischen Vorgänge – im Verlauf der Arbeit immer deutlicher auf das Grundsätzliche und über den Spezialfall des Augenblicks Hinausreichende zielte. Einem Diktator wie Hitler auch noch die Ehre zu erweisen, ihn in seinem Werk zu einer Schlüsselfigur aufzuwerten, kam für Hesse nun nicht mehr in Frage. (Dieses nach 1945 so einträgliche Geschäft mit dem Teufel wurde und wird ja, wenn auch unter dem Vorwand der Aufklärung, von unzähligen Biographen, der Filmindustrie und den Medien wohl noch ad infinitum besorgt.) Je mehr Tagesaktualität er dem Buch im Verlauf seiner Entstehung entzog, desto stärker haben sich dabei die Perspektiven erweitert, die in die Zukunft weisen. So kommt es, dass wir dieses Buch mit seinem provozierend unpolitischen Titel inzwischen nicht mehr nur als eine Auseinandersetzung mit etwas Vergangenem lesen, sondern als ein Gegenmodell zu allen autoritären Systemen, ganz unabhängig von ihrem ideologischen Aushängeschild, das damals eben das des nationalsozialistischen Rassen- und Größenwahns war.

Doch ist die Abwehrreaktion des »Glasperlenspiels« nicht die einzige Antwort Hesses auf dle Ära des Nationalsozialismus gewesen. Er, der seine Bücher unter dem Druck persönlicher und zeitbedingter Krisen als lebensnotwendige Katharsis in der Regel sehr rasch und in einem Zug niederschrieb, brauchte zum »Glasperlenspiel« mehr als zwölf Jahre. Denn was er im Ersten Weltkrieg noch halboffiziell unter dem Schutz der Deutschen Gesandtschaft für die Internierten geleistet hatte, das hat er ab 1933 anonym im Dienst der Emigration fortgesetzt. Wer sich der Mühe unterzieht, die vielen tausend an Hesse gerichteten Briefe aus den Jahren 1933 bis1945 zu konsultieren und dabei das Ausmaß an praktischer, moralischer und materieller Hilfe kennenzulernen, sei es durch Empfehlungsschreiben, Visavermittlung oder Interventionen bei der Schweizer Fremdenpolizei, der wird sich fragen, wie denn ein Werk wie »Das Glasperlenspiel« dennoch zustande kommen konnte.

Die Diskretion und das bewusst Unspektakuläre von Hesses Einsatz für die Verfolgten führten nach dem Zweiten Weltkrieg dazu, dass der Schriftsteller Hans Habe und in seinem Gefolge auch einflussreiche Literaturwissenschaftler ihm den Vorwurf machten, statt wie Thomas Mann, Stefan Zweig und Franz Werfel »Anklagen gegen das Nazi-Regime in den Äther hinauszuschreien, sich in vornehmer Zurückgezogenheit im Tessin gesonnt zu haben«. Dabei wird übersehen, dass die genannten Autoren zur Zeit ihrer Aufrufe nicht mehr in Europa, sondern weit vom Schuss in Amerika lebten, und dass es für Hitler nur eine Frage der Zeit war, wann er neben Österreich auch die Schweiz »heim ins Reich« zu holen beabsichtigte. »Dass Sie keine Donnerkeile gegen Hitler geschleudert haben«, verteidigte ihn Thomas Mann im November 1945, sei doch ein absurder Vorwurf: »Wie Sie das als Schweizer in der neutralen Schweiz, wo auch ich 5 Jahre so gut wie gänzlich den Mund halten mußte, hätten tun sollen«, werde bei derlei Anklagen unterschlagen. »Loslegen, mein Herz waschen, konnte ich erst in Amerika – wohin Sie nun einmal keineswegs gehören.« Stattdessen veröffentlichte Hesse in Deutschland noch bis 1936 seine zeitkritischen Rezensionen und Bücherberichte, um auch in der Höhle des Löwen noch so lange wie möglich vernehmbar zu bleiben, bis die Nationalsozialisten selbst ihn mundtot machen würden. »Ich fühle mich verpflichtet«, schrieb er 1935, »dieses versaute und brutalisierte Deutschland nicht zu verlassen, sondern in meiner Sphäre die Tradition der Anständigkeit und Gerechtigkeit zu wahren. Unter anderem bin ich heute der einzige deutsche Kritiker, der Bücher von Emigranten und Juden anzeigt.«

Doch bald war es vorbei mit seiner Präsenz in den deutschen Medien, mit den vordem allwöchentlich erscheinenden Feuilletons, Aufsätzen, Gedichten, Erzählungen und Buchbesprechungen. Auch über Hesse und seine Bücher wurde seit diesem Zeitpunkt so gut wie nichts mehr publiziert, so dass 1937, anlässlich seines sechzigsten Geburtstags, ein langjähriger Mitarbeiter der satirischen Zeitschrift »Simplicissimus« den Vierzeiler zum Besten geben konnte:

»Die ganze deutsche Presse
notiert für Hesse Baisse.
Ja, gäbe es noch den Mosse,
dann hätte Hesse Hausse!«

Denn auch das von Rudolf Mosse begründete »Berliner Tageblatt«, das von 1915 bis 1934 die meisten zeitkritischen Beiträge Hesses erstmals gedruckt hatte, ist 1938 von den NS-Behörden eingestellt worden. Eine Taktik von Sabotage und Duldung, also einerseits der Unmöglichkeit freier Meinungsäußerung in den Medien, andererseits der widerwilligen Konzession, noch einige seiner politisch unverfänglichen Bücher zuzulassen, setzte sich fort bis 1943 (von diesem Zeitpunkt an wurde überhaupt nichts mehr von Hesse publiziert oder nachgedruckt).

Neben dieser Taktik des Totschweigens gab es auch direkte Attacken: Bereits 1934 war er in Ludendorffs Halbmonatszeitschrift »Am heiligen Quell deutscher Kraft« kurzum zum Halbjuden deklariert worden, woran feinsinnige Überlegungen geknüpft wurden wie diese: »Welcher Rasseteil schwingt bei Hermann Hesse im Unterbewußtsein mit? Ist es der jüdische … Aus dem Semikürschner[2] wissen wir aber, daß Hesse Halbjude ist … Ein nordisches oder diesem verwandtes Rasseerbgut ist nicht zu erkennen, denn Hesse liebt nicht die nordische Klarheit, sondern … die indischen Meditationen und die Weisheit des Lao Tse … Wenn die Dichtung eines Volkes nur derartiges aufzuweisen hätte, so könnten wir uns leicht erklären, daß die Mischrassigkeit zur Todesursache der Völker werden kann.« Dass von jüdischer Herkunft bei Hesse nicht die Rede sein kann, wäre leicht feststellbar gewesen, aber der Stein des Anstoßes war seine den Machthabern wohlbekannte Sympathie mit den politisch Verfemten.

1933 hatten es nur noch fünf deutsche Blätter gewagt, Hesses kulturkritische Kommentare zu drucken. Als ein Jahr später auch das »Berliner Tageblatt« und die »Münchner Zeitung«, deren regelmäßiger Mitarbeiter Hesse drei Jahrzehnte lang gewesen war, auf die politische Großwetterlage reagierten, blieb ihm als einziges Sprachrohr nach Deutschland nur noch die Monatszeitschrift seines eigenen Verlages, »Die neue Rundschau«. Hesses zuvor noch Hunderttausende zählendes reichsdeutsches Zeitungs- und Medienpublikum

[2]»Lexikon der Juden – ihrer Genossen aller Zeiten und Zonen, der Lehren, Gebräuche, Kunstgriffe und Statistiken der Juden sowie ihrer Gaunersprache, Trugnamen und Geheimbünde«, U. Bodung Verlag, 1929.

war jetzt auf die knapp 5.000 Abonnenten einer exklusiven Literaturzeitschrift geschrumpft.

Angesichts dieser Restriktionen hat er seit 1933 seine Aktivitäten in der schweizerischen Presse, namentlich für die liberale Basler »National-Zeitung«, erheblich verstärkt und 1935 das Angebot der führenden schwedischen Literaturzeitschrift »Bonniers Litterära Magasin« angenommen, um von Stockholm aus regelmäßig über die zeitgenössische deutschsprachige Literatur zu berichten. War es doch durchaus ungewiss, wie lange ihm sein letztes innerdeutsches Podium, »Die neue Rundschau«, noch offenstehen würde. Diese Bücherberichte aus Schweden seien, schrieb er im Mai 1935 an Thomas Mann, »der Ast, auf den ich meine Tätigkeit retten werde, wenn die Rundschau uns früher oder später weggenommen wird. Allerdings sind sie vielleicht auch das Pulver, das mich einmal in die Luft sprengen wird, da ich dort auch antideutsche Bücher oder Bücher verbotener und exilierter Autoren anzeige und lobe … Ich habe dabei den Grundsatz, mich weder zu exponieren noch zu schonen, d. h. den Standpunkt einer neutralen Gerechtigkeit, so fiktiv er sein mag, einzuhalten und weder vor dem Teutonischen einen Kniefall zu machen noch dem Vergnügen eines gelegentlichen Wutausbruches nachzugeben.«

An dieser Haltung entzündeten sich die nächsten Angriffe. Sie kamen gleichzeitig sowohl aus der nationalsozialistischen als auch aus der Emigranten-Presse. Den Auftakt in Deutschland machte im November 1935 das Leipziger Zentralblatt »Die neue Literatur«: »Hermann Hesse ... beschimpft die ganze neue deutsche Dichtung ... Er verrät sie an die Feinde Deutschlands und an das Judentum. Hier sieht man, wohin einer sinkt, wenn er sich gewöhnt hat an den Tischen der Juden zu sitzen und ihr Brot zu essen. Der deutsche Dichter Hermann Hesse übernimmt die volksverräterische Rolle der jüdischen Kritik von gestern.« Und im April 1936 meldete sich Will Vesper, der Herausgeber des Blattes, auch selbst zu Wort, um Hesse als »Verräter an unserem Volkstum« zu bezeichnen und die »Verbiegung seiner Seele« einmal mehr dem jüdischen Einfluss zuzuschreiben.

Tatsächlich hatte Hesse von 1933 bis 1936 mehr als sechzig Bücher jüdischer, antifaschistischer und anderer zur Emigration gezwungener Autoren öffentlich empfohlen. Umso absurder, dass er sich dafür auch noch aus der Exilpresse kommender Angriffe erwehren musste. Georg Bernhard, ein alter Bekannter aus Hesses Redaktionsarbeit bei der antikaiserlichen Zeitschrift »März« (1907-1912), ein jüdischer Kollege, der während des Ersten Weltkrieges martialischer auftrat als der Kaiser selbst, versuchte ihn im Januar 1936 als »heimlichen Schrittmacher des Dr. Goebbels« anzuschwärzen, weil Hesse angeblich immer noch in der »Frankfurter Zeitung, dem Feigenblatt des Dritten Reiches« publiziere. Eine Zwecklüge, denn seit 1928 ist kein Originalbeitrag Hesses in der »Frankfurter Zeitung« mehr nachweisbar.

Weniger aus der Luft gegriffen waren die Vorwürfe Leopold Schwarzschilds, der gleichfalls von Paris aus in seiner Exilzeitschrift »Das Neue Tage-Buch« jene Autoren attackierte, die weiterhin im Berliner S. Fischer Verlag publizierten, statt ihre Bücher im Exil zu veröffentlichen. Was Schwarzschild nicht wissen konnte und was auch bis vor kurzem noch nicht bekannt war, sind die verlagsgeschichtlichen Ursachen dafür.

Im Oktober 1934 war Hesses langjähriger Verleger Samuel Fischer gestorben. Als seine Nachfolger hatte er 1933 seinen vordem als Chirurg tätigen Schwiegersohn Gottfried Bermann Fischer und wohlweislich auch Peter Suhrkamp als Geschäftsführer eingesetzt. Von beiden, Gottfried Bermann Fischer und Peter Suhrkamp, unterzeichnet wurde denn auch Hesses im Dezember 1933 (für die Frist vom 31. Oktober 1934 bis 31. Oktober 1939) verlängerter Verlagsvertrag – eine Zeitspanne, von der damals noch keiner wusste, wie dramatisch sie verlaufen sollte, außer vielleicht der Autor selbst, der diesen Vertrag erst unterzeichnete, als von beiden Verlagsleitern akzeptiert worden war, was er ahnungsvoll handschriftlich eingefügt hatte: »Wird der Verlag durch höhere Gewalt (Staatsgewalt, Krieg, Inflation) an der Erfüllung seiner Verpflichtungen gegenüber dem Autor gehindert, so ist der Vertrag auch für den Autor nicht mehr bindend.«

Schon zwei Jahre später kam, was kommen musste. Im Zuge der »Arisierung des deutschen Verlagswesens« erreichte Ende 1935 auch die Familie Fischer die Aufforderung des Propagandaministeriums, aus dem Besitz und der Leitung des Verlages auszuscheiden. Die Übernahme und Gleichschaltung der Firma durch Nationalsozialisten war beschlossene Sache. Einzig dem Geschick und gewiss auch dem »arischen Stammbaum« Peter Suhrkamps war es zu verdanken, dass alles ganz anders kam. Auf Drängen des Personals und seines Partners Gottfried Bermann Fischers kaufte Suhrkamp, unterstützt von Kommanditisten wie dem Bankier Clemens Abs und dem Fabrikanten Philipp F. Reemtsma, den in Deutschland verbleibenden Verlagsteil, um ihn vor der Nazifizierung zu bewahren. Dabei glückte es ihm in langwierigen Verhandlungen mit der Reichsschrifttumskammer – ein Wunder für damalige Verhältnisse –, überdies eine Transfergenehmigung für die Autorenrechte der in Deutschland unerwünschten Verlagsschriftsteller in die Schweiz zu erreichen samt deren kompletten Buchbeständen (insgesamt 780.000 Bände) sowie eine finanzielle Entschädigung der Familie Fischer (24000 RM), die Gottfried Bermann Fischer den Aufbau seines Exilverlages ermöglichte.

Einen Pferdefuß jedoch hatte diese merkwürdig kulante Vereinbarung: Einer Freigabe der Verlagsrechte am Werk Hermann Hesses stimmte die Schrifttumskammer nicht zu, so sehr sich auch Gottfried Bermann Fischer bei den Berliner Behörden darum bemühte. Denn die Machthaber wussten natürlich um die Beliebtheit Hermann Hesses insbesondere bei der Jugend und wollten es sich mit ihr nicht verderben. Auch schien das heimatverbunden im alemannischen Raum verankerte Frühwerk des Dichters ihren völkischen Ambitionen nicht zu widersprechen, und die Hoffnung, ihn doch noch auf ihre Seite ziehen zu können, mag ebenfalls mitgespielt haben. Sonst hätten sie wohl kaum hingenommen, dass Hesse sich weigerte, das Formular des Reichsverbandes deutscher Schriftsteller zu unterzeichnen, worin sich ab 1934 alle Autoren, die künftig in Deutschland publizieren wollten, zur Loyalität mit dem NS-Regime verpflichten mussten.

Für den Erfolg Suhrkamps bei den Unterredungen im Propagandaministerium fiel seine frühere Tätigkeit als pädagogischer Leiter der Freien Schulgemeinde Wickersdorf ins Gewicht. Denn ein Neffe seines Verhandlungspartners Dr. Heinz Wismann (1897-1945, bis 1937 stellvertretender Vorsitzender der Reichsschrifttumskammer) war dort ein anhänglicher Schüler Suhrkamps gewesen. Aber würde sich Hesse dieser Lösung fügen und mit seinem Werk in Suhrkamps Berliner

Rumpfverlag bleiben wollen? Weil er zu den besser verkäuflichen Stammautoren des alten S. Fischer Verlages gehörte, ist es nicht verwunderlich, dass auch Bermann Fischer nichts unterließ, um Hesse für sein Exilunternehmen freizubekommen, zumal dieser ja eher dorthin tendierte. Doch schon im Dezember 1935, bei einem Treffen in Zürich, musste er seinem Autor mitteilen, die deutschen Behörden hätten ihm zu verstehen gegeben, »man werde ihm gestatten, bei seiner Auswanderung einige Autoren mitzunehmen (Alfred Döblin, Hugo von Hofmannsthal, Annette Kolb, Thomas Mann, Arthur Schnitzler, Jakob Wassermann und Carl Zuckmayer), keinesfalls aber Hermann Hesse, der müsse unbedingt bleiben«. Weil Hesse sich damit nicht abfinden wollte, wurde weiter verhandelt – ergebnislos, so dass ihm Bermann Fischer im Januar 1936 nochmals schriftlich bestätigte: »Inzwischen hat sich in Berlin herausgestellt, daß man Dich nicht freigeben will. Mit Gewalt kann ich Dich nicht herausnehmen ... Besser wie der Berliner Verlag mit seinen Dir treu ergebenen Angestellten und Suhrkamp an der Spitze wird kein anderer Verlag in Deutschland Deine Interessen vertreten.« Hesse zauderte und spielte bis 1939 immer wieder mit dem Gedanken an eine Trennung, die ihm ja sein handschriftlicher Zusatz zum Verlagsvertrag vom Dezember 1933 ermöglicht hätte. Dies zu verhindern war für das Berliner Stammhaus jedoch überlebenswichtig, so dass Suhrkamp auf Hesses Vorschlag, er wolle die Rechte an seinen Büchern zurückkaufen, im Mai 1936 antwortete: »Wenn Sie daran denken sollten, Ihr Werk aus dem Verlag zurückzuziehen, würde das den Verlag in die äußerste Gefahr bringen«, materiell wie juristisch, war es doch Suhrkamp nur unter der Bedingung gelungen, die verfemten Autoren für den Emigrationsvertrag freizubekommen, wenn Hesses Werke in der Berliner Firma blieben.

In seiner Antwort vom 11. Mai 1936 versicherte ihn Hesse seiner Loyalität, wollte aber doch für alle Fälle die Frage beantwortet haben, »mit welcher Summe etwa die Bücher und Rechte zu erwerben wären, um nur im äußersten Notfall dann an eigene Pläne denken zu können. Selbstverständlich unternehme ich nichts, ohne mich vorher mit Ihnen darüber zu verständigen.« Eine Entgegnung darauf blieb Suhrkamp ihm schuldig.

Drei Monate später, im August 1936, kam es zur ersten persönlichen Begegnung der beiden Männer, und zwar im Verlauf der letzten Deutschlandreise, die Hesse in seinem Leben unternommen hat. Man traf sich unweit von Hannover in Bad Eilsen, wo er für eine Woche in augenärztlicher Behandlung war. Die Unterredung dauerte sechs Stunden. Dabei habe er sehr vieles erfahren, schreibt Hesse an seinen Sohn Bruno, »was man mir nicht hatte schreiben können, und das war nichts Gutes«. So hatten sich seine Vermutungen,

»betreffend der Tendenzen zur Unterdrückung meines Werkes und Namens, alle bestätigt. Es ist schon dreimal ein Verbot meiner Bücher ausgesprochen worden. Das Verbot wurde nur durch Einsatz und Vermittlung von Suhrkamp verhindert.«

Darüber hinaus sei von der Schrifttumskammer verordnet worden, sein Werk dürfe in der Presse nicht mehr genannt werden. Außerdem müssten zeitkritische Bücher wie »Unterm Rad«, »Kurgast«, »Betrachtungen«, ja sogar »Narziss und Goldmund« (wegen eines Pogroms, der darin verurteilt wird) auslaufen und dürften nicht mehr nachgedruckt werden. Wie Suhrkamp es geschafft hat, von dem seit 1933 vergriffenen »Steppenwolf« 1942 noch einmal tausend Exemplare nachzudrucken, muss noch erforscht werden.

Hesses Bücher wie auch alle anderen Publikationen des Berliner Stammhauses durften ab 1936 in keinem deutschen Buchhändlerverzeichnis mehr aufgeführt werden, und die wenigen noch lieferbaren Titel Hesses würden, so die Auskunft Suhrkamps, hinter dem Ladentisch von den Buchhändlern etwa so angeboten, wie man pornographische Literatur an Gymnasiasten verkaufe. Diese bedrückenden Auskünfte waren es, die der Verleger seinem Autor bei ihrer ersten Begegnung überbringen musste. Positiv indessen war der persönliche Eindruck, den die beiden voneinander hatten. Noch 1951, anlässlich Suhrkamps sechzigstem Geburtstag, erinnert sich Hesse: »Immerhin warst Du auch damals schon ein Partisan des Widerstands gegen die damals herrschenden Methoden und Ideologien des Terrors und es muß irgendein Vorgeschmack, eine Ahnung der auf Dich wartenden Prüfungen und Leiden spürbar geworden sein, denn in meiner Empfindung für Dich war schon bei der ersten schönen Begegnung in Eilsen etwas wie Bangigkeit und Mitleid.«

Dieses erste persönliche Kennenlernen von Autor und Verleger hat dazu beigetragen, ihre Beziehung so weit zu festigen, dass sich Hesse nun eine Zusammenarbeit zumindest bis zum Auslaufen seines Vertrages vorstellen konnte. Doch wurde jetzt alles, der politischen Verhältnisse wegen, noch schwieriger. Hesses Honorare mussten auf Sperrkonten eingefroren werden, so dass sie nur noch von Fall zu Fall und jedes Mal erst nach komplizierten Sonderverhandlungen mit den nationalsozialistischen Devisenämtern in die Schweiz transferiert werden konnten. »Das Geld, das für mich in Deutschland auf ein Sperrkonto geschrieben wird«, beklagte sich Hesse im Mai 1938 bei Suhrkamp, »ist verloren … Der Verlust dabei beträgt mindestens 80 %.«

Noch immer rechnete er mit einem Publikationsverbot durch die Machthaber, hütete sich jedoch, es selber herauszufordern, um den Behörden keinen Vorwand zu liefern, der den Verlag noch mehr gefährdet hätte. Schon 1936 hatte er an Thomas Mann geschrieben: »Sollten Sie verboten werden, so wäre es mir ein sehr unlieber Gedanke, dort allein meinen kleinen Markt zu haben … Es ist noch immer möglich, daß wir eines Tages beide zusammen verboten werden, und das würde mich freuen, obwohl ich es nicht provozieren darf.« Und im April 1938 an Carl Seelig: »Ich rechne mit dem jeden Tag möglichen Hinausgeworfenwerden, aber bis das eintritt, habe ich der notleidenden Minorität in Deutschland die Treue zu halten, ebenso wie meinem alten Verlag, der in den letzten Jahren, als einer der wenigen nicht gleichgeschalteten, durch systematische Unterdrückung schon fast kaputt gemacht worden ist.«

Der Verlagsvertrag mit Suhrkamp lief ab, kurz nachdem der Zweite Weltkrieg ausgebrochen war. Ein triftigerer Anlass, den Kontrakt nun nicht mehr zu erneuern, ist kaum vorstellbar. Schon im Februar 1939 hatte Hesse an Suhrkamp geschrieben, weil »unser Vertrag aufgrund der bestehenden wirtschaftlichen und politischen Verhältnisse unhaltbar geworden ist … wird es für mich immer mehr wünschenswert, den Verlag meiner Bücher aus Ihrem Lande wegzuverlegen.« Daraufhin reiste Peter Suhrkamp nach Montagnola und machte seinem Autor erneut die vernichtenden Folgen klar, die eine solche Entscheidung für sein Unternehmen und ihn selbst als Verleger haben werde. Das bewog Hesse, den Kontrakt ein weiteres Mal zu verlängern, um Suhrkamps riskantes Experiment, in Deutschland einen letzten, nicht systemkonformen Verlag fortführen zu können, zu sichern. Welche persönlichen und finanziellen Folgen das für ihn selber hatte, war ihm klar. Es geht aus einem Brief Hesses an seinen Schweizer Schriftstellerkollegen Rudolf Jakob Humm vom 28. September 1939 hervor: »Vorgestern habe ich wahrscheinlich eine große Dummheit begangen: ich habe einen neuen Vertrag mit dem Verlag S. Fischer unterzeichnet.« Damit sei dafür gesorgt, dass die Weltgeschichte und sein Privatleben »weiterhin hübsch miteinander verbunden bleiben. Ich tat es lediglich der Person meines Verlegers zuliebe; er ist ein, wie ich glaube, vollkommen treuer Mensch, und auf so einen zu bauen, schien mir trotz allem besser als alles andere.«

Diese Reaktion, ungeachtet aller persönlichen Nachteile, Suhrkamp und sein waghalsiges Unternehmen über Wasser zu halten – eine Firma, die Goebbels 1944 »als Verlag des 20. Juli«, also des Attentats auf Hitler, bezeichnet hat, und die es wagte, mehr als ein Drittel der damals unerwünschten Literatur zu veröffentlichen –, zeigt etwas von Hesses Ethik, die für ihn, wenn es hart auf hart ging, stets Vorrang vor persönlichem Nutzen hatte.

Doch der Preis war hoch, für ihn wie für den Verleger. 1942 ist Suhrkamp die Druckgenehmigung für »Das Glasperlenspiel« verweigert worden. Ein Jahr später wurde ihm ein Lockspitzel der Gestapo in den Verlag geschickt, der sich als ein Schweizer Freund Hermann Hesses ausgab und sich Suhrkamp als Kurier anbot, um dessen Post, an der Zensur vorbei, direkt an den Dichter zu vermitteln. Außerdem schlug er vor, den Verlag als Verbindungsstelle zu dem gleichfalls in die Schweiz emigrierten ehemaligen Reichskanzler Joseph Wirth zu benutzen, der den Sturz Hitlers vorbereite. Wäre Suhrkamp auf diesen Vorschlag des Dr. Paul Reckzeh – so hieß der Spitzel – eingegangen, dann hätte das seinen Tod bedeutet. Wenn er ihn aber abwies, ohne ihn sofort bei der Gestapo anzuzeigen, machte er sich gleichfalls eines damals schweren Verbrechens schuldig. In die erste Falle tappte Suhrkamp nicht, sondern schickte den Mann unverrichteter Dinge als – wie er sagte – »Phantasten« wieder fort. Da es ihm aber gegen die Natur ging, jemanden zu denunzieren, ist er schließlich doch auf dieses Manöver hereingefallen und hatte der Gestapo einen Vorwand geliefert, ihn wegen unterlassener Meldung Reckzehs bei der NS-Polizei zu kriminalisieren. So wurde er bald darauf vom Sicherheitsdienst verhaftet, in das Konzentrationslager Ravensbrück verbracht und am 13. April 1944 vor dem Volksgerichtshof wegen Hoch- und Landesverrats angeklagt.

Wie durch ein Wunder – das darin bestand, dass die Reichsstelle zum Schutz des deutschen Schrifttums, die Himmler'sche SS und die Bormann'sche Parteikanzlei, aber auch Alfred Rosenberg, der Herausgeber des »Völkischen Beobachters«, in einem Kompetenzstreit miteinander konkurrierten und sich über den Fall nicht einigen konnten – entging Suhrkamp der »Liquidation« und wurde in das Konzentrationslager Sachsenhausen überstellt. Dort hat man ihn nach zehn Monaten Haft, halbtot geprügelt und, seines baldigen Endes gewiss, mit doppelter Lungen- und Rippenfellentzündung im Februar 1945 entlassen. Das war der Preis für sein verwegenes Schwimmen gegen den Strom, um mit seinem Verlagsprogramm diejenigen Leser zu erreichen, die sich nicht mit dem Bankrott eines Menschenbildes abfinden konnten, wie es von Suhrkamps Autoren noch aufrechterhalten wurde, darunter Gerhart Hauptmann, Otto Flake, Oskar Loerke, Hermann Kasack, Ernst Penzoldt, Reinhold Schneider, Manfred Hausmann, Albrecht Goes, Wolf von Niebelschütz, Luise Rinser und nicht zuletzt Hermann Hesse. Und es war auch die Quittung dafür, dass es Suhrkamps taktischem Geschick immer wieder gelungen war, die Versuche der Behörden zu unterwandern, auch noch die restlichen Werke Hesses aus dem Verkehr zu ziehen. Wäre es nun besser gewesen, wenn auch diese Bücher damals nicht mehr in Deutschland erschienen wären und Hesse, wie er es ursprünglich anstrebte, im Ausland, in Bermann Fischers Exilverlag, veröffentlicht und damit Suhrkamps waghalsiges Experiment, mehr als ein Viertel der vom Regime »unerwünschten« Autoren zu publizieren, zunichte gemacht hätte? Für Hesse selbst wäre das gewiss von Vorteil gewesen: politisch, für die Eindeutigkeit seines Standpunktes, aber auch finanziell. Denn zweifelsohne hätten sich seine Bücher auch in einem Exilverlag nicht schlechter verkauft als diejenigen ähnlich beliebter Autoren wie Thomas Mann, Franz Werfel und Stefan Zweig, die in der Emigration ein ungleich besseres Auskommen hatten als Hesse. Denn nur ein knappes Drittel der Einnahmen aus den 161.000 Hesse-Büchern, die Suhrkamps deutscher Verlag von 1933 bis 1945 ausliefern konnte, durften dem Autor in die Schweiz überwiesen werden, so dass er erneut – wie schon im Ersten Weltkrieg – auf die Unterstützung Schweizer Mäzene angewiesen war, um überleben zu können. (Und was sind 161.000 Bücher in zwölf Jahren? Das entspricht in etwa der Menge seiner Bücher, die heutzutage bei uns in drei Monaten ausgeliefert werden.) Hesse nahm das in Kauf, hat es doch seinem Verleger das Wagnis ermöglicht, inmitten des Terrors ein Verlagsprogramm zu realisieren, das bis auf den heutigen Tag Bestand hat und Menschen, die guten Willens waren, im Durchhalten bestärkte.

Auch nach Ausgang des Krieges hat Hesse beharrlich zu Peter Suhrkamp gehalten, als er diesen und das, was er bewahrt und gemehrt hatte, durch das Verhalten der aus dem Exil zurückgekehrten Nachkommen S. Fischers bedroht sah. Es war Hesse, der den damals resignierenden Suhrkamp zur Gründung eines neuen Verlages ermutigte. Hauptsächlich sein Werk und dasjenige Bertolt Brechts waren es, die 1950 den Aufbau des wohl fortschrittlichsten Nachkriegsverlages ermöglicht haben.

Als der Krieg 1945 endlich vorbei war, gehörte Hesse zu den integersten Gestalten, die man mit Deutschland assoziierte. Tausende von Briefen aus aller Welt und allen Sektoren Deutschlands machten ihn zu einem der genauesten Kenner auch der Nachkriegsverhältnisse. Die Geldbeträge aus den seit dem Nobelpreis 1946 plötzlich über ihn hereinbrechenden Preisverleihungen verwandte er in aller Stille zur Unterstützung jener von Hitler auf ein Minimum reduzierten Überlebenden, von denen allein er sich eine bessere politische Zukunft versprach. In seinem 1945 veröffentlichten »Rigi-Tagebuch« schreibt er über sie: »Ein Teil dieser Leute war früher liberal und süddeutsch-demokratisch gesinnt, ein Teil katholisch, ein großer Teil sozialistisch.« Auf ihre Fähigkeit, die Majorität als »Salz und Sauerteig zu durchdringen und im Zügel zu halten«, käme es nun an. Doch bald schon sah er sich erneut genötigt, gegen Tendenzen anzukämpfen, die auch mit dem Zweiten Weltkrieg nicht aus der Welt geschafft waren: gegen die Vernebelungsmanöver der Kollektivschuldparolen, gegen die Berufung ehemaliger Nationalsozialisten in einflussreiche Positionen, gegen eine Politik des kalten Krieges, »die mit der Bolschewikenangst ihre Rüstungsgeschäfte macht«. Nicht sympathischer war ihm der kommunistische Osten, besonders die »Schamlosigkeit«, mit der dort seine Appelle an Vernunft und Menschlichkeit ebenfalls für Propaganda und kalten Krieg instrumentalisiert wurden. Wieder geriet er, wie schon 1933, ins Kreuzfeuer zweier politischer Systeme, die weniger an den Bedürfnissen der Menschen als an ihrer eigenen Profilierung orientiert waren. Und wieder sah Hesse sich genötigt, daran zu erinnern, dass man als Künstler keinem Patentrezept zu dienen, sondern gegen die einseitigen, verarmenden und verdummenden Ideologien anzukämpfen habe, für die Rechte des weder plan- noch marktwirtschaftlich manipulierbaren Individuums. »So schwamm ich alter Hecht«, schrieb er 1952, nachdem er es abgelehnt hatte, der westdeutschen wie auch der ostdeutschen Akademie beizutreten und sich kulturpolitisch von ihnen einspannen zu lassen, »im trüben Gewässer des Aktuellen, umgaukelt von östlichen und westlichen Ködern, ohne jedoch anzubeißen.«

Das zu Lebzeiten des Dichters in Hunderten von Journalen und in seinen Antworten auf Leserzuschriften verstreute Erkenntnispotential ergibt ein Geschichtswerk, das die Mechanismen der Macht am Beispiel der deutschen Politik des 20. Jahrhunderts lebendiger vermittelt und besser durchschaubar macht als viele historische Studien. Es konfrontiert uns mit Alternativen, die in der deutschen Geschichte nicht zum Zuge kamen, weil sie als »unpolitisch« galten. Obwohl sie uns aus den aktuellen Problemen der Gegenwart zu deren Ursachen in der Vergangenheit zurückführen, lesen sie sich keineswegs wie eine Chronologie ferngerückter Geschichte, sondern zeigen auf Schritt und Tritt Parallelen zur Gegenwart. Denn Hesses lebenslanger Ansporn, seine Leser »in dem zu bestärken, was sie von den Normen trennt«, bleibt ein Stimulans gegen den Konformitätsdruck alter und neuer Provenienz. Bei aller Sympathie für radikale Lösungen und Positionen bewahrt er realpolitisches Augenmaß, zeigt im Speziellen das Typische und hebt es damit auf eine grundsätzliche, allgemeingültigere Ebene. Die Faszination des Glaubwürdigen, die davon ausgeht, ist das Resultat einer Deckung von Denken und Handeln, einer Integrität, die keine Trennung zwischen Ethik und Ästhetik zulässt. Nicht die Form ist bei Hesse dem Inhalt voraus, sondern fast immer übertrifft bei ihm die inhaltliche Komponente die artistische und formale. Erst vor dem Hintergrund der politischen Ereignisse seiner Zeit wird seine Bemerkung verständlich: »Ich habe schon seit Jahren den ästhetischen Ehrgeiz aufgegeben und schreibe … Bekenntnis, so wie ein Ertrinkender oder Vergifteter sich nicht mit seiner Frisur beschäftigt oder mit der Modulation seiner Stimme, sondern eben hinausschreit.« (Am 14. Oktober 1926 an Heinrich Wiegand)

Als ob damit nicht schon genug Unheil in der Welt angerichtet worden wäre, gibt es hierzulande auch heute wieder einflussreiche Kritiker, die uns glauben machen wollen, dass Humanität und Ethik in der Literatur nichts zu suchen haben, ja dass derlei »Gutmenschentum« meist ein Indiz für artistische Minderwertigkeit sei. Die Geschichte der Weltliteratur widerlegt diese frivole Pauschalisierung. Denn dauerhafter als die »Belustigung des Witzes und Verstandes« haben sich gerade jene Autoren erwiesen, die ihr Talent nicht korrumpiert, sondern in den Dienst einer Humanisierung des Menschen gestellt haben. Der amerikanische Literaturwissenschaftler Egon Schwarz hat Hesse einmal einen »linken Romantiker« genannt. So fragwürdig derlei Etiketten auch sind, trifft diese Begriffskombination bei Hesse doch etwas Wesentliches. Treffender noch hat es Thomas Mann gesagt: »Deutscheres gibt es nicht als diesen Dichter … nichts das deutscher wäre im alten, frohen, freien und geistigen Sinn, dem der deutsche Name seinen besten Ruhm, dem er die Sympathie der Menschheit verdankt«. Das war alles andere als nur ein artiges Kompliment zum sechzigsten Geburtstag seines Kollegen, sondern zielte auf etwas Entscheidendes, auf das übernational Herkunftsverbundene seines Kollegen, auf die Synthese von Gemüt und Verstand, Weltaufgeschlossenheit und Naturnähe. Aber im Gegensatz zu anderen Autoren mit ähnlicher Disposition ist Hesse die Liebe zum Regionalen politisch nie gefährlich geworden. Dem faschistischen Missbrauch dieser Komponenten ist er weder auf den rassistischen noch auf den deutschtümelnden Leim gegangen, und aus seiner Enttäuschung über das Versagen bei Knut Hamsun, Emil Strauß, Jakob Schaffner und anderen vordem geschätzten Kollegen hat er keinen Hehl gemacht.

Wie wenig sich Biographie und Werk Hesses von der Zeitgeschichte trennen lassen, welche Rolle die Politik auch in seinem Privatleben gespielt hat, zeigen neben den publizierten auch die nicht für die Öffentlichkeit bestimmten Dokumente, die Tagebücher und vor allem seine Briefe. Erst beide zusammen, offizielle und inoffizielle Stellungnahmen, in der Reihenfolge ihrer Entstehung geordnet, ergeben – obwohl viele wichtige Korrespondenzen, unter anderem die mit Walther Rathenau, Emil Strauß und der Redaktion von »Vivos voco« verloren oder noch unzugänglich sind – ein einigermaßen vollständiges und in sich schlüssiges Bild der auch für sein poetisches Werk folgenreichen politischen Entwicklung Hermann Hesses.

Namentlich während der Jahre 1937 bis 1944, in welchen Hesse, absorbiert von der Arbeit am »Glasperlenspiel« und nicht zuletzt von seinem Einsatz für die Verfolgten und Emigrierten, auf zeitkritische Publikationen nahezu ganz verzichtet hat, belegt einzig die Korrespondenz seine Reaktionen auf die Tagespolitik. Dabei fällt auf, wie viel dezidierter und unverschlüsselter die an Briefpartner in nichtdeutschen Ländern gerichteten Antworten sind. Denn seine Briefe nach

Deutschland wurden in der Regel geöffnet und zeigen die Zensurstreifen der Nazibehörden. Aller Vorsicht zum Trotz sind sie dennoch manchen seiner reichsdeutschen Briefpartner zum Verhängnis geworden, so seinem Schulfreund Franz Schall oder Kollegen wie Kuno Fiedler, Luise Rinser, Peter Suhrkamp als Belastungsmaterial zu deren Inhaftierung.

Leider steckt die Erschließung der mehr als 44.000 Zuschriften, die Hesse von seinen Lesern aufbewahrt hat, erst in den Anfängen. Auch sie könnten ein ergiebiges Quellenwerk zur deutschen Geschichte ergeben. Die wohl schlimmsten dieser Schreiben hat er der Überlieferung leider entzogen, wie aus einem an Otto Hartmann gerichteten Schreiben vom April 1947 hervorgeht: »Ich könnte eine Auslese von deutschen Briefen zusammenstellen … die jeden Leser dazu verführen müßte, ganz Deutschland für 10 Minuten unter Wasser zu wünschen. Aber diese Briefe wurden vernichtet, bündelweise und dafür manche schöne rührende und uns auch beschämende ehrenvoll aufbewahrt.« Das gilt auch für die Zeitungsangriffe, die sich nur zu einem Bruchteil in seinem Nachlass fanden und bisher nur lückenhaft aus anderen Beständen rekonstruiert werden konnten. Aber auch ohne sie sind die bisher zugänglichen Dokumente reichhaltig und aussagekräftig genug, um die Legende vom weltfremden Träumer endgültig ad acta zu legen.

Einen Leser, der ihn 1951 über die Zustände in der sowjetisch besetzten Ostzone Deutschlands unterrichten wollte, ließ er wissen: »Glauben Sie wirklich, ich wohne auf dem Mond? Ich bin zur Erkenntnis der geschichtlich-politischen Wirklichkeit während des Ersten Weltkriegs erwacht und habe seither die Schlafmütze nie wieder benützt.«

»HIER WAR DAS LEBEN MÖGLICHER«

Hermann Hesse im Tessin

Dorf im Tessin (1926)
Aquarell von
Hermann Hesse

Die Hälfte seines Lebens hat Hermann Hesse in der Südschweiz verbracht. Im Alter von 42 Jahren ließ er sich dort nieder. Hier sind von den »Klingsor«-Novellen bis hin zum »Glasperlenspiel« fast alle Bücher entstanden, die heute seine Weltgeltung ausmachen. Doch geschenkt bekam er sie nicht, weder die neue Experimentierfreude noch die Entschiedenheit seiner Positionen und das Gespür für künftige Entwicklungen, die diese Werke von seinen früheren unterscheiden.

Vorausgegangen war das Inferno des Ersten Weltkriegs, dessen äußerer und innerer Druck ihn bis an die Grenzen der Belastbarkeit gefordert und verändert hatte. Zwar war Hesse mit seiner Familie schon 1912 aus dem Deutschland Wilhelms II. nach Bern übergesiedelt, nachdem er fünf Jahre lang vergebens mit seiner kulturpolitischen Zeitschrift »März« gegen die preußische

Präpotenz, die militante und kolonialistische Großmannssucht des Kaiserreichs angekämpft hatte. Doch bis es ihm gelang, das politische und das ideale Deutschland seiner Liebe zur Heimat, ihrer Sprache und Literatur auseinanderzuhalten, bedurfte es der desillusionierenden Erfahrungen der ersten beiden Kriegsjahre. Nie wieder in seinem Leben hat Hesse sich so exponiert wie damals und sich in schmerzhaften Schritten vom Kriegsfreiwilligen zum Kriegsgegner entwickelt, den Dichter in sich fast ganz unterdrückt, um als Journalist, als Redakteur und Zeitkritiker das Deutschland, das er in sich trug, gegen das der Politiker zu verteidigen, mußte sich Vaterlandsverräter und Nestbeschmutzer schmähen lassen, hatte, um die Anliegen seiner Publizistik durch die Praxis zu legitimieren, ein Zentrum für Kriegsgefangenenfürsorge gegründet und aufgebaut, karitative Zeitschriften ins Leben gerufen und redigiert, sich einen Decknamen zugelegt, um unbehelligt von deutschen Maßregelungen seine Sozialarbeit fortsetzen und weiterhin unmissverständliche Kommentare zum Zeitgeschehen veröffentlichen zu können.

Bald aber hatten diese aufreibenden, weil schließlich doch vergeblichen Anstrengungen sein Privatleben so aus dem Lot gebracht und die zuvor schon gefährdete Ehe in einer Weise belastet, dass zunächst für ihn selbst und bald darauf auch für seine Frau psychotherapeutische Hilfe unumgänglich wurde.

Wie in allen Krisenzeiten fand Hesse zwar durch das Ventil seiner Kreativität vorübergehende Linderung wie durch die eruptive Niederschrift des 1917 in wenigen Herbstwochen entstandenen »Demian«. Sie hatte dazu beigetragen, dass er den desolaten Haushalt in Bern und sein politisch-soziales Engagement für die Betroffenen des Krieges noch knapp drei Jahre lang aufrechtzuerhalten vermochte. Langfristig aber konnte nur eine radikale Veränderung der Lebensumstände helfen. Denn alle im Verlauf der vergangenen 15 Jahre unternommenen Versuche, sein Künstlertum mit den Normen einer bürgerlichen Existenz zu vereinbaren (als Ehemann, Familienvater und Hausbesitzer), hatten sich als Wunschdenken herausgestellt. Und auch seine politischen Mahnrufe, die er Deutschland, dessen Staatsbürger er damals noch war, schuldig zu sein glaubte, sowie sein Einsatz für die sinnlos an den Fronten aufgeriebenen Landsleute erwiesen sich als zwar ehrenhafte, doch ohnmächtige Initiativen der Verantwortlichkeit gegenüber einem Regime, das nicht er zu verantworten hatte. Wirklich einstehen – das hatte er in diesen bitteren Jahren gelernt – konnte man nur für Dinge, deren Gestaltung im eigenen Ermessen lag, die mit den persönlichen Anlagen harmonierten, auch wenn sie zu allem im Gegensatz standen, was der Mehrheit der Zeitgenossen opportun und wünschenswert erschien.

Als Hesse im April 1919 nach vierjährigem Einsatz seine hauptberufliche Tätigkeit für die Internierten beendete, befand sich seine Frau schon seit einem halben Jahr in einer Nervenheilanstalt bei Zürich. Das gemietete Haus hatten sie erst zum Oktober gekündigt, weil noch nicht absehbar war, wie es mit ihr und den Kindern weitergehen würde. Einstweilen waren die sieben-, neun- und dreizehnjährigen Söhne bei Freunden und in Heimschulen untergebracht.

Hesse selbst drängte es südwärts. Zum ersten Mal hatte er die Region am Südfuß der Alpen 1905 auf einer Fußwanderung von der Ostschweiz an den Comer und Luganer See kennengelernt und war schon damals wahlverwandt berührt von den gegensätzlichen Landschaften und Wachstumszonen, die vom Hochgebirge bis in die geradezu subtropischen Bereiche der oberitalienischen Seen auf engstem Raum und wie im Zeitraffertempo fast alles boten, was sich sonst über riesige Distanzen verteilte: »Aus dem rauhen, spärlich bewachsenen Alpenhochtal ging es, als flögen Kulissen an mir vorüber, rapid in eine immer reichere Vegetation hinein: erst Kartoffeln und schöner Baumwuchs, dann Korn und Gärten, dann Wein und Mais, Kastanien, Maulbeerbäume, Feigen, Oleander, alles hintereinander in wenigen Stunden. Das hatte etwas aufreizend Frohmachendes. … In den Dörfern kaufte ich Brot, das ich unterwegs verzehrte. Was für Dörfer! Jedes eine fast römisch-romanische Vedute mit alter Kirche und altem Kastell am Berghang trotzend, der reißende Bach am alten Burggemäuer und unter hohen rundbogigen Steinbrücken hinschäumend.«

Der reißende Bach, von dem Hesse 1905 in dieser »Wandererinnerung« berichtet, war freilich noch nicht der (etwas westlicher gelegene) Tessin-Fluss, sondern die in den Comer See mündende Mera, ein Gewässer, das ähnlich den anderen (der Moesa, Versazca und Maggia) das Schmelzwasser der Alpen aus einer Höhe von fast 3.000 Metern hinunter in die kaum neunzig Kilometer entfernten Seen ergießt. Die hohe Strömungsgeschwindigkeit dieser Flüsse, die beim Durchlaufen der verschiedenen Klimazonen mit einem ebenso raschen Wechsel des Landschaftsbildes einhergeht, ist typisch für alle Wasserläufe der Südschweiz und hat nicht nur dem größten unter ihnen, dem Tessin, sondern auch der ganzen Gegend ihren Namen gegeben. Er stammt aus dem Rätoromanischen und heißt »schnelles Wasser«.

Zwei Jahre später, im April 1907, kam Hesse erneut in diese Landschaft, um damals, als fast Dreißigjähriger, die auf dem Monte Verità bei Ascona von einem Antwerpener Industriellensohn gegründete Naturheilanstalt zu erproben. In dieser Kolonie von Aussteigern, die auf die saturierte Plüschkultur des Wilhelminischen Zeitalters mit lebensreformerischen Experimenten reagierten und Gegenmodelle zur industriellen Deformation des Lebens, zur Verstädterung und Naturzerstörung zu entwickeln versuchten, hielt er sich etwa drei Wochen auf. »Hier kuriere ich meine literarischen Nerven durch vegetarische Kost, Abstinenz, Luft und Sonne, ein einfaches und bekömmliches Verfahren!« … »Ich hatte den unentbehrlich instinktiven Glauben an die Willensfreiheit nahezu verloren und genese nun hier langsam und recht wohlig zu einem sanskülotten Urzustand zurück«, hatte er Mitte April 1907 auf Postkarten an Freunde in München und Basel geschrieben. Das klingt vergnügter, als es ihm damals zumute war. Aber die Anspielung auf den Verlust der Willensfreiheit lässt aufmerken. Belegen doch andere Aussagen und Briefe aus jener Zeit die Ambivalenz des Vagabunden in Hesse wegen des damals gerade in Angriff genommenen Baus eines eigenen Hauses am Bodensee. Denn die fünf kleinen Stuben seiner bisherigen Mietwohnung in einem Bauernhäuschen waren längst zu eng für die wachsende Familie und die immer zahlreicheren Besucher des mittlerweile schon lästig berühmten Autors. Ein Unbehagen angesichts der allzu bürgerlichen Anbindung seiner Existenz mochte ihn auf die Idee gebracht haben, es vorher rasch noch einmal mit dem Gegenteil, mit Einsiedelei und Bedürfnislosigkeit, zu versuchen. Die Lektüre Schopenhauers sowie des 1907 erschienenen Legenden-Romans »Der Pilger Kaminata«

des dänischen Nobelpreisträgers Karl Gjellerup und mehrerer Bücher über buddhistische Askese taten ein Übriges. Und so hatte er auf dem weitläufigen Gelände des Monte Verità eine kleine Bretterbude im Grünen bezogen, lebte dort sieben Tage lang ohne feste Nahrung und vergrub sich bis unter die Achseln in den Boden, um die von den Reformern gepriesene Heilkraft der Erde zu erproben, wobei es ihm vorkam, als müsse er »erstarren, Wurzeln schlagen und in ein pflanzliches oder mineralisches Dasein zurücksinken«, wie er in seinen vor Ort protokollierten »Notizen eines Naturmenschen« vermerkt. Doch der innere Gewinn, den diese Experimente ihm brachten, kam ihm eher dürftig vor. Außer etwas mehr Geduld und Bescheidenheit habe er geistig wenig davon profitiert, ist die Schlussfolgerung dieser Notizen. Immerhin 14 Jahre später in seiner Buddha-Legende »Siddhartha« wird er auf diese Exerzitien zurückkommen und der durch die Askese gewonnenen Selbstdisziplin, der Fähigkeit, »zu denken, zu warten und zu fasten«, eine für die Entwicklung seines Helden wegweisende Bedeutung einräumen.

Augen für das Unverwechselbare der Tessiner Umgebung, die südlich barocke Kultur und Lebensfreude, wie sie aus Hesses Reiseerinnerungen von 1905 und den seit 1918 entstandenen Schilderungen des Buches »Wanderung« sprechen, hatte er bei diesem längeren Aufenthalt 1907 nicht.

Als er neun Jahre später, mitten im Krieg und kurz nach dem Tod seines Vaters, ein weiteres Mal für 14 Tage in die Südschweiz kam, war seine Verfassung womöglich noch desolater und entsprechend getrübt auch sein Blick für die Umwelt. Aus einem Hotel in Locarno teilt er am 14. April 1916 dem befreundeten Maler Ernst Kreidolf mit, er habe hier zwar ein paar stille, sommerlich warme Tage, doch keine innere Ruhe gefunden: »Ich war schon vorher aus der Balance und seit dem furchtbaren Krieg ging es eben noch mehr abwärts. … Die Seele wird vom Sonnenschein, den Kamelien und den Spaziergängen nicht gesund, das sind Täuschungen.« Es gelinge ihm »auch hier nur selten das Zeitliche zu vergessen, das Gefühl des Mobilisiertseins, der zwangsweisen Einordnung in eine mir im Grunde verhaßte und feindliche Weltordnung«.

Drei Tage nach der Rückkehr auf die Nordseite der Alpen hat er dann in Luzern seine Psychoanalyse begonnen, die er mit einem »engen und höllischen Tunnel« vergleicht, durch den er nicht werde kriechen können, »ohne verändert und durchgeknetet drüben herauszukommen«. Er spüre zurzeit nur das »Abwelken von Trieben und Denkweisen, die mir einst lieb und lebendig waren und das Werden von Neuem, das noch unklar ist und mehr Angst als Freude macht. Auch diese Entwicklung hat der furchtbare Krieg beschleunigt durch den quälenden Druck, den er übt.« … »Herrgott, was ist das für eine Welt, in der man kein feiner Kerl sein kann, ohne Neurotiker zu werden!«, schreibt er in einem Brief aus Luzern. Um diesen engen Tunnel zu durchdringen, brauchte er drei Monate. Dann taucht er wieder ein in das Licht südlich der Alpen, jetzt aber mit einem freieren Blick für das, was es beleuchtet. »Ich weiß nicht«, schreibt er am 30. September 1916 an Otto Blümel, »ob Du die Landschaft im Südtessin kennst. Sie ist wunderbar reich und schön, vom Alpinen bis zum ganz Südlichen ist alles da, und das Ganze nirgends weich und süß, sondern überall kräftig und oft herb. Besonders reich und schön sind die bis hoch in die Berge reichenden lichten Kastanienwäldchen, die Felsengegenden mit Birken dazwischen und die Alpen. Zum Beispiel kam ich, verlaufen und auf Umwegen einmal auf eine Alp, ich war über zwei Stunden in Wald, Farnwildnis etc. gestiegen und sah nun plötzlich die paar Steinhütten … zwischen den üppigsten Reben liegen. Dann viele Schluchten, eng und wild mit leuchtend grünen Wassern drin.«

Wann immer der Betrieb in der Gefangenenfürsorge es erlaubte, kam er von nun an für ein paar Wochen in die Südschweiz zurück. Bei der Frau eines Neurologen und Psychiaters mit dem verheißungsvollen Namen Hildegard Jung-Neugeboren, die in Monti bei Locarno ein geräumiges Sommerhaus besaß und dort zeitweise befreundete Künstler wie Klabund, Emmy und Hugo

Ball, Lou Andreas-Salomé und Franziska von Reventlow beherbergte, fand nun auch er eine Unterkunft. Dort hat er von 1916 bis 1918 während vier Aufenthalten insgesamt zwölf Wochen verbracht, dort auch das Tessiner Skizzenbuch »Wanderung« geschrieben und bebildert. Kaum sei er hier unten, vermerkt am 22. Juli 1917 sein Tagebuch, werde ein eingeschlafener Sinn in ihm wach und die Produktionslust stelle sich wieder ein, vor allem die Freude am Malen. So naiv und unbeholfen seine ersten reproduzierten Illustrationen zu den Schilderungen der »Wanderung« noch wirken, sie verraten doch eine Veränderung, eine Distanz vom Bisherigen und den Willen, das Neue auch auf eine für ihn neue Weise in den Griff zu bekommen.

Mit dem Ende des Krieges gab es kein Zurück mehr. Im April 1919, nach Abschluss der Aktivitäten für die Kriegsgefangenen und den Vorbereitungen zur Gründung der Zeitschrift »Vivos voco«, deren Erträge der Kinderfürsorge zukamen, verriegelte Hesse seine Wohnung in Bern. »Das Haus der Träume«, wie er das Anwesen am Melchenbühlweg in einer noch kurz vor dem Krieg entstandenen Erzählung (in Anlehnung an eine Lithographie des vorherigen Mieters, des Malers Albert Welti) genannt hatte, war zum Haus der Albträume geworden. »Lieber als Sonderling und Vagabund ein halbes Leben führen, als auf Kosten der Seele ein gut funktionierender Herr zu werden«, hatte er an Hildegard Jung-Neugeboren nach Locarno geschrieben.

Am liebsten hätte er sich nun wieder dort oder in der urtümlichen Felsen-, Kastanien- und Birkenwildnis zwischen Ascona, Losone, Arcegno und Ronco angesiedelt. Denn »wirkliche Heimatgefühle«, bekennt er noch 1927 in der »Nürnberger Reise«, »habe ich außer für meine Vaterstadt im Schwarzwald mein Leben lang eigentlich nur für diese Gegend um Locarno gehabt«. Doch die Absicht seiner Frau, nach ihrer vorübergehenden Entlassung aus der Heilanstalt gleichfalls ins Tessin zu ziehen und sich in Ascona ein Haus zu kaufen, vereitelte diese Pläne. So begann er weiter südlich in der Gegend von Lugano einen Unterschlupf zu suchen, quartierte sich in Sorengo in einem Gasthof ein und entdeckte Anfang Mai 1919 im nahegelegenen Bergdorf Montagnola die »noble Ruine« der Casa Camuzzi, ein altes, barockes Patrizierhaus, wo vier Stübchen zu vermieten waren. Zwar konnte hier von einem Komfort, der sich mit dem der früheren Häuser am Bodensee und in Bern hätte messen lassen, nicht die Rede sein. Doch hatte diese Unterkunft einen Vorteil, der alles andere aufwog: ihre unvergleichlich schöne Lage auf einer Halbinsel über dem Luganer See. Eine ähnliche Lage hatte Hesse seinerzeit für sein Haus am unberührtesten Arm des Bodensees gewählt, mit einem Blick auf das schweizerische Westufer. Hier nun öffnete sich der Blick von der Schweiz nach Italien. Nirgendwo sonst berühren sich deutsche und romanische Welt so dicht und landschaftlich reizvoll. In seinem »Dank ans Tessin« kommt Hesse auf die Beweggründe zu sprechen, die ihn bei der Wahl seiner Wohnorte bestimmten. Sie erinnern an die Argumentation Thomas Manns, der seinen (freilich ungleich aufwändigeren) Lebensstil damit rechtfertigte, dass er glaubte, als Künstler, der es im Leben so viel schwerer habe als andere Menschen, zur Erleichterung des Alltags durchaus etwas Luxus beanspruchen zu dürfen. Ähnlich sieht es Hesse: »Mir das Leben leicht zu machen, habe ich leider niemals verstanden. Eine Kunst aber ist mir immer zu Gebote gestanden; die Kunst schön zu wohnen. Seit der Zeit, da ich meinen Wohnort mir selbst wählen konnte, habe ich immer außerordentlich schön gewohnt, zuweilen primitiv mit sehr wenig Komfort, aber immer habe ich eine charakteristische, große, weite Landschaft vor meinen Fenstern gehabt.«

So prachtvoll die neue Umgebung war, die Wohnung selbst und seine finanziellen Verhältnisse waren es keineswegs, denn mit dem verlorenen Krieg hatte in Deutschland die Inflationszeit begonnen und erst fünf Jahre später ihren Höhepunkt erreicht. Hesse war damals so verarmt wie nie zuvor seit seinen Lehrjahren als Buchhändler und hatte weiterhin, außer für sich selbst, auch für seine nun weit verstreute Familie, also für die Unterbringung der drei Söhne und die ärztliche Versorgung seiner Frau aufzukommen. Auch der Verkauf großer Teile seiner Bibliothek half nur kurzfristig weiter. »Ich brauche monatlich 1000 Franken, das sind z. Zt. 3000 Mark«, schrieb er damals an Ludwig Finckh, doch bekomme er pro Monat von seiner Bank in Konstanz, »wo all mein Erspartes ist, als Maximum 150 Mark für mich und meine Familie«. Ohne die Hilfe der Schweizer Freunde H. C. Bodmer und Georg Reinhart, die für die Krankenhauskosten von Hesses Frau Mia und die Internatsgebühren des Sohnes Heiner aufkamen, hätte Hesse jene Jahre wohl kaum überstanden. Er selbst lebte so sparsam wie möglich. Einem Lehrer in Jena, der ihn damals um ein Porträtfoto bat, antwortete er am 18. September 1919: »Wir Auslandsdeutschen lassen uns nicht mehr fotografieren, sondern sind durchaus zufrieden, wenn wir jeden Tag ein Stückchen Brot haben und ein wenig Bindfaden, um die Fransen an den Hosen zuzunähen.«

Der Armut der Lebensumstände entsprach eine Produktivität ohnegleichen. Würde es im Leben mit rechten Dingen zugehen und könnte man immer gleich den Ertrag dessen ernten, was man kurz zuvor zustande gebracht hat, dann wäre Hesse damals auch finanziell ein wohlhabender Mann gewesen. In acht Wochen entstanden zwei große Erzählungen und einige seiner besten Gedichte, nicht mitgerechnet die zahlreichen Buchbesprechungen, Aufsätze und wohl hundert Aquarelle. Die Energie eines jahrelang aufgestauten und in heftigen Gärungen geklärten Ausdruckswillens begann sich nun zu entladen mit einer expressiven Wucht und neuen Kraft der Sprache, die wenig gemein hat mit dem oft unartikulierten »Oh Mensch!«-Pathos der inzwischen modisch gewordenen Dichter des Expressionismus. Vier Wochen nach Hesses Ankunft im Tessin ist die Novelle »Klein und Wagner« geschrieben, die in novellistischer Form auch seine eigene familiäre Misere zu bannen versucht: Friedrich Klein, ein ehrbarer Beamte, treusorgender Ehegatte und Familienvater, taucht plötzlich, belastet mit einem imaginären Verbrechen, dem vierfachen Mord an Frau und Kindern, mit einem Revolver und falschen Pass in der Tasche unter dem Decknamen Wagner irgendwo im Süden unter und befreit sich von allen bürgerlichen Bindungen. Unverkennbar tessinisch in »Klein und Wagner« ist der Schauplatz des Geschehens: »Auch am hellen Tage sah die Landschaft unwahrscheinlich und phantastisch aus, die Berge waren alle zu nah, zu steil, zu hoch, wie von einem etwas verschrobenen Maler erfunden. Schön aber war alles Nahe und Kleine: … hohe schlanke Glockentürme, die Fassaden der Kirchen bunt bemalt oder von gewölbten Hallen mit leichten edlen Bogen beschattet, Häuser mit rosenrotem Anstrich und dick gemauerte Arkadenhallen … Da und dort schwarze Zypressen, kletternde Ziegen vor einem Herrschaftshaus, im Rasen die ersten Palmen, kurz und dickstämmig. Es gab diesen Süden, er war keine Fabel. Die Brücken und Zypressen waren erfüllte Jugendträume und sagten: du bist nicht mehr im Alten, es beginnt lauter Neues.«

Kaum hatte Hesse die Novelle beendet, begann er damit, sein neues Domizil und seine Metamorphose zum Maler darzustellen in der Erzählung »Klingsors letzter Sommer«, die gleichfalls schon nach vier Wochen abgeschlossen war: »Die glühenden Tage wanderte ich durch die Dörfer und Kastanienwälder, saß auf dem Klappstühlchen und versuchte mit Wasserfarben etwas von dem flutenden Zauber aufzubewahren; die warmen Nächte saß ich bis zu später Stunde bei offenen Türen und Fenstern in Klingsors Schlößchen und versuchte, etwas erfahrener als ich es mit dem Pinsel konnte, mit Worten das Lied dieses unerhörten Sommers zu singen.«

Malen und Schreiben gehen von nun an fast gleichwertig nebeneinander her, durchdringen und steigern sich gegenseitig, und zweifellos hat Hesses Sprache durch den nun alltäglichen Umgang mit Feder und Pinsel an Kontur, Farbe und Anschaulichkeit gewonnen. Noch rapider waren – gemessen an der vergleichsweise kurzen Zeit, seit er zu malen begonnen hatte – seine Fortschritte auf diesem Gebiet. Kaum hatte er sich nach beharrlich zäher Kleinarbeit die handwerklichen Fertigkeiten angeeignet, die eine naturgetreue Wiedergabe des Gesehenen erlaubten, begann er mit unterschiedlichsten Techniken, Pastell, Tempera und Öl zu experimentieren, bis er schließlich in der spontaneren Methode des Aquarellierens die ihm angemessenere Ausdrucksform fand und perfektionierte. Über einen seiner Malerfreunde, Cuno Amiet, hat Hesse damals etwas geschrieben, was ebenso auf ihn selber zutraf. Amiets Bilder zeigten eine Freude an der Erscheinungswelt, die ansteckend wirke: »Sein Blick lockt Farbe aus dem Grau, ahnt Sonne auch in der Dämmerung … Farbe ist flüchtig, Farbe ist Leben, ist Oberfläche, ist zarteste, dünnste, sensibelste Haut der Dinge, und so lösen sich die Dinge in [seinen] besten Bildern ganz in Farbe auf … Er sucht dem tausendfältigen Roman des Lichtes zu folgen, er probiert, er tastet, er spielt … Er stammelt oft, wo ein anderer redet …, aber seine Kunst ist dafür voll von Möglichkeiten und Ahnungen, von Zukunft. Er setzt nicht Grenzen, sondern erweitert sie.«

Nun ist Hesse endgültig angekommen, wo er den Rest seines Lebens verbringen sollte. Und etwas von diesem Angekommensein, eine Ruhe nach dem Sturm und das Gefühl einer zuvor noch nie dagewesenen Geborgenheit und Sicherheit des Standpunktes, ist fortan spürbar in seinen Büchern und den Schilderungen seiner Wahlheimat: »Es ist komisch«, sagt Klingsor,

»wie lange man braucht, bis man sich in der Welt ein bißchen auskennt! Als ich einmal nach Asien fuhr, vor Jahren, kam ich im Schnellzug in der Nacht sechs Kilometer von hier vorbeigefahren und wußte nichts. Ich fuhr nach Asien und es war damals sehr notwendig, daß ich es tat. Aber alles, was ich dort fand, das finde ich heut auch hier: Urwald, Hitze, schöne fremde Menschen, Sonne, Heiligtümer. Man braucht so lang, bis man lernt, an einem einzigen Tag drei Erdteile zu besuchen. Hier sind sie. Willkommen Indien! Willkommen Afrika! Willkommen Japan!«

Ein Feuerwerk sinnlicher Wahrnehmungen hält ihn fortan in Atem, so dass er dem Wunsch, für all die neuen Eindrücke auch den charakteristischen Ausdruck zu finden, kaum noch nachzukommen vermag. Was sich davon in Wort und Bild nach Hesses Tod in seinem Nachlass fand, reicht weit über das hinaus, was er in seinen Büchern überliefert hat. Einen Teil davon hat Hesse zwar 1926 in einem Sammelband veröffentlicht, den er »Bilderbuch« nannte. Dieser enthielt unter dem Titel »Tessin« nur acht der bis dahin geschriebenen Impressionen und keines seiner zahllosen Tessiner Aquarelle.

Dank einem neuen Mut zur Subjektivität und unbefangen persönlicher Erzählweise lesen sich diese Schilderungen wie eine Art Tagebuch, zugleich aber auch als eine kritische Chronik der ersten Hälfte des vergangenen Jahrhunderts. Denn das Persönliche darin ist so intensiv erlebt, dass es Konflikte sichtbar macht, die uns noch heute betreffen. Dabei lesen sich seine Beschreibungen landschaftlicher, kultureller, architektonischer oder religiöser Eigenarten des Tessins mitunter wie Facetten eines Selbstporträts. Zum Beispiel wenn er die auf engstem Raum miteinander harmonierenden Gegensätze von Berg und Ebene, Schnee, Feigen- und Kakibüschen rühmt oder die schöne, aus einfachsten Mitteln erstellte, urtümliche Bauweise der kunstvoll ohne Mörtel aus rohem Granitstein geschichteten Häuser, die im Norden mit schweren Steinplatten, im Süden mit leichten Dachpfannen oder Hohlziegeln gedeckt sind. Auch die bei allem Katholizismus fast heidnische Form mediterraner Frömmigkeit ist ihm wesensverwandt. Er findet darin »etwas Uraltes, Kultiviertes und doch Primitives, eine Unschuld und Reife, die der Norden nicht hat. Die kleinen Kapellen und Bildstöcke, die farbig und zum Teil verfallend, fast alle von Kindern mit Feldblumen geschmückt, überall an den Wegen zu Ehren der Heiligen standen, schienen ihm denselben Sinn zu haben und vom selben Geist zu stammen wie die vielen kleinen Tempel und Heiligtümer der Alten, die in jedem Hain, Quell oder Berg eine Gottheit verehrten, und deren heitere Frömmigkeit nach Brot, Wein und Gesundheit duftete«, heißt es in der Novelle »Klein und Wagner«. Mit der Wallfahrtskirche bei Carona zum

Beispiel sympathisiert Hesse, weil sie so versteckt ist, dass man sie fast ebenso selten sieht wie den Kuckuck, »den scheuen Bruder, er zeigt sich nicht leicht, er will für sich bleiben«. Das entspricht ganz seiner eigenen verborgenen Lebensweise während der ersten drei Tessiner Jahre, bis ihn ab 1923 die kalten Winter in der nur durch einen kleinen Kamin beheizbaren Casa-Camuzzi-Wohnung jeweils zum Jahresende zu Lesereisen und längeren Aufenthalten in den Norden nötigen. Dort kann er in den warmen Schwefelquellen von Baden seine Ischias-Leiden kurieren, die er sich während der vergangenen im Tessin durchfrorenen Winter zugezogen hat, und dort wird er 1923 und 1924 zunächst in Basel, von 1925 bis 1932 in Zürich, ein festes Winterquartier mieten, um jeweils erst wieder im März, später im April oder Mai, nach Montagnola zurückzukehren.

Diesem Lebensrhythmus zwischen den Wintern in der Großstadt und den warmen Monaten, die er in der Südschweiz verbrachte, entspricht auch die Abfolge seiner Schilderungen, welche die Jahreszeiten im Tessin, von der Blüte der Edelkastanienwälder, den unterschiedlichen Wärmestrahlungen des Geländes in den Nächten zwischen Hochsommer und Spätherbst bis zur Traubenernte und dem Keltern des roten Landweines Nostrano festhalten. Gleichzeitig sorgt dieser Wechsel zwischen städtischer und ländlicher Existenzform für Kontraste und produktive Spannungen. Denn der

Abstand, den Hesse nach seiner alljährlichen Rückkehr aus dem Norden gewonnen hat, schärft seinen Blick für das Zweischneidige der Zuwanderung, für die Verluste an Lebensqualität, Vielfalt und sinnlich-naiver Lebensfreude, womit die Errungenschaften der Zivilisation erkauft sind. So entgeht ihm nicht, »was sich während eines halben Jahres hier wieder verändert hat und wie viele Schritte der Prozess vorwärts gegangen ist, der allmählich auch diese geliebte Gegend ihrer lang bewahrten Unschuld beraubt und mit den Segnungen der Zivilisation erfüllt: Richtig, bei der unteren Schlucht ist wieder ein ganzer Waldrand glatt abgeholzt und es wird eine Villa gebaut und an einer Kehre ist unsere Straße verbreitert worden, das hat einem zauberhaften alten Garten den Garaus gemacht.« Hinzu kommen die Auswirkungen des Fremdenverkehrs, die Schwemme der Touristen, die Überfremdung der Einheimischen mit neureichen Ausländern, deren Lebensstil alles korrumpiert, was diese Kulturlandschaft und ihre gewachsene Lebensart unverwechselbar gemacht hat. »Sie merken gar nicht«, schreibt Hesse in seiner Betrachtung »Rückkehr aufs Land«, »wie sie da Jahr um Jahr mehr, eine der wenigen im mittleren Europa noch vorhandenen Paradiesgegenden in eine Vorstadt von Berlin verwandeln«. Dabei werden »irgendwann einmal auch diese alten Mauern fallen«, bemerkt er 1928 über ein verwunschenes Tessiner

Bergdorf, dann »werden diese schönen, finsteren, unhygienischen Winkel umgebaut und mit Zement, Blech, fließendem Wasser, Hygiene, Grammophonen und anderen Kulturgütern ausgestattet sein und über den Gebeinen« seiner Freundin, der Dorfältesten Nina, »wird ein Hotel mit französischer Speisekarte stehen«.

Auch in der Erzählung »Die Fremdenstadt im Süden« hat Hesse bereits 1925 eine Entwicklung vorweggenommen, die mittlerweile dank der serienmäßig vorgefertigten Freizeitsurrogate zur sattsam bekannten Reisekatalogwirklichkeit geworden ist. »Diese Touristenstadt«, notiert Hesse dort ironisch, »konnte natürlich nicht in einem einzigen Exemplar hergestellt werden. Es wurden dreißig oder vierzig solcher Idealstädte gemacht … und wenn ich eine dieser Städte zu schildern versuche, ist es natürlich nicht diese oder jene, sie trägt keinen Eigennamen, so wenig wie ein Ford-Automobil, sie ist ein Exemplar, ist eine von vielen … Wie es koffeinfreien Kaffee und nikotinfreie Zigaretten gibt«, habe man dem Urlauber »hier eine naturfreie, eine gefahrlose, hygienische, denaturierte Natur aufgebaut«, einen Naturersatz, »echt wie das Silber, mit dem er tafelt, echt wie die Perlen, die seine Frau trägt, und echt wie die Liebe zu Volk und Vaterland, die er im Busen hegt«.

Ab 1925, zwei Jahre nach der Scheidung von seiner ersten Frau Mia (am 14. Juli 1923) und bald nachdem er Ruth Wenger geheiratet hat (am 11. Januar 1924), spielt

Hesse mit dem Gedanken, sich ein eigenes Haus im Tessin zu erwerben. »Ich wohne ja zwar hier sehr schön und bin damit mehr als zufrieden«, schreibt er damals aus der Casa Camuzzi an Georg Reinhart, »aber da ich seit mehr als 6 Jahren ohne Garten bin, ohne Möglichkeit zu etwas Handarbeit, ohne Bad und manches andere, und darunter meine Gesundheit sehr gelitten hat, muß ich eben doch an diese Dinge denken.«

Sechs Jahre später wird sich auch dieser Traum erfüllen, in Form eines von großzügigen Mäzenen nach Hesses eigenen Plänen erbauten Hauses, worin ihm »als Anerkennung seines dichterischen Werkes« (wie es in H. C. Bodmers Urkunde heißt) Wohnrecht auf Lebenszeit eingeräumt wurde. Ein großes, 11.100 Quadratmeter umfassendes Grundstück am Hang erlaubte ihm nun auch wieder die so lange entbehrten »Stunden im Garten«, die »Beschäftigung mit Erde und Pflanzen, die der Seele eine ähnliche Entlastung und Ruhe geben kann, wie die Meditation«.

Nun kann er auch die kalte Jahreszeit im Tessin verbringen, dessen Reize er in einem Brief an Max Herrmann-Neiße vom Dezember 1939 beschrieben hat: »Malerisch und farbig ist unsre Landschaft im Winter am schönsten. Alles hat einen sanften, aber intensiven Glanz, eine stille Farbigkeit, und in der Stunde des Abendwerdens, wenn die Berge wie von innen zu glühen beginnen, steigert sich das zu einer innigen Lichtfeier, die jedesmal wie ein stiller und lächelnder Protest der freundlichen, langfristigen, mütterlichen Mächte gegen das Getue der Weltgeschichte erscheint.«

Auf diese Weise hat Hesse uns diese Region in einer Ursprünglichkeit bewahrt, wie sie bald nur noch in seinen Schilderungen und Aquarellen zu finden sein wird. Dass er damit mehr zur Attraktion des Tessins beigetragen hat als alles Marketing der Tourismusindustrie ist freilich die Kehrseite der Medaille.

»EIN HERZGEWINNENDER SPASS«

Piktors Verwandlungen

Aus »Piktors Verwandlungen« (1922),
Aquarell von Hermann Hesse

Das Märchen von den Verwandlungen des Paradiesmenschen Piktor ist wie »Der kleine Prinz« des französischen Dichters Antoine de Saint-Exupéry ein Unikat im Werk seines deutschen Zeitgenossen Hermann Hesse. Beide Geschichten wurden von ihren Verfassern eigenhändig illustriert, und als solche spielen sie eine singuläre Rolle im umfangreichen Lebenswerk der beiden Autoren. Zwar ist Hesses Bildermärchen noch nicht in vergleichbar vielen Sprachen und Auflagen verbreitet wie »Der kleine Prinz«, was mit seiner spezielleren Thematik und seiner ganz anderen Publikationsgeschichte zusammenhängt. Aber mittlerweile liegt die illustrierte deutsche Ausgabe von »Piktors Verwandlungen« die in mehr als 200.000 Exemplaren verbreitet ist, auch schon in fünf verschiedenen Sprachen vor, und in den nicht bebilderten Abdrucken von Hesses Märchen hat der Text weltweit längst die Millionenauflage überschritten, obwohl der Autor diese kleine, 1922 entstandene Dichtung erst wenige Jahre vor seinem Tod in die Sammelausgabe seiner Märchen einbezog.

Beide Dichter, der Franzose wie der Deutschsprachige, hatten sich ihre zeichnerischen Fertigkeiten im Alter von vierzig Jahren autodidaktisch angeeignet. Während Saint-Exupérys illustrative Ambitionen auf ein einziges Buch begrenzt blieben, hat Hesse außer dem Märchen »Piktors Verwandlungen« noch zwei weitere Texte bebildert, sein Reiseskizzenbuch »Wanderung« und das im selben Jahr 1920 erschienene Album »Gedichte des Malers«. Darüber hinaus fanden sich in seinem Nachlass mehr als 3.000 Aquarelle, Hunderte von Federzeichnungen sowie Tausende von Gedichtabschriften, die er, wie ungezählte Briefe, mit kleinen Aquarellvignetten geschmückt hat. Denn das Zeichnen und Malen war ihm (nach einer Psychoanalyse, bei der er seine Träume nicht nur aufschreiben, sondern auch bildnerisch darstellen sollte) nach und nach unentbehrlich geworden, um den Alltag zu ertragen und etwas Distanz von der Literatur zu finden.

Mit einer bebilderten Veröffentlichung des Piktor-Märchens aber hatte er, im Gegensatz zu den Büchern »Wanderung« und »Gedichte eines Malers«, keine Eile. Mehr als dreißig Jahre diente es ihm, wie seine mit kleinen Aquarellen geschmückten Hefte der »Zwölf Gedichte«, die er seit 1917 zugunsten der Kriegsgefangenenfürsorge immer wieder neu abschrieb, illustrierte und an Sammler verkaufte als ein Gegenstück in Prosa. Die Erträge daraus (damals 250 Schweizer Franken) dienten der finanziellen Unterstützung Notleidender, seien es nun Künstlerkollegen, Emigranten, politisch Verfolgte, begabte Studenten oder Flüchtlinge aus der DDR. Erst 1954 erschien auf Drängen seines Verlegers Peter Suhrkamp die erste Faksimilewiedergabe einer der vielen vom Autor illustrierten Handschrift des Märchens. In seinem Nachwort dazu vermerkt Hesse: »Das Piktor-Märchen wurde vor mehr als dreißig Jahren … für eine geliebte Frau geschrieben und gezeichnet. Bis heute war es nur als Handschrift käuflich. Ich habe es in früheren Jahren manche Male abgeschrieben und Bildchen dazu gemalt, jedes Mal etwas andere. Zusammen mit den ›Zwölf Gedichten‹, die ich noch heute gelegentlich mit der Hand schreibe und mit kleinen Landschaften schmücke, hat es mir viele Jahre ermöglicht, Freunden in der Not zu helfen, hat aber gelegentlich in Zeiten eigener Bedrängnis auch mir selbst als eine kleine Erwerbsquelle dienen müssen … Jetzt, wo ich den Piktor nicht mit eigener Hand mehr schreiben und illustrieren kann, habe ich nichts mehr dagegen, ihn vervielfältigt zu sehen.«

Die »geliebte Frau«, für die der »Piktor« im September 1922 in Montagnola geschrieben wurde, war die Sängerin Ruth Wenger (1897-1994), mit der Hesse von 1924 bis 1927 eine zweite Ehe führte. Im Juli 1919 lernte er die damals 21-jährige Tochter der Schweizer Schriftstellerin Lisa Wenger kennen. Ihre erste Begegnung bei einem Ausflug zum Wenger'schen Sommerhaus im Tessiner Nachbardorf Carona ist im Kapitel »Der Kareno-Tag« der Erzählung »Klingsors letzter Sommer« beschrieben. »Ein Vogel singt heut«, heißt es darin, »der ist ein Märchenvogel ..., der weckt die schlafenden Prinzessinnen auf und schüttelt den Verstand aus den Köpfen. Heut blüht eine Blume, die ist blau und blüht nur einmal im Leben, und wer sie pflückt, der hat die Seligkeit.« Als er Ruth Wenger, der »schlafenden Prinzessin« begegnet, wird ihm bewusst, »immer war es so: das Erlebnis kam nie allein, immer flogen ihm Vögel voraus, immer gingen ihm Boten und Vorzeichen voran«.

Bei ihr fühlt sich Piktor (=Maler) wie im Paradies, von dessen Beschaffenheit das Märchen seiner Verwandlungen handelt. Es besteht aus der bunten Vielfalt des Lebens und der Freiheit, sich beliebig verändern zu können. Die ganze Evolution ist dort in ständigen Vorwärts- und Rückwärtsmetamorphosen in Bewegung, vom Mineralischen zum Pflanzlichen, vom Pflanzlichen ins Tierische. Schon in Hesses vorangegangenem Märchen »Kindheit des Zauberers« heißt es: »Wie wenig Festes, Stabiles und Bleibendes gab es doch! Wie lebte alles, erlitt Veränderung und sehnte sich nach Wandlung, lag auf der Lauer nach Auflösung und Neugeburt.«

Am meisten fesseln Piktor die Bäume, denn einige von ihnen haben etwas, was ihm selber fehlt. Sie vereinbaren Männliches und Weibliches, Sonne und Mond, also den altchinesischen Dualismus des taoistischen Yin und Yang, die Bipolarität des Lebens. Aber es gibt auch abgestorbene Bäume. Auf einem davon lauert die Paradiesschlange und macht sich Piktors Sehnsucht zunutze, indem sie ihm rät, sich mit Hilfe eines Zaubersteins den Wunsch zu erfüllen, gleichfalls ein Baum zu werden und seine Entwicklung damit zu fixieren. Er gibt der Versuchung nach, wird zum Baum und ist dabei so lange glücklich, bis er feststellen muss, dass er die Fähigkeit zu weiteren Metamorphosen eingebüßt hat. Von da an beginnt er zu altern. Erst die Sehnsucht eines Mädchens nach diesem einsamen Baum erlöst ihn aus der Erstarrung. Und weil es nicht die Schlange, sondern der Zaubervogel ist, der ihr den Wunschkristall zuträgt, erfüllt sich ihr Verlangen, sich dem Piktor-Baum anzuverwandeln, der nun aus dem Halben ein Ganzes, aus dem Einzelnen ein Paar wird und als »Baum des

Lebens« die Freiheit des Paradieses, also die unbegrenzte Verwandlungsfähigkeit, zurückerhält.

Dies ist das Neue und Unkonventionelle in den nach dem Ersten Weltkrieg entstandenen Märchen Hesses, dass sie ohne irreale Willkür die im Alltag schlummernden zauberhaft erscheinenden »Zufälle« als Wandlungskräfte aufzeigen. Von der Routine gefesselt, können sie sich nicht entfalten, es sei denn, entweder die Liebe, der Leidensdruck oder ein hilfreicher Geist erkennt und befreit sie aus der Erstarrung und bewirkt damit vermeintliche Wunder. Im Unterschied zu ihren romantischen Vorläufern, wie Goethes symbolüberladenem »Märchen«, das ohne Kommentar heute kaum mehr verständlich ist, oder das Verfahren der »romantischen Verwirrung« (Friedrich Schlegel) befolgenden Märchendichtungen von Ludwig Tieck, E. T. A. Hoffmann und Clemens Brentano, sind Hesses Märchen stets lebensbezogen und haften leicht in der Erinnerung. Obwohl auch sie Kunstmärchen sind, wirken sie nicht künstlich. Stets zielt Magische darin auf die inneren Entwicklungs- und Wachstumsmöglichkeiten des Menschen, die für Hesse mit der Pubertät durchaus nicht aufhören.

Die »Piktor«-Geschichte, drei Jahre nach seiner ersten Begegnung mit Ruth Wenger geschrieben, ist Hesses fröhlichstes und zuversichtlichstes Märchen. Denn es ist auf dem Höhepunkt ihrer beider Liebe entstanden und zeigt etwas von den Hoffnungen, die er (vor seiner zwei Jahre später erfolgten Heirat mit Ruth) in dieser Lebensphase hatte. Er nennt es eine aus den Bildern heraus entwickelte »west-östliche Phantasie, für Wissende eine ernste Paraphrase über das Geheimnis des Lebens, für Kindliche ein heiteres Märchen« (in einem Brief vom Oktober 1922 an Anny Bodmer).

Und wirklich sind alle Manuskript- und Typoskriptvarianten, die er davon herstellte, nach dem Vorbild der illuminierten Handschriften orientalischer Dichter mit farbenfrohen Illustrationen versehen. Schon 1919 in seiner Erzählung vom Maler Klingsor hatte er angekündigt: »Ich male Krokodile und Seesterne, Drachen und Purpurschlangen und alles im Werden, alles in Wandlung, voll Sehnsucht, Mensch zu werden, voll Sehnsucht, Stern zu werden, voll Geburt, voll Verwesung, voll Gott und Tod.« Und auch die Binnenreime erinnern an fernöstliche Vorbilder, zum Beispiel an Tuti Namehs indisches »Papageienbuch«, das uns in einer mehr als 500 Jahre alten persischen Nachbildung überliefert ist. Dieser Reime wegen empfahl Hesse seinen Freunden, das Märchen laut zu lesen, weil es erst dann seine Musik zeige.

Der früheste Druck von »Piktors Verwandlungen« erschien 1925 in der von Rudolf Koch entworfenen »Frühlingsschrift« als bibliophile Jahresgabe der Gesellschaft für Bücherfreunde Chemnitz in 650 nummerierten Exemplaren. Die dem Text gegenüberliegenden Seiten wurden frei gelassen, damit der Autor sie eigenhändig illustrieren konnte. Doch scheint er kaum Gebrauch davon gemacht zu haben. Bis heute sind nur zwei von Hesse selbst bebilderte Exemplare davon aufgetaucht. Stattdessen hat er es vorgezogen, das Märchen für Liebhaber und Sammler wohl hundertmal selber abzuschreiben und jedes Mal in etwas anderer Form zu illustrieren. Die reizvollste dieser illuminierten Handschriften (das Exemplar, das er Ruth Wenger 1923 zu Ostern schenkte) erschien 1975 als insel taschenbuch, welchem 1980 bei Suhrkamp eine Faksimile-Ausgabe im Originalformat folgte. Insgesamt sind bis heute in den Nachlässen von Hermann Hesses Freunden und Lesern etwa fünfzig, jedes Mal etwas anders illustrierte Handschriften oder Typoskripte dieses Liebesmärchens aufgetaucht. Erst vier davon wurden bisher veröffentlicht, wie das für den Verleger Kurt Wolff und den befreundeten Maler Gunter Böhmer.

Mit dem Verleger Kurt Wolff (1887-1963), aus dessen Besitz eine handschriftliche Version stammt, war Hermann Hesse von 1916 bis zu seinem Tod in persönlicher und schriftlicher Verbindung. Ihn hatte er ursprünglich als Verleger für sein 1919 pseudonym erschienenes Buch »Demian« vorgesehen. Mindestens zweimal, 1933 und 1958, war Kurt Wolff zu Besuch in Montagnola. Und wenn die Schweizer Fremdenpolizei es nicht verhindert hätte, wäre der Verleger ab 1933 sogar Hesses Nachbar geworden, als er sich nach der Machtergreifung der Nationalsozialisten um eine Niederlassungsbewilligung in der Schweiz bemühte. In einem Brief vom 29. März 1933 schrieb er an Hesse: »Wir möchten uns nach Jahren des Herumtreibens sesshaft machen, und zwar im Tessin und am liebsten in Montagnola.« Dabei möge Hesse, solange er, als Verleger, noch über ein Auto verfüge, in ihm »den Chauffeur sehen, der ihn immer gern an Orte bringt, wo er malen mag«.

Obwohl Hesse aufgrund seiner Bindung an die Verlage S. Fischer und Suhrkamp kein einziges seiner Bücher bei Kurt Wolff veröffentlichte, hat er ihn und seinen Einsatz für die nachwachsenden Generation der Expressionisten hoch geschätzt, insbesondere seine Bemühungen um das Werk Franz Kafkas und den belgischen Graphiker Frans Masereel (1889-1972), zu dessen Holzschnittfolgen »Die Idee« (1927) und »Geschichte ohne Worte« (1933) er die Einführungen schrieb. Sein Interesse für die Unternehmungen des zehn Jahre jüngeren Verlegers ging so weit, dass er nicht nur zahlreiche seiner Bücher rezensierte, sondern 1923 auch ein Tauschgeschäft mit ihm vereinbarte, dem zufolge er damals alle Bücher des Kurt-Wolff-Verlages, die ihn interessierten, gegen ein illustriertes Exemplar seines Märchens »Piktors Verwandlungen« beziehen konnte. Die Transaktion kam zustande, und Kurt Wolff hat das

Manuskript so sehr geschätzt, dass er es sich in weinrotes Leder mit Goldprägung binden und mit einem spezialgefertigten Schuber versehen ließ. Über diesen Tausch berichtet Hesse am 1. März 1923 in einem Brief an Georg Reinhart: »Eben habe ich eine schöne Sendung Bücher ausgepackt und eingereiht, vom Verlag Kurt Wolff; ich machte mit ihm einen Tausch, gab ihm einen handgemalten Piktor und kriege dafür die Bücher.«

Für den Maler Gunter Böhmer dagegen hat Hesse 1933 ein getipptes Exemplar illustriert, geschrieben auf seiner zehn Kilogramm schweren, urtümlichen Smith-Premier-Schreibmaschine, auf der er seit 1908 die Druckvorlagen fast aller seiner Bücher und Zehntausende von Briefen tippte. Typisch dabei ist die Kursivschrift dieser aus den USA stammenden Maschine, die Hesse zärtlich als seine »alte Lokomotive« und als einen Saurier aus der Steinzeit der technischen Entwicklung bezeichnet hat. Mit einem an den englischen Dramatiker Bernard Shaw (der dasselbe Schreibmaschinenmodell benutzte) erinnernden Schalk sagte er ihr nach, dass er eine charaktervolle, jedem graphologischen Gutachten der Psychiater standhaltende Schrift einzig dieser Maschine verdanke. Sie hat ihn auf all seinen Umzügen, vom Bodensee nach Bern und von dort in die Südschweiz bis an sein Lebensende begleitet und ist heute eine der Hauptattraktionen des Hermann-Hesse-

Museums in Gaienhofen am Bodensee. Eine zweite Maschine desselben Modells zeigt das Museo Hermann Hesse in Montagnola.

Der aus Dresden stammende Maler Gunter Böhmer (1911-1986), der 1933 aus Berlin, wo er bei Emil Orlik und Hans Meid studierte, nach Montagnola kam, hatte ein Jahr zuvor erste Briefe an Hesse gerichtet, die so zauberhaft illustriert waren, dass sie ihm bald darauf eine Einladung einbrachten. Da auch dem damals 22-jährigen Maler die politischen Vorgänge in Deutschland nicht geheuer waren, entschloss er sich zur Emigration, was dadurch erleichtert wurde, dass Hesse ihm vor Ort eine Unterkunft in der Casa Camuzzi beschaffte, worin er selbst von 1919 bis 1931 eine kleine Wohnung gemietet hatte. Dort lebte Böhmer von 1933 bis an sein Lebensende, unterbrochen von mehreren Auslandsaufenthalten und einer von 1960 bis 1970 dauernden Professur an der Stuttgarter Kunstakademie. Über seine dreißig Jahre währenden freundschaftlichen Verkehr mit dem Dichter hat er in mehreren Aufsätzen berichtet.

Auch seinem Schriftstellerkollegen Thomas Mann hat Hesse das Märchen geschickt, der sich dafür mit dem Glückwunsch bedankte: »Das ist freilich ein Spaß, ein lieber, bunter, herzgewinnender!«

»MEINE NOBLE RUINE«

Hermann Hesse in der Casa Camuzzi

Casa Camuzzi in Montagnola vom Tal aus gesehen

Ein märchenhafteres Domizil hätte der Dichter wohl kaum finden können, als er im April 1919 als »ein kleiner, abgebrannter Literat, ein abgerissener und etwas verdächtiger Fremder« in die Südschweiz kam, um sich endgültig hier niederzulassen. Erschöpft von den Zerreißproben des Ersten Weltkrieges traf er hier ein.

»Wie aus Angstträumen aufgewacht, aus Angstträumen, die Jahre gedauert hatten«, sog er die wieder gewonnene Freiheit ein, die Luft, die Sonne, die Einsamkeit, die Arbeit. Hinter ihm lag eine aufreibende Psychoanalyse, und noch immer führte er unter dem Decknamen Emil Sinclair, den er sich 1917 zugelegt hatte, um den Angriffen der Kriegstreiber zu entgehen, ein Leben mit doppelter Identität. Auch ihm, der nie Uniform trug, noch zum Militär eingezogen wurde, hatte der Krieg alles, was vorher einigermaßen im Lot war, zerstört. Kaum war nach eineinhalbjähriger Psychoanalyse seine eigene Krise durchstanden, da befiel seine Frau im Oktober 1918 eine so gravierende Gemütskrankheit, dass sie, mit Rückfällen bis ins Jahr 1925, in drei verschiedenen Heilanstalten untergebracht werden musste. Auf Hesses Initiative hin hatte sich der Psychoanalytiker C. G. Jung, der ihm seit der Niederschrift des »Demian« persönlich bekannt war, ihrer angenommen, und im Februar 1919 war nach einer Besprechung mit ihrem Arzt in der Heilanstalt von Küsnacht die Entscheidung gefallen, »daß für die Zukunft eine Trennung in der Weise nötig ist, daß meine Frau die Kinder versorgt, ich aber ganz meiner Arbeit lebe, also nicht bei meiner Familie. Jedenfalls werden wir es einmal auf diese Art versuchen. … Bei unsern Umständen, und bei dem Befinden meiner Frau, ist an Scheidung nicht zu denken. Mir läge daran auch nichts, da ich den Irrtum meiner Ehe nicht bei meiner Frau suche, sondern nur bei mir.« Aber schon bald stellte sich heraus, dass es Mia Hesses Verfassung unmöglich machte, für die sieben-, neun- und dreizehnjährigen Söhne zu sorgen, die daraufhin bei Freunden und Pflegeeltern in Pension bzw. in einem Landerziehungsheim untergebracht werden mussten. Bis Mitte April 1919, bis zum Abschluss seiner Tätigkeit für die Kriegsgefangenenfürsorge, hatte Hesse im verwaisten Berner Haus zu bleiben. Wo er sich künftig niederlassen würde, war zunächst noch offen. Neben dem Tessin dachte er an eine »stille hübsche Dichterwohnung von zwei bis drei Stuben in einem Garten« unweit von Zürich, an eine Klause in den Bergen oder vielleicht sogar an die Rückkehr nach Deutschland. Denn so schrieb er am 15. März 1919 an Alfred Schlenker: »Seit der Kaiser fort ist und eine anständige Gesinnung kein Landesverrat mehr ist, bin ich ja wieder im Kurs.»

Letztlich überwog aber die Neigung zum Süden, waren doch alle seine freiwilligen Reisen, wie er 1924 im »Kurzgefaßten Lebenslauf« schrieb, nach Süden gerichtet, da er die Temperatur seiner Geburtsstunde im Juli unbewusst sein »Leben lang geliebt und gesucht und, wenn sie fehlte, schmerzlich entbehrt« hatte.

Nach Ostern 1919 war er im Tessin eingetroffen, wo er bis zum 10. Mai unweit von Lugano – vermittelt durch seinen Musikerfreund Volkmar Andreä – eine provisorische Unterkunft über dem Muzzano-See in Sorengo fand. Bis er im drei Kilometer entfernten bergaufwärts gelegenen Nachbardorf Montagnola die verwunschene Casa Camuzzi entdeckte, vergingen nur 14 Tage.

Es war wie im Märchen: ein Palazzo mit bizarren, verschlungenen Formen, runden und ovalen Fenstern in den Treppengiebeln und grotesken bis fratzenhaften Stuckaturen, eine Miniaturresidenz, die sich im 19. Jahrhundert einer der Tessiner Baumeister nach seiner Heimkehr aus St. Petersburg von den Einkünften gestaltet hatte, die ihm die Ausstattung der Zarenschlösser einbrachten. In ihrer »verzwickten und launischen Architektur«, vor allem aber in ihrer Hinfälligkeit hatte diese »noble Ruine«, wie Hesse sie bald nannte, für ihn etwas Wahlverwandtes. Es sei ein altes, großes und unverwechselbares Haus, »dessen Familie einst reich war und es jetzt nimmer ist«, schrieb er im Januar 1920 an Ludwig Finckh, »so daß nun diverse Leute darin wohnen«. Auch eine Enkelin des Erbauers, die verwitwete Margherita Camuzzi, mit ihren beiden klavierspielenden Töchtern hauste darin. Und wie eine Fügung stellte es sich heraus, dass im Obergeschoß des Ostflügels vier kleine Stuben leer standen, die ihres desolaten Zustandes wegen zu einem Spottpreis zu mieten waren. Mochte auch der Putz von den Wänden bröckeln und die Tapeten in Fetzen hängen, der Ausblick von diesem »hochgelegenen Vogelnest« war unvergleichlich.

Die größte der Stuben, mit einem barocken Kamin und einer halbrunden Flügeltür, die auf einen kleinen Steinbalkon mündete, gab einen phantastischen Blick auf den steil abfallenden Terrassengarten frei, einem wahren Dschungel von tropischen Gewächsen und Bäumen, deren Kronen die schmiedeeiserne Einfassung überwölbten: Kamelien, Palmen, Feigen, Lianen, Spiräen, Glyzinien, Rhododendren, Magnolien und, damals gerade in voller Blüte, ein mächtiger Judasbaum. Spontan und nicht zuletzt dieses Balkönchens wegen hat

Hesse sich entschlossen, die Wohnung zu mieten. Denn sie ersetzte ihm einen Garten. Die Flügeltür, die er künftig von Mai bis September Tag und Nacht geöffnet hielt, brachte Baumwipfel, Licht und Leben in die größte der Stuben, die fortan sein Studio werden sollte. Und für das Sonnenbaden in den Mittagsstunden geradezu geschaffen war eine geräumig-verwinkelte Terrasse am anderen Ende der Wohnung. Über eine türmchenbesetzte Steinbrüstung hinweg gab sie einen großartigen Blick auf die kastanienbewachsenen Bergpyramiden frei, welche die Seebucht von Lugano einfassen. Die vier Zimmer selbst waren notdürftig und einfach möbliert, so dass Hesse von seinem Berner Hausrat, ausgenommen den stattlichen handgefertigten Schreibtisch aus rustikalem Fichtenholz, seinen liebsten Büchern und einigen Regalen dazu, nichts kommen lassen brauchte. Seine Berner Bibliothek hatte er in den Monaten zuvor schon auf die Hälfte reduziert. Doch waren es immer noch 23 Bücherkisten, die in Pferdefuhrwerken vom Luganeser Bahnhof hinauf nach Montagnola geschafft werden mussten. Kaum waren diese Dinge verstaut, stürzte er sich in die Arbeit. Sein erstes illustriertes Skizzenbuch »Wanderung«, das die Grenzüberschreitung von Nord nach Süd, die Abkehr von der »Vita activa« zur »Vita contemplativa« und seine Wandlung vom Bürger zum Vaganten und Abenteurer schildert, hatte Hesse bereits von Sorengo aus seinem Berliner Verleger geschickt.

Nun galt es, das Mehrfachleben zu vereinbaren, das er einerseits als zeitkritischer Literat – dessen Pseudonym Emil Sinclair erst ein Jahr später aufgedeckt werden sollte –, andererseits als entwurzelter Familienvater, Maler und Dichter führen wollte. Harmoniebedürftig wie Hesse gerade in Zeiten abrupter Kurskorrekturen gewesen ist, machte ihm das Schicksal derer, die er dabei verletzen und zurücklassen musste, immer noch schwer zu schaffen. Waren die Befreiungsversuche in seiner Kindheit und Jugend noch vergleichsweise unschuldig (als Lösung aus der Enge einer pietistischen Bevormundung), so war seine Ehe mit den Kindern, die daraus hervorgingen, eine selbstverantwortete Entscheidung, an deren Scheitern er sich nicht schuldlos fühlen konnte. Nur wenn es ihm gelang, das Unausweichliche seines Verhaltens glaubhaft zu machen, konnten er selbst und vielleicht auch die Angehörigen damit leben. So war es kein Zufall, dass er für die Darstellung der dramatischen Veränderungen, die sich daraus ergaben, in »Klein und Wagner« die zugespitzte Erzählform der Novelle wählte, deren er sich hier zum ersten und zum einzigen Mal bediente. Nicht mehr das Nebeneinander von Hesse und Sinclair, das seine Doppelexistenz im Krieg bestimmt hatte, schlug sich darin nieder, sondern die drückende familiäre Krise, die Gewissensqual eines Schuftes, der seine Angehörigen im Stich gelassen hatte, und eines Künstlers mit fadenscheiniger Legitimation. Die Vorstellung, seine Frau und die gemeinsamen Kinder auf dem Gewissen zu haben und vor dieser Tat geflohen zu sein, ist das Thema der Novelle und wird dort als vierfacher Mord geschildert. Begangen von einem Beamten namens Klein, der sich mit gefälschten Papieren unter dem Decknamen Wagner den Folgen seines Verbrechens zu entziehen sucht. Dass dies bei einem wirklichen Mörder keinen guten Ausgang nehmen konnte, wurde Hesse während der Niederschrift trotz allen Einfühlungsvermögens in Klein und Wagners Lage so brennend klar, dass ihm die Arbeit daran wie ein Umgang mit Zyankali vorkam. Er sei, schrieb er nach Beendigung der Novelle dem Journalisten Carl Seelig, krank und halb irrsinnig vor Leid zu sich selbst zurückgekommen und müsse jetzt das, »was ich früher weggelogen oder doch verschwiegen hatte, anschauen und anerkennen, alles Chaotische, Wilde, Triebhafte, ›Böse‹ in mir. Ich habe darüber meinen früheren schönen harmonischen Stil verloren, ich mußte neue Töne suchen, ich mußte mich mit allem Unerlösten und Uralten in mir selber blutig herumschlagen – nicht um es auszurotten, sondern um es zu verstehen, um es zur Sprache zu bringen, denn ich glaube längst nicht mehr an Gutes und Böses, sondern glaube, daß alles gut ist, auch das, was wir Verbrechen, Schmutz und Grauen heißen. Dostojewski hat das auch gewußt. Je weniger wir uns vor unsrer eigenen Phantasie scheuen, die im Wachen und Traum uns zu Verbrechern und Tieren macht, desto kleiner ist die Gefahr, daß wir in der Tat und Wirklichkeit an diesem Bösen zugrund gehen.«

Friedrich Klein, alias Wagner, ist daran gescheitert. Sein Erfinder überlebte dank der Übertragung seines Befindens in dieses Spiegelbild. Und die Bilanz, die er daraufhin in einem Brief vom 31. August 1919 an Georg Reinhart zog, hat etwas vom Erwachen aus einem Albtraum: »Aber ein Gutes, einen großen Segen haben solche Zeiten, wie ich sie seit Monaten durchlebe: eine Glut und Konzentration der künstlerischen Arbeit, die man im Wohlsein nie erreicht. Mit dem Gefühl, im Kern seiner Existenz brüchig zu sein und nicht mehr mit langer Dauer rechnen zu dürfen, nimmt man seine Kraft zusammen wie ein alter Baum, der vor dem Umbrechen noch einmal Laub treiben und sich in Samen verewigen will. Ich habe hier viel und gut gearbeitet und habe noch mehreres vor, wichtige und zum Teil aufregende Dinge, wenigstens für mich. Ich habe die Sünden mancher frühern Jahre, in denen es mir zu gut ging, abgebüßt und versucht, im Geistigen und Künstlerischen den Schiffbruch wieder auszugleichen, den ich im persönlichen und bürgerlichen Leben erlitt.«

Zu den Kollegen, die Hesse schon in seinem ersten Tessiner Sommer besuchten, zählte Louis Moilliet, Mitglied der avantgardistischen Künstlervereinigung

»Der blaue Reiter«, der junge Maler Jean Lurçat (1892-1966), ein Vorläufer des poetischen Surrealismus in Frankreich, der mit Hesse, Rilke und René Schickele eine Kulturzeitschrift zur deutsch-französischen Völkerversöhnung plante. Hesse führte am 16. Dezember 1919 mit einem Bericht in der »Neuen Zürcher Zeitung« in dessen Züricher Ausstellung in der Galerie Bernheim ein und übersetzte für den Katalog sogar Lurçats Geleitwort. Es kamen die Maler Karl Hofer und Fritz Widmann, die Komponisten Hans Huber und Volkmar Andreä, für den Hesse 1915 das Libretto zur Oper »Romeo« geschrieben hatte. Und es kam die ebenso attraktive wie gescheite 31-jährige Schriftstellerin und Juristin Elisabeth Rupp (1888-1972) aus Ravensburg, deren poetischen Bericht »Aus der Kindheit« Hesse 1919 in sein Alemannenbuch aufgenommen hatte. Ihre kleine Prosadichtung »Malén und Eobar« über die »unbegreiflich schöne Zeit«, die sie im August und September 1919 als Hesses Geliebte in der Casa Camuzzi verlebt hatte, sollte 1922 gleichfalls auf dessen Empfehlung im Berner Seldwyla Verlag erscheinen. Nicht auszudenken, welchen Verlauf Hesses künftiges Schicksal genommen hätte, wenn diese eigenständige junge Frau (die nach ihrer Dissertation über »Das Recht auf den eigenen Tod« in einem Berliner Sozialhilfeverband beschäftigt war und nach ihrer Episode mit Hesse auf eine Hacienda in Argentinien auswanderte, einen

Schiffsoffizier heiratete und erneut – mit einer Arbeit über die Indianer Chiles – zur Völkerkundlerin promovierte) seinen Wunsch nach einer ungebundenen Beziehung nicht respektiert und ihn wie seine erste und die beiden späteren Frauen zur Heirat gedrängt hätte.

Nach einer fünfzehnjährigen Ehe mit der neun Jahre älteren, eher musikalisch interessierten Mutter seiner drei Söhne und halbherzigen Versuchen zur Bürgerlichkeit stand für Hesse fest, dass er von nun an ungebunden bleiben wollte: »Es ist mein Laster und Schicksal«, schrieb er 1925 an Carl Jacob Burckhardt, »daß ich nur in einer Luft von Stille und Ungebundenheit leben kann, die ich einzig durch Isolierung zu erreichen weiß.« Das schloss aber nicht – um der Kreativität und Steigerung des Lebensgefühls willen – eine Aufgeschlossenheit für das andere Geschlecht aus, wenn er auch jede Fixierung vermied. »Ich diene einem Gott«, schrieb er damals, »der eifersüchtig ist wie Jehova und keine anderen Götter neben sich duldet.«

Von jeher waren dem Verfasser der Landstreicher-Erzählung »Knulp« die Vagabunden wahlverwandt. Von ihnen heißt es in seinem Reiseskizzenbuch »Wanderung«: »Wir lösen die Liebe vom Gegenstand, die Liebe selbst ist uns genug, ebenso wie wir im Wandern nicht das Ziel suchen, sondern nur den Genuß des Wanderns selbst, das Unterwegssein. Junge Frau mit dem frischen Gesicht, ich will deinen Namen nicht wissen. Meine Liebe zu dir will ich nicht hegen und mästen. Du bist nicht das Ziel meiner Liebe, sondern ihr Antrieb. … Du machst, daß ich in die Welt verliebt bin.« Auch mit der damals 22-jährigen Sängerin Ruth Wenger sollte es so sein. Aber ließ sich das auf die Dauer durchhalten?

Am 24. Juli 1919 hatte er sie bei einer Wanderung in das gegenüberliegende Bergdorf Carona kennengelernt und diese Begegnung im Kapitel »Der Kareno-Tag« der Klingsor-Erzählung beschrieben. Seine Freunde, der Bildhauer Paolo Osswald, der Locarneser Arzt Hermann Bodmer und deren Frauen, die Malerinnen Margherita Osswald und Anny Bodmer, waren mit der Schweizer Schriftstellerin Lisa Wenger bekannt, deren Mann, ein studierter Theologe und späterer Stahlwarenfabrikant aus Delémont, kurz zuvor die Casa Costanza, ein zauberhaftes altes Haus in Carona, als Sommersitz erworben hatte. Hier war Hesse von nun an mehrfach zu Gast. Denn seit 1920 ist aus einer zunächst lockeren Freundschaft zu ihrer jüngeren Tochter Ruth eine intime Beziehung geworden, die wohl intensivste seines Lebens, welche bezeichnenderweise erst ab dem Augenblick abflaute, als sie auf Drängen von Ruths Vater in eine von Hesse erst nach langem Zögern akzeptierte neue Ehe münden musste. Doch bis diese im Januar 1924 geschlossen wurde, trug sein Verhältnis zu Ruth dazu bei, die Jahre in der Casa

Camuzzi so intensiv und produktiv zu machen wie wenige seiner früheren Schaffensperioden.

Eine neue Zeitschrift wurde konzipiert und begann seit Oktober 1919 zu erscheinen. Sie wandte sich an die junge Generation und an die aus Krieg und Gefangenschaft heimgekehrten Landsleute. Galt es doch, die noch plastische Phase der Desillusionierung nach dem militärischen Bankrott zu nutzen, um aufzuräumen mit den Götzen des Imperialismus und einen selbstkritischen Neubeginn Deutschlands zu ermöglichen. Diese in Leipzig gedruckte Monatsschrift, die von ihren Herausgebern Hermann Hesse und Richard Woltereck »Vivos voco« (Ich rufe die Überlebenden) genannt wurde, wandte sich in Leitartikeln und unzähligen Buchbesprechungen gegen die Verdrängung der Kriegsschuld, den neuen Antisemitismus, um stattdessen Brückenschläge der Verständigung mit den ehemaligen Feinden und eine Reform des Schulwesens herbeizuführen. Der konstruktiven Bewältigung des Kriegstraumas galt auch das Essaybändchen »Blick ins Chaos« (1920), das Hesse einen Brief und den Besuch des englischen Dramatikers T. S. Eliot eintrug, der »darin eine Ernsthaftigkeit der Auseinandersetzung« fand, »die noch nicht bis nach England vorgedrungen ist«. Und weil er »gern etwas für deren breitere Beachtung tun würde«, hat Eliot 1923 unter dem Titel »In Sight of Chaos« eine englischsprachige Ausgabe des Bändchens veranlasst.

Neben diesen Bemühungen um Kurskorrekturen begann Hesse Ende 1919 mit den Vorarbeiten zu einem seiner schönsten Bücher, der indischen Legende »Siddhartha«. Sie brachte neben wiederholten Besuchen von Romain Rolland auch den jungen Hindu Kalidas Nag aus Calcutta, einen Schüler und Freund des indischen Literaturnobelpreisträgers Tagore und Professor für asiatische Geschichte, nach Montagnola, der es nicht fassen konnte, dass ein europäischer Autor buddhistisches und hinduistisches Lebensgefühl dermaßen authentisch zu vermitteln verstand, weil »ihm das östliche Denken nicht bloß ein Gegenstand intellektueller Neugierde, sondern so vertraut ist, dass er produktiv darin lebe und atme«.

Wie trafen sie und die zahllosen anderen Besucher, die Hesse in seinem entlegenen Versteck aufstöberten, den Dichter dort an? Das Ambiente jedenfalls war alles andere als das eines Großschriftstellers, wie es der auf alle erfolgreicheren Kollegen eifersüchtige Robert Musil auch Hesse unterstellt hat. »Er hat sich jetzt losgelöst«, vermerkt Romain Rolland in einer Tagebuchnotiz vom September 1920, »von fast allem, was dem Leben eines modernen Menschen Wert gibt, vom Wohlsein und von der Beteiligung am Kulturbetrieb.«

Wer Hesse besuchen wollte, hatte damit schon einige Mühe. Selbst wer bis zur Casa Camuzzi vorgedrungen war, fand dort weder Namensschild noch Klingel, die auf den Bewohner hingewiesen hätten. Wer es dann noch nicht aufgab, war auf fremde Hilfe angewiesen. Der Leipziger Kulturredakteur Heinrich Wiegand hat darüber berichtet. Ein Kind aus dem Dorf habe ihm den Weg gewiesen. »Ein italienischer Name stand links an der hölzernen Tür. ›Eine Treppe hoch‹ sagte das Mädchen und ging. Ich stieg gewundene Steinstufen empor. Neben der zweiteilig primitiven Holztür ein handgemaltes Täfelchen: Hermann Hesse, Tessiner Aquarelle / Handschriften mit Bildern / Bücher in nummerierten und signierten Ausgaben. Ein Kleiderständer neben der Tür. Ich klopfe, Schritte und ›Herein‹. Ich öffne die Tür, und er kommt auf mich zu: mittelgroß, dunkelbraun und rot, mit Brille, starkem bloßen Hals, gelbem Basthemd und Flanellhose mit Gürtel, in Filzschuhen und derben Strümpfen. … Im nicht sehr hohen Zimmer mit drei Türen steht ein langer ungedeckter Tisch, Regale an den Wänden, bis oben mit Büchern angefüllt, Bilder über Bilder, viele eigene Aquarelle. … Dies ist sein Esszimmer und Magazin. Wir gehen durch die wenig stabile Tür in sein Wohn- und Arbeitszimmer. Es ist heller, geräumiger. Der Schreibtisch, Regal über und an Regal, Versuch zu einer Kartothek, Bild an Bild, Zeichnungen angezweckt, gerahmt und ungerahmt, eigene, fremde, ein Tisch mit Manuskripten, eine Smith-Schreibmaschine, Stühle, … viele Kissen aller Arten, ein Sofa mit einem weiteren Tisch. Man sieht: Wildnis, schöne Wildnis.

Bücherstöße auf der Erde. Ein Regal mit eigenen Werken, Bildermappen, eine Tür zum Balkon.

Ich sitze auf dem Sofa, er gegenüber im bequemen Stuhl. Gradliniges Gesicht, scharfer Nasenrücken, doch kräftig große Nase, schmaler Mund, dunkelbraunes Haar ohne Frisur, vorn quergekämmt, am Wirbel etwas gelichtet. Feine Hände mit bestimmten Bewegungen, kleine Verdickungen der Gicht. Ein zugleich kühnes und resigniertes Gesicht, energisch und gütig. Glatt rasiert, Langschädel. Das Erstaunlichste: die Augen. Wenig Weiß, viel Iris, eine Fülle heller Bläue. Ein durchdringender gefüllter Blick. Erstaunlich darum, weil Hesse kurzsichtig ist, augenleidend. Aber auch wenn er die Brille abnimmt, ist es nicht der Blick eines Kurzsichtigen, sondern ein fester, strahlender.«

Es lohnt, diese Schilderung im Sammelband »Hermann Hesse in Augenzeugenberichten« nachzulesen, auch der dort überlieferten Gespräche wegen, die absolut unprätentiöse Sichtweisen überliefern. Die neue Junggesellenbehausung hat der Dichter auch selbst in seiner Betrachtung »Spaziergang im Zimmer« beschrieben: es werde hier nur provisorisch gelebt und nicht richtig gewohnt. Kein Kühlschrank, weder Bad, warmes Wasser noch überhaupt eine zuverlässige Wasserversorgung im Hochsommer. Der Polsterstuhl am Schreibtisch sei durchgesessen, Berge von Büchern, Briefen, Verpackungsmaterial und Bildermappen, angefüllt mit der Ernte seiner vormittäglichen Malerstreifzüge, auf den roten Ziegelfliesen des Fußbodens. Zigarrenkisten, Flaschen, Leim, Zeichentinte und Pinselbehälter auf grob gezimmerten Regalen und Fensterbänken. An den Wänden, auch in Küche und Schlafzimmer, teils in kleinen Goldrahmen, teils zu häufigem Wechsel provisorisch mit Reißzwecken befestigt, umgaben ihn seine Aquarelle wie eigene Träume. »Alles ist voll und wird immer voller, nirgends ist Platz! Die Wände habe ich längst vollgemalt. … Die Bücherschäfte krachen und hängen schief, so sehr sind sie mit doppelten Bücherreihen überlastet. Und immer kommen neue dazu, immer wieder liegt mein Studierzimmer voll von Paketen, vorsichtig und langbeinig muß ich zwischen ihnen meinen Weg suchen«, notiert er in der Buchbesprechung »Rückkehr aufs Land«. Die Verleger schickten ihm ihre Produktion stapelweise, denn er müsse als »stellvertretender Leser für Millionen funktionieren«, was nicht übertrieben ist, angesichts der etwa 3.000 Buchbesprechungen, die ihm im Lauf seines Lebens abverlangt wurden.

Die zwei Zimmer, in die Hesse ihn 1923 geführt habe, schreibt ein anderer Besucher, »waren klein und vollgestopft mit Büchern, richtige Poetenstuben, die bis in die entferntesten Winkel von ihrem Bewohner geprägt wurden«. Erstaunt über diese wohlorganisierte Unordnung, äußert sich auch der Schweizer Journalist

Manuel Grasser. Der Raum, worin Hesse ihn empfangen habe, sei offensichtlich ohne Sinn für Repräsentation eingerichtet: »So wenig mich das Innere des Arbeitszimmers ansprach, umso mehr entzückte mich der Blick von dem Balkönchen. … Es ging senkrecht hinunter in grüne Abgründe, in eine wuchernde Wildnis aus … Nadelholz, Gebüsch und Geranke und schweifte dann hinüber zu den kulissenhaft gestaffelten Zuckerhutbergen um den Luganer See. Es war die Szenerie aus ›Klingsors letzter Sommer‹, sie hatte etwas Übersteigertes, Aufgewühltes und Aufwühlendes und war das vollkommene Gegenstück zu Hesses Expressionismus der frühen zwanziger Jahre.«

Wenn Expressionismus Ausdruckswille bedeutet, dann waren die vier chaotisch anmutenden Stuben ein Kraftwerk auf kleinstem Raum, für den Laien unübersichtlich wie das Masten-, Generatoren- und Transformatorengewirr eines Umspannwerkes. Denn alles darin war einzig auf Leistung abgestimmt: auf das Malen, das Lesen und Schreiben. Hunderte von Aquarellen, Gedichte, Betrachtungen, Buchbesprechungen und Erzählungen sind hier entstanden, dazu Bücher wie »Siddhartha«, »Der Steppenwolf«, »Kurgast«, »Die Nürnberger Reise«, »Narziß und Goldmund«.

Wie über unseren Ballungszentren wenigstens noch die Sterne, so stehen Hesses Werke in schöner Eigengesetzlichkeit den Strömungen der Zeitgeschichte entgegen: »Ich sehe die Welt da unten liegen und denke: du kannst mir gestohlen werden. Ich habe kein Glück in dieser Welt gehabt, … ich habe nicht gut zu ihr gepaßt, und sie hat mir meine Abneigung reichlich erwidert und vergolten. Aber umgebracht hat sie mich nicht. Ich lebe noch, ich habe ihr Trotz geboten und habe mich gehalten, und wenn ich auch kein erfolgreicher Fabrikant oder Boxer oder Filmstar geworden bin, so bin ich doch das geworden, was zu werden ich mir als Knabe von zwölf Jahren in den Kopf gesetzt habe: ein Dichter, und ich habe unter anderem gelernt, daß die Welt, wenn man nichts von ihr will und sie nur still und aufmerksam betrachtet, uns manches zu bieten hat, wovon die Erfolgreichen, die Lieblinge der Welt nichts wissen.«

Wie schon ab 1904 in Gaienhofen am Bodensee, begann sich seit Hesses Niederlassung in Montagnola allmählich eine Künstlerkolonie um das Dorf zu bilden. Immer mehr Kollegen kamen im Laufe der Jahre hierher, um sich, sei es sporadisch, sei es fest, dort anzusiedeln, oder auch nur, um in Montagnola begraben zu werden wie Bruno Walter. Im August 1920 kamen aus München Hugo Ball, der zeitkritische Begründer des Dadaismus, und seine Frau, die Flensburger Poetin Emmy Hennings, aus Zittau die Märchendichterin Lisa Tetzner und ihr Mann, der Schriftsteller und Herausgeber der »Linkskurve«, Kurt Kläber, aus Bern kam der tragische Poet Hans Morgenthaler, aus Weimar der

Buchgestalter Hans Mardersteig, der 1922 in Montagnola seine berühmte Officina Bodoni gründete. Es kamen Maler wie Karl Hofer, Hans Purrmann und Richard Seewald. Komponisten wie Eugène d'Albert, Kulturhistoriker wie Karl Kerényi, Philosophen wie Max Picard, Rudolf Pannwitz und Max Horkheimer ließen sich nach und nach hier oder in der näheren Umgebung nieder und machten das Tessin zu einer Wahlheimat der Avantgarde. Auch der Verleger Kurt Wolff und Thomas Mann erwogen 1933, dort hinzuziehen.

Dabei war sich Hesse seines Bleibens in der Schweiz am Ende des ersten Jahres in Montagnola durchaus nicht sicher. Die beginnende Inflation ließ das Leben für ihn, der überdies für seine Frau Mia und drei Söhne aufzukommen hatte, so teuer werden, dass er zeitweise mit dem Gedanken spielte, entweder nach Italien, Österreich oder gar zurück nach Deutschland zu ziehen, der preiswerteren Lebenshaltung und der besseren Einkommensverhältnisse wegen. Er habe Löcher in den Schuhen und Strümpfen, deren Vater das Loch im Geldbeutel sei, klagte er damals, und wenn er einige Tage fleißig arbeite und in Deutschland hundert Mark dafür bekomme, seien das jetzt in der Inflationszeit acht Schweizer Franken. »Wir sind die Opfer Erzbergers und Scheidemanns, wie wir vorher die Opfer des Kaisers waren«, schrieb er am 5. Dezember 1919 an Emil Molt, der damals seine deutschen Einkommen verwaltete.

»Vor einem Jahr, als der Kurs noch vier- bis fünfmal so hoch war, wurden wir Auslandsdeutschen von Berlin aus zum Hungertod verurteilt durch das absolute Geldausfuhrverbot. Ich hatte damals die Erlaubnis vom Reich monatlich mit Familie sechzig Franken zu verbrauchen.« Das Land der Schieber und Generäle sei gegen Künstler und Dichter ja nie duldsam, geschweige denn generös gewesen. »Hier kostet jedes Kind in Pension monatlich etwa fünfzig Mark.« Das änderte sich erst Mitte der 1920er Jahre. Noch 1922 resümiert er in einem Brief an Ruth Wenger, sein deutsches Einkommen sei inflationär. In Franken sei es die Hälfte dessen, was in der Schweiz ein Straßenkehrer verdiene. Dabei sei er, wie er Carl Seelig berichtet, »fleißig wie ein preußischer Industrieller mit Malen, Zeichnen und Schreiben, daß es nur so raucht«.

Hätte er nicht ab November 1919 auf die mäzenatische Hilfe seiner Freunde Georg Reinhart aus Winterthur sowie Alice und Fritz Leuthold aus Zürich zählen können, dann wäre ihm wohl nichts anderes übrig geblieben, als Montagnola aufzugeben. Georg Reinhart war es auch, der ihm für die kalte Jahreszeit ein elektrisches Öfchen zur Verfügung stellte. Denn seine Wohnung war kaum zu beheizen, außer mit dem kleinen barocken Kamin, der qualmte und dessen Ausstrahlung eher eine dekorative war. Um Holz zu sparen, hat Hesse ihn immer erst nachmittags angezündet, um dann bis zum Zubettgehen an den Quadratmeter vor seiner Öffnung gebunden zu bleiben. Zum Malen sei das nicht günstig, das Zimmer bleibe kühl. Aber zum Lesen, Denken und Schreiben gehe es leidlich. Ein Brief vom 22. Dezember 1919 an seine Schwester Adele gibt eine Vorstellung von den ersten vier Wintern, die er in der Casa Camuzzi verbrachte: »An allen Tagen, wo Sonne scheint, bin ich vom späten Aufstehen bis Mittag draußen. Ist es gut sonnig und windstill, so suche ich eine Ecke im Wald oder bei einer Kirchenmauer, wo ich skizziere, Briefe schreibe etc., andernfalls laufe ich spazieren und brachte bis vor kurzem meistens auch eine Rocktasche voll Kastanien mit, die man dann abends in der Asche braten kann. Um Mittag esse ich, was meine grauhaarige kleine Köchin gekocht hat, Reis oder eine Suppe oder Maccaroni, esse einen Apfel und dann zünde ich nach Tisch zugleich mit der Zigarre auch das Feuerchen im Kamin an. Das brennt dann bis zum Abend, ich sitze davor und lege hie und da ein Scheit nach, Akazien-, Kastanien- und auch etwas Buchenholz, das sehr gut, aber teuer ist. Nach jetzigem Kurs würde der Zentner etwa soviel Mark kosten, als ich in Tübingen als Gehilfe in einem Monat verdiente. An diesem Kamin, in den man auch einen Kessel für heißes Wasser stellen kann, ist es dann wunderbar warm, aber eben nur vor dem Kamin, so daß ich meist dort sitze, das Schreibzeug auf den Knien, oder lesend.«

Die grauhaarige Köchin war die zwergenkleine, damals 51-jährige Zugehfrau Natalina (Cavadini), die Hesse ab Oktober 1919 stundenweise den Haushalt führte und ihm bis zu ihrem Tod im März 1942 auch im späteren Haus beigestanden hat. »Ordnung machen, kochen, flicken und waschen«, schrieb er an Ludwig Finckh, »tut mir eine kleine alte Witwe aus dem Dorf, die jeden Morgen kommt. … Sie kennt mein Bedürfnis nach Ruhe und hat Respekt vor mir. Nur etwa einmal im Monat muß ich lieb sein und sie eine Viertelstunde von ihrem Nino erzählen lassen, von ihrem verstorbenen einzigen Buben, … der mit etwa zehn oder elf Jahren brav war wie ein Heiliger, stark wie ein Held, zeichnete wie Michelangelo, sang wie eine Nachtigall und jedermann bezauberte, obgleich er auf den Fotografien, die sie von ihm zeigt, nicht so aussieht.«

Kein Wunder, dass sich allmählich, nach vier durchfrorenen Wintern, bei Hesse rheumatische Beschwerden einstellten, die ihn dazu zwangen, seine Lebensweise zu ändern. Deshalb verbrachte er von 1923 bis 1932 die Monate November bis April teils in den Thermalquellen von Baden, teils zur Miete, zunächst in der Nähe seiner zweiten Frau Ruth in Basel und später in Zürich, bis seine dritte Ehe mit Ninon Dolbin einen Umzug erforderlich machte in das künftige, gut beheizbare Haus, das ihnen 1931 die Züricher Freunde Elsy und Hans Conrad Bodmer errichten ließen und auf Lebenszeit zur

Verfügung stellten. Auch in der warmen Jahreszeit war sein Lebensstil so sparsam wie unbürgerlich. Noch immer passte die 1911 für die Reise nach Sri Lanka und Sumatra angeschaffte Garderobe aus weißem Leinen. Viele Fotos aus den ersten Jahren in Montagnola zeigen ihn darin, und so ist er auch den Bewohnern der Collina d'Oro in Erinnerung geblieben, wenn sie ihm morgens zwischen sieben und zehn Uhr mit Rucksack und Klappstühlchen unterwegs zu seinen Malausflügen begegneten. Denn in den Sommermonaten war sein Hauptberuf nicht die Literatur, sondern die Malerei.

Auf welche Weise die wohl mehr als 3.000 Aquarelle entstanden sind, die sein bildnerisches Werk umfasst, hat Emmy Ball-Hennings festgehalten. Auf dem Weg zum Einkaufen habe sie ihn unverhofft an einem Waldrand bei Agnuzzo entdeckt: »Der Dichter trug seinen weißen Tropenanzug, den er sich einmal für seine Indienreise besorgt hat. Die Knöpfe am Anzug sind nebenbei bemerkt, indisches Geld, das er nicht alles hat ausgeben mögen [auch Elisabeth Rupp erwähnt in ihrer Erzählung »Malén und Eobar« diesen »Tropenanzug mit Knöpfen aus siamesischen Silbermünzen«]. Der große, leichte Sonnenhut beschattete das schmale Gesicht, das über das Bild auf der Staffelei hinweg in die Gegend von Bioggio gerichtet war. Schon hatte der Künstler sein Publikum. Aufmerksame Kinder umstanden im Hintergrund die Staffelei, und das eine flüsterte dem anderen ein andächtiges ›molto bello‹ zu. Ich fügte mich unmerklich zu den Kindern, sah zu, wie gemalt wurde. Die Schleierleichtigkeit eines warmen Junimorgens. Am Himmel schwebte eine schaumig weiße Wolke, die am Nachmittag Gewitter bringen konnte. Aber der Maler schien nicht geneigt, diese Wolke auf seinem Bild anzumerken. Es machte mir einen starken Eindruck, daß die Gewitterwolke vermieden, wenn auch nicht übersehen wurde. Mein Mann daheim konnte aufs Mittagessen warten. Man aß ja täglich zweimal, aber Hermann Hesse malen, dichten zu sehen, das gab es vielleicht nur einmal. An diesem Morgen kam er zu uns, kam nur ›guten Tag‹ zu sagen und blieb lange, bis ›eine Stunde hinter Mitternacht‹.

Selbstverständlich brachte er auch das Bild mit, das unschuldsvolle Lied der sommerlichen Farben. Vielleicht hat es inzwischen jemand käuflich erworben. Denn der Dichter verkauft auch Bilder, die er malt, um für das, was er dafür an Geld einnimmt, die Not in den Kriegsländern zu lindern. Auf diese Weise teilt er nicht nur das Schöne, das geistige Brot, sondern auch das alltägliche, das der Mensch zum Leben bedarf. So können sich seine Freunde leicht am Wunder solcher Brotvermehrung beteiligen.«

In den Wintern freilich, die Hesse ab 1923 wieder »in der Zivilisation« verbrachte, bot er ein ganz anderes Erscheinungsbild. Nur schweren Herzens, schreibt er in der Betrachtung »Herbst« (1926), ziehe er nach den Tessiner Sommermonaten »wieder einen Kragen, eine Krawatte, eine Weste, einen Mantel an«, um sich in solcher Verkleidung, der warmen Öfen wegen, »in Europa« blicken zu lassen. Das war die Mimikry des »Steppenwolfs«, der in Zürich Tanzstunden nahm und Maskenbälle besuchte, um »aus dem verbissenen Einsiedler Hesse ein gutes, dummes und etwas vergnügtes Vieh zu machen«. Denn es sei ihm leider nicht gegeben, konsequent und charaktervoll auf endgültigen Gesinnungen zu beharren. Dieser abrupte Wechsel von Urbanität und Einsiedlertum, von aktivem und kontemplativem Leben, zeitkritischem Engagement und weltvergessener Kontemplation kennzeichnet sein ganzes Leben wie auch das antagonistische Klima seiner teils besinnlichen, teils aufbegehrenden Bücher. In der 1923 geschriebenen »Psychologia Balnearia« (Kurgast) nennt er die Gründe: »Ich habe das Unglück, daß ich mir selber stets widerspreche. Die Wirklichkeit tut das immer, bloß der Geist tut es nicht und die Tugend tut es nicht. … Zum Beispiel nach einem scharfen Marsch im Sommer kann ich vom Verlangen nach einem Becher voll Wasser völlig besessen sein und Wasser für das wunderbarste Ding in der Welt erklären. Eine Viertelstunde später, wenn ich getrunken habe, ist nichts auf Erden mir so uninteressant wie Wasser und Trinken. … Ebenso wie ich zwischen Essen und Fasten, Schlafen und Wachen beständig abwechseln muß, muß ich auch zwischen Natürlichkeit und Geistigkeit, zwischen Erfahrung und Platonismus, zwischen Ordnung und Revolution, zwischen Katholizismus und Reformationsgeist beständig hin und her pendeln. Daß ein Mensch ... immer Revolutionär und niemals Konservativer sein kann oder umgekehrt, das scheint mir zwar sehr tugendhaft, charaktervoll und standhaft, aber es scheint mir auch ebenso fatal, als wenn einer immerdar essen oder immerdar nur schlafen wollte.«

Doch die Konzerte, die er nun wieder hören, die Ausstellungen, Bibliotheken und Freunde, die er in Basel und Zürich besuchen konnte, waren nur ein notdürftiger Ersatz für die Lebens- und Arbeitsintensität der warmen Jahreszeit. Die kulturellen Attraktionen der Stadt konnten es nicht aufnehmen mit den ursprünglichen Reizen des Tessins, seinen »halb heidnischen Wald- und Feldkapellen, ihrem bröckelnden Verputz und den zartfarbigen Resten alter gemalter Engel unter den Kirchendächern aus rohen Gneisplatten«. Und was war die Wärme aller Zentralheizungen verglichen mit dem Klima im abendlichen Kastanienwald, worin »die eingefangene Wärme des Tages wie Honig hängt«? Auch all den Einladungen zu Dichterlesungen, die er meist nur akzeptierte, wenn sie nicht in die »Polargebiete« nördlich des Mains führten und sofern sie sich mit Besuchen bei seinen Verwandten und Freunden in Württemberg verbinden ließen, kam er bevorzugt in den Herbst- und Wintermonaten nach. Er unternahm diese Exkursionen zu öffentlichen Auftritten, um »wieder einmal die Drehorgel zu spielen«, nicht sonderlich lustbetont, wie wir aus dem Bericht über »Die Nürnberger Reise« wissen, und nur bis zu Beginn der 1930er Jahre, weil es ihm widerstrebte, »den berühmten Mann zu spielen und den Leuten für Geld vorzusingen« (am 31. Januar 1922 an seine Schwester Marulla). Denn auch diese Leseabende seien ein Teil des Personenkultes und Eitelkeitsmarktes, den wir statt wirklichen Künstlertums hätten. Und das Publikum kannte er ohnehin zur Genüge, teils durch die massenhafte Briefpost, teils durch die allzu vielen Besucher. Seinerseits Kollegen aufzusuchen und »über Kunst zu schwatzen«, hatte er kein Bedürfnis, zumal viele von ihnen ohnehin nach Montagnola kamen, darunter Max Brod, Bertolt Brecht, Martin Buber, André Gide, Richard Huelsenbeck, Klabund, Annette Kolb, Thomas Mann, Romain Rolland, René Schickele, Ernst Toller, Jakob Wassermann und Stefan Zweig, um nur die bekannteren zu nennen.

Die liebste Gesellschaft in Montagnola war ihm der Umgang mit gleichgesinnten Kollegen und Nachbarn wie Hugo Ball und seiner Frau Emmy Ball-Hennings. Bei Hugo Ball, dem Verfasser der »Kritik der deutschen Intelligenz«, gab es keine politischen Meinungsverschiedenheiten und Missverständnisse. Ihn versuchte Hesse, der damals kaum selbst über das Existenzminimum verfügte und von Mäzenen abhängig war, auf jede Weise zu stützen, um ihm das Leben im Tessin zu ermöglichen. »Ich habe«, schrieb er am 9. September 1922 an seinen Gönner H. C. Bodmer, »nun einen Freund gefunden, Fabrikant Wenger aus Delsberg. … Herr Wenger ist bereit, teilweise, sagen wir zur Hälfte, für die Kosten aufzukommen, um Herrn und Frau Ball zunächst für ein Jahr ein einfaches Leben hier zu ermöglichen. Wäre es möglich, lieber Herr Bodmer, daß Sie dabei mittun und, zunächst für ein Jahr, die zweite Hälfte aufbringen würden? Sie täten damit nicht bloß mir und den beiden Balls, sondern auch der Menschheit einen Dienst, denn diese Menschen gehören zu den paar geistig wertvollsten unserer Zeit. … Für mich kommt ein egoistisches Motiv hinzu: natürlich läge mir ungeheuer viel daran, diese für mich so wertvollen, lieben und geistvollen Menschen in der Nähe behalten zu dürfen.« Daraufhin sandte H. C. Bodmer kommentarlos die restlichen 5.000 Franken, was den beiden zwei weitere Jahre im Tessin ermöglichte. Dass Hugo Ball 1927 die erste und bisher unübertroffene Hesse-Biographie schreiben würde, konnte er damals noch nicht wissen. Und als dieser Kollege schon mit 41 Jahren, kurz nach Vollendung des Buches, an einem Krebsleiden starb, war es ein ihm unersetzlicher Verlust.

In »Narziss und Goldmund« hat er ihn dankbar und dauerhaft über den Tod hinaus lebendig gehalten. Mit ihm teilte der Protestantensohn Hesse auch die Liebe zum sinnenfrohen Katholizismus der Tessiner. In deren heidnisch-ursprünglicher Frömmigkeit fand er »etwas Uraltes Kultiviertes und doch Primitives, eine Unschuld und Reife, die der Norden nicht hat. Die kleinen Kapellen und Bildstöcke, die farbenfroh und zum Teil verfallend, fast alle von Kindern mit Feldblumen geschmückt, überall an den Wegen zu Ehren der Heiligen standen«, schienen ihm »denselben Sinn zu haben und aus demselben Geist zu stammen, wie die vielen kleinen Tempel und Heiligtümer der Alten, die in jedem Hain, Quell oder Berg eine Gottheit verehrten und deren heitere Frömmigkeit nach Brot, Wein und Gesundheit duftete«. Mit Emmy und Hugo Ball hatte er die Wallfahrtsprozessionen zu einer im tiefen Kastanienwald verborgenen Marienkapelle besucht. Diesen Ausflügen verdanken wir zwei seiner schönsten Tessiner Betrachtungen (»Madonna d'Ongero« und »Madonnenfest im Tessin«).

Unter den Besuchern, die Hesse in der Casa Camuzzi aufsuchten, waren auch immer wieder Frauen, die sich, im Verlauf seiner problematischen zweiten Ehe mit Ruth Wenger und nach deren Lösung im Mai 1927, Hoffnung auf eine Liaison mit dem bindungsscheuen Dichter machten. Die ausdauerndste von ihnen war Ninon Dolbin, verheiratet mit dem namhaften Karikaturisten Benedikt Fred Dolbin, der viele deutsche Blätter, unter anderem auch »Die literarische Welt«, mit Porträtzeichnungen bekannter Persönlichkeiten, seinen sogenannten Kopfstenogrammen, versorgte. An Hesse hatte diese Tochter eines jüdischen Anwalts aus Czernowitz bereits seit ihrem 15. Lebensjahr Briefe geschrieben. Im März 1926 suchte sie ihn erstmals in seinem Züricher Winterquartier am Schanzengraben auf, um sich künftig nicht davon abbringen zu lassen, dem Widerstrebenden unersetzlich zu werden. Denn Hesses Versuch, mit Ruth Wenger »die Möglichkeit einer Ehe ohne bürgerliche Form« zu erproben, war inzwischen gescheitert. Ruths Tuberkulose, die sie während der Sommer 1925 und 1926 zu monatelangen Kuraufenthalten zwang, erlaubte damals nur in den Wintern eine sporadische Nähe zu Hesse. Die wenigen Monate, die sie in Basel, in getrennten Wohnungen, gemeinsam verbrachten, hatten sich als so unbefriedigend erwiesen, dass Ruth ab Januar 1927 die Scheidung betrieb. Genau in diesen Wochen, als Hesse soeben das »Steppenwolf«-Manuskript abgeschlossen und sich für einige Tage erschöpft zu den Schwefelquellen nach Baden zurückgezogen hatte, tauchte Ninon Dolbin auf. Sieben Wochen später besuchte die damals 31-Jährige ihn abermals kurz in Zürich, um ihm im April nach Montagnola zu folgen. Entschlossen, von nun an in seiner Nähe zu bleiben, nahm sie Quartier in einem Gasthof: »Momentan ist eine Frau aus Wien da«, schrieb Hesse Anfang April an den befreundeten Maler Ernst Morgenthaler, »die plötzlich hergereist kam, weil sie mich gern hat, aber obwohl sie mir gefällt und ganz lieb ist, kann ich nichts mit ihr anfangen, und stehe der dramatischen Lage ohne allen Humor gegenüber.« Doch die studierte Kunstgeschichtlerin, die sich als ausgezeichnete Kennerin seines Werkes und überdies als talentierte Vorleserin erwies, verstand es, sich dem Augenleidenden bald schon so nützlich zu machen, dass er sich nicht mehr dagegen sträubte, als sie im gegenüberliegenden Flügel der Casa Camuzzi die Parterrewohnung bezog, um sich zu fest fixierten Tageszeiten mit ihm zu treffen. »Eine Symbiose ist es natürlich nicht«, schrieb Hesse am 25. Juli 1927 an Helene Welti, »sie wohnt im Nebenhaus und isst im Restaurant, aber sie ist doch da, und damit ist diesmal mein hiesiges Einsiedlerleben etwas verändert.« Ninon blieb fünf Monate in Montagnola und hat sich im Verlauf der nächsten Jahre, die im Juli 1931 zu ihrer Scheidung von B. F. Dolbin führten, so bewährt, dass er sie nach langem Widerstreben im November 1931 heiratete. Es wurde seine letzte und geglückteste Ehe, die jedoch seinem Aufenthalt in der Casa Camuzzi ein Ende setzte. Denn für poetische Zigeunerwirtschaft in solch einer „Schimmelburg" hatte diese Tochter aus großbürgerlichem Hause durchaus keinen Sinn.

So war es auch für Ninon ein Geschenk des Himmels, als Hesses Züricher Freunde Elsy und Hans Conrad Bodmer ihnen im April 1930 anboten, in Montagnola ein neues Haus zu errichten, worin sie lebenslanges Wohnrecht erhalten sollten. Den praktischen Teil dieser Unternehmung nahm Ninon in die Hand, um den Dichter so gut wie möglich zu entlasten. Und als dann im Juli 1930 oberhalb des Dorfes, in Sichtweite der Casa Camuzzi, der Bauplatz gefunden und das rot verputzte Haus, die Casa Rossa, nach neun Monaten im Mai 1931 schlüsselfertig dastand, war ihr eine weitere Bewährungsprobe geglückt. Doch immer noch bedurfte es der sanften Nachhilfe von Katia Mann und Elsy Bodmer, bis Hesse seinen Horror vor einer neuen Ehe überwand und sich allmählich mit dem Gedanken befreundete, das Verhältnis mit Ninon zu legalisieren. Im Juni 1931 fand der Umzug und im November die standesamtliche Trauung statt.

Wie oft bei solchen Zäsuren, hatte es auch diesmal Vorboten gegeben, welche die Veränderungen der Lebensumstände erleichterten. 1927 hatte ein Sturm den alten Judasbaum vor seinem Camuzzi-Balkönchen entwurzelt. Die Betrachtung »Klage um einen alten Baum« ist ein wehmütiger Nachruf auf diesen exotischen Riesen. Doch bei diesem einen Abschied ist es nicht geblieben. Als Hesse drei Jahre später von seinem Züricher Winterquartier wieder zurück nach Montagnola kam, gab es erneut unliebsame Überraschungen: »Die Ankunft war nicht schön und recht sonderbar, beinah unheimlich«, schrieb er am 26. Mai 1930 seinem Sohn Bruno, »als ich in meine Wohnung wollte, war die Haustür nicht mehr da, statt ihrer ein Fenster. Der Eingang war verlegt worden. Und oben in meinem Studio war es so sonderbar anders als sonst, so kahl und hell und da sah ich, daß Klingsors große Magnolie vor dem Balkönchen umgehauen war. Seither, obwohl ich Wohnung und Haus noch immer sehr gern habe, fällt der Gedanke an eine Änderung mir leicht.« Die beiden Bäume, derentwegen er die Casa Camuzzi bezogen hatte, weil deren Laub Balkon und Wohnung verbargen wie den Horst eines Vogels, waren verschwunden und der Paradiesgarten entzaubert.

Nicht ohne Wehmut nahm Hesse nun Abschied von der Casa Camuzzi, die ihm zwölf Jahre lang Heimat gewesen war. Nochmals malte er das alte Gemäuer mit all seinen verwinkelten Perspektiven in einer Serie von Aquarellen und schrieb unter dem Titel »Beim Einzug in ein neues Haus« eine Retrospektive über alle Häuser, »welche in früheren Epochen meines Lebens mir Obdach geboten und mein Leben und meine Arbeit beschützt haben«. Mit einem liebevollen Nachruf auf die Casa Camuzzi klingt dieser Rückblick aus.

Doch mit dem Umzug in die Casa Rossa war Hesses Verhältnis zu seiner ›Klause Malepartus‹, wie er die alte

Wohnung nannte, durchaus noch nicht beendet. Das Zeitalter des Nationalsozialismus zeichnete sich ab, und kaum zwei Jahre nach dem Umzug kamen auch schon die ersten Emigranten. Soweit sie nicht in den beiden Gästezimmern von Hesses neuem Domizil untergebracht werden konnten, sorgte er dafür, dass sie im Camuzzi-Haus Unterschlupf fanden, besonders die komplizierteren Fälle, die für längere Zeit Beistand und Nähe des Dichters suchten.

Im Mai 1933 kam der junge Dresdner Maler Gunter Böhmer, der in Berlin bei Emil Orlik und Hans Meid studiert hatte, und bezog in der Casa Camuzzi eine Mansardenwohnung. Hesse verschaffte dem 22-Jährigen, der ihm seit zwei Jahren zauberhafte Bilderbriefe geschrieben hatte, erste Illustrationsaufträge für Bücher; zuerst im Stuttgarter Verlag seines Onkels David Gundert und bald auch bei seinem eigenen Verleger S. Fischer in Berlin. Gunter Böhmers künftige Karriere als Buch- und Umschlaggestalter nahm damit ihren Anfang.

1937 kam der junge Schriftsteller Peter Weiss. Auf der Flucht vor den Nationalsozialisten in die Tschechei emigriert, hatte er alles von Hesse gelesen und sich mit dem »Steppenwolf« so sehr identifiziert, dass er an den »verehrten Herrn Hesse« schrieb und ihm, wie unzählige andere, erste Manuskripte mit Geschichten, Bildern und Gedichten zusandte. Wie Hesse in seinem frühen Prosabuch »Hermann Lauscher« (das soeben mit Illustrationen von Gunter Böhmer neu erschienen war), trat er in einem seiner Manuskripte mit der Überschrift »Die Insel« als Herausgeber eines fiktiven Poeten Skruwe auf und vermerkte mit einer Anspielung auf Hesses Märchen »Die Morgenlandfahrt« (1931) auf dem Titelblatt: »Mit freundlicher Genehmigung des Bundes-Archivs«. Hesses Antwort vom 21. Januar 1932 zeigt, dass er das Talent von Peter Weiss sofort erkannte, wenn ihm auch die Zeichnungen des damals Zwanzigjährigen eigenständiger vorkamen als seine literarischen Anfänge, die er noch für zu stark von sich selbst beeinflusst hielt. »Begabung haben Sie ohne Zweifel, sowohl als Dichter wie als Maler«, schrieb er ihm damals. »Ihre Zeichnungen scheinen mir schon reifer und selbständiger zu sein als das Geschriebene. Ich könnte mir denken, daß Sie als Zeichner rascher fertig werden und auch Anerkennung finden, denn als Dichter.« Neben einer kritischen Anmerkung zum Text mündet der Brief in den Vorschlag, Peter Weiss möge doch dem Nachfolger seines 1934 verstorbenen Verlegers S. Fischer einige Proben seiner Zeichnungen als Muster für Buchumschläge oder Illustrationen zusenden und könne sich dabei gern auf Hesses Empfehlung berufen. »Er war der erste Mensch«, erinnerte sich Peter Weiss 1974, »der mich in meiner Tätigkeit ernst nahm und auf meine Problematik einging.« Im Sommer 1937 kam auch er nach Montagnola und wurde für sechs Wochen in der Casa Camuzzi untergebracht, bevor ihn Hesse (durch seinen nach Prag emigrierten Schriftstellerfreund Max Barth) zu Professor Willi Nowak an die Prager Kunstakademie vermitteln ließ. Ein Jahr später, in Begleitung von Robert Jungk und Hermann Levin Goldschmidt, wiederholte Peter Weiss seinen Aufenthalt in Montagnola. Er wohnte diesmal einige Monate lang in der Casa Camuzzi und danach bis Oktober 1938 im benachbarten Dorf Carabietta, direkt am Ufer des Luganer Sees. Um finanziell »zu helfen, ihn über die Monate seiner Schweizer Aufenthaltsbewilligung durchzubringen«, gab Hesse ihm den Auftrag, für den Mäzen H. C. Bodmer zwei seiner Erzählungen zu illustrieren, deren Publikation 1974 und 1977 Peter Weiss noch erlebt hat.

Sowohl der später als Maler und insbesondere als Buchillustrator berühmt gewordene Gunter Böhmer wie auch Peter Weiss, der vor allem als Dramatiker mit den Dramen »Die Verfolgung und Ermordung Jean Paul Marats«, »Die Ermittlung«, »Viet Nam-Diskurs" internationales Aufsehen erregen sollte, haben stets dankbar ihrer Anfänge in der Casa Camuzzi und des fördernden Umgangs mit Hermann Hesse gedacht.

Gunter Böhmer hat das verwunschene Schlösschen ab 1939 als festen Wohnsitz bezogen und bis zu seinem Tod 1986 darin gehaust. Von seinen Erlebnissen mit

Hesse, ob sie sich nun in Böhmers Camuzzi-Atelier oder im Haus des Dichters zugetragen haben, erzählen seine lesenswerten Berichte (im zweiten Band der Dokumentation »Über Hermann Hesse«, in dem Sammelband »Hermann Hesse in Augenzeugenberichten« und in dem 1987 erschienenen Buch »Gunter Böhmer – Hermann Hesse. Dokumente einer Freundschaft«).

Einen zusätzlichen Reiz bekam das ehemalige Domizil für den Dichter, als 1944 der Maler Hans Purrmann (1880-1966) in die Casa Camuzzi einzog. Dieser in Deutschland als »entarteter Künstler« verfolgte prominenteste Schüler von Henri Matisse war nur drei Jahre jünger als Hesse und wurde ihm bald zu einem stets willkommenen Nachbarn und Gesprächspartner. Gemeinsam verbrachte man die Weihnachts- und Geburtstage, und noch am 2. Mai 1962, in seinem letzten an Hesse gerichteten Brief, schrieb der damals bereits weltweit bekannte Maler, dessen expressive Bilder mit ihrer beschwingten und unverwechselbaren Handschrift etwas Fröhliches und Lebensbejahendes ausstrahlen: »Ihr Gestalten mit Worten möchte ich mit Farben ebenso können. Man sagt mir, daß ich mit diesen ein Paradies schaffe, und weiß nicht, wie auch das so schwer zu tragen ist und oft von mir gar nicht so schön gefunden wird.«

In mehreren Varianten hat Hans Purrmann Hesses ehemaliges Balkonzimmer in der Casa Camuzzi mit dem barocken Spiegel über dem kleinen Kamin gemalt, als dankbare Reverenz an seinen Vorgänger »Klingsor« und dessen van Gogh'sches Selbstporträt im letzten Kapitel von Hesses Klingsor-Erzählung. Im Dezember 1953, nach einem seiner Besuche in Purrmanns Atelier, als dieser gleichfalls an einem Selbstbildnis arbeitete, schrieb und widmete ihm Hesse das Gedicht »Alter Maler in der Werkstatt«, das mit den Zeilen endet: »Vom edlen Spiel besessen, / Malt er, als wären's Luft, Gebirg und Bäume, / Malt er gleich Anemonen oder Kressen / Sein Bildnis in imaginäre Räume, / Um nichts besorgt als um das Gleichgewicht / Von Rot und Braun und Gelb, die Harmonie / Im Kräftespiel der Farben, das im Licht / Der Schöpferstunde strahlt, schön wie noch nie.«

Durch Hans Purrmann und Gunter Böhmer, der ein Stockwerk über diesem die Casa Camuzzi bewohnte, blieb Hesse bis zu seinem Lebensende mit der »noblen alten Ruine« verbunden, die ihm die liebste von allen seinen Behausungen war, weil sie am besten zu ihm gepasst hatte. So wundert es nicht, dass sein Nachruf auf diese Eremitage der Jahre 1919 bis 1931 in den Worten gipfelt: „Wäre ich in meiner Einsamkeit geblieben, hätte ich nicht nochmals einen Lebenskameraden gefunden, so wäre es wohl nie dazu gekommen, daß ich das Camuzzihaus wieder verlassen hätte.«

»WENN DU GENUG VON DER TORTUR HAST, SO KOMM HIERHER UND WERDE KURGAST«

Hermann Hesse im Sanatorium

Der Verenahof
in Baden
bei Zürich

Hermann Hesse – alles andere als von robuster Konstitution – war, bevor er im Mai 1923 erstmals zur Kur nach Baden kam, längst ein erfahrener Kurgast. Schon im Alter von fast dreißig Jahren hatte er auf dem Monte Verità bei Ascona eine mit Alkoholabstinenz verbundene vegetarische Fastenkur unternommen, die sich offenbar so gut bewährte, dass er sie auch nach seiner Rückkehr an seinen damaligen Wohnort am Bodensee noch acht Monate lang fortsetzte. Weitere Kuraufenthalte hatten ihn im Juli 1909, im Mai 1910, im August 1912 und im Juli 1914 nach Badenweiler geführt. In Betrachtungen wie »Promenadenkonzert« (1909), »Haus zum Frieden«, »Aufzeichnungen eines Herrn im Sanatorium« (1910) und seinen »Erinnerungen an Ärzte« (1960) finden wir sie anschaulich beschrieben. Seine Beschwerden, außer einem periodisch wiederkehrenden Augenleiden mit bohrenden Kopfschmerzen (Folge einer 1902 unternommenen, doch missglückten Schlitzung der Tränenkanäle in einer Basler Augenklinik), waren vorwiegend rheumatischer Herkunft. In den Thermen von Badenweiler hoffte er sie lindern zu können. Gewaltsam unterbrochen wurden diese beinahe alljährlichen Regenerationsversuche durch den Ersten Weltkrieg. Doch auch in den turbulenten Jahren danach bis zum Erscheinen des »Siddhartha« war noch an keine Besserung zu denken. Erst wieder im Oktober 1922, als der 45-Jährige nach den Entbehrungen der Kriegs- und Nachkriegsjahre das Kurhaus von Degersheim bei St. Gallen aufsuchen musste, konnte er sich wieder um sein leibliches Wohlbefinden kümmern. Und dafür war es auch höchste Zeit. Abgemagert auf ein Körpergewicht von 54 Kilo, bilanzierte er die fünfwöchige Prozedur mit den Versen:

»Turnen, Schwitzen und Massieren,
Frühaufstehen und Spazieren,
Alles tat ich brav und willig.
Nur die Rohkost geb ich billig.«

Doch schon im Jahr darauf wurde, seiner Ischiasbeschwerden wegen, eine weitere Kur nötig. Denn die pittoreske Casa Camuzzi in seiner Südschweizer Wahlheimat Montagnola, wo Hesse seit dem Mai 1919 hauste, hatte sich in der kalten Jahreszeit als Zumutung erwiesen. Diese »noble Ruine«, wie er den feuchten und baufälligen Palazzo treffend nannte, ließ sich, so sehr er sich auch in den Sommermonaten bewährte, im Winter kaum beheizen. Kein Wunder, dass die Gelenkschmerzen unerträglich wurden und ihn ab 1923 dazu nötigten, die kalte Jahreszeit in warmen Stadtwohnungen zu verbringen, zunächst in Basel und später in Zürich.

In den ersten dieser Basler Winter fiel Hesses Wiederbegegnung mit dem Straßburger Chemiker Karl Spiro (1867-1932), der seine Studien über den Mineralstoffwechsel, die Eiweiß- und Elektrotherapie seit 1921 in Basel fortsetzte und dem Dichter vorschlug, die Thermalquellen im nahegelegenen Baden aufzusuchen. Im Februar 1952 auf die Frage eines Lesers erinnert sich Hesse: »Wie ich zu meiner ersten Kur nach Baden kam? Ich lebte damals zwei Winter in Basel und dort besuchte ich einmal im Vesalianum Prof. Spiro, den Erfinder des [Schmerzmittels] Pyramidon, mit dem ich ein wenig befreundet war. Im Gespräch erfuhr er, daß ich etwas mit Rheuma und Ischias zu tun habe. Gleich darauf klopfte es, es kam ein anderer Besucher herein und Spiro sagte: ›Da kommt gerade der Mann, dem ich Sie mit Ihrem Ischias anvertrauen kann!‹ Es war mein späterer Badener Kurarzt, der damals in Basel wissenschaftlich arbeitete.« Der Arzt, der ihm empfohlen wurde, war Dr. Josef Markwalder (1883-1953). Er teilte sich mit seinem jüngeren Bruder, dem Gastwirt Franz Xaver Markwalder (1884-1952), die Arbeit im Kurhotel »Verenahof«, einem der renommiertesten Häuser in diesem reizvoll an einem Knie der Limmat zwischen Basel und Zürich gelegenen Weinbauort.

Das kleine, damals kaum 10.000 Einwohner zählende Städtchen Baden im Kanton Aargau hatte seit der Römerzeit dank seiner zwanzig schon von Tacitus als »Aqua Helvetiae« gerühmten Thermalquellen eine lange Tradition als Heilbad. Die Temperatur seines leicht radioaktiven schwefelhaltigen Kochsalz- und Calciumsulfatwassers war mit 48 Grad Celsius fast doppelt so hoch wie das der Thermen von Badenweiler und somit für Hesses rheumatische Beschwerden die ideale Indikation.

Weil er von nun an fast drei Jahrzehnte lang einige Herbstwochen dort verbrachte, soll hier etwas ausführlicher als über die früheren Sanatoriumsaufenthalte von seinen Eindrücken in diesem 1845 errichteten und inzwischen leider abgerissenen Kurhotel »Verenahof« die Rede sein.

Bald nach seiner Ankunft, in einem Brief an den befreundeten Schriftstellerkollegen Hugo Ball, nimmt Hesse bereits einige charakteristische Beobachtungen vorweg, die er dann später im Eingangskapitel des Kurgast-Berichtes etwas drastischer ausgemalt hat: »Baden ist ein kleines Städtchen im engen Limmattal, der alte

Teil der Stadt schön gotisch-mittelalterlich. Auf der Straße gehen alle Leute sehr langsam an Stöcken, sehr viele hinken, obwohl jeder seine Ischias möglichst zu verbergen bemüht ist. Auch ich tue in der Öffentlichkeit so, als sei ich ein durchreisender Herr, der sich Baden lediglich zu seinem Vergnügen ansieht, und so herrscht überall eine künstliche Munterkeit und Grazie, während insgeheim die Bäder uns elend Schmerzen machen und die Hotelrechnungen noch mehr. Mittags und abends wird, einem uralten Badebrauch zufolge, äußerst üppig gegessen, Gang um Gang, dazwischen erzählen die Leute einander ihre Lebensläufe, wobei ich jedoch nur stummer Zuhörer bin, denn ich lebe hier ebenso eremitenhaft wie im Tessin.«

So ist es nicht verwunderlich, dass sich der neue Gast keineswegs mit dem erstbesten ihm zugewiesenen Hotelzimmer zufriedengab, sondern darauf bestand, unter den fünf oder sechs noch freien Räumen wählen zu können, bis schließlich dasjenige gefunden war, das seinem Bedürfnis nach Ruhe und Isolation am nächsten kam. Es lag im dritten Stockwerk des Hotels, weitab von allem Publikumsverkehr und schien dem Dichter, Maler und Privatgelehrten für seine Gespinste die erforderliche Stille zu versprechen. Vom Fenster aus, fast in Blickhöhe, war die Steinskulptur der heiligen Verena zu sehen, die rechterhand über der Eingangsfassade thronte. Nach ihr, der populärsten Heiligen der

Schweiz, die zu Beginn des 4. Jahrhunderts in Solothurn und Zurzach gewirkt hatte und wegen ihrer Nächstenliebe seliggesprochen wurde, hat Hesse den Schauplatz seiner Beobachtungen »Heiligenhof« genannt. Ihr auch legte er eines seiner heiteren Stegreifgedichte in den Mund, dem zufolge es gut sei, zu leben, wo es Wasser gebe:

»Ubi aqua, ibi bene«,
Spricht die heilige Verene.
Wenn du genug von der Tortur hast,
So komm hierher und werde Kurgast.
Flüchte aus des Lebens Lärme
In die Wärme dieser Therme.«

Mit dem Besuch der Thermen, mehreren starken Quellen, die im Keller des weitläufigen Anwesens etwa vierzig Badezellen speisen, begann der Tageslauf der Patienten. Durch ein Labyrinth von unterirdischen Gängen erreichte man ein halbdunkles, uraltes und feuchtwarm nach Schwefel riechendes Tonnengewölbe mit weiß gekachelten, kaum zwei Meter breiten Klausen, die über zwei Stufen hinab in ein Bassin mündeten, gefüllt mit dem »geheimnisvollen Wasser, das da seit Tausend Jahren in unbekannten Küchen der Erde« mehr als hundert Meter tief gebraut wird und »beständig in schwachem Strahl nachströmt«. Ähnlich geborgen wie in diesen von einem vergitterten Oberlicht nur dämmrig beleuchteten Zellen konnte er sich im warmen Nebel des unbeheizten Schwitzbades fühlen, wo man vom Dampf der heißen Quellen umgeben war.

Auch sein neuer Badearzt bewährte sich bestens. Mit Humor und erstaunlicher Menschenkenntnis respektierte er Hesses Animosität, die bei gewöhnlichen Patienten zweifelsohne als Hypochondrie, wenn nicht gar als neurotisch zu diagnostizieren gewesen wäre. Ja, er akzeptierte sogar die für einen pragmatischen Naturwissenschaftler damals noch gewagte Hypothese dieses Patienten, der zufolge die meisten körperlichen Gebrechen nichts anderes als Auswirkungen des seelischen Befindens, der Vorgeschichte und Lebensweise eines Menschen seien. In der amüsant geschilderten Antrittskonsultation, einer diagnostischen Kraftprobe, zu der sich der Dichter wie zu einem Faustkampf wappnet, stellt sich nach einigen tastenden Schlagwechseln schon bald die Gleichwertigkeit der beiden Partner heraus und somit deren Bereitschaft, ihr Gegenüber als ernstzunehmenden Athleten einer jeweils anderen Disziplin zu respektieren. Dabei sollte es bleiben, solange Hesse nach Baden kam. Noch in einem Brief vom 10. Juni 1953 erinnert er sich: Wenn er an Dr. Markwalder denke, sehe er ihn »elastisch, kraftvoll, lebensfroh und bei jeder Begegnung, auch der kürzesten, zu nachdenklichem oder witzigem Gespräch bereit. Er hat mit mir sowohl als Arzt wie als Freund unendlich oft diskutiert und geplaudert, immer geistesgegenwärtig, rasch erfassend, schlagfertig antwortend, immer auch bereit, das Gespräch über Dinge des Alltags ins Theoretische, auf eine höhere Ebene zu lenken.« Kein Wunder, dass Hesse auch dieses Mediziners und seines leutseligen Gastwirt-Bruders wegen von nun an fast alljährlich nach Baden zurückkehrte, meist in den Wochen des Spätherbstes, und von 1923 bis 1952 zusammengerechnet wohl mehr als drei Jahre seines Lebens im »Verenahof« verbracht hat. Erst nach dem Tod des Arztes blieb er aus, da ohne ihn einzig die Gesellschaft der Kurgäste wenig Verlockendes für ihn hatte.

Schon während seiner Kur im Herbst 1922 berichtet er dem befreundeten Georg Reinhart nach Winterthur: »Das Niveau der abendlichen Unterhaltungen ist so, daß ich abseits bleibe: Verdauung und Häkelmuster. … Vorgestern abend saßen die Kurgäste gelangweilt beisammen. Schließlich sagte einer: ›Appetit hätt i scho, aber so e kaibeschlechti Verdauig.‹ Darauf eine der Damen: ›Sie müend halt nid bim Esse die ganzi Bröcke nabe schlucke, mer mueß au käue‹; das ist so der Ton … Im Schwitzbad oder in der Packung übe ich zuweilen Piktor-Künste, werde Baum und Vogel, döse halbe Jahrhunderte lang zufrieden dahin, schwimme hemmungslos in Relativität, höre den Matratzennachbarn schnarchen und nehme an, es sei der Motor eines Schiffes, das mich nach Borneo bringt.«

Ein anderes Mittel, das einem Phantasiemenschen zu Gebote steht, um sich aus den Banalitäten des Alltags und dem passiven Einerlei der Sanatoriumsroutine zu befreien, wenn man sich nicht mit den künstlichen Paradiesen der Kurpromenade, des Spielsaales, der Kinos und Kurkonzerte zu begnügen vermag, ist es, produktiv zu werden und sich Rechenschaft abzulegen über die neuen Eindrücke. Denn gerade hier wurde es offensichtlich, dass mit der körperlichen Verwöhnung und Trägheit die geistige Hand in Hand ging: »Es ist nicht zu glauben, wie schnell man das Schlechte und Dumme lernen kann, wie leicht es ist, ein Hund von Faulenzer, ein Schwein von fettem Genießer zu werden.« So verbrachte Hesse einen Gutteil der zwischen Bädern, Heilgymnastik, Anwendungen und Mahlzeiten verbleibenden Zeit auf dem Liegestuhl in einem verborgenen Gartenwinkel des Hotels »Ochsen«, um mit Bleistift und Papier etwas festzuhalten von diesem Umfeld bürgerlicher Lebenskunst. Zurückblickend auf jene ersten in Baden verbrachten Wochen, berichtet er ein Vierteljahrhundert später: »Angeregt teils durch die ungewohnte Muße des Kur- und Hotellebens, teils durch einige neue Bekanntschaften mit Menschen und Büchern, fand ich in jenen sommerlichen Kurwochen eine Stimmung der Einkehr und Selbstprüfung, auf der Mitte des Weges vom ›Siddhartha‹ zum ›Steppenwolf‹, eine Stimmung von Zuschauertum der Umwelt wie der eigenen Person gegenüber, eine ironisch-spielerische Lust am Beobachten und Analysieren des Momentanen, eine Schwebe zwischen lässigem Müßiggang und intensiver Arbeit.

Und da die Objekte dieser Beobachtungen und spielerischen Schilderungen, die Badekur mit Hotelleben, Kursaalkonzerten und müßigem Flanieren doch etwas zu klein und gewichtlos gewesen wären, richtete meine Denk- und Schreiblust sich schon bald auf ein anderes, sowohl wichtigeres wie lustigeres Objekt, auf sich selbst nämlich, auf die Psychologie des Künstlers und Literaten, auf die Leidenschaft, den Ernst und die Eitelkeit des Schreibens, das wie alle Kunst das scheinbar Unmögliche wagt und dessen Ergebnisse, wenn es glückt, zwar niemals dem entsprechen und ähnlich sind, was der Schreibende angestrebt und versucht hat, dafür aber gelegentlich hübsch, amüsant und tröstlich ausfallen können, so wie die Eisblumen am Fenster eines geheizten winterlichen Zimmers, aus welchen wir nicht mehr den Kampf zwischen gegensätzlichen Temperaturen, sondern Seelenlandschaften und Traumwälder ablesen.«

Das Ergebnis seines im Mai 1923 begonnenen und nach der zweiten Badener Kur im Herbst desselben Jahres abgeschlossenen Rechenschaftsberichtes nannte er »Psychologia Balnearia« oder »Glossen eines Badener Kurgastes« und versah es mit dem charakteristischen Motto: »Müßiggang ist aller Psychologie Anfang« aus Friedrich Nietzsches »Götzendämmerung«.

Was aus Hesses Rückblick auf die Entstehungsgeschichte des kleinen Buches nicht hervorgeht und darüber hinaus ein Beweggrund für diese Aufzeichnungen war, finden wir in einem Brief vom Oktober 1923 an seine zwanzig Jahre jüngere, lebenslustige künftige Frau Ruth formuliert, worin es heißt: »Ferner möchte ich dir sagen, daß ich dich lieb habe und mich auf dich freue, und daß mein ganzes Badener Manuskript vielleicht bloß ein Versuch mehr ist, mich dir verständlich zu machen und aufzuschließen, denn es ist nichts als ein psychologisches Selbstportrait, allerdings mit Hintergründen.«

Eine Kopie des Typoskriptes hat er ihr denn auch geschenkt, mit Hinweisen auf drei speziell an sie gerichtete Passagen. Aber diese Gabe wie auch das bald darauf aus ähnlichen Motiven verfasste Selbstporträt im Bericht über seine »Nürnberger Reise« sollten sich künftig eher als kontrapoduktiv erweisen. Denn schon drei Jahre später wurden eben diese Bekenntnisse von Ruth als Belastungsmaterial zur Scheidung dieser nur kurzen Ehe herangezogen. So heißt es im Urteil des Zivilgerichtes Basel-Stadt vom 27. April 1927 über Hesse unter anderem: »Er habe eine Neigung zum Einsiedlerleben, könne sich nicht nach anderen Menschen richten, hasse Gesellschaftlichkeit und Reisen. Der Beklagte habe diese Eigenheiten selbst in seinen Büchern eingehend geschildert (›Psychologia Balnearia‹, ›Die Nürnberger

Reise‹), er nenne sich in diesen Schriften selbst einen Eremiten und Sonderling, einen Neurotiker, Schlaflosen und Psychopathen. Die Klägerin dagegen sei jung und lebensfroh, liebe geselligen Verkehr und ein herzliches Familienleben; sie lasse sich zwar nicht so leicht in Erregung bringen wie der Beklagte, könne aber andererseits nicht so leicht verzeihen wie er, so daß auch kleinere Unstimmigkeiten bei ihr lange nachgewirkt hätten.«

Die leichte Erregbarkeit und Sensibilität, kurz das Produktionsmittel aller Künstler, wie auch die Frage nach der Berechtigung des Außenseiters, also danach, ob es heutzutage nicht würdiger und richtiger sei, ein Sonderling zu werden, als sich dem jeweiligen Zeitgeist zu unterwerfen, ist eines der zentralen Themen der »Kurgast«-Aufzeichnungen. Doch die Antworten, die Hesse findet, sind wohl nur demjenigen nachvollziehbar, dem ähnliche Probleme zu schaffen machen. »Die Psychiater erklären einen Menschen für gemütskrank«, vermerkt Hesse, »der auf kleine Störungen, kleine Reizungen, kleine Beleidigungen des Selbstgefühls empfindlich und heftig reagiert, während derselbe Mensch vielleicht Leiden und Erschütterungen gefaßt erträgt, welche der Majorität sehr schlimm erscheinen. Und ein Mensch gilt für gesund und normal, dem man lange auf die Zehen treten kann, ohne daß er es merkt, der die elendeste Musik, die kläglichste Architektur, die verdorbenste Luft klaglos und beschwerdelos erträgt. ... Ich habe in Wirtshäusern schon sehr häufig Menschen von gutem Ruf, die für durchaus normal und ehrenwert gelten, so grob, so säuisch fluchen und toben sehen und hören müssen, daß ich sehr das Bedürfnis fühlte, beim nächsten Arzt, die Internierung dieser Unglücklichen zu beantragen.«

Von Anfang an empfand Hesse seine Glossen als so intim, dass er sie zunächst nur für Freunde als Privatdruck in 300 nummerierten Exemplaren drucken ließ. Erst zwei Jahre später kamen sie auf Drängen seines Verlegers Samuel Fischer unter dem Titel »Kurgast« auch in den Buchhandel. Das Bändchen bildete den autobiographischen Auftakt zu einer ersten in blaues Leinen gebundenen Buchreihe seiner »Gesammelten Werke in Einzelausgaben«. Denn dass der »Kurgast« »hinter einer halb scherzhaften Fassade« Hesses bisher »persönlichstes und ernstestes Buch« war, ein Buch, »das in die Bibliothek jedes Arztes gehöre«, merkte auch sein Verleger, der es 1924 im Januar- und Märzheft seiner Zeitschrift »Die neue Rundschau« vorabgedruckt hatte und Ende desselben Jahres auch Thomas Manns großen, mehr als 1.000 Seiten umfassenden Roman »Der Zauberberg« veröffentlichen sollte. Hatten doch beide Bücher, bei allen Unterschieden im Umfang und Genre, Thematik und Tonlage Gemeinsamkeiten, die stutzig machen mussten. Besonders die letzten Passagen des »Zauberberg«, wo von einem merkwürdigen Sanatoriumsgast aus Holland, Mynheer Peeperkorn, die Rede ist, erinnern auf wunderliche Weise an Hesses »Kurgast«-Kapitel »Der Holländer« über einen robusten Zeitgenossen gleich Peeperkorn, dessen Typus sowohl dem Helden des »Zauberberg« als auch dem Ich-Erzähler der »Psychologia Balnearia« nicht wenig zu schaffen macht.

Dass Thomas Mann den »Kurgast« zum Zeitpunkt der Niederschrift seiner Peeperkorn-Kapitel kannte, kann kaum bezweifelt werden. Rückblickend in einem Brief vom 21. November 1925 an Robert Faesi spricht er davon, dass er sich Hesse und seinem »Badegast« so nah gefühlt habe, dass es ihm vorkam, »als wär's ein Stück von mir«. Anfang Oktober 1926 reiste er dann sogar selber nach Baden und sandte dem Kollegen von dort eine Ansichtskarte mit den Worten: »Unmöglich, lieber Herr Hesse, hier nicht Ihrer und Ihres entzückendsten Buches zu gedenken! Nehmen Sie die erinnerungsvollen, dankbaren Grüße dreier in Ihren Spuren wandelnder Touristen Thomas Mann, Katia Mann, Ernst Bertram.«

In den zeitgenössischen Würdigungen des »Kurgast« und »Zauberberg« ist das Verwandtschaftliche der beiden Bücher denn auch wiederholt bemerkt worden. »Kurgäste« überschrieb der Schweizer Literaturwissenschaftler Robert Faesi seine ausführliche Doppelbesprechung der beiden Werke. Und auch Heinrich

Wiegand betont in der »Leipziger Volkszeitung« vom 2. März 1926 diese Gemeinsamkeiten, sieht Hesse jedoch näher bei Knut Hamsun, dessen Sanatoriumsroman »Das letzte Kapitel« (1923) etwa gleichzeitig mit dem »Kurgast« und dem »Zauberberg« in deutscher Übersetzung erschien: Hesses Haltung zur Welt des Sanatoriums sei eher die »des Außenseiters Hamsun, nicht die des korrekten Thomas Mann. Das Ironische der Betrachtungsweise ist zwar allen dreien gemeinsam, aber Hamsun und Hesse sind dem Geist oder Ungeist eines Kurortes viel ferner als Thomas Mann, beide sind so unmondän wie nur denkbar. Ihnen ist der Kurbetrieb eine lächerliche, fast unwirkliche Angelegenheit, Menschen, die jahrelang ohne Zwang darin verharren könnten, sind ihnen Wundertiere … Diese Badepsychologie … war für mich neben der erregenden Sinfonie von Kafkas ›Prozeß‹ das liebste Buch des letzten Jahres, gleichsam eine Suite für Bratsche allein.«

Das Solistische an Hesses »Kurgast« ist auch dessen virtuose, mitunter an Zauberei grenzende Fähigkeit, die Ärgernisse zu meistern, sei es nun den unerträglichen Holländer mittels des Sanskritwortes aus den indischen Veden »Tat twam asi« (das bist du) zu einem Objekt des Mitleids, der Teilnahme und Brüderlichkeit zu verwandeln und statt der Krankheit den Hof zu machen, dem Autismus des Leidens etwas Konstruktives und Soziales entgegenzusetzen: »Je steifer unsere

Gebeine werden, desto dringender bedürfen wir einer elastischen, zweiseitigen, bipolaren Denkart.« Es ist die im Kapitel »Besserung« und auf den letzten Seiten seiner Aufzeichnungen dargestellte Philosophie vom Fluktuieren zwischen den Polen der Einheit, einem Weg zur Genesung, der davon ausgeht, dass das Gleichgewicht der Gesundheit stets neu aus Krisen und Krankheiten errungen sein will. Diese bipolare Denkart bringt Hesse auch dazu, das altbekannte Gebot der Nächstenliebe so modern und überkonfessionell zu formulieren, dass es wie eine Yoga-Technik anmutet. Mit ganz eigenem Humor entwickelt und reaktiviert er damit vergessene Methoden der Konfliktbewältigung. Dass dies ganz beiläufig anheimstellend, ganz ohne schulmeisterlichen Tonfall geschieht, macht den Reiz und die Glaubwürdigkeit dieser Konfessionen aus.

»NUR WER LIEBT, IST LEBENDIG«

Hermann Hesses Geschichten vom Verlieben

Hermann Hesse 1926,
Foto: Gret Widmann

Ein Fünftel aller Erzählungen Hermann Hesses sind Liebesgeschichten, und nahezu ein Zehntel seiner Lyrik besteht aus Liebesgedichten. Wie naheliegend bei diesem Thema, stammen sie fast alle aus der ersten Lebenshälfte des Verfassers und überliefern oft autobiographische Konstellationen und Reminiszenzen.

Durch Hesses Schilderungen, schrieb Walther Rathenau 1904, klinge ein »Ton der Wahrhaftigkeit, der Gefühle und Gedanken, auch bekanntere und geläufige, erneuert und adelt«. Diese Beobachtung steht in der einzigen Buchbesprechung, die der künftige Außenminister der Weimarer Republik im Lauf seines Lebens schrieb. Sie galt Hesses erstem Roman »Peter Camenzind« und trifft auch auf die Eigenart seiner Liebesgeschichten zu. Denn wie alles Positive im Leben ist insbesondere die Liebe angesichts der Schleimspur, die

Schlager, Werbung, Film und Regenbogenpresse tagtäglich darüber absondern, mittlerweile bis zur Unkenntlichkeit missbraucht und trivialisiert worden. Deshalb muss man hier wie überall, wo wir unseren Gefühlen, ihren Abgründen und Höhenflügen auf authentische Weise wiederbegegnen wollen, die Künstler zu Wort kommen lassen, welche die abgewirtschafteten Begriffe durch Darstellungen aus erster Hand regenerieren, indem sie das scheinbar Bekannte auf eine Weise schildern, als sei es noch nie gesagt worden – und damit seine ursprüngliche Wucht und Würde wieder glaubhaft und spürbar machen.

Für einen Dichter wie Hermann Hesse, dem »Phantasie und Einfühlungsvermögen nichts anderes als Formen der Liebe« waren, ist das Spektrum dessen, was Liebe bedeuten kann, natürlich viel größer als das, was gemeinhin darunter verstanden wird. Sein ganzes Werk entstand aus diesem Impuls: seine Romane, Erzählungen, Gedichte, Betrachtungen, Gedenkblätter, nicht weniger als Tausende von Lektüreempfehlungen, seine Antworten auf Leserbriefe, aber auch seine Aquarelle, die er als Liebeserklärungen an seine Tessiner Wahlheimat bezeichnet hat, und noch konkreter: seine jahrzehntelange Fürsorgetätigkeit, also die Internierten-, Emigranten-, die Kollegen- und Flüchtlingsfürsorge während und nach den beiden Weltkriegen.

»Sinn erhält das Leben einzig durch die Liebe«, schrieb er 1956 an eine Leserin, »das heißt: je mehr wir zu lieben und uns hinzugeben fähig sind, desto sinnvoller wird unser Leben.«

Neben dieser sozialen Spielart der Liebe steht die private und partnerschaftliche, deren Gelingen oder Scheitern in der Regel eng damit verknüpft ist. Je erfüllter die persönliche Beziehung, desto weniger muss sie auf andere Weise kompensiert oder sublimiert werden. Doch bleiben Erfüllung und Glück in der Regel selbstgenügsam und stumm, während Scheitern und Unglück mitteilsam machen. Die Weltliteratur ist voll von Darstellungen fehlgeschlagener Liebesbeziehungen, während Schilderungen, die uns am Glücken teilhaben lassen, ja eher Mangelware sind.

Auch Hermann Hesses Liebesgeschichten machen da keine Ausnahme. Früh schon war auch ihm Thomas Manns »Tonio Kröger«-Erfahrung vertraut, dass derjenige, der liebt, der Unterlegene und zum Leiden Verurteilte ist. Besonders die Erzählungen aus den ersten 15 Jahren von Hesses schriftstellerischer Tätigkeit handeln davon, ebenso wie die in diesem Zeitraum entstandenen Romane »Peter Camenzind«, »Unterm Rad«, »Gertrud« und »Roßhalde«, während die Arbeiten der zweiten Lebenshälfte »Klingsors letzter Sommer«, »Siddhartha«, »Der Steppenwolf«, »Narziß und Goldmund« dem Thema neue Facetten abgewinnen. Allein in Hesses Alterswerk »Das

Glasperlenspiel« spielt die Liebe zwischen den Geschlechtern keine Rolle mehr (es sei denn im letzten Kapitel, dem »Indischen Lebenslauf« des jungen Josef Knecht).

»In der Liebe«, heißt es in einer seiner Erzählungen, »beginnt jeder, auch der Glücklichste, notwendig mit einer Niederlage.« Diese Erfahrungen der ersten Liebe sind es, die Hesse nicht loslassen und die er mit einfühlsamer Präzision immer wieder festgehalten hat. Wie sich der Lateinschüler Karl Bauer nach seiner Begegnung mit der blonden Tine plötzlich von der Clique draufgängerischer Halbwüchsiger abwendet, merkwürdig kleinlaut wird und in der »Traumwolke seiner Verliebtheit« die lange vernachlässigte Geige wieder zu spielen beginnt, wie sein renommiersüchtiger Mutwille auf einmal erlischt und ein Lächeln des Mädchens für ihn »ein unschätzbares Geschenk und jeder ihrer Blicke zu einer Flamme wird, die ihn mit Glanz und Glut umhüllt«, hat etwas Prototypisches.

Nicht ihr zumeist deprimierender Ausgang macht den schwermütigen Reiz dieser Schilderungen aus, sondern auf welche Weise der Erzähler das plötzliche Exponiertsein des Liebenden, die aufwühlende Destabilisierung seines Inneren zu vergegenwärtigen versteht, wobei alles, was zuvor in leidlicher Balance schien, Hals über Kopf in das Magnetfeld eines anderen Menschen gerät, ungewiss, ob der Funke überspringt oder ob er auf Gleichgültigkeit stößt.

Weil den Verehrern in vielen dieser Geschichten alles zudringliche Renommieren abgeht und eine erregte Befangenheit sie hindert, ihre Neigung hemmungsfrei zu äußern, laufen sie Gefahr, von der Geliebten unbemerkt zu bleiben. Denn mit den Mädchen, in die sie verliebt sind, zu reden fällt ihnen schwerer als mit jedem anderen Menschen. Was sie angesichts der als vollkommen erscheinenden Attraktion der Wunschpartnerin erleben: den Drang, nun auch ihrerseits dieser Vollkommenheit gerecht zu werden, ist ein innerer Vorgang, der sich selten unbeschwert äußert. Denn immer ist, was wir als Schönheit empfinden, auch die sinnliche Erscheinungsform des Geistigen.

Dass die Entsprechung von äußerer und innerer Schönheit zuweilen auch trügen kann – die Hoffnung also, dass auf die als besseres Ich empfundene eigene Neigung nun auch das der Geliebten reagieren müsse – gehört zu den desillusionierenden Lektionen, die Hesses Jugendlichen (wie etwa in der Erzählung »Hans Amstein«) nicht erspart bleiben. Doch wie immer diese Leidenschaften ausgehen, stets kommt für die Betroffenen alles in Fluss, in Umbruch und auf den Prüfstand. Es beflügelt, drängt zu Veränderung und Erfüllung. Die Liebe wird zum Ansporn inneren Wachstums und mündet am Ende der verschiedensten Konstellationen, die Hesses Liebesgeschichten durchlaufen, in die keineswegs resignative Erfahrung: »Es ist kein

Glück geliebt zu werden, … aber lieben, das ist Glück.« Stets aber mit der für ihn als Künstler charakteristischen Konsequenz: um kreativ zu bleiben, müsse man die »Liebe so frei wie möglich halten, um sie zu jeder Stunde neu verschenken zu können«.

In Erzählungen wie »Taedium vitae« hat er sowohl das Unvermittelte wie auch den Zauber des Verliebens dargestellt: »Ich sah sie kaum, da ging auch schon ihr Stern mir auf, daß ich ihre feine Gestalt und innige, unschuldige Schönheit im Herzen begriff und die Melodie erfühlte, in welche eingehüllt, sie sich bewegte … Es waren noch andere Frauen da, glänzendere und verheißungsvolle in reifer Pracht, und kluge mit durchdringenden Augen, doch hatte keine einen solchen Duft und keine war so von sanfter Musik umflossen.«

Bemerkenswert an diesen Schilderungen ist, wie eindringlich sie ausdrücken, auf welche Weise ein zuvor gleichgültiger Mensch im Kraftfeld der Zuneigung zu einem Teil des eigenen Selbst wird, der unversehens zu jubeln oder zu leiden beginnt.

Geschichten wie »Heumond« beschreiben mit physischer Genauigkeit, was daraufhin folgt: »Er hatte das Gefühl, als würde ihm langsam, langsam die Luft entzogen, bis zum Ersticken. Nur war es angenehm, auf eine traurige, quälende Art angenehm … Er konnte kaum noch atmen, so stark arbeitete sein Herzschlag, und sein ganzer Leib brannte und fror zugleich … Ein

Druck und leichter Schwindel im Kopf, eine Hitze in der Kehle und ein lähmend ungleiches, wunderliches Wallen des Herzens, als sei sein Puls unterbunden. Aber es war angenehm, so weh es tat.«

In »Unterm Rad«, einem der wenigen Romane, worin es mitunter zu einem Anflug von Gegenliebe kommt, setzt Hesse diese Beobachtungen fort: »So oft [ihre Hand] die seine berührte, stockte ihm das Herz in angstvoller Wonne und kam eine wohlig süße Schwäche über ihn, dass seine Knie ein wenig zitterten und in seinem Kopf ein schwindliges Sausen erklang … Alles war wie verwandelt. Die Leute und das Treiben rundherum waren zu einem farbig lachenden Wolkenwesen aufgelöst. Die einzelnen Stimmen, Flüche und Gelächter gingen in einem allgemeinen trüben Brausen unter, der Fluss und die alte Brücke sahen fern und wie gemalt aus … Ein heftiger Schauder lief ihm über den Leib, als er mit scheuen Lippen den Mund des Mädchens berührte. Er zitterte augenblicklich wieder zurück, aber sie hatte seinen Kopf mit den Händen umfasst, drückte ihr Gesicht in seines und ließ seine Lippen nicht los. Er fühlte ihren Mund brennen, er fühlte ihn sich anpressen und gierig festsaugen, als wolle er ihm das Leben austrinken. Eine tiefe Schwäche überkam ihn, … taumelnd hörte er seinem Blute nach, das ihm im Kopfe hämmerte, in ungleichen schmerzhaften Wogen vom Herzen und zurück flutete und ihm den Atem verhielt.«

In der Geschichte vom »Lateinschüler« dagegen kommt es nur zu zaghaften Berührungen, aber das Ergebnis ist nicht weniger beflügelnd: »Er ging glücklich fort, mit leichten, ruhigen Schritten, als sei die gepflasterte Stadtstraße ein weicher Rasenboden, und mit blinden einwärtsgekehrten Augen, als komme er aus einem blendend lichten Lande. Er hatte ja kaum mit ihr gesprochen, aber er hatte Du zu ihr gesagt, und sie zu ihm, er hatte ihre Hand gehalten, und sie war ihm mit der ihren übers Haar gefahren. Das schien ihm mehr als genug, und auch noch nach vielen Jahren fühlte er, sooft er an diesen Abend dachte, ein Glück und eine dankbare Güte seine Seele wie ein Lichtschein erfüllen.«

In den meisten dieser Geschichten ist der Erzähler oder der junge Mann, von dem berichtet wird, nicht mehr als zwölf bis 24 Jahre alt. Etwa die Hälfte spielt während der beiden letzten Jahrzehnte des 19. Jahrhunderts im süddeutsch-alemannischen Kleinstadtmilieu, dessen Alltag und Aroma sie ebenso überliefern wie die damaligen Sitten und Umgangsformen. Anschaulich überliefern sie »ein unvergessliches Stück Kleindeutschland, ein Spitzweg-Bild und [sind] gleichzeitig voll reiner Musik wie ein Volkslied«. (Stefan Zweig) Das Romantische und Spitzweghafte freilich wird ernüchtert durch naturalistische Darstellungen der derben Rang- und Hackordnungen in den Handwerksbetrieben und den nicht weniger realistischen

Genrebildern vom Feierabend und Zeitvertreib der einfachen Leute, wie sie der siebzehnjährige Hesse 1894/95 während seiner fünfzehnmonatigen Schlosserlehrzeit kennengelernt hat.

Sinnenfrohe Naturschilderungen korrespondieren mit den sinnlichen Sensationen zwischen den Geschlechtern. Beides, der Lebensabschnitt der sogenannten Pubertät wie auch deren gedrosselte Bewegungsfreiheit in jener Zeit, illustrieren diese frühen Erzählungen. Das Umfeld ist historisch, doch die geschilderten Vorgänge sind es nicht, denn immer zeigt uns der Autor, was von innen her geschieht. Der moussierende Zustand des Verliebtseins, die beklommenen Vorstöße in die ganz andere und gleichwohl ersehnte Welt des Wunschpartners, der vitale Drang nach Nähe können kaum lebendiger vergegenwärtigt werden. Die Darstellung des Vollzugs jedoch, die uns die sexuelle Freizügigkeit heute vorschnell beschert, bleibt vergleichsweise unpersönlich, verglichen mit dem, was im Vorfeld der erotischen Begegnung passiert. Die Spannung, das Glücksgefühl, die Intensivierung aller Sinneswahrnehmungen vor der Vereinigung der Geschlechter wird vom Rausch des Vollzuges kaum übertroffen. Nicht die physische, sondern die seelische Dimension ist es, deren Energien auszuloten den Erzähler reizt. Das macht Hesses Schilderungen weniger zu Liebesgeschichten als zu Geschichten vom Verlieben nach der

Devise seines berühmten »Stufen«-Gedichtes: »Und jedem Anfang wohnt ein Zauber inne «. Ein Schriftstellerkollege, der dies erkannte, war der Lyriker und Romancier Rudolf Hagelstange, der 1957 feststellte: »Die Dichter unserer Tage bieten viel Talent auf, die Entzauberung der Welt zu beschleunigen, und halten sich wunderlicherweise viel darauf zu Gute. Auch in den Dingen des Eros bemüht man sich mit Fleiß, ›die Dinge beim Namen zu nennen‹. Man spricht alles aus und sagt doch wenig oder nichts dabei und nichts, was wir nicht wüssten. Ein penetranter Sexualismus bietet den Schlüssel zur Sinnenwelt an. Wenn dagegen Hesse von Frauen, vom Eros berichtet, beginnt es zu duften und zu sprühen.«

Einprägsame Bilder finden sich auch in jenen Erzählungen, die eigene Erlebnisse überliefern. Zu ihnen gehören Geschichten wie unter anderem »Der Kavalier auf dem Eise«, »Das erste Abenteuer«, »An jenem Sommerabend«, »Hans Dierlamms Lehrzeit«, »Schön ist die Jugend«, »Taedium vitae«, »Wärisbühel«, »Die Nichtraucherin«, »Der Zyklon« und »Was der Dichter am Abend sah«. Auch die bisher unbekannteste Liebesgeschichte »Der Dichter. Ein Buch der Sehnsucht« beginnt mit autobiographischen Konstellationen, um bald darauf in einen fabulierten Wunschtraum zu münden, den die Wirklichkeit nicht einzulösen vermochte.

Waren die erotischen Spielarten der Liebe im »Buch der Sehnsucht« des 23-Jährigen noch reine Phantasieprodukte, so schildert sie Hesse in der zwei Jahrzehnte später entstandenen indischen Legende »Siddhartha« als Erfahrungen mit allgemeingültigen Spielregeln. Durch die Hetäre Kamala wird Siddhartha eingeweiht in die Kunst der körperlichen Zuwendung: »Vieles lehrte ihn ihr roter kluger Mund. Vieles lehrte ihn ihre zarte, geschmeidige Hand. Ihn, der in der Liebe noch ein Knabe war und dazu neigte, sich blindlings und unersättlich in die Lust zu stürzen wie ins Bodenlose, lehrte sie von Grund auf jene Lehre, daß man Lust nicht nehmen kann, ohne Lust zu geben, und daß jede Gebärde, jedes Streicheln, jede Berührung, jeder Anblick, jede kleinste Stelle des Körpers ihr Geheimnis hat, das zu wecken dem Wissenden Glück bereitet. Sie lehrte ihn, daß Liebende nach einer Liebesfeier nicht voneinander gehen dürfen, ohne eins das andere zu bewundern und ebenso besiegt zu sein wie gesiegt zu haben, so daß bei keinem von beiden Übersättigung und Öde entstehe und das böse Gefühl mißbraucht zu haben oder mißbraucht worden zu sein.«

In Hesses Erzählungen begegnen uns die verschiedensten Konstellationen und Entwicklungsstufen der Liebe. Da manche von ihnen reale Begebenheiten aufgreifen und eigene Erlebnisse in leicht zu durchschauenden Larven sind, zeigen sie einerseits den Spezialfall ihres Verfassers, zugleich aber, wie immer bei Hesse, auch grundsätzliche Erlebens- und Verhaltensmuster, die von vielen Menschen wiedererkannt werden. Sie zeigen die drängende Ungeduld und die Neigung des Verliebten, von Entführungen und Heldentaten zu träumen, die umso verwegener sind, je aussichtsloser die Werbung ist. Sie schildern die idealistische Bereitschaft, jedes Risiko auf sich zu nehmen, um die Geliebte beeindrucken und ihr den Ernst und die Ausschließlichkeit der Hingabe beweisen zu können, wie Peter Camenzind, der seinem Mädchen vom höchsten Gipfel und unter Lebensgefahr Alpenrosen herabholt, oder wie der Musiker Kuhn im Roman »Gertrud«, der, um einer Laune der begehrten Liddy zu genügen, sich auf eine halsbrecherische Mutprobe einlässt, die ihm eine lebenslange Behinderung einträgt. Andere Geschichten zeigen das träumerische Bedürfnis des Jünglings, »in seinem Herzen einen Altar zu errichten, auf dem die Flamme umso höher lodert, je trauriger die Verliebtheit verläuft«, den Drang also, die Lauterkeit seiner Zuneigung »lächelnd und mit dem Dolch im Herzen« als »auszeichnendes Martyrium« zu begreifen und die Geliebte in »reinigendem Anbeten« auf einen Sockel zu stellen, bis er früher oder später seine »peinlich-komische Rolle als genarrter Narr« zu erkennen vermag. Aber auch das Gegenteil kommt vor, wie im zweifachen Sturm des »Zyklon«, wo es dem Ich-Erzähler widerstrebt, sich »das Glück fertig und unerworben« von einem Mädchen schenken zu lassen und einer nicht wirklich

Geliebten seine »Jugend und seinen Stolz hinzugeben«. Dagegen zeigen Geschichten (wie »Von den zwei Küssen«, »Liebesopfer«, »Hans Dierlamms Lehrzeit«) die Höllen der Eifersucht und die anarchische Komponente einer Hörigkeit, die den Liebenden dazu treiben kann, die Kontrolle über sich zu verlieren, »seinen Beruf an den nächsten Nagel zu hängen und jede gute und schlimme Tat zu begehen«. Verkaufte Liebe (»Die Marmorsäge«), Liebe aus Mitleid oder Leidenschaft ohne Zuneigung (»Der Zyklon«), Koketterie mit der Liebe aus Eitelkeit oder sadistischem Zeitvertreib (»Hans Amstein«) sind weitere Varianten des Themas. Aber auch der Typus des Don Juan, des galanten Virtuosen der Gefühle, begegnet uns in einer jener Erzählungen, die keine biographischen Reminiszenzen enthalten. Es ist die Geschichte von »Casanovas Bekehrung«, worin eine Episode aus den Memoiren dieses gerissenen Praktikers der Verführungskunst einfallsreich, doch in den Daten korrekt nacherzählt wird. (Vgl. Kapitel 4 und 5 in den von Franz Hessel übersetzten Lebenserinnerungen Casanovas.) Manches darin ist frei erfunden, wie zum Beispiel der Flirt mit den Töchtern des Wirtes in Donaueschingen (Fürstenberg) und liest sich amüsanter als das Original. Denn mit einer für Hesse ganz ungewöhnlichen Schwerelosigkeit finden wir den Routinier des Liebesspiels, »dem zur Liebe, die kein Spiel mehr ist, etwas fehlt«, auf ähnlich ironische Weise charakterisiert wie die barocke Lebensfreude des Fürstabtes von Kloster Einsiedeln, der nicht nur Lachsforellen als Fastenspeise zu genießen versteht.

Ähnliche Variationen historischer Stoffe sind Romanzen und Legenden wie »Schattenspiel« und »Chagrin d'amour«, eine Troubadourgeschichte um Herzeloyde, die künftige Mutter des Gralsritters Parzival, und um die Entstehung des französischen Volksliedes »Plaisir d'amour«, das in den 1970er Jahren von der Folksängerin Joan Baez wiederbelebt wurde. Dass vom heroischen Wettkampf des gewalttätigen Gachmuret um die schöne Königin Herzeloyde nach Jahrhunderten nichts übrigbleibt als das Klagelied ihres enttäuschten Minnesängers Marcel, mag für einen Poeten wie Hesse ein tröstlich wahlverwandtes Motiv gewesen sein.

Noch manch andere Konstellationen der Liebe spielen sich ab, wie das tragikomische Schicksal des linkischen Kurzwarenhändlers Ohngelt in der Erzählung »Die Verlobung«, dem erst nach bitteren Demütigungen die Augen für das Nächstliegende aufgehen: die Zuneigung eines unscheinbaren Mädchens, mit deren praktischer Lebensklugheit ihm mehr gedient ist als mit den exklusiveren Vorlieben seiner Träume.

Auf welch kuriose Weise zwei Freunde ihre Schwäche für die Reisebekanntschaft der anmutigen »Nichtraucherin« voreinander zu verheimlichen suchen, geht dagegen auf eine authentische Begebenheit zurück, die

Hesse Anfang April 1913 mit dem Komponisten Othmar Schoeck erlebt hat und die einmal mehr seine Aussage bestätigt, wie leicht und oft er sich verlieben konnte, ohne dass die Begehrten je etwas davon erfahren haben.

Ein anderes Reiseerlebnis überliefert die Geschichte »Die Braut«. Es zeigt die Ernüchterung, die einer Leidenschaft nach langer Trennung zustoßen kann. Ihr tragikomisches Ende hat Hesse am 23. November 1911 im Hafen von Colombo bei der Rückkehr von seiner Indonesienreise als Augenzeuge erlebt. Unter den vielen zarten Liebesgeschichten ist diese eher drastisch geschilderte Burleske nicht jedermanns Sache, weshalb er sie denn auch in keines seiner Bücher aufgenommen hat.

Die Ehe hingegen ist für Hesse kein Thema in seinen Liebesgeschichten. Dass er sie ausspart hat für den Kenner seiner Biographie wenig Verwunderliches, ist er doch selber dem Schwur »bis dass der Tod euch scheide« vor jeder seiner drei Ehen von Mal zu Mal länger ausgewichen. Keine dieser Heiraten, die für ihn schwierige »Anpassungsversuche an das Bürgerliche« waren, ist von ihm selber betrieben worden. Jedes Mal waren es die Frauen, die ihn dazu drängten und den Künstler in ihm, dessen Produktionsmittel es war, lebendig zu bleiben und sich mit Hilfe der Liebe immer neu verwandeln zu können, anzubinden versuchten, um ihm »den Ring durch die Nase zu ziehen«. So resümiert er in einem

Brief vom November 1929 an seinen Sohn Bruno: »Für den Künstler, überhaupt für den begabten Phantasiemenschen, ist die Ehe beinahe immer eine Enttäuschung. Im besten Fall ist es eine langsame, erträgliche, mit der man sich halt abfindet, aber es stirbt dabei, ohne viel Schmerzen, ein Stück Seele und Lebenskraft ab, und wir sind nachher ärmer, während wir nach dem Erleben eines echten großen Schmerzes eher reicher sind.«

Solch produktiven Schmerzen hat sich der Dichter, zumal in den Jahrzehnten seiner ersten Ehe, durchaus ausgesetzt. Sie sind überliefert in Erzählungen wie »Taedium vitae«, die im Schwabinger Künstlermilieu spielt, wo Hesse als Mitarbeiter und Herausgeber der Zeitschriften »Simplicissimus« und »März« von 1907 bis 1912 häufig zu Gast war. »Warum bist du so tot? Wann war's das letzte Mal, daß du jung gewesen bist?«, fragt sich der dreißigjährige Ich-Erzähler, den die vorausberechenbare Routine seines Ehealltags bedrückt. Erst die Begegnung mit der Münchner Kunstgewerbeschülerin Maria gibt ihm das Gefühl, »wieder 19 Jahre alt und unversehrt« auf eigenen Füßen zu gehen statt auf Schienen, und die Hoffnung, sein Leben erneut mitten in den Strom lenken zu können.

»Zum Ehemann«, schrieb Hesse schon 1904, kurz nach seiner ersten Vermählung, »gehören Talente, die unsereiner nicht hat« … »Man ist eben angebunden, wenn auch ›nur‹ moralisch.« Diese Gewissensfessel ist das Thema seines Romans »Roßhalde«, des einzigen Buches, worin der Dichter eine Ehe dargestellt hat, um sich darüber klar zu werden, »ob ein Künstler, der das Leben nicht nur instinktiv leben, sondern vor allem objektiv betrachten und darstellen will, ob so einer überhaupt zur Ehe fähig ist«. Nichts hat Hesse nach seiner fast zwanzigjährigen ersten Ehe so sehr gefürchtet wie das phlegmatische Einschlafen und Abstumpfen der Gefühle. Deshalb will Harry Haller im »Steppenwolf« »lieber einen recht teuflischen Schmerz in sich brennen fühlen als diese bekömmliche Zimmertemperatur«. Das Hauptproblem aber war seine völlige Unfähigkeit, sich emotional und in den Lebensgewohnheiten an andere zu binden, weder an eine Frau noch an Freunde noch an Vorgesetzte.

»Meine äußere Lebenstechnik«, schrieb er 1922 an Olga Diener, »dient einzig dem Zweck, mich unbedingt für meine Arbeit frei zu halten. Ich muß das mit viel Einsamkeit, auch unerwünschter, und mit viel äußeren Opfern zahlen ... Was im Denken und in der Kunst mein Vorzug ist, das macht mir im Leben, besonders bei Frauen, oft Beschwerden: daß ich meine Liebe nicht fixieren kann, daß ich nicht eines und eine lieben kann, sondern das Leben und die Liebe überhaupt lieben muß.« Im Gegensatz zur Norm gelingt es ihm nicht, seine »Liebe zu hegen und zu mästen«. Die Frau ist nicht das Ziel seiner Bemühungen, sondern ihr Antrieb und eines der vitalsten Produktionsmittel für die Arbeit. »Ich neige dazu«, schreibt er in seinem Tagebuch vom Juli 1933, »jede starke Liebesfähigkeit zu bewundern, beinahe zu beneiden, so wie ich auch bei den Frauen, die mich geliebt haben, immer der mit fast schlechtem Gewissen Bewundernde war, denn immer schien mir ihre Fähigkeit zur Hingabe an einen Einzelnen etwas unsäglich Starkes und auch Schönes, was mir aber fehlt, was ich bewundern, aber nicht nachahmen kann.« Er sieht sich damit in Einklang mit fast allen kreativen Naturellen, die zwar oft feurige Liebhaber, aber selten gute Gatten seien. Denn der Künstler lebe in erster Linie für sein Werk. Er habe nicht mehr Liebe zu geben als ein anderer, sondern eher weniger, da die Arbeit an seinem Werk so viel davon fordere. Auch in Hesses Roman »Narziss und Goldmund« wird dieser Konflikt thematisiert, was dem Autor zahllose, teils empörte, teils ratlose Leserbriefe eingebracht hat.

Diese Erfahrungen sind der Inhalt von Hesses Liebesgeschichten. Doch das, was seinen Frauen und ihm selbst dabei im Leben an Gleichmaß und Behagen entgangen ist, kommt auf geläuterte Weise den Lesern zugute. Die einzige, beiden Geschlechtern gerecht werdende ganzheitliche Variante des Themas ist das lyrische Märchen »Piktors Verwandlungen«. Bezeichnenderweise spielt es nicht in der Realität wie die meisten anderen Geschichten, sondern im Paradies. Es beschwört einen

Wunschtraum, eine Vision mit utopischen Elementen. Geschrieben (und vom Dichter illustriert) wurde diese Fabel als eine Liebeserklärung an Ruth Wenger. Ihr, wie jeder seiner drei Lebensgefährtinnen, hat der Dichter ein solches Märchen gewidmet, seiner ersten Frau Mia die Fabel »Iris« (1918), seiner dritten Frau Ninon das launige Selbstporträt »Vogel« (1932). Die Geschichte von der Erfüllung einer geglückten Liebe aber ist nur das 1922 entstandene Märchen »Piktors Verwandlungen«.

Wie der Vogel im Piktor-Märchen immer neue Gestalten anzunehmen und sich beliebig in eine Blume, einen Schmetterling oder einen Kristall zu verwandeln vermag, verändert sich auch Piktor dank seiner Liebe. Sie führt ihn heraus aus der Sackgasse, in die er sich auf den Rat einer Schlange hin selber begeben hat. Nur mit der Geliebten gemeinsam gelingt es ihm, sich aus Isolation und Stillstand zu befreien und zurückzufinden in den »Zauberstrom der Verwandlung«, bis er sich endlich im Gleichgewicht und »als ganz, als ein Paar« erleben kann, »das Mond und Sonne, Mann und Weib« in sich hatte, das als »Zwillingsfluß durch die Länder floß und als Doppelstern am Himmel stand«. Die Gegenliebe einer von ihm selbst auf Anhieb geliebten Frau hat dieses Wunder ermöglicht. Daß es sich als Wunschtraum, als sehnsüchtiger Ausblick in ein unerreichbares Paradies herausstellen sollte, darüber macht sich Hesse in seiner bald darauf entstandenen Betrachtung »Was der

Dichter am Abend sah« keine Illusionen. Denn auf die Dauer konnte er der zunehmend besitzergreifenden Geliebten »nicht verbergen, daß nach dem Rausch die Sattheit kommt«, daß er ihr nicht den pausenlos »Liebenden vorspielen kann, wie sie ihn träumt, einen nie Ernüchterten«.

Ein zehnjähriges Mädchen, welches das Liebespaar beobachtet und ihm – angezogen vom Zauber ihrer Zuneigung – in unwillkürlichen Tanzschritten zu folgen beginnt, erinnert den Erzähler an seine Bestimmung: »So muß auch ich tanzen lernen, muß Lustbegierde in Musik verwandeln, Sinnlichkeit in Gebet. Dann werde ich immer lieben können, dann werde ich nie mehr Gewesenes unnütz wiederholen müssen.«

Dieser Bestimmung folgend, wird Hesse weiterhin in seinen Dichtungen und bald darauf auch im Leben als Steppenwolf solche Tanzschritte versuchen, bis er jenseits des fünfzigsten Lebensjahres in seiner dritten Frau Ninon doch noch die Gefährtin fand, die problemfühlig, stark und selbstlos genug war, seinen auf Werk- und Menschenliebe bedachten Weg mehr als dreißig Jahre lang bis zum Ende zu begleiten. Ihr ist es geglückt, ihm eine Form der Gemeinsamkeit zu ermöglichen, die sich mit seiner überpersönlichen Aufgabe vereinbaren ließ. Denn bald schon hatte sie verstanden, dass für Hesse »der Anfang aller Kunst die Liebe« war, dass, wie er sagte, »Wert und Umfang jeder Kunst vor allem durch des Künstlers Fähigkeit zur Liebe bestimmt« werden, einer Zuwendung jedoch, die alles umfasst, was liebenswert ist.

Zu diesem Buch

In einem der letzten Monate des Jahres 1992 überraschte mich Siegfried Unseld, der Verleger des Suhrkamp und Insel Verlages, dem ich von 1969 bis 2008 als Lektor angehört habe, mit dem Vorschlag, anlässlich meines bevorstehenden 50. Geburtstages in einer seiner Taschenbuchreihen einen Sammelband mit meinen Essays über Hermann Hesse veröffentlichen zu wollen. Zu diesem Zeitpunkt, mitten in der Arbeit an einer fünfbändigen Ausgabe der bisher nur in Zeitungen und Zeitschiften verstreuten Buchbesprechungen des Dichters und der Vorbereitung der ersten, annähernd 14.000 Seiten umfassenden Gesamtausgabe seiner Schriften, gab ich zu bedenken, ob es nicht dringlicher sei, erst einmal die wichtigsten noch unbekannten Arbeiten von Hesse selbst zu erschließen, statt die reichliche, wenngleich immer noch fragmentarische Sekundärliteratur über diesen Autor um einen weiteren Band zu vermehren. Denn alle bisherigen Publikationen über den Dichter basierten bestenfalls auf der Kenntnis der kaum halb so umfangreichen siebenbändigen Ausgabe der »Gesammelten Schriften«, die 1957 zu Hesses 80. Geburtstag erschienen war. Sie enthielt zwar alle seine Romane, eine Auswahl der Erzählungen, Betrachtungen

und Gedichte, doch die wichtigen politischen, essayistischen und autobiographischen Schriften nur unvollständig. Diese zu recherchieren und sinnvoll aufzubereiten war eine beträchtliche Aufgabe.
Deshalb haben wir einstweilen auf eine Sammlung meiner eigenen Arbeiten verzichtet zugunsten der Konzeption einer zwanzigbändigen Ausgabe der »Sämtlichen Werke«, die erstmals vollständig neben den politischen auch Hesses literaturkritische Schriften sowie die noch unbekannten autobiographischen, fiktionalen, dramatischen und lyrischen Arbeiten aus dem Nachlass zugänglich machen sollte. Denn das war längst fällig, um die Unhaltbarkeit der überkommenen Einschätzung dieses Dichters als angeblich weltfremd spätromantischer Innerlichkeitsautor zu belegen. Diese noch unerschlossenen Schriften eröffneten nicht nur neue, sondern überraschend aktuelle und unverzichtbare Bereiche und Aspekte seines Wirkens und Werkes. Nach Abschluss der Gesamtausgabe mit einem umfangreichen Registerband konnte ich mich auch noch dem letzten, nicht weniger gehaltvollen Desiderat zuwenden: der Erschließung des immer noch unübersehbar reichhaltigen Briefwerkes und damit der beispiellosen Sozialarbeit, die sich in Zehntausenden Antworten auf Zuschriften seiner Leser niedergeschlagen hat. Weil sie ihre eigenen Konflikte in Hesses Schriften wiedererkannten, dargestellt und oft bewältigt fanden, fassten sie

solches Vertrauen zu ihm, dass sie ihm schrieben in der Hoffnung, auch ihre eigenen Probleme und Lebensfragen bestätigt, wenn nicht gar gelöst zu bekommen. Da sich der Dichter – so lästig und sein eigenes Schaffen behindernd diese Zumutungen auch waren – diesen Vertrauensbeweisen nicht entziehen mochte, summierten sich seine Antworten in dieser »ehrenamtlichen Nebenbeschäftigung« zu einer ungewöhnlich facettenreichen und nach wie vor relevanten Mentalitäts- und Zeitgeschichte des 20. Jahrhunderts .
Nun, da nach dem Erscheinen des sechsten Bandes dieser auf zehn Bände angelegten Briefedition ein Abschluss auch dieses Vorhabens absehbar wird, entfallen die Vorbehalte, die mich 1992 gehindert haben, der freundlichen Einladung Siegfried Unselds nachzukommen. Und so findet mich die mittlerweile mehrfach wiederholte Aufforderung zu einer Publikation meiner Aufsätze und Reden über diesen Autor etwas zugänglicher.
Der hier vorliegende erste Band sammelt einige meiner zu unterschiedlichen Anlässen, Aufträgen und Anregungen entstandenen Aufsätze und Reden. Da sie sich an ein Publikum wenden, das ja nicht nur aus Kennern der Materie besteht, musste jedes Mal berücksichtigt werden, dass auch der mit den Werken und der Biographie Hesses noch unvertraute Laie über das zum jeweiligen Thema gehörige lebensgeschichtliche Umfeld informiert wird. Deshalb sind bei solch themenbezoge-

nen Einzelaspekten dann und wann Wiederholungen von bereits in anderen Zusammenhängen erwähnten biographischen Konstellationen unvermeidbar. Denn diese auf spezielle Aspekte fokussierten Berichte sind ja keine in sich zusammenhängende Biographie. Gleichwohl habe ich mich bemüht, dass ihre Abfolge einigermaßen mit dem lebens- und werkgeschichtlichen Werdegang des Dichters korrespondiert.

Einige dieser Arbeiten entstanden als Vor- oder Nachworte zu Themenbänden wie unter anderem zu Siegfried Greiners Recherchen nach den authentischen Figuren und Konstellationen, die der junge Dichter in seiner Heimatstadt erlebt und in seinen Erzählungen aufgegriffen hat. Andere Essays wurden für thematische Sammelbände mit Hesses Berichten und Erinnerungen geschrieben, zum Beispiel über die Rolle, welche Landschaften (wie die alemannischen Regionen, der Bodensee, Indonesien, das Tessin) oder Orte (wie Calw, Basel, Venedig oder München) in seinem Leben gespielt haben. Aber auch Einführungstexte zu Sammelbänden mit Naturbetrachtungen über Lieblingsthemen wie unter anderem Hesses Gärten, seine Passion für Wolken und Schmetterlinge sind mit aufgenommen. Sie alle – ob sie sich nun mit einzelnen Büchern, Erzählungen und Personen befassen oder mit Vorgängen, die nachhaltige Wirkungen auf seine Entwicklung hatten, seien es nun Liebesbeziehungen, Erfahrungen mit Ärzten oder die Bedeutung von Träumen für die Psychoanalyse und nicht zuletzt seine Stellungnahmen zu den Herausforderungen der Politik – entstanden im Lauf der letzten Jahrzehnte, oft in Hinblick auf entsprechende Buchprojekte, und mussten für diese Ausgabe nur geringfügig aktualisiert oder mitunter auch stilistisch geglättet werden.

Besonderer Wert habe in diesen Darstellungen auf größtmögliche Authentizität gelegt, was nur durch eine Zusammenführung von Hesses eigenen, oft an unterschiedlichster Stelle – im Werk, in seinen Briefen, Betrachtungen oder Rezensionen – geäußerten Sichtweisen auf das jeweilige Thema möglich ist. Bleibt zu hoffen, dass damit auch den Bedürfnissen des Lesers gedient ist.

Im Oktober 2020

Volker Michels

Hermann Hesse um 1910, Foto: Gret Widmann

INHALT

Volker Michels an seinem Arbeitsplatz im Hermann-Hesse-Editionsarchiv

VOLKER MICHELS, geboren 1943 in Villingen, wurde als Herausgeber zahlreicher Editionen von zu Unrecht vernachlässigten Autoren des 18. bis 20. Jahrhunderts bekannt, insbesondere des umfangreichen literarischen, brieflichen und bildnerischen Nachlasses von Hermann Hesse.
Michels verbrachte die Gymnasialzeit in der Schule Schloss Salem und studierte nach dem Abitur Medizin und Psychologie in Freiburg und Mainz. 1969 engagierte ihn Siegfried Unseld, der Verleger des Frankfurter Suhrkamp und Insel Verlags, als Lektor für deutsche Literatur, wo er fast 40 Jahre tätig war. Neben seiner Redaktionsarbeit veröffentlichte er dort und in anderen Verlagen etwa 150 thematische Editionen und betreute die Werke von Ernst Weiß, Friedrich Michael, Martin Beheim-Schwarzbach, Ernst Penzoldt und Robert Walser. Darüber hinaus initiierte er die bei S. Fischer erschienenen Werkausgaben von Stefan Zweig und Manfred Hausmann.
2013 wurde Volker Michels von der Heinrich-Heine-Universität, Düsseldorf mit der Ehrendokterwürde und 2014 mit dem Ehrenpreis der Calwer Hermann-Hesse-Stiftung ausgezeichnet.
Schwerpunkt seiner publizistischen Aktivitäten war, neben seiner Tätigkeit als Lektor im Suhrkamp und Insel Verlag, die Erschließung der noch unveröffentlichten Werke des 1946 mit dem Nobelpreis ausgezeichneten Autors Hermann Hesse. In Sammelbänden wie »Politik des Gewissens« und »Die Welt im Buch« legte er erstmals die in etwa 60 in- und ausländischen Zeitungen und Zeitschriften verstreuten politischen und kulturkritischen Schriften des Dichters vor sowie zahlreiche Briefwechsel, Themen-, aber auch Materialienbände zur Entstehungs- und Wirkungsgeschichte seiner Werke und Sammlungen der wichtigsten Sekundärliteratur. Mit einem 2007 erschienenen Registerband schloss Michels die erste, 21 Bände umfassende Hesse-Gesamt-

ausgabe ab, die etwa das Doppelte dessen enthält, was der Dichter zu Lebzeiten in Buchform vorgelegt hat. Seit 2008 arbeitet Michels an einer auf 10 Bände angelegten Ausgabe von Hermann Hesses Briefen, die als Ergänzung der »Sämtlichen Werke« konzipiert ist. Sechs umfangreiche, die Jahre 1881 bis 1946 überliefernde Bände sind bisher erschienen. Überdies betreut Volker Michels das bildnerische Werk des Dichters, das Tausende, erst nach Hesses Tod zum Vorschein gekommene Aquarelle und Federzeichnungen umfasst.

Seine zahlreichen Essays zu literarischen und kunsthistorischen Themen führten ihn auf Vortragsreisen durch Europa, in die USA, nach Brasilien, Japan und Indien. In seinem Wohnort Offenbach am Main hat er in Zusammenarbeit mit Hermann Hesses Sohn Heiner Hesse und seiner Frau Ursula Michels-Wenz ein von Forschern aus aller Welt benutztes Hermann-Hesse-Editionsarchiv aufgebaut und 1990 im Auftrag des Deutschen Literaturarchivs Marbach in Hesses Geburtsstadt Calw das dortige Hesse-Museum konzipiert und eingerichtet.

Autor und Verlag danken dem Suhrkamp Verlag, Berlin und den Rechtsnachfolgern Hermann Hesses für die Verwendung von Zitaten aus den Schriften und Briefen des Dichters.

Sämtliche Bildnachweise über das Hermann-Hesse-Editionsarchiv in Offenbach.

1. Auflage 2021

www.editionfaust.de

Lektorat: Regine Strotbek
Druck: BELTZ, Bad Langensalza
Printed in Germany
ISBN 978-3-945400-44-9